特种兵教你户外生存

猎鹰 著

中国友谊出版公司

图书在版编目（CIP）数据

特种兵教你户外生存 / 猎鹰著. —— 北京：中国友谊出版公司，2016.7（2022.6重印）

ISBN 978-7-5057-3789-1

Ⅰ.①特… Ⅱ.①猎… Ⅲ.①野外－生存－通俗读物 Ⅳ.①G895-49

中国版本图书馆CIP数据核字(2016)第179199号

书名	特种兵教你户外生存
作者	猎 鹰
出版	中国友谊出版公司
发行	中国友谊出版公司
经销	新华书店
印刷	天津丰富彩艺印刷有限公司
规格	710×1000毫米 16开 32印张 495千字
版次	2016年9月第1版
印次	2022年6月第4次印刷
书号	ISBN 978-7-5057-3789-1
定价	98.00元
地址	北京市朝阳区西坝河南里17号楼
邮编	100028
电话	(010) 64678009

版权所有，翻版必究
如发现印装质量问题，可联系调换
电话 (010) 59799930-601

  感谢我的第一位生存教练——我的爷爷,您让我感受到大自然的魅力;我永远记得您这位老兵带着我这个小兵在黑暗中穿行、在河中捕鱼、在树上掏鸟……您让我的童年充满了欢乐和回忆,我是您血脉的延伸,也必定不会让您蒙羞!

  感谢我的生存教官,您教会了我自然法则以及与自然沟通的方式。

  感谢我的狙击教官,在你的指导下,我捕捉到第一个猎物——虽然这只猎物让我一想起来就尴尬不已。

  感谢教导我的老兵们,你们用你们的方式教会我生存技能,事实证明,这些技能很有效。

  感谢和我一起接受训练、一起生存、一起战斗的兄弟们,在每一个艰难的时刻,你们都陪在我身边,和我一起共渡难关。不管怎样,你们都是当之无愧的英雄!

  最后,还要感谢那位把我所有生存装备"洗劫"一空、连求生刀和压缩干粮都不放过的前进基地干部,你让我知道大脑和双手比想象得还要强大。虽然当时我在心里咒骂你,但我发誓,我不恨你,一点都不!

特种兵教你户外生存

目录

卷首语 ⋯ 1

第一章 开始很简单

第一课 正确地评估和选择 ⋯ 3
第二课 永恒的方向 ⋯ 6
第三课 轻装上阵 ⋯ 15
第四课 选学 ⋯ 22

第二章 绳技

第一课 基础绳结 ⋯ 35
第二课 基础绳环 ⋯ 47
第三课 绳结（环）的组合 ⋯ 56

第三章 长路漫漫任你闯

第一课 出发之前 ⋯ 73
第二课 路在脚下 ⋯ 77
第三课 距离的测量 ⋯ 86
第四课 确定站立点 ⋯ 89
第五课 培训蜘蛛侠 ⋯ 96

第六课 滑降 ··· 100

第七课 涉渡 ··· 120

第八课 泅渡 ··· 128

第九课 沼泽地、雪地、沙漠 ··· 138

第十课 辨识天气 ··· 149

第四章 拥有自己的"房子"

第一课 普通庇护所 ··· 155

第二课 特别的庇护所 ··· 159

第三课 特殊地形和气候庇护所 ··· 162

第五章 水与火的考验

第一课 生命之源 ··· 175

第二课 烈火熊熊 ··· 187

第六章 生命的动力

第一课 盐 ··· 209

第二课 和尚的生活（一） ··· 212

第三课 和尚的生活（二）	··· 237
第四课 肉的诱惑	··· 282
第五课 猎人的必修课	··· 292
第六课 危险的食物（一）	··· 315
第七课 危险的食物（二）	··· 331
第八课 做只勤劳的小蚂蚁	··· 360

第七章 求生之路

第一课 野外保健、常见疾病治疗	··· 383
第二课 紧急避险	··· 400
第三课 野外救伤	··· 406
第四课 求救和搜救	··· 463
第五课 绝境求生	··· 474
最后一课——生命无价	··· 483

后记 ··· **493**

卷首语

人类从大自然中走来，也必将回归大自然去寻找生命的本质存在。

许多人会觉得野外生存是一项艰难的活动，但这其实只是一种生活方式。比如你背上行囊，走到湖边、森林、草原，在那里生活一天或者几天，这就是野外生存。

生存和求生最大的区别就在于：生存是主动的，求生是被动的。

我曾在丛林里和一群猴子"畅谈人生"，在山洞和一只蟒蛇共处，为了食物和豹子"谈判"，和两只狼交了朋友，在湖边对着野鸭唱歌剧，在喜马拉雅山麓追踪岩羊，在怒江边奋力打造木筏，在雅鲁藏布江峡谷苦苦思索对策，在沙漠中捕捉蝎子充饥，在零下30℃的雪地中哼着小曲造一个温暖的小窝……

那种感觉，就算给十吨黄金我也不会交换。

大自然欢迎每一个人。它教给我们所有的生存之道，给予我们丰厚的精神奖励，同时也在不断出考题。习惯了城市的人们，是否记得怎样野外生活？

大自然责罚骄傲自大、不认真学习的人们，一次又一次，很多人为此付出了生命的代价。我们并不需要像祖先一样茹毛饮血，但也不能成为一个屡屡不及格的差等生。

在多年的培训生涯中我惊讶地发现，人们的生存能力退化得不可思议：很多人不会使用指南针；不知道脚边的小草能充饥且能治疗疾病；有优质的火种，却生不起一堆让生命延续下去的火；带着高科技装备绝望地等待救援，却不知最好的救援队就是自己；重金采购的装备却不及几样简陋得不起眼的东西……

大自然其实已经提供了一切，我们只需要向它学习，我们的脑子和手就是最好的生存装备。

有人说，没有装备将无法生存。我很惊讶，装备只是提高效率的工具，技能则是所有活动的基础。我们的祖先光着屁股，只有不太"聪明"的脑袋和不算强壮的手，他们生存了下来，还繁衍出子子孙孙。

每个人都是生存的强者。相信我，这些知识和技能并不难，在学习中你也会找到许多乐趣。这是打开另一个世界的钥匙，一旦你取得了这把"钥匙"，就会得到大自然慷慨的奖励！

大自然允许你带着认为合适的一切去获取应得的"十吨黄金"，但你并不知道它会给你准备什么惊喜。这是乐趣的所在，也是惩罚的开端。

如果你已经意识到内心的火种，那么请认真学习并实践本书的内容。这是一位通过大自然无数次考试的学生总结出的知识和技能。你一定可以接过这把"钥匙"成为生存大师——终有一天，你会到"终极训练营"中获取应得的荣誉！

生存大师贝尔·格里尔斯说过："别把太多的注意力放在人行道上，它不值得你这样做。"我很赞同他的话。但背上行囊之前，问一下自己能否接受大自然严格的考验，并从它那里得到"十吨黄金"，这很有必要。

我也曾怀疑过部队配发的简单装备能否让我生存下来，直到我看了一则寓言：一名骑士立志要闯荡四方行侠仗义，为此他做了十年的准备，赶着一辆大车出发了。在遇到第一条河的时候，车压塌了木桥。骑士淹死前认为，自己还缺一艘船。

他为什么不抛弃沉重的大车，去学学游泳呢？

带去的越少，才能带回更多。抛下沉重的负担，带上这本书，不一样的体验就在城市外面！

第一章　开始很简单

第一章 开始很简单

第一课 正确地评估和选择

　　评估是所有生存活动的基础，评估就是论证现在或不久将可能遇到的问题，对你能利用什么资源、能采取何种策略等做一个综合衡量。

　　评估的关键是要清楚你的目的。因为你评估的所有指向是要完成这个目的，评估的过程就是在众多方案里选择一个最适合你的，或者经过评估之后，你会放弃原先的目的，改而制订一个更适合你的方案。

　　简单而言：在出发之前，你要仔细地想清楚以下几个问题：去哪里？怎么去？要什么？和谁去？

　　去哪里决定了你出发的时间、地点，以及气候条件，怎么去决定了你的交通工具和活动的时间，要什么决定了你该如何准备自己的装备和技能评估，和谁去则决定了你该如何评估你的小伙伴——这决定了你是不是会惊呆你的小伙伴或被小伙伴惊呆……

　　对别人的评估并不容易，但对自己的评估则简单得多。

　　你首先要对自己的心理、技能、体能三个方面做个客观的评估。

　　野外生存中主观能动性非常重要，如果你能在强大的压力下保持乐观的心态，我相信没有什么事情能够难倒你，但过于高估自己的能力往往会把自己送上绝路！你更要注意后一点，近些年来，不乏因高估自己而送命的驴友。

　　生存技能能让你的生存之旅变得轻松有趣，现在虽然很多人装备丰富，却无法享受到生存的快乐。虽然有些生存技能会受到体能的制约，但如果没有生存技能做保障，体能再多也没有大用，而且生存技能对提升个人心理非常有效。或许你的体能并不是很强壮，但你有着丰富的生存技能，那么无论在什么情况下遭遇到何种情况，你都不会慌张。

自身体能决定了你适合何种强度的生存活动，如果你徒步 5 公里就已经气喘吁吁，却去一个必须一小时行进 10 公里的地方，那么灾难就将很快降临。不过，体能的要求并没有大家想象得那么高，一个身体健康的人，在心理驱使和技能辅佐的情况下，在极端环境中生存下来的成功案例比比皆是。

> **提醒**：装备可以用金钱购买，但认真的学习和严格的训练必须依靠自己，你没有捷径得到心理、技能、体能这三样野外生存的核心要素。

心理、技能和体能评估需要客观确定，而不是靠自我感觉。

总之，拥有良好的心理承受能力和生存技能，可以保证你无论何时都能保持冷静、客观地分析情况，避免做傻事。当遭遇危险时，惊慌只会把事情弄得更糟。而良好的体能能让你的技能发挥得更出色。

假设你被困陌生之地，迷失方向，没有食物和水，也没有任何工具，似乎除了束手待毙别无他法。

现实中有很多案例比这个环境更恶劣，人同样生存了下来。为什么呢？因为当事人有着强烈和坚定的求生意志，这个意志指导他完成了许多人看起来不可能的事情！而且他们有着最基本的生存技能——星星能指示方向，河流和山川是求生的道路，植物、昆虫等是水源和食物，树木、洞窟提供了庇护所……

每个人都随身携带了最强大的生存工具——大脑和手，因此无论我们处于什么生存环境下，首先你要有强烈和坚定的求生意志！人在野外要生存下来并不困难，你只需要一些水、食物、一个庇护所和一小堆火，仅此而已。我无法培训你强大的心理，也不能训练你的体能，但我能告诉你怎么去寻找水和食物、怎么搭建合适的庇护所和怎么生起延续你生命的火，以及许多能让你生存得更好的技能。

如果你已完成对自己的客观评估，觉得自己可以胜任了，接着就该评估一下地理状况了。也就是说，你要对你将要去的地方有个大概的了解，包括你所要去的地区地貌情况、计划线路、所需的时间、水源和食物是否充足、当地现在以及今后一段时间的天气状况等。

第一章 开始很简单

这些评估决定了你需要带多少食物和水，以及你需要准备什么样的装备等等。

如果现在你已经客观地评估了自己的身体、地理以及天气状况方面的情况，那剩下的就是生存技能了。这是我唯一能够给予你帮助的地方。

> **记住**：评估贯穿着整个生存过程，在生存的途中，你要评估每一件事情，在每一个可能性间取舍，选择一个最好的解决方式。

如果你具备了强烈而坚定的生存信念、丰富的生存技能，还有一个健康的身体，再给你一点装备，那么，你就可以征服你所遇到的一切困难了。

关于野外生存的几条忠告：

1. 保持轻松乐观的心态会为你保存体力和精力。
2. 量力而行，养成评估风险的习惯。
3. 力求备份原则，特别是高危的活动必须做好好备份计划，避免不成功而陷入更危险境地。
4. 如无必要，绝不冒险。不要将自己逼到绝境。
5. 节约是美德！
6. 合理地分配你的资源能让你生存得更好。
7. 合理地使用工具和制作工具能让你事半功倍。
8. 掌握必要的物理、化学、自然和医疗知识往往能救命。

小经验：

经常有人问我，在户外活动或者生存活动中，有没有一个标准，一个能一劳永逸解决所有问题的标准？很不幸，户外活动是一个动态的过程，它的本质决定了不可能像生产汽车零件一样用某个标准来衡量——除了安全这个不可逾越的底线。

但一次成功的生存活动，必然经过发展和结束的过程：

分析（决定你适合不适合此次活动的基础）

计划（包括准备工作）

执行（开始行动）

控制（保证活动内容、节奏、安全等处于你可控范围内）

调整（根据实际情况对计划进行更适合实地的调整）

总结（活动完成后总结整个过程，取得经验）

从本人的生存经验来总结，尽量节约能节约的一切但不要吝啬思考的时间，思考能让你更客观全面地看待问题，思考也能让你预先判断事物的走向，会让你节约更多的时间和体能且更能保障安全，实际上思考的过程就是不断地重复以上的步骤。

在户外生存活动中，如果能将这个过程的每步骤认真细致地做好，你很快就能成为一个非常优秀的户外生存者——当然，前提是你必须要有强大的技能基础。

第二课 永恒的方向

指北针

方向是野外生存永恒的话题，若在野外丢失了方向很容易让人慌乱，进而导致判断力下降，最终做出错误的决定。许多灾难就是从丢失方向开始的。

庆幸的是，人类发明了许多寻找方向的工具，至今为止，最简单、最有效的工具就是指北针，怎样熟练地使用指北针是野外生存的基础技能。

使用指北针不仅仅是看东南西北，你还要懂得使用指北针的刻度——方位角。

首先，你要将表盘上的"北"（N）和指针的"北"指向相同方向。

指北针正确标定和错误标定

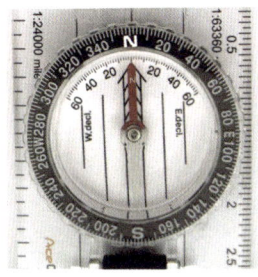

正确地标定方向，才能读出正确的方位角数值。从某点的指北方向线起，依顺时针（或逆时针）方向到目标方向线之间的水平夹角叫方位角。在地图标定中，"方向线"通常就是你标定的线路，或者线状地形的走向，也可以是任一标志物和你站立点的连线。

方位角的量取

不同种类指北针度量方向不一样，普通户外装备店的指北针刻度通常都是顺时针度量，而军用指北针或勘测专业指北针通常是逆时针度量，因此要根据你的指北针刻度来读取方位角。

按方位角前进几乎不会迷路，哪怕你根本没有地图和路标，只要你根据指北针的方位角前进，你的大方向永远不会错。当然，有可能方位角会把你带向不可通过的地形，这个问题在以下的地图标定中会告诉你怎么解决。

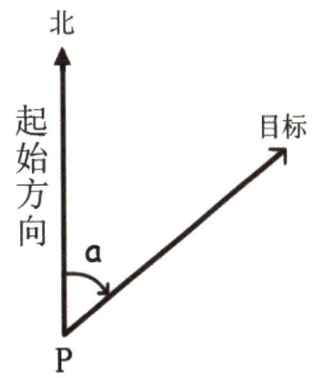

按方位角前进

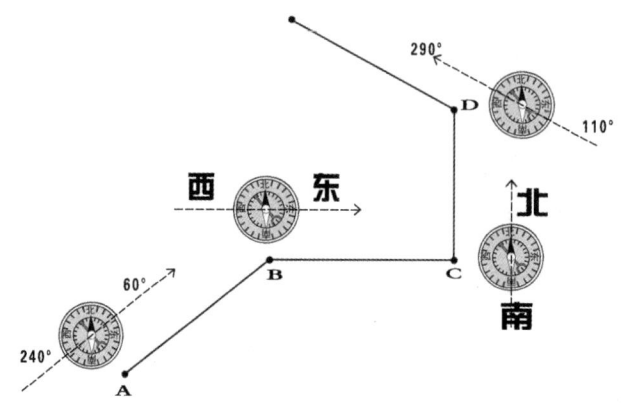

首先，将指北针平放，待指针静止，标定方位。

指北针保持不动，面对你前进的方向，在刻度盘上读出方位角数值，记住数值。

在下一个转弯处拿出指北针，标定方位，再次在刻度盘上读出你前进方向的方位角，并记住它。

每一次转弯就重复标定方位，记住前进方向方位角的工作。

如果前方无路或迷路的时候，拿出指北针，读出方位角，回头朝相反方位角行进，回到上一个转弯点，拿出指北针读出前一个方位角，再向相反方位角行进。

如上图标示，ABCD 为转弯点，虚线箭头方向为前进方向方位角，另一端为相反方位角。例如在 D 点，就读出上一个转弯点 C 点的方位角北（0°或者360°），向相反方位角南（180°）前进，回到 C 点，读出 B 点的方位角。如此反复，这样你就能找到来时的路。

哪怕你错过了转弯点，没能找到来时的路，按方位角前进，也不会丢失大方向，而最简单的方法则是：标定你的迷路点，和起点连一直线，把这条直线的方位角标定出来。虽然可能会有偏差，但大方向是不会错的，给你造成麻烦的最大可能是地形，或许你不得不硬着头皮逢山开路，遇水叠桥。

按方位角回头

按方位角回头的时候很容易找到来时路上的标志物，如果你按210°方位角回头，不考虑地形因素路途最短，但线路标定要比较精确。如果你偏离了原来的线路（途中虚线线路），在复杂地形上很可能找不到你的转弯点（ABCD），但只要看到了明显标志物，此时你就要修正线路，先回到转弯点，再按方位角前进，这样就能很快回归正确线路。因此无论按哪种方式行进，都要随时检测标志物和修正线路。

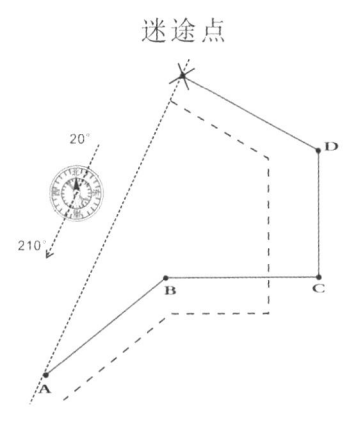

迷途点

> **注意**：要注意指北针的日常维护，不使用时要存放好；严禁摔打指北针；存放和使用时避开强磁场和钢铁器物，防止磁针磁性损耗；使用前最好先测量一下磁针是否灵敏——使用钢铁器物，如小刀靠近磁针，磁针转动灵敏，则可以使用。

地图

指北针和地图联合使用能发挥最大的作用。

虽然现在有先进的GPS等定位仪器，甚至能强大到可以绘出你的行进轨迹，科技让人更便捷，但同时也让人更依赖，仪器会失灵、会损坏，只有基础技能永远不会让你失望！

如今网络发达，很容易找到一张卫星地图，你只需要把它打印下来，然后按照以下方法操作，你就能在出发之前，对所要进行野外生存的地域有一个大概的甚至精确的了解。

读图的口诀是：先点后线，由线及面。

首先，将地图上的明显点状地形找出来。例如山脉最高峰顶，易于寻找的山峰，一些独立的地形——烟囱、巨石、独立坟头、洞穴等，把这些地形标定出来，然后找线状地形，例如道路、河流、山脉、山谷等。这时候，整个地图的大概地貌你已经了解了，然后再寻找面状地形——湖泊、草地、空地、地形复杂的山地部分等，整个地形你就能大概了解了。

读图

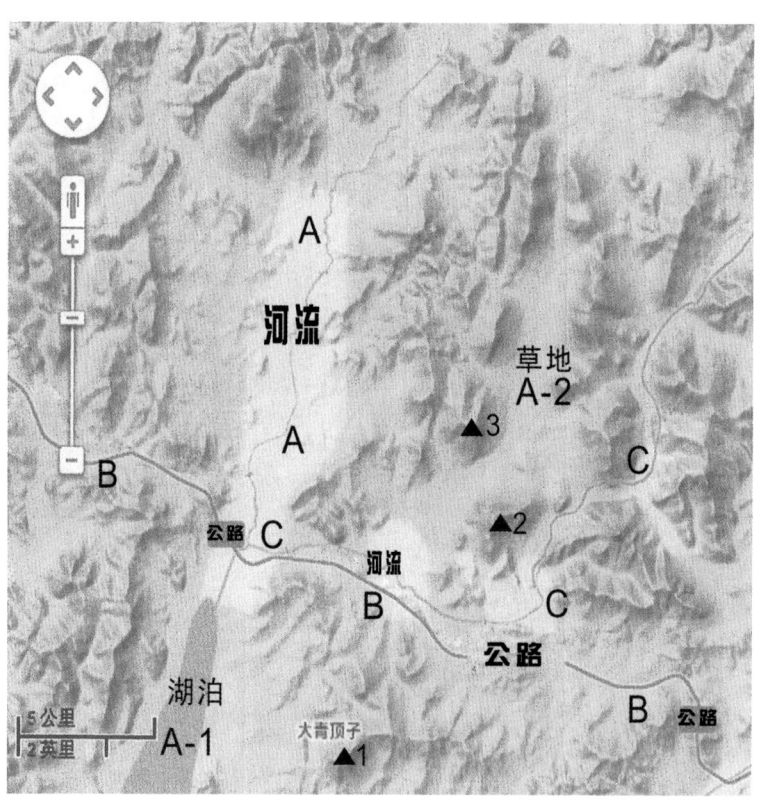

123为点状标定
ABC为线状标定
A-1 A-2为面状标定

接下来，就是使用指北针标定地图，也就是使指北针的"北"和地图的"北"方向一致。

地图标定一

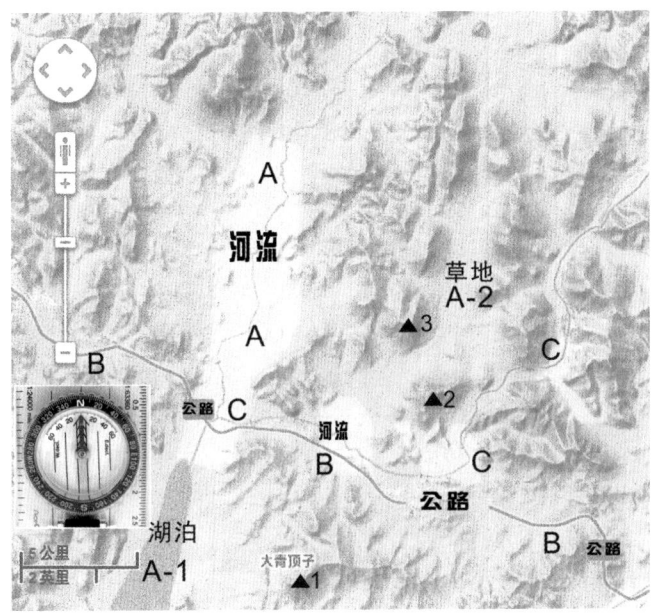

地图的标定是以后行进的基础，如果标定出错，那就意味着你所按地图行进的方向跟实地方向偏差会很大。

最后就是在地图上寻找你的前进线路。

线路标定是和地形有密切关系的：首先在地图上标注出起点和终点。根据两点间的地形状况，选择一条最佳前进线路，该线路首先要容易寻找检测点，也就是容易识别的标志物，将这些标志物在地图上一一用画图笔标明出来，好在行进中检测。再根据地图比例尺，测量各个里程段的距离，估计行进时间，并在地图上标注。

在地图上度量的距离为平面距离，如果是山地地形，考虑到坡度，通常乘以比例系数 1.2~1.5，和实际路程比较接近。但你必须考虑坡度以及植被等因素对你的体能挑战——在许多山地、丛林地形上，一个小时能前进 3 公里算比较快的速度了；有些恶劣的地形，哪怕是特种部队，一个小时也有前进不到 1 公里的情况。而本人则有过一次实际经历——在地形、植被复杂的大瑶山某地区，带着7名队员整个白天（10个小时）前进了400米（直线距离）！

标定线路最快的方式是地图分割法。

地图分割不是要你把地图切开，而是人为地将地图分成小块，容易识别。起点和终点是最重要的两个点，将两点连一直线，但这直线往往不会是你的前进线路，依照这条直线两侧各量出1~3公里，人为地划分出一条"高速公路"，你的线路就基于此"高速公路"内标定。暂时不要把区域外的地形考虑在内。然后分解行进区域，找到每个转弯点，在转弯点附近用圆规量出1公里或更远的区域，标注标志物。转弯点是重要的检测点，但检测点并不只局限于转弯点，路途中的任何一点，只要附近有标志物，都可以作为检测点。检测点的作用是在你行进途中对你的方位、站立点进行识别，避免迷路。

最后，标定你线路的方位角。有了方位角和标志物，你几乎不会迷路。

地图标定二

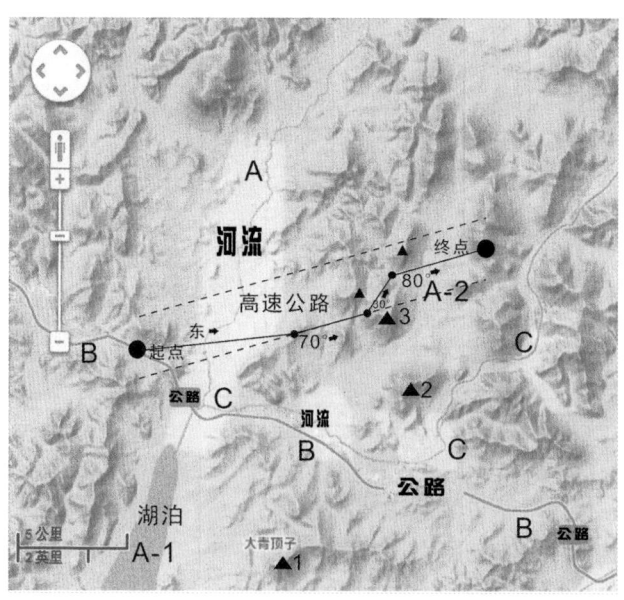

在地形并不复杂的情况下，你几乎可以顺着直线前进，只需要在前进途中

随时注意你的方位角和标志物就可以了。但如果碰到了某些难以通过地形，例如悬崖、山谷、湖泊、河流等，"高速公路"被截断，那么就开一条"岔道"。"岔道"同样标定出转弯点、检测点、距离、线路方位角，利用"岔道"绕过难以通过地形之后，回归"高速公路"。

地图标定三

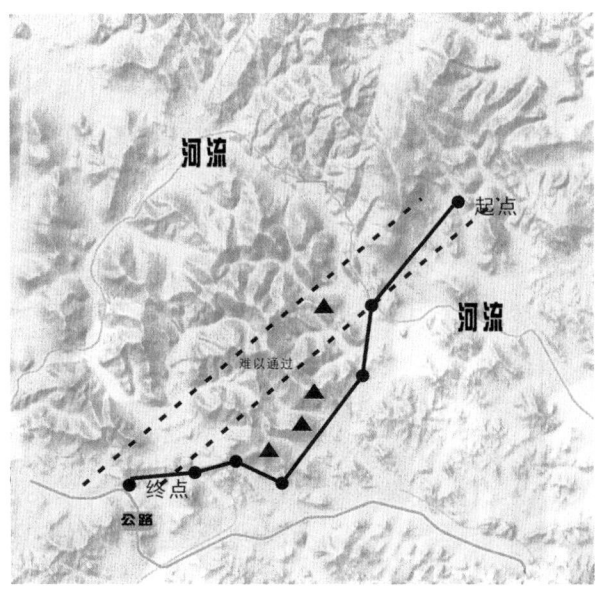

在丛林、山地等复杂地形上，你或许得标定许多条"岔道"。这时你更要仔细地读图、详细地标定，在路途中还要进行多次修正（在出发之前，你可以在电脑上放大地图，观察局部细节，如果有必要，打印几份不同比例尺的地图）。

如果你的路途遥远、生存地域广，那么你要用另外一种地图分割法，也就是把地图人为地划分为若干个小方块。

通常情况下划分为 4 块，更广的区域可划分为 9 块。每一块大约为你 1~2 天的路程，在小方块里，依照以上的地图标定方法标定，然后将所有的线路联系起来。

地图标定四

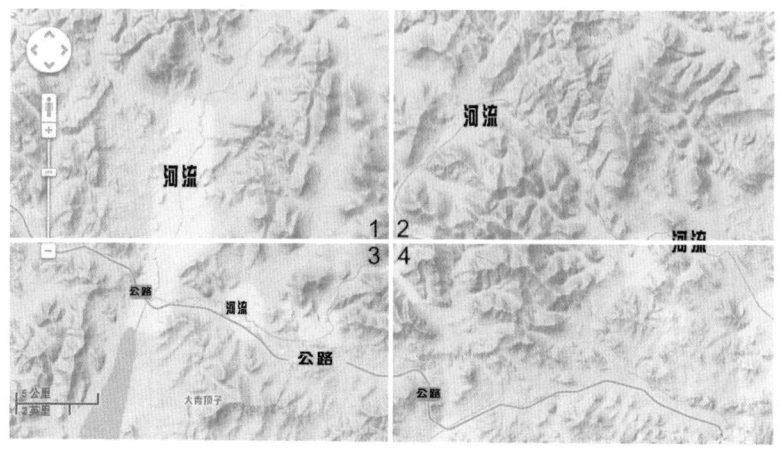

地图标定好之后并不能一劳永逸。在前进过程中，你还要根据实地情况检测标志物和做线路调整。地图并不能标出所有地形细节，某些标志物并不会出现在地图上。例如一些显眼的独立石块、突兀的巨石、高耸的树木、小路、小水塘、溪流等等，这些标志物你要随时补充上去。这样，你的地图信息就会越来越接近实地。

> **地图标定小经验**：线路最好位于易于行进且容易检测标志物的地形上；转弯点最好在标志物附近，一旦迷路你能很快地按方位角返回标志物附近；平原、沙漠等平坦地形缺乏标志物，严格按照方位角前进，直来直往最便捷；山地、丛林等复杂地形，最好能在线状地形附近标定线路——线状地形不容易丢失方位角，容易寻找标志物。但你也要注意一些线状地形将你引入歧途，例如山脉的支脉、山谷的分岔等。因此在地图标定的时候，就要把这些地形标定出来，在实地要注意检测站立点和方位角；熟练使用方位角是所有野外生存者的基础技能。如果不标定地图，你就会跟无头苍蝇一样在野外乱窜，给自己找寻许多不必要的麻烦，野外生存很可能因此演变成一次求生之旅（但这些麻烦在出发之前你就可以避免）。

第三课 **轻装上阵**

有人曾问我,野外生存中最好的装备是什么?我回答说,你的大脑和手脚。

虽然装备排在生存要素的最后,但有些装备却能让你生存得有滋有味。它们绝对值得你付出一些体力带着它们踏上漫漫长路。

装备准备有个原则:优先携带必需品,其次考虑用途广泛的装备,然后根据重量考虑用途单一的装备。除了指北针和地图之外,以下列出的物品,俗称万能装备,在绝大多数情况下,配合技能它们都能让你在野外应付自如。

一、不可或缺的装备:刀与火种

刀:刀是野外生存最重要的装备,我甚至将它上升到没有之一的位置。缺少了刀,很多工作会让你束手无策,根据你所去生存的地形携带你的刀。关于刀的选择那又是一项生存技能,刀的主要功能为劈砍、切削和穿刺。求生刀或生存刀其实是一个很宽泛的概念,任何一把有助于你生存的刀(甚至石刀)都可称为求生刀。这世界上不存在十全十美的装备,刀也不例外,所以你要对你的刀或装备有一个全面的了解,了解他的用途和极限,用一把狗腿砍刀去削小竹签会让你抓狂,用一把小折刀去伐木明显是不行的。通常建议携带两把刀。

主刀全长通常为30~35厘米,偏向劈砍功能,刀鞘配救生盒套

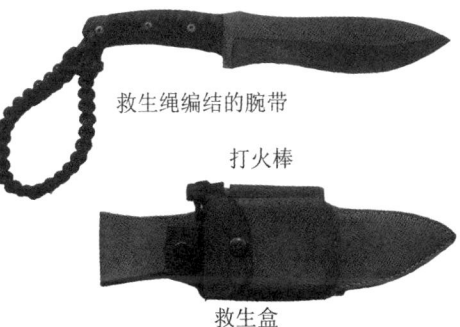
救生绳编结的腕带
打火棒
救生盒

和打火棒套，刀柄用救生绳编结一个腕带，套在手腕上防止大力劈砍时脱手伤人，紧急时刻也可以拆掉腕带作为绳索。

副刀偏向切削功能，全长 20~25 厘米，刀刃锋利，是主刀的备份，通常建议使用猎刀——在紧急时刻下，猎刀较宽厚的刀背可以敲击，从而达到部分劈砍的功能。

一些多功能的折刀也能应付普通的野外环境，例如瑞士军刀。它的锯子非常实用，我甚至用它伐倒过一棵直径 20 多厘米的树木，但折刀应付不了强度更大的生存活动，而且容易损坏。

火种：火种的种类很多，根据气候携带你的火种。如普通的塑料打火机，在严寒和酷热下，它很容易出现故障。记住一点，越简单的东西可靠性越高。打火棒无论在什么环境下，它都能打出火星。火柴一直是生存者必备火种，但你需要做一些保护工作：将火柴头蘸在熔化的蜡里防水，保护好擦火纸不要受潮。这些可靠的火种必须在你的装备里占得一席之地。

接下来就是你所准备的火绒的问题了。在后面的章节里，将会具体讲述怎么使用火种和生火以及火的运用。

使用油料的防风打火机很方便，但你必须要考虑到油的挥发，通常油料打火机灌满一次油能保证 5~7 天的正常使用。然而在高热、干燥的地方，三天或许油料已经挥发殆尽，你只能空擦火石徒呼奈何。而在极寒时，油料有可能会冻结，这时候，你就要把火机放在贴身的袋子里，用体温保证它的可靠。如果你携带的是油料打火机，记得多备上几颗打火石，或许你还得带上一点火机油。

二、很重要的装备：帽子、生存丝巾等

帽子：帽子的作用很多，它可以遮挡阳光，避免在阳光下你的头部温度太高导致头疼和中暑；气温较低的时候可以为你保暖；夜间还可以防止蚊虫叮咬；紧急时刻能用来止血和急救。

通常推荐使用布制圆边帽，它比棒球帽和鸭舌帽更适合野外生存。而某些网纹的帽子虽然会更凉爽一些，但也更容易让你的头暴露在阳光下，引起中暑，而且对保持体内水分很不利，夜间降温时也不能作为保暖使用。

生存丝巾：一条长约 1.5 米、宽 30~50 厘米的网纹布，或 1×1 米的生存方巾，是当年我们必备的生存工具。生存方巾比围巾状生存丝巾用途更多一些，在日光强烈的时候，将生存丝巾围在脖子上可以防止被阳光晒伤，可以为你保持体内水分，可以做成简易的遮阳帽，在强光、沙漠、雪地里行进的时候，还可以用生存丝巾盖在帽子上做成面纱，替代墨镜防止眼睛被阳光灼伤，能有效地防止雪盲症。夜晚可以把它围在脖子上保暖和防止蚊虫骚扰，代替毛巾做个人清洁，做滤水筒，还可以做成网捕获鱼虾、鸟和昆虫以及急救等等。户外店所售的百变巾虽然也能起到一些作用，但仍旧没有生存丝巾的功能强大。

防水布：通常用 2×2 米、3×3 米的，主要用来建立庇护所。它虽然很轻，但作用非凡，可以保温、防雨、在干旱地带取水。油布应付普通的生存活动足够了，但很容易损坏。如果有必要制作损耗性的工具——例如制作皮筏、担架、睡床等，必须要厚实的防水布。

防水布永远不会让你失望，你只需要几块石头，外加几根树枝就能在十分钟内搭建一个简易庇护所。哪怕是在很恶劣的环境下，防水布也能给你搭建出一个"温暖的小家"。

袜子：野外生存有一句话：不但要好好保护你的头，更要好好保护你的脚。袜子不光能保护你的脚，还可以作为绷带、做火把、过滤脏水、做滤水筒，和防水布或雨衣配合，可以帮你从海水甚至污水里取到干净的水。

在寒冷的时候，把袜子折成团塞在腋窝及腹股沟，或将袜子配合生存丝巾围在脖子上，将身体蜷缩起来，都可以保暖。

水壶：最好使用外套金属饭盒的水壶。饭盒可以做锅使用，记得一有机会就补充水壶。水是生命之源，野外虽然永远不"缺水"，但很多时候，不是随时能取到水。

雨衣：不管你的户外服装多么高档，有几防效果，都要带上一件雨衣。选择好你的雨衣，雨衣的作用并不只是为你遮风挡雨，还可以做帐篷、防水垫、搭建简单的阴凉篷、制作漂浮包、保暖、取水等。

这些装备用一个小小的背包就能装下，一个体弱的女性都能轻易地携带。

三、次重要的装备：安全绳、手表等

安全绳和保护索： 如果你是在丛林、山地、预计需要涉渡等情况下，带上安全绳和保护索，它们能让你通过许多悬崖、沟谷、安全的涉渡，在缩短你路途的同时还能保护你的安全。

与专门的索降户外活动不同，在生存情况下你需要尽量减轻负重，安全绳通常使用直径 8 毫米的静力绳，根据地形和你选择的线路携带长度，通常 20~30 米就足够了。保护索最好使用宽度 1.5 厘米的扁带，没有扁带直径 5~6 毫米的辅绳也能胜任。

保护索除了能保护你安全，还能做搭建帐篷等工作。

绳索技术也是野外生存中重要的技能，而且非常有意思，在第二章中会详细讲述怎么使用。

手表： 它能让你掌握时间，如果有太阳，还能很快给你找到概略方向。如果你牢牢掌握了标图的技能，手表还能为你标定线路。

腰带： 将重要的装备随身携带。

干粮： 虽然野外就是你的大食堂，但很明显这是一家"自助食堂"，一切都需要你自己动手，预备着一些随时能吃的食物，最起码能让你安心。

铲： 一把长 30 厘米左右的工兵铲，多用工兵铲还可以当镐和砍刀使用，而且可以轻松地通过安检。在你预计需要进行"土木工程"的时候，带上它吧。虽然刀也能胜任某些"土木工程"，但并没有它效率高，并且很容易损坏你宝贵的刀。

四、以防万一的装备：急救包、止泻药等

虽然野外也是一间大药房，可是让人挠头的是，这仍旧是"自助药房"。自备一个急救包会让你最快地得到治疗。在野外最常见的病痛是感冒、发热、腹泻、便秘、中暑、过敏，也有可能会受伤，因此你的急救包里要准备以下一些药品和器械：

1. 复方阿司匹林： 它的作用是解热镇痛，缓解肌肉酸痛，对付一般的感冒

效果很不错。它还有轻度止泻功能。当你走了一天，停下休息时，吃上一片，半小时后它开始起效，而此时正好是你肌肉开始释放乳酸的时间。野外的水并不一定干净，或许烧开后你的肠胃也不会完全适应，它的轻度止泻功能，足以欺骗你的肠胃继续工作。

2. 止痛药： 这个可以少量带上些，在不幸受伤时它可以帮你缓解疼痛——阿司匹林虽然有止痛的效果，但是它只适用于轻中度的疼痛。

3. 止泻药： 阿司匹林虽然有很多功能，但它也不是万能的。万一你的肠胃造反，你可以用止泻药镇压。否则很容易让你虚脱、脱水。市场上的止泻药有很多，我个人比较推崇土霉素、诺氟沙星以及红霉素片，它们不光有止泻作用，还有肠胃杀菌的功能。诺氟沙星以及红霉素片还是广谱抗菌素，可以用到其他的炎症上。更主要的是它们便宜效果好，而且量还足。

4. 润肠药： 这个是对付便秘用的。例如非常便宜的果导片，最好带着吧。

5. 广谱抗菌素： 如果有伤口，不要放任不管。野外的细菌很多，记得将伤口包扎好，吃片药，直到伤口愈合。一般带够一个疗程的剂量。诺氟沙星以及红霉素片的主要作用还是杀灭肠道细菌，对于伤口的炎症效果并不是太明显。

6. 抗过敏药： 主要用来对付过敏。如果你是过敏性皮肤就更不能忘记它了。例如一小瓶祛风油，它不但能治疗轻度的皮肤过敏，还能缓解感冒、发热症状和扭伤，甚至还能抓蛇。内服的抗过敏药物也要准备一些，具体药物在后面的章节里会详细介绍。

7. 纱布、绷带、药棉和医用胶管： 一块纱布，一卷绷带，一包药棉，在出血受伤的时候用于止血和包扎。带上两根一尺长的医用胶管，它除了可以做止血带外，还可用于制作弹弓。

8. 止血钳、手术刀片、缝合针与缝合线： 如果不幸有人受伤，需要急救的时候，这些器械能派上用场。

根据你所需要去的地形、气候和你的禁忌症来准备药物，急救包里除了药物和器械，你还应该放置以下物品：火种、小刀、一小包盐、一壶水和一些干粮。

虽然谁都不想用到急救包，但紧急时刻没有急救包，许多人会束手无策。这些物品并不重，你只需要一个小腰包或腿包就能装下。

急救包里都是基本的生存用具，要经常检查。里面的水和食物通常不使用，但有机会就替换。人在遇险的时候,肾上腺素急剧增多,紧张和焦虑会使你消耗大量能量和水分,在一定时间内不能恢复正常的情绪,这些食物和水足可以能帮你撑过一天,给你冷静考虑的时间。

急救包里还可以根据你的需要和空间放置其他应急物品。

如果是团队生存,急救包是必须要准备的。根据气候、生存强度、生存时间准备药品,大多数情况下每种药品按照单人使用剂量准备3~5天药量。我强烈建议在这个时候,你要主动带上急救包——里面的水、食物等,那可是你的"私货"。

9. 救生盒:哪怕是最强的生存者,都会认真地准备救生盒。这是一个香烟盒大小的结实铁盒(许多种润喉糖铁盒就很合适),里面通常放置以下物品:一个纽扣指北针、几枚鱼钩(7~10号钩)、5~10米长的渔线、备用火柴、擦火纸、一根蜡烛、一些常用药品、一小包盐、几根针(至少一枚大号的缝衣针)、约2米的棉线、两到三片手术刀片(至少一片尖头刀片、一片大号刀片,手柄可以临时制作)。根据空间,你还可以放置你所需的其他物品,空隙处用棉花填充好,盒子用电工胶布缠好封口——电工胶布可以防水,也能重复使用,必要时还能包裹手术刀片成为临时刀柄。

救生盒是最后的救命法宝,要放在有拉链的口袋里随身携带,无论在任何时候,都不要让它离开你。

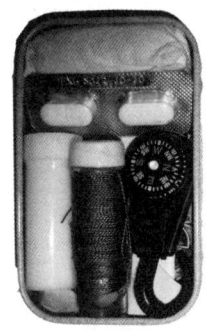 

救生盒

急救包和救生盒里的东西都要注意防水。特别是食物、盐和火种!食物、盐和火种分散在急救包、救生盒和背包中,用合适的小塑料袋扎好,摆放整齐。在你遇险的时候不至于被一窝端了,只要能抢救出一两样,情况就会大不一样。

每次出发之前，认真地准备你的急救包和救生盒——注意药品的有效期、使用剂量（如果你记不住，就用纸条写好与药品放在一起）。

如果你选择的线路强度很大，或者队伍中有体弱者，准备几粒速效救心丸，在紧急时刻它能救命。

如此简单的装备，足以让你应付绝大多数野外生存活动，并且能让你生存得很好。但在清空你的背包的同时，你更需要充实你的脑袋——技能越强的人，所需要的装备越少。

装备大多数都能携带在身上，一些"笨重"的绳索、雨衣、防水布，也仅仅用一个小背包就能带走。如果合理运用你的装备和技能，哪怕是普通人使用这些简单的装备在野外生存一个星期都不是问题。

至于其他的装备，你可以根据你的体能和生存环境来增加。如普通的郊区野营，为了方便，炉头灶具烧烤炉等带着也并不会让你付出太多体能。

如果是团队前进，人多的好处就在于力量大，可以携带更多的装备。但指北针、刀、生存丝巾、防水布、盐、水、食物、火种、救生盒是每个队员都要携带的，其余的一些装备可以共享。出发前根据列出的清单严格检查每个队员的装备状况，以免有遗漏。

装备选择的小经验

装备很大程度上决定了你的"野外生存质量"，因此你要好好地保护你的装备，不要用刀去劈砍石头或做挖掘工作，药品和火种要注意防潮。记住你的装备位置，使用完装备之后，立刻放回原处。养成休息时检查装备的好习惯。

装备备份原则，亦即重要的求生装备需要一份备份以应付意外情况。例如救生盒是急救包的备份，纽扣指北针是指北针的备份，副刀是主刀的备份，有了最基本求生工具配合你强大的生存技能，就算到了求生境地，情况也不会太糟糕。

> **注意**：装备是根据地形和气候而来选择的，越恶劣的地形和气候，对装备的要求就越高。这里所罗列的装备能应付大部分情况，但如果你是去攀登雪山，其生存技能和装备是与其他地形大不一样的，你必须要准备例如冰镐、冰爪、高质量的帐篷和睡袋、专业的雪山防护绳、护目镜，以及相应的急救药品，甚至还需要携带氧气瓶等专业装备。在雪原等难以找寻食物的区域，食物和水的比例要提高，在没有燃料生火的地区，炉头和气罐就显得很重要，而沙漠中，水决定了你的一切，尽量多带上水。

第四课 选学

以上的地图和指北针技能足以让你应付大多数野外环境，保证你不会迷路，但如果你想成为野外生存的强者，我觉得以下的课程对你会有所帮助。

精确标图

指北针的磁针指向是磁南北极，并不是正南北极。地磁极接近南北极，但并不和南北极重合。磁北极约在北纬72°、西经96°处；磁南极约在南纬70°、东经150°处。

磁北极距地理北极大约相差1500千米。在正南北极连接若干线，叫真子午线(也叫经线)，磁南北极再连若干线，叫磁子午线。真子午线和磁子午线之间的水平夹角就是磁偏角。磁偏角并非固定不变，实际上，磁北极每年都在移动，甚至在一天的不同时间里，磁北极也在运动，大约每天移动40米左右。也就是说，在同一个地点的磁偏角，过了若干年后，会出现很大的偏差。

磁子午线在真子午线以东为东偏，以西为西偏，地图上标明的磁偏角度数会用正负值标明，东偏为正，西偏为负。因此在精确标定地图的时候，要考虑到磁偏角。

在我国除部分磁力异常的地方外，一般磁偏角都是西偏。因此，我国一般纠正磁偏角的时候都要加上。正常情况下，越靠近北极磁偏角越大，南方磁偏角较小。在纬度相近地区，磁偏角差别不大，可查阅附近重要城市的磁偏角作为纠偏数据。

现在有软件可以计算磁偏角，只需要代入经纬度就可以了。但影响磁偏角的还有一个重要因素——矿藏。如果附近有矿藏，磁偏角也会有所变化。单纯的经纬度代入公式计算并不能保证精确，最好查阅当地的测绘局取得准确的磁偏角数据。

磁偏角示意图

知道了磁偏角的原理，对你在野外精确定向是非常有用的。因为许多地图上的指北方向线是经线，跟指北针的指北方向线不重合。如果按照指北针的指示行走（特别是能见度低、难以找寻标志物的丛林、复杂的山地，几乎没有地标的开阔草原、沙漠等极端地形中），很容易偏离原定线路。少纠正一度，大约相当于直线一公里偏离16~17米。野外行进中直道很少，在弯曲的道路上，偏离距离更大。在这种地形下，你要随时修正你的线路。

磁偏角示意图

将指北针的测绘尺切于磁子午线，并使准星一端朝向地图北方，再转动地图，使磁针北端对准正磁北方向，地图就标定好了。

指北针标定

指北针标定地图属于精确标定，请依托一个相对稳定的平台操作，以免因为磁针的晃动影响精度。

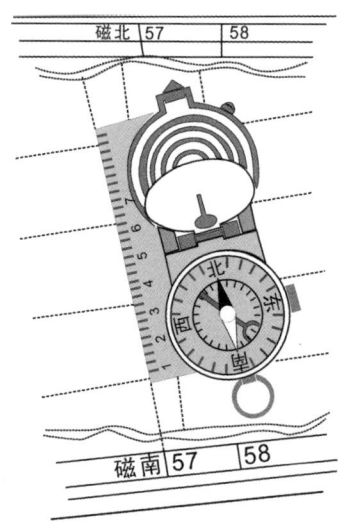

指北针标定

附录：中国部分地区和城市的磁偏角（数据来源于网络，仅供参考）

漠河 11°00'	齐齐哈尔 9°54'	哈尔滨 9°39'	长春 8°53'	满洲里 8°40'
沈阳 7°44'	旅大 6°35'	北京 5°50'	天津 5°30'	济南 5°01'
呼和浩特 4°36'	徐州 4°27'	上海 4°26'	太原 4°11'	包头 4°03'
南京 4°00'	合肥 3°52'	郑州 3°50'	杭州 3°50'	许昌 3°40'
九江 3°03'	武汉 2°54'	南昌 2°48'	银川 2°35'	台北 2°32'
西安 2°29'	长沙 2°14'	赣州 2°01'	衡阳 1°56'	厦门 1°50'
兰州 1°44'	重庆 1°34'	遵义 1°26'	西宁 1°22'	桂林 1°22'
贵阳 1°17'	成都 1°16'	广州 1°09'	柳州 1°08'	东沙群岛 1°05'
昆明 1°00'	南宁 0°50'	湛江 0°44'	凭祥 0°39'	海口 0°29'
拉萨 0°21'	珠穆朗玛 0°19'	西沙群岛 0°10'	曾母暗沙 0°24'(东)	南沙群岛 0°35'(东)
乌鲁木齐 2°44'(东)				

密位

某些指北针度表盘内是双重刻度分化，一般外层分划是角度分化（360°），里层是密位分化（6000密位）。简单地说，就是把一个圆周等分为6000。密位记法与角度制记法不一样，以东南西北为例子；以正北为0度，以顺时针度量，用角度制度量为：

北：0° 或 360°；东：90°；南：180°；西：270°。
东北：45°；东南：135°；西南：225°；西北：315°。
用密位制度量为：
北：0 — 00 或 60 — 00；东：15 — 00；南：30 — 00；西：45 — 00。
东北：7 — 50；东南：22 — 50；西南：37 — 50；西北：52 — 50。

密位分化上通常只显示前两位数字。密位和角度的关系为：**密位 × 0.06= 角度**，大家也可以用这个公式换算密位和角度。

如果是逆时针度量，则东和西数值于上述相反，东北、东南等也会有变化。大家可以直接从指北针的密位盘上读出数值。

用密位制标定方位角和角度制标定方位角方法一样，只不过更加精密。对于需要长距离行走且需要精确到达指定位置的时候（例如部队的行进），通常都用密位标定。在极端复杂的地形下，密位制标定也比角度制标定更好——例如在能见度低的丛林、复杂的山谷、地貌相似的山地、一望无际的沙漠、草原等，很可能行进一阵之后你会惊讶地发现，本应该出现在你视野中的标志物一直没有出现。而且在某些极端情况下，例如丢失了指北针，你还可以通过手表的表盘来比较精确的标定地图。

手表的表盘一圈12个大刻度，正好为5的倍数（5、10、15……50、55、60），亦可视作正好6000密位即360°，用密位制将刻度计为5-00，10-00等，标定好地图之后，将手表当作指北针，使用密位/角度换算公式就可以按照上述所述方法标定出方位角、磁方位角等重要信息以及定位。

某军用指北针表盘

（请注意刻度度量为逆时针方向）

等高线地图

能忠实且精确体现地形地貌的地图，无疑是等高线地图。但等高线地图需要更系统地学习。军用级别的等高线地图属于机密文件我们无法获得，但现在很多地图软件都能在卫星地图上加载等高线，虽然其精确度无法达到军用级别，但用于户外活动已经足够，大家能够牢牢掌握以上标图和指北针的使用等方法，再加上临时的一点应变能力，使用网络下载的卫星地图，已经能够在大多数地形中安全生存了，但掌握了等高线地图的用图技能，无疑为你的安全又增加了一道保险。

等高线地图就是将按比例尺将地表高度相同的点连成一环线直接投影到平面形成水平曲线，以此来体现地形的一种方式。

等高线地图中不同高度的环线不会相合。其最简单的分辨方式就是越陡峭的位置曲线越密集，除非显示悬崖或峭壁使某处线条太密集出现重叠现象，若地表平坦开阔，曲线间之距离就相当宽。

比例尺

指地图上线段单位长度与相应实地水平距离的比例。如1:10000的比例尺，

第一章 开始很简单

在地图上一厘米，实际则为 100 米。

一般使用的地图比例尺从 1:10000 到 1:50000，地图比例尺越大，所表现的地形越接近于实地，比如 1:10000 的比例尺地图就比 1:50000 的地图更精确。选择一个合适比例尺的地图对于你到野外非常的有帮助。

而我们常使用到的地图软件，通常不会标注 1:10000 这类数字，而是在（左）右下角会有一个单位长度的线段，标注的是 100m、200m、500m 等，亦即这个单位长度表示了实地的 100 米、200 米或 500 米的距离。

地图曲线

等高线地图是以闭合曲线来表示地形的，为了更方便使用，将地图曲线分为了四种。

首曲线：首曲线，也叫基本等高线，是按基本等高距绘出的等高线，通常在地图上以 0.1mm 的细实线描绘。

计曲线：为了阅读方便，从起点起，每隔四根等高线加粗描绘一根等高线，这根加粗的等高线就是计曲线。通常在地图上以 0.2mm 的粗实线描绘，这样做便于查算点的高程或者两点间的高差。

间曲线：一般使用用于高差不大，坡度较缓，单纯以首曲线不能反映局部地貌形态的地段，可以只绘一段而不闭合。如用基本间隔绘制地形图，往往在一幅图内没有几根等高线，表达不了实际地形情况。因此在一幅图内为表现局部地貌特征，采用为基本等高距的一半的等高距绘制等高线，这种等高线叫作间曲线。间曲线通常用长虚线表示。

助曲线：也叫辅助等高线，通常按四分之一等高距描绘等高线，但也可以按任意高度描绘等高线。助曲线用以表示首曲线和间曲线尚无法表示的重要地貌，通常在图上以短虚线描绘。

地图高程

也叫作高差，即相邻两根等高线之间的垂直高度。不同比例尺的地图高差不同，但通常都以 5 米、10 米或者 20 米计算。

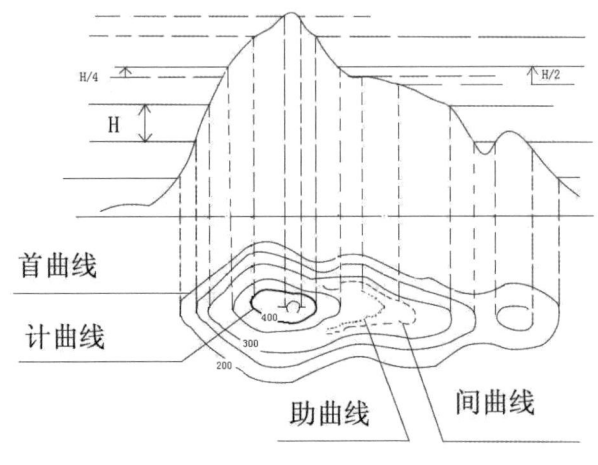

等高线示例图

地图曲线记忆法

将这几个曲线的名称第一个字记住就成了一个口诀：首计间助（手机，建筑）。

四种曲线的高差比例为：以首曲线为基准，五倍为计曲线，二分之一为间曲线，四分之一（或任意高度）为助曲线。

基准线是以海平面的平均海潮位线为准，所以不用费心去找第一条首曲线在哪儿，只需要记住地图中的细实线叫首曲线就好了。

在查阅高度的时候计曲线很重要，每四根首曲线加粗一根成为计曲线，因此计曲线的高度都是 5 或者 10 的倍数，不会出现类似 33 米、89 米的计曲线。

地图中的高度数字通常都标示在计曲线上，在查阅某处高度的时候，找到最近的一条计曲线，往上或者下计算多少条首曲线，加或者减高差即可得到实地的高度。

示坡线

示坡线是顺着下坡方向绘制并与等高线垂直相交的小短线，通常绘制于等高线最有特征的弯曲处，比如山顶、山鞍部、凹地底部和有必要表明下坡方向的地方。

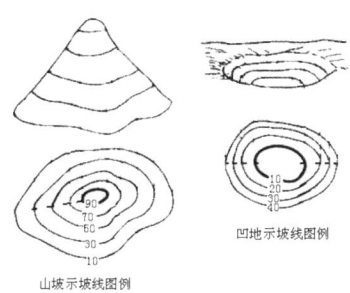

示坡线

常见的等高线图形

地形	山地山峰	盆地洼地	山脊	山谷	鞍部	峭壁陡崖
表示方法	闭合曲线外低内高	闭合曲线外高内低	等高线凸向山脊连线低处	等高线凸向山谷连线高处	一对山谷等高线组成	多条等高线汇合重叠在一处
示意图						
等高线图						
地形特征	四周底中部高	四周高中部低	从山顶到山麓凸起部分	从山顶到山麓低凹部分	相邻两个山顶之间,程马鞍形	近于垂直的山坡,称峭壁。
说明	示坡线画在等高线外侧,坡度向外侧降	示坡线画在等高线内侧,坡度向内侧降	山脊线也叫分水线	山谷线也叫集水线	鞍部是山谷线最高处、山脊线最低处	峭壁上部突出处,称悬崖或陡崖

地图符号

地图上除了让人看着发晕的一圈又一圈的曲线之外,还会有很多表现地面景物的特殊符号,它可以让读图者获取现地地形的信息。

地图符号一般分为三个大类:

点状符号:这是地面上一些体积小,但是又有重要意义的物体,如一些独立的地形——烟囱、巨石、独立坟头、洞穴等。

线状符号:表达线状分布的地形,如河流、沟渠、道路等。

面状符号：按地图比例尺表达出面积、说明地物性质和数量的符号，通常这个地物的面积按实物轮廓绘制在地图上，一般在地图上会说明其性质和数量，可以在地图上直接获取地物轮廓、位置、长度、面积等概念，如草地、湖泊、沼泽、森林等。

常用的地图符号

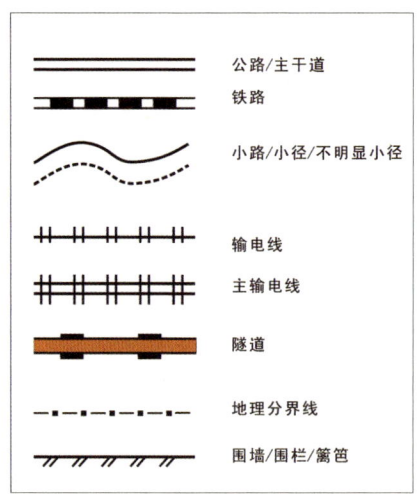

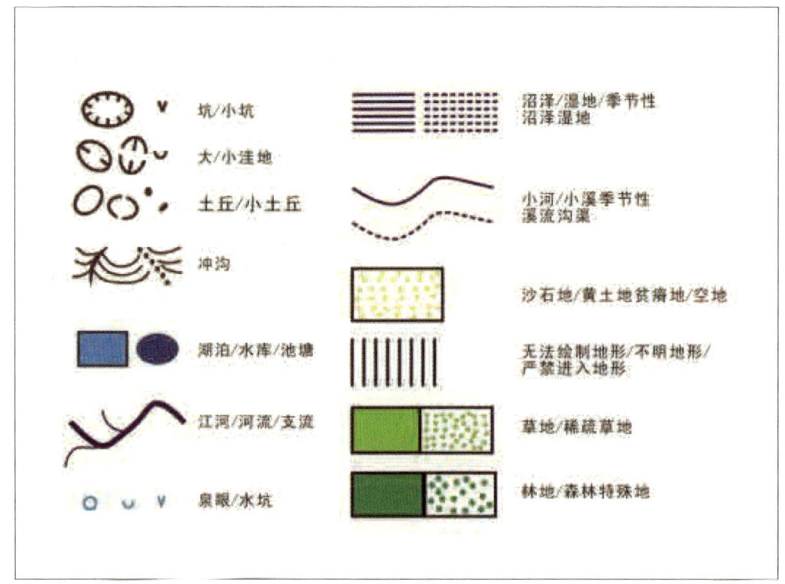

注意：这里所列举的地图符号只是让大家初步了解，并不表示所有地图都是如此。根据不同的特定地图，符号会不一样，使用地图前，请注意地图下部或右部标列的地图符号，以所标列地图符号为准！

所有的地图作业程序都一样，首先都要标定地图，然后按照读图的口诀寻找点、线、面状标志物，根据实际情况标定出所需的检测点，确定你的行进路线，并在实地行进的时候进行检测点补充、线路修订等工作。

不同的地图区别主要在于其给予你的信息量多少，在实际操作时，我们常见的地图软件上卫星地图给予的信息量更偏重于植被、村落、地名等图像信息，缺乏海拔、地形细节这类抽象信息，而等高线地图里的等高线能最直观的表示出地形信息，两者是可以结合使用的，同时在地图上，你还可以自己手绘附加上其他有用的信息，例如计划行进的线路、面积方格、实地观察到的显眼标志物等等。

在后附的图例中，人为地加入了方格、检测点、村庄、顶峰等重要的信息，方格的作用辅助定位，例如顶峰处于11-B区（方格记法先竖后横）而如果你处于11-F区的时候，很明显你身边的地形是和地图匹配不上的。

备注信息里你还可以将你认为的重要信息记录下来，例如线路上13-C区坡度超出你的预计之类的信息。

注意：如果你的纸张不防水，用密封胶袋将地图保护好，并且保证你的画图笔有效，通常都建议使用铅笔而非墨水笔。

等高线地图标定图例

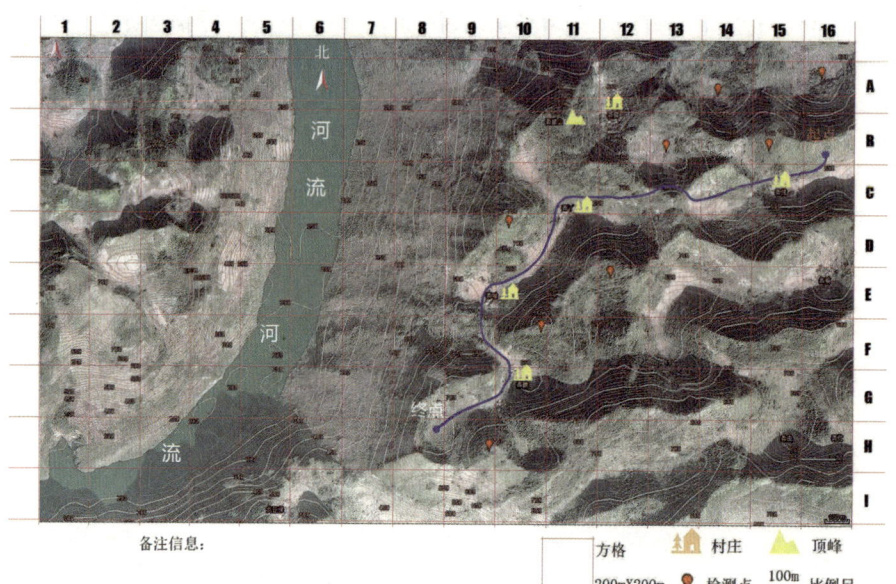

第二章　绳技

绳子常作为攀爬、滑降和救生工具，在扎棚与扎筏时也显得非常重要，是不可或缺的基本生存工具之一。在野外，需要什么样的绳索？多长的绳索？怎么携带合适的绳索？这些都会在本课程里给大家一一解答。

有人觉得绳索是一个累赘，但在丛林、山地、水路等地形上，没有绳索你会遇到很多障碍无法通过，一旦遇险你也只能眼睁睁地看着伤员哭号而无法营救。如果在这种地形条件下你不带绳索，那绝对是一个难以饶恕的错误！

野外生存中你必须准备一根救生绳，户外用品店有许多种类的登山绳，都可以当作救生绳使用，通常推荐使用的是直径8~10毫米的绳索。

有了救生绳并不是一劳永逸，记得带上保护索。保护索通常是配合救生绳使用，能最大限度地保护你的安全。保护索要求质地柔软、抗拉力强，最好还要耐磨。它不但容易制作各种绳结和结环，还可以搭建庇护所，也可以作捆扎等工作。在紧急时刻，保护索还能连接起来做救生绳。保护索通常用比较常见的6毫米辅绳，而更好的保护索则是1.5厘米宽的扁带。

绳索使用的一条重要原则是，如果没有必要，就不要截断绳索。一根长绳比若干根短绳的作用要大得多，可以考虑将绳索绕成绳圈携带。

你所带的每一样东西都应该物尽其用。既然你带了绳子，就要懂得怎样打绳结，如果既不懂得打绳结，又不懂得绳结的用处，那么你背着绳索就是不折不扣的累赘。

第一课 基础绳结

反手结

这是一个最简单、最常见、最实用的结,也俗称死结。反手结的优点是可以在同一个地方打上多个;缺点是不容易解开,特别是细绳索。另外,反手结多用于固定绳头部分防止其散落。它也是许多结的重要组成部分,常用于加固其他结,同时也是最笨却最实用的结——哪怕你什么结都不会打,反复打几个反手结都能绑住东西。

8字结

8字结对于喜欢攀岩、速降等户外运动的人来说,应该不陌生。在户外崖降、攀岩活动中8字结是一个最流行的绳结,有着骄傲的安全记录。

8字结可分为单8结和双8字结。单8字结可用于捆绑物体,它比反手结更有效。通常用于代替反手结。双8结多用于速降绳的固定、临时使用绳索做快挂副保护,它的好处是使绳索受力均匀、便于检查绳结是否打对。如果想把双股绳制作成双 8 字节，按照单 8 字的打法就可以得到一个绳环。

平结

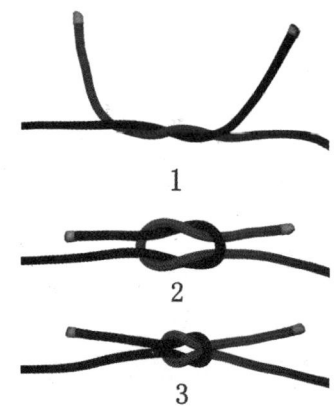

这是一个比较常用的结，常用于连接两条粗细相同的绳索。

平结步骤：

1. 将两绳索互相环绕。
2. 绳端互相如图互相环绕打一个结。
3. 系紧完成。

平结如果环绕方向错误，很容易打错如下图的模样，平结通常用于临时的结环，不建议用于在危险活动中制作保护性的结环或受力连接，如果必须这么做，那就一定要做保护结。

错误的平结

水结

水结通常用于连接扁带或结环，在许多书籍里，它分类于"带结"，但在野外实际操作时，连接两条粗细相同的绳索或者将一条绳索结成绳环使用水结是比较快速且很安全的连接结。水结在受力过程中是越系越紧，适合用于承重的部分，也适合在比较光滑的绳索上使用。

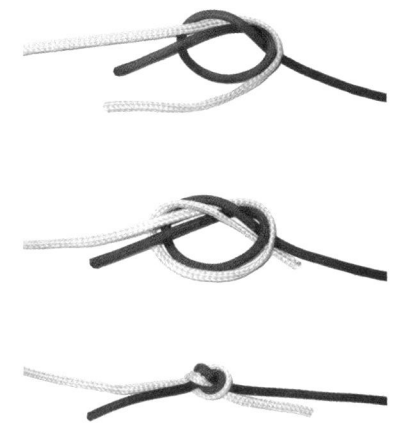

水结步骤：

1. 先在 A 绳索上做一个反手结，不要系紧，留出空隙。
2. 将 B 绳端顺着 A 绳索上的反手结线路走一遍。
3. 互相拉紧完成。

渔人结

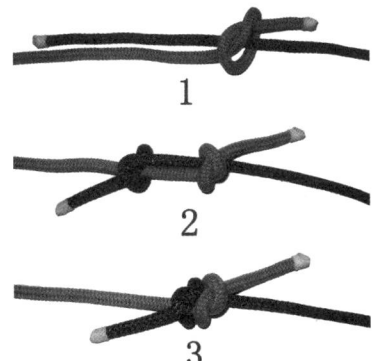

据说此结是海边渔民用来连接渔线、尼龙、塑料等比较滑的绳索而发明的，它常用于连接质地比较柔软的、细的绳索用于承重。

渔人结的步骤非常简单：

1. 将两根绳索平放，活端相反。

2. 各在另一绳索上打个反手结。

3. 相向拉紧，两个反手结卡住就完成了。

渔人结在连接绳索时很牢固，但缺点是不容易解开，在粗笨绳索上效果也不理想。

双渔人结比单渔人结更结实，区别也不过多绕了一圈而已。因此，双渔人结更加牢固。双渔人结多用于承重绳索的连接或绳索结环。

双渔人结

渔人结和双渔人结一旦受力之后，很难解开，变渔人结则解决了这个问题，它是渔人结的一种变形。

1. 将两个绳头对向摆好，如图绕过另一条绳索，至少绕三圈。

2. 将绳头夹进两绳间的缝隙。

3. 另一条绳索也如法炮制，将绳头夹入两绳之间的缝隙，调整绳结，向两边拉紧完成。

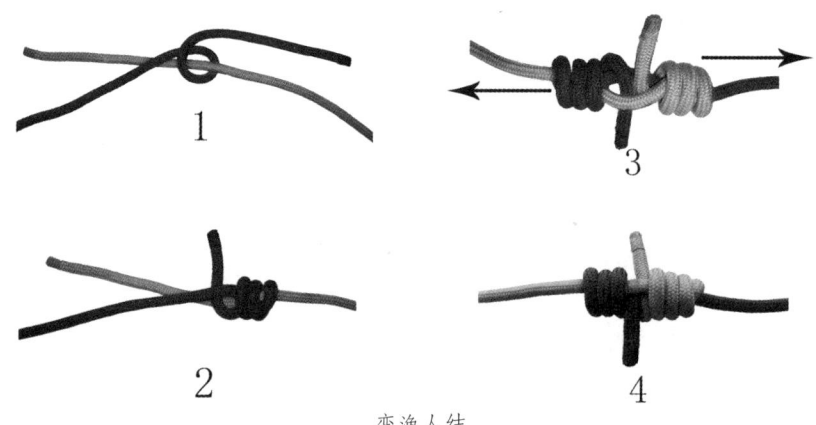

变渔人结

变渔人结受力的时候绳索互相挤压，不必担心绳头会滑脱，拆解的时候非常方便，将绳结向外拉开，放松绳索间的缝隙，抽出某一根绳头一抖就可以完全拆解。但在粗硬的绳索上，两绳缝隙太大，要做得美观并不算容易。

单编结

如果两条绳索粗细相差太大，渔人结并不是非常牢靠，单编结和双编结则有效得多。

单编结步骤：

1. 将粗绳弯曲成环，细绳穿过粗绳。
2. 细绳如图绕一圈，重新穿过环。
3. 拉紧完成。

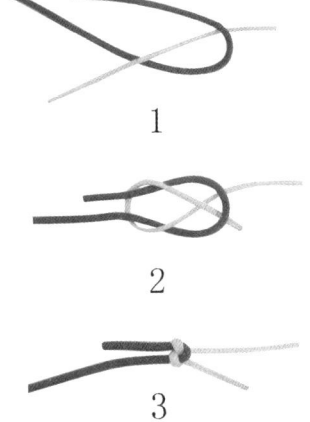

双编结

双编结比单编结更结实，区别只是多绕了一圈而已。

如果你对双编结还仍不放心，那么可以按照双编结的步骤，多绕几圈，那就是多编结。在两根绳索的活端，再打上保护结。

索结

索结可以承受任何方向的拉力，而且自身不变形，所以也常用于索降、捆绑固定点和捆绑弓弦。

索结步骤：

1. 先将绳子在固定物上绕两至三圈。
2. 绳端绕过长端做一个结，拉紧。

3. 再如法炮制做一个结，拉紧使两结靠紧完成。

索结是一个绳结不受力的结，多用于承受拉力比较大的物体。它的两个结起着保护作用，如果担心绳索会滑脱，还可以做几个结或者在绳端上做一个保护结。但如果你的绳索比较滑、比较硬的时候，你需要使用下一种索结的变形——区别仅仅在于，绳索的活端绕过长端做两个反手结。

索结绕过固定物两圈或两圈以上分担了拉力，使绳结不受力，打结速度快，安全且容易解开。8字结虽然安全有效，但是打结速度慢，受力后绳结缩紧，难以解开。索结是比双8字结更好的索降结。

快速结

此结在暂时固定绳索、需要快速解开绳索时使用。

快速结步骤：

1. 将一根绳索对折成双股，绕过固定物，绳索A段曲一个环2。
2. 将环2穿过环1。

3. 拉紧绳索 B 段，在绳索 B 段再曲一个环 3。

4. 将环 3 穿过环 2。

5. 拉紧绳索 A 段，调整绳结完成。

步骤虽然有些复杂，但是实际打结的时候速度非常快，熟练的时候三秒钟可以打好快速结，就是一个穿环、拉紧、再穿环、再拉紧的过程。

口诀是：A 段穿环拉紧 B，B 段穿环拉紧 A。

绳结打好后，绳索的 A 段是承重绳，而 B 段是滑脱绳，解脱绳结的时候只需要拉动滑脱绳就可以快速解开。

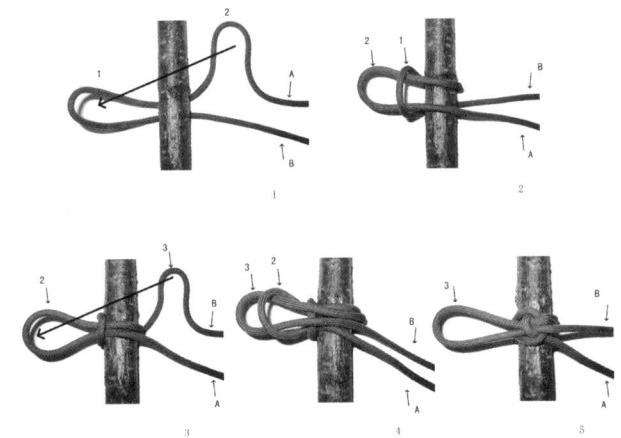

手抓结

手抓结因形状类似手爪，故得此名。

手抓结的作用非常重要，它多用于登山或速降的保护索，也用于需要经常调整绳索位置的地方，比如帐篷的拉线。

手抓结步骤：

1. 将双股绳索绕过主绳(固定物)，成一绳环，暂时不要拉紧。

2. 再次将绳索绕过主绳(固定物)，这样就在主绳(固定物)上形成了 4 个环。

3. 调整绳结，拉紧完成。

此绳结每多绕一圈就多两个环，一般绕两圈，在非常滑的绳索使用时多绕一到两圈，注意不要让绳环互相重叠。

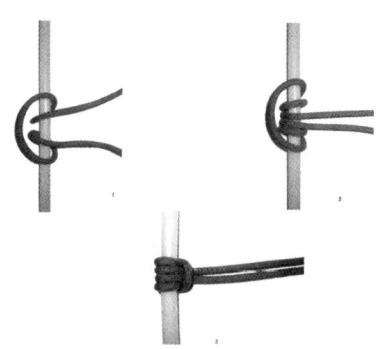

手爪结在受力均匀的时候，能在主绳（固定物）上滑动，而一旦受力方向改变，它就会死死地卡住。在攀登、滑降的时候它能保护你的安全，这是每一个生存者都要牢牢掌握的"保命结"！

在野外实际运用中，上诉抓结称之为普鲁士抓结，通常配合扁带、绳索结三套环使用。

如果你准备的保护索比较短，只能结好一个安全结，必须要使用绳环连接，通常也使用单耳抓结和双耳抓结。

制作步骤：

先将辅绳用渔人结或双渔人结结环，将绳环整体绕在主绳上，通常绕三圈，在绳环上扣入铁锁或者穿入保护索连接安全带，就能成为单耳抓结或双耳抓结。两个结的区别仅仅在于是否将一端绳环穿入另一端绳环，在连接其他保护装置时是单环连接还是双环连接。

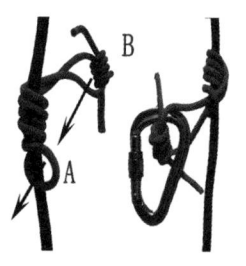

单耳抓结

双耳抓结

攀树结

如果你的绳索长度并不能恰好制作单耳抓结和双耳抓结，或者你没有主锁，不能使用其他抓结，还可以制作另一种抓结——攀树结，也称之为布莱克抓结或者单绳抓结。

1. 将辅绳在主绳上缠绕 5 圈。
2. 将活端下压，绕过长端，回穿进第二节缠绕绳圈。
3. 整理绳结，在活端做一个保护结。
4. 在长端上打一个单套环或者其他绳结，连接到安全带或主锁上。

攀树结使用灵活，长短可以自由把握，例如绳索太长，长端可以整理整齐，避免了截断绳索的尴尬，也是一个非常实用的保护结。

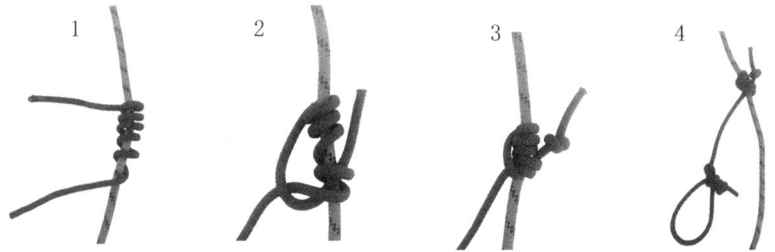

棒结

棒结也叫毛虫结，用于整理长度较短的辅绳，使之便于携带和快速拆解使用。

1. 先将辅绳对折，以大约为成人的 1.5~2 个握拳长度再对折一次，形成绳头和绳末端。
2. 如图将绳索缠绕，直至接近末端的绳环。
3. 将绳尾穿入末端绳环，拉紧绳头的绳环。

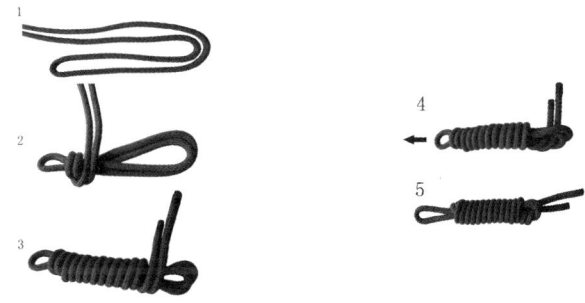

制作完成的棒结有些像尾巴分叉的毛虫，此结不易被钩挂等影响而散开，使用时将绳尾抽出一甩，绳索就完全展开了。

链结

用单股绳打这个结就好像一条链条，故名链结。但现在多用于整理辅绳便于携带，常用于整理扁带，因此多数时候都是用双股绳制作。

散扁带使用可以自由的结成不同长度的绳环，而成形扁带则已经固定好了长度，使用时的灵活性稍差。考虑到野外环境下需要快速的使用，通常先将散扁带用水结成绳环，然后再结成易于携带和拆解的链结。

1.将扁带对折，绳尾使用水结结环。

2.将扁带如图环绕半圈，形成环A，将B穿入环A。

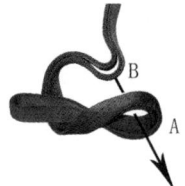

3.再如法炮制，将C穿入环B。

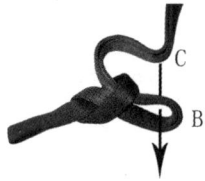

4.重复上述步骤，直至接近扁带末端。

第二章 绳技 45

5. 将扁带绳尾部分，穿入最后一个绳环，拉紧完成。

需要使用扁带时，将绳尾抽出，用手一抖，扁带就完全展开了，省却了许多拆解动作，熟练地掌握链结制作方法，在使用完成之后，你完全可以不用看，边行进边将扁带结好，以待下次使用。

在一些特殊的情况下，例如地方十分狭窄，无法盘绳，也可以使用这个方法来结主绳。

单股绳的链结

鱼钩结

多用于捆绑鱼钩，有时候也用于捆绑庇护所等。
鱼钩结步骤：
1. 将渔线弯曲成一个环，与鱼钩平行。
2. 用活端将渔线和鱼钩缠绕若干圈。
3. 将活端穿过绳圈，拉紧长端就完成了。

十字捆绑

十字捆绑常用于捆扎筏等，不管需要捆扎的两根木头是不是成90°，都可以使用。

十字捆绑步骤：
1. 用绳子倾斜绕过两根木头，绳子一端在长端绕若干圈，使用长端倾斜的绕两根木头若干圈，将绳索绕过竖直木。

2. 从绳子另一个方向再次缠绕两根木头若干圈。

3. 在横木上如图缠绕几圈作为保护。

4. 在竖木缠绕若干圈，将绳头穿过缠绕的最后一圈内。

5. 拉紧完成。

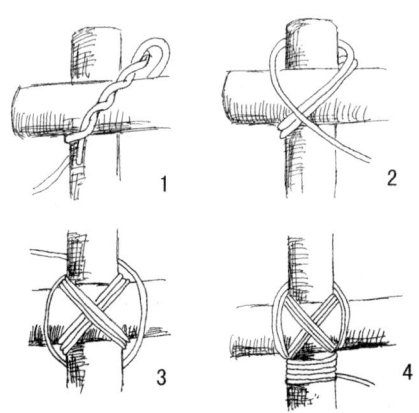

交叉捆绑

交叉捆绑常用于扎帐篷的支撑竿以及调整木头角度。

交叉捆绑步骤：

1. 将绳索一端用双套结固定在一根木头上。

2. 使用绳索缠绕两根木头若干圈。注意不要太紧，要留有一定的空间。

3. 在两根木头间的绳索上也绕上两圈，将绳头穿过木头上的一个绳圈拉紧。

4. 拉动木头就可以呈交叉状。

这个捆绑方式还可以扎三脚架，将三根木头依样缠绕，然后将木头间的绳子扎好，互相成角度一拉，就可以成一个三脚架。

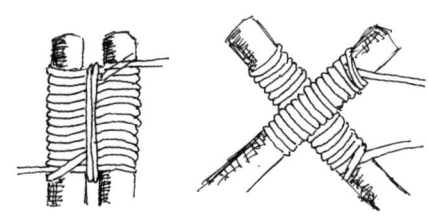

第二章 绳技

第二课 **基础绳环**

在野外生存，你不仅要会使用绳索打结，还要懂得怎么使用绳索结环。因为绳环的作用比绳结更大，特别是在你需要各种保护扣来保护你的安全的时候。

8字环

这是一个很常用的绳环，使用双股绳制作，其程序跟单股绳制作单8字结一样。8字环有令人骄傲的安全记录，因此也是目前攀岩正式比赛中唯一允许连接攀登者的绳环。

如果你需要使用双8字结穿过封闭段，首先在绳索的合适部位打个单8字结（留出空隙，不要系紧8字结），将活端绕过固定物，再沿单8字结的线路再做一8字拉紧。简单而言，就是哪里来哪里去。具体的线路参看后面的双8字环连接。

单套环（布林结）

此环在承受拉力的时候不会变形和滑脱，常用于救生和拖拽物体。

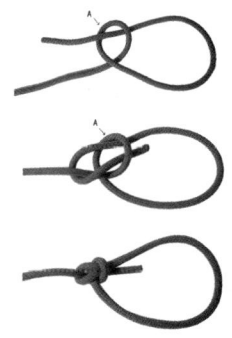

单套环步骤：

1. 在离绳端一定距离上先弯曲个小环 A，绳端从下穿过环 A。

2. 绳端从后面绕过主绳，再次穿过环 A。

3. 拉动主绳和绳端，系紧绳结。

单套环多用于救生、结环、做保护环，其固定环可以让人安全抓住，也用于代替 8 字环连接保护点或安全带。但是，如果被救者伤势较重、无力抓住东西的时候，常用三套环（三索结、双布林结）。其打法与单套环一样，只不过是用两股绳制作而已。

三套环（双布林结）

三套环步骤：

1. 将双股绳弯曲成环 A，将活端环从环 A 下穿过，形成环 B 和下方双层环。

2. 将环 B 从后面绕过主绳，再次穿入环 A。

3. 调整绳环大小，系紧完成。

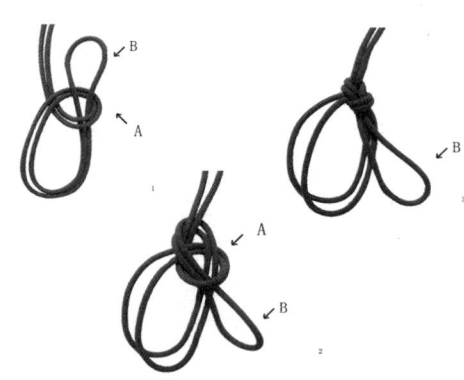

三套环是常用的救生环和滑降环，使用时两股环套臀腿，一股套肩背，三股环将整个人保护起来。

该环制作时需要掌握好比例，过小套不进去，过大太松，需要根据中国人的体形，环的直径在 40~60 厘米间比较合适。打好套环后，调整绳结位置会让你更舒适一些，再拉紧绳结。

三套环和救生环一样是在野外用绳索最快速制作安全带的绳环，配合其他的绳结和技能，广泛用于滑降、攀爬、救生、泅渡、涉渡等危险地段。

救生环

也叫作秤人结，该环和三套环都属于在野外救援、通过危险地段时常用的保护环。虽然通常建议使用三套环，但在一些极端的情况下，例如绳索不够长，该环就是一个非常不错的选择。

救生环步骤：

1. 将双股绳如图弯曲成环 A，将活端环从环 A 下穿过，形成环 B 和下方双层环。
2. 将环 B 向下套住双层环。
3. 继续向上套，使环 B 越过环 A 之上。
4. 拉动双层环和主绳系紧。

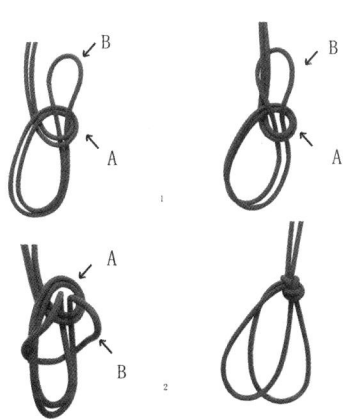

> **注意**：环B一定要套过环A之上，如果在环A之下系紧，就变成了一个双活套索！

攀登环

顾名思义，这是用于攀登的环。在一根长绳上制作出若干环，在攀登过程中还可以利用其进行休息。但不能在绳子末端使用。

攀登环步骤：

1.将绳子如图交叠绳索，形成环A和B。

2.将右边的环B整理一下，穿过左边的环A。

3.调整绳结。

4.拉紧两边绳端系紧完成。

需要注意的是，环B的大小在打绳结的时候就要调整好，打好的攀登环在受力的时候是不会变形的，因此你要小心拉紧，认真地检查。

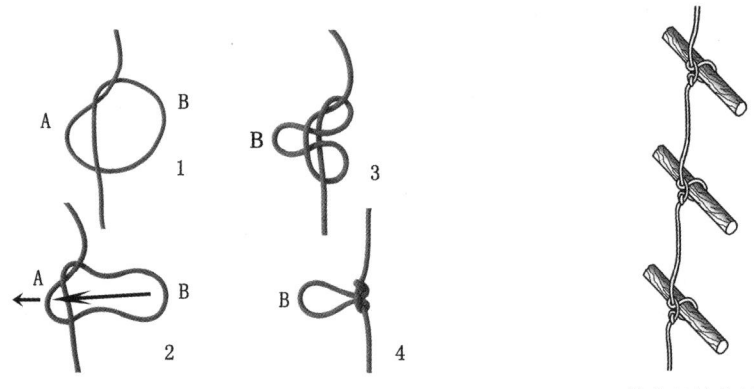

攀登环的使用

在没有安全索保护的情况下，使用攀登环攀爬比用单纯一根光滑的绳索安全。它可以减轻疲劳，中途也可以踩在环中休息。前提是你打的环必须足够大，能容纳下你的手脚。

换言之，你需要准备很长的绳索才能打出足够的攀登环，踩着攀登环攀登看似容易，但未经过训练的人常常会被环卡住脚。用攀登环结合短棍使用就可以解决这个问题。

抓着棍子和环的结合部，配合脚蹬崖壁攀爬，累的时候两脚并拢夹住绳索，踩在棍子上休息。

攀登环在野外更多的是用于在危险的悬崖地段配合其他绳结攀爬和下降自救，如果你使用得当，哪怕是悬空的地段，你都可以使用攀登环安全的攀爬和下降。

如果攀登环的比例掌握得当，两根绳索打上对称的攀登环，中间用短棍连接起来就是绳梯。

蝴蝶结

蝴蝶结是一个很漂亮的结，是登山结组时最常用的绳结，蝴蝶结非常安全、结实，但打法复杂，容易打错。

蝴蝶结步骤：

手心面向自己，将需要打结的部分如图搭在手上。

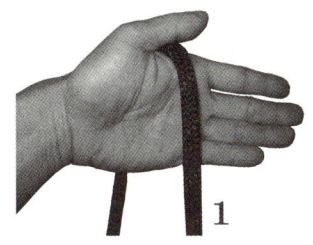

将绳索1绕过左手，行成了绳环1和2。

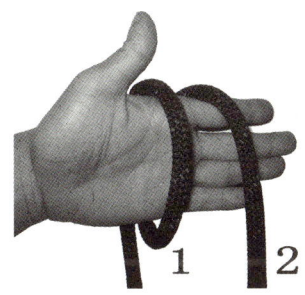

再如法绕一圈，绳索 3 处于绳环 1 和 2 中间。

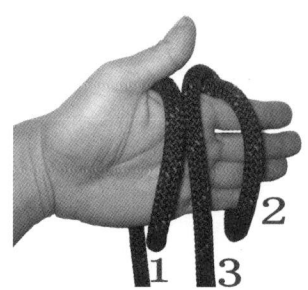

将绳环 2 从外朝手心内翻转，穿过 1 和 3。

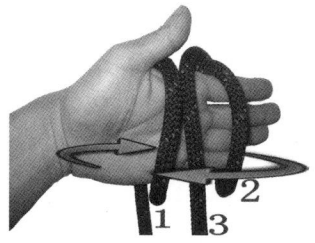

环 2 穿过 1 和 3 之后，就形成了一个类似蝴蝶的形状。

调整绳结，拉紧两端蝴蝶结完成。

蝴蝶结多用于登山，在野外需要拉路绳做临时保护时作为抓手，或出现绳子破损，用蝴蝶结把破损部位隔开。

在野外生存的实地运用中，蝴蝶结通常用于作为上升、下降保护系统的重要安全保护环部分。

双套结

民间也称之为猪蹄扣，其特点是受力之后会越扣越紧，绳索两端都可以承重，但在不受力的情况下容易松开。制作简单快速，可以在绳索的任何一段上制作，并且可以随时调整。

双套结步骤：

1. 在绳索需要制作双套结的部分左手(右手)轻拧绳索，绳索就会形成环A。
2. 另一只手在绳索的另一端反向旋转，形成环B(注意环A和B的交叠方向)。
3. 将环A和B相向重合（两环互相交叉，使之绳索活端夹住结的中段）。
4. 将两个环同时扣进锁扣或将固定物插入两环中，拉紧就完成了。

双套结1

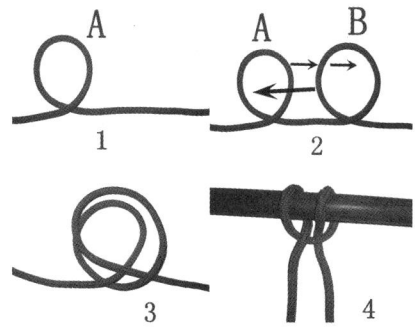

有时候在封闭部分上需要做双套结时，就需要使用第二种打结方法：

1. 将绳索穿过封闭段，B部分为活端。
2. 将活端从前绕过A部分和封闭段，从后穿过中间绳环。
3. 调整绳结，拉紧两端完成。

但这种方法在不熟练的时候容易打成意大利半扣（一种比较危险的滑降

扣，在后章中会介绍其制作和使用方法），因此要反复检查，其检查方式也很简单，绳索两端是夹着环中断，在固定端上是两道环，如果绳索两端都在环一方或固定端上只有一道环，那么就是打错了。

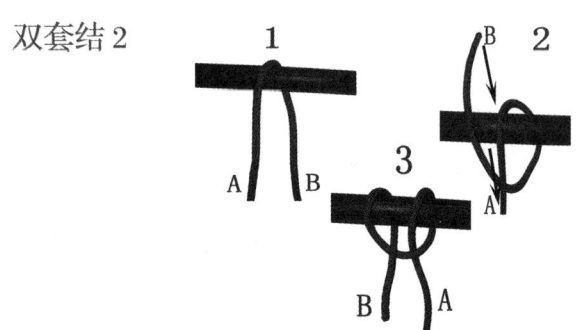

在有器械登山活动中这是必须要掌握的绳结之一，多用于在攀爬途中扣进铁锁做临时保护点，设置、拆除保护系统时做自我保护。在野外生存活动中，双套环主要用于制作绳索担架、吊床、扎筏以及做临时的背带。

在需要制作陷阱的时候常用到套索，下面是几种常用的活套索：

活套索1

第一种活套索制作非常简单，在农村该套索常被用于系牛，俗称牛绳结。

制作步骤：

1.将绳弯一环，绳端绕过长端，打一反手结。

2.在绳端再打一个反手结作为保护结完成。

该套索制作简单快速，比较适用于较滑的绳索或者在长绳一端制作套索。但使用粗糙绳索制作，其滑动效率会比较低。

活套索 2

该套索也叫作活动单套环。

制作步骤：

1. 先打一合适的单套环。
2. 将长端穿过单套环，就成个活套索。

活套索 3

制作步骤：

1. 在绳端先做一个反手结，离绳端一段距离上如图做一个环 A。
2. 环 A 和反手结间曲一个环 B。
3. 将环 B 从下穿过环 A 拉紧绳结。
4. 将长端穿过环 B，形成一个活套索。

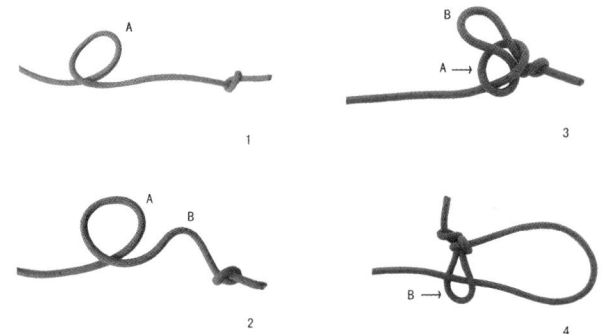

如果你是在一根长绳上制作活套索 3，也可以用第二种方法。

1. 在离绳端一段距离上做一个反手结 A，先不要系紧。
2. 将绳端绕过主绳，再穿过反手结 A，形成一个环 B。

3. 系紧反手结 A，在绳端上再做一个反手结，活套索完成。

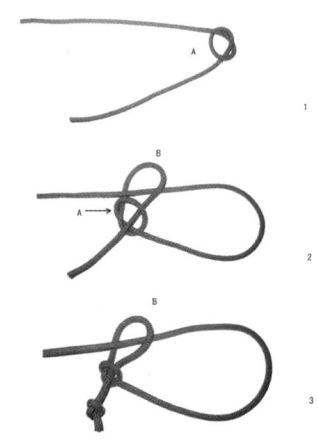

警告：严禁将活套索套于身体、脖子等部位！

第三课 绳结（环）的组合

在实际生活中，将绳索打成一个结（环）并不难，但绳结（环）的组合使用却是考验你智慧的时候。如果你懂得所有的绳结打法，却不懂得怎么组合使用，那么很多时候就会让你郁闷不堪。

以下的一些绳结（环）的组合是至今为止最实用、最有效、也最容易掌握的。

抛绳

抛绳是野外很让人挠头的事情，哪怕是大力士要将柔软的绳索抛出很远也是很困难的。电影中的西部牛仔骑马抛绳的姿势的确非常帅,不过打套马绳是要经过长期训练,而且其抛绳距离也很少能超过 20 米。

很多书中也有很多关于抛绳技巧的讲述,但方法大多复杂,就算经过严格训练,能将柔软绳索抛出 20 米的人也非常少见。

抛绳结其实就是救生环的一个变形(此时需要绳环越系越紧,环 B 不用套过环 A 之上),用两个环拉紧套住石头。活端绳索横环一圈用反手结绑好,绳索就牢牢地网住石头无法松脱。

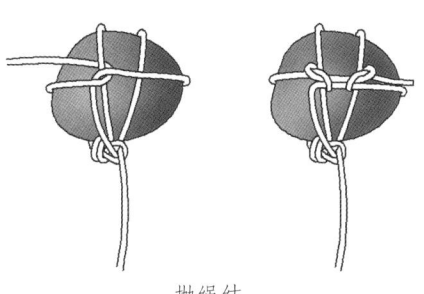

抛绳结

抛绳用的石头选用你觉得最适合的重量就可以了(通常建议为 500~1000 克),学习一下西部牛仔的姿势,让石头在头顶转圈,看准机会再松手,石块就会带着绳索飞向远方。

用推铅球或者掷铁饼的姿势抛绳效果也很不错,但就算是毫无技巧地拿着石头扔出去,将绳索抛到十几二十米开外也并不是难事。在丛林、山地滑降的时候,灌木是个很烦人的东西,它会挂住绳索,甚至会让绳索在半途缠绕、打结。选一块重一点儿(5 公斤上下)的石块,利用石块坠落的动能突破灌木屏障。当然有时候石头会在半途被挡住,不要着急,滑降一段距离后,拎起石头再抛下去,可以分段进行。

保护结

通常情况下,打好了绳结之后,为了防止绳结滑脱,都会建议打上一个保护结。保护结的作用是在主绳结受力变形、滑脱时扣紧主绳结以保护你的生命安全,特别是在攀爬、滑降、涉渡等危险活动中,一定要记得打保护结。

保护结多用反手结和 8 字结,最简单的保护结就是在绳端上打一个反手结和 8 字结。

左边为主绳结，右边为保护结。

保护结1　　　　　　　　　　保护结2

更有效的保护结是将绳端绕过主绳，在主绳上制作反手结、8字结和渔人结。

保护结最好和主绳结紧密靠近，这样在主绳结滑脱的时候就能立刻卡住。示意图为了让大家看得清楚，没有和主绳结靠近。

野外常用到保护结的几种绳结：

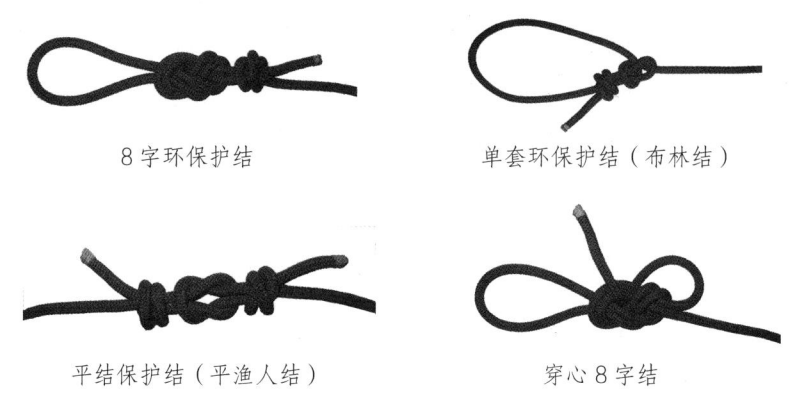

8字环保护结　　　　　　　　单套环保护结（布林结）

平结保护结（平渔人结）　　　穿心8字结

8字环虽然是安全系数非常高的绳结，但其缺点也非常明显——在几人下降或者遭到冲坠之后，解绳结的时候你会恼火的发现绳结卡死，任凭你手掰牙咬纹丝不动，特别是在寒冷、结冰、绳索变硬的时候这种情况尤为明显，因此在实际应用中，通常其保护结是穿心，也称之为穿心8字结。其制作非常简单而且节省绳索，在制作完8字环之后，先不要系紧，将绳头穿过8字环中心即可，需要解绳结的时候抽出绳头，8字环中心留有空隙，这样就非常容易解开。

第二章 绳技   59

环环相扣

其实，绳子的好处和妙处非常多，而且也非常好玩。

比如，在你需要要滑降或者涉渡的时候，你的手头除了主绳外只有几根段绳索的话，你会自然而然地想到把若干短绳用平结或水结联系起来。这似乎很不错，但需要考虑到，结越多绳索的强度就会越小。

在这种情况下，你就需要灵活地使用结环技能，也就是怎么让若干短绳一环扣一环。

绳环能将力量合理地分配在绳索不同的部位，在制作保护扣、联系保护索，用于攀登、滑降、涉渡的时候，非常安全和实用。另外也可用于连接帐篷拉线等。

手铐环

形状类似一个手铐，在同一段绳索的两头结环，形成两个绳环。

最简单的手铐环就是先将绳索结成环，在绳环中段做一个双 8 字结。

如果你的绳索比较长，可以做两个双 8 字结。

另外，可以做成一个更为安全的手铐环。

手铐环步骤：

1. 先将绳索结成环。
2. 在绳环两头各做一个救生环，这样就成为一个双股的手铐环了。

手铐环通常用于套在腰部作为保护扣，或者作为连接环连接保护索。如果

是作为保护扣使用,在制作手铐环的时候某一边的绳环你得放大,能正好套在腰部或肩背;而另一端的环要做得小一些,绳环直径在5~10厘米能穿过保护索或者主绳就足够了,这样就成了一个很不对称的"手铐"。

环的连接

在你需要攀爬、滑降、涉渡的时候,你需要懂得怎么把各种各样的环连接起来变成各种安全的保护环,以此来保护你的生命安全。在某些地方需要连接绳索,环比结绳更加有效。

绳环步骤:

1. 先做一个单套环A。
2. 另外一根绳索穿过环A,结成环B,绳环就结好了。

单套环连接

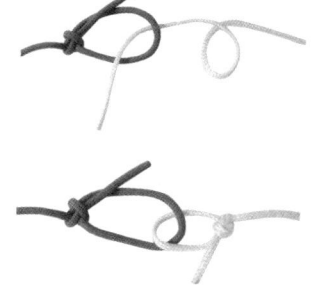

双8字结也可以连接成绳环,先打一个双8字结,另一根绳索穿过绳环,做一个双8字结,系紧,两个环就连在一起了(注意看白色绳索线路)。

如果你需要用双8字节捆绑固定物,绳索线路也是这么走。

双8字结连接

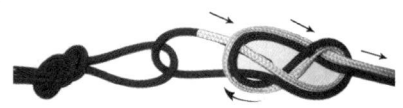

单套环也可以和双8字节连接,先打一个双8字结,然后另一根绳索穿过绳环,做一个单套环。

单套环和双 8 字结连接

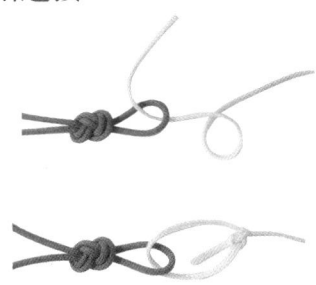

以上的这些都是单个环互相连接,所以称之为单环连接。

如果你的绳索够长,而你觉得单股的连接不够结实,那么你可以制作双股的绳环,使之连接在一起,该绳索称为双环连接。

通常用救生环和三套环连接。

制作步骤:

1. 先制作一个救生环。
2. 另一股绳穿过救生环,制作一个三套环。

救生环和三套环连接

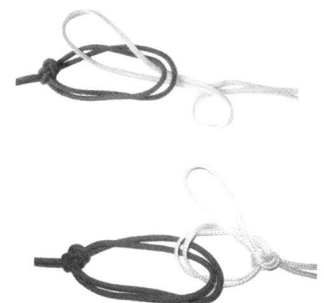

双环连接因为是两股绳共同受力,比单环连接更安全,如果绳索够长,通常建议使用双环连接。

手爪结也能和其他环连接一起使用,虽然上述连接环也非常有效,但个人认为,手爪结结环更好一些。

手爪结结环

连接环的使用

连接好的绳环一般起着保护作用，例如从高处滑降、利用绳索攀爬、激流涉渡等。

在攀爬和滑降的时候，通常和手爪结配合使用；在激流涉渡的时候，将主绳穿过绳环。结环用的绳环，多使用受拉力不易松脱的绳环。

滑降结环

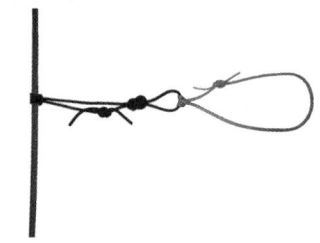
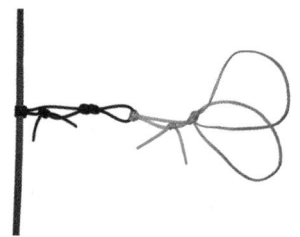

和主绳连接使用手爪结，如果你的保护索只有 1.5 米左右，结环后大环套腰；如果 2.5 米左右，就用救生环，一环套肩背，一环套腰部保护安全；如果你的保护索更长，也可以结上一个三套环，这样更安全。记住选好你的保护索，宁肯略长一些（结绳之后还能做保护结），也不要太短，无法结成套住你身体的绳环。

涉渡结环

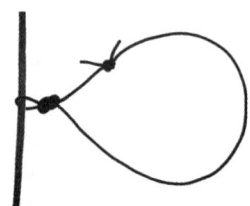
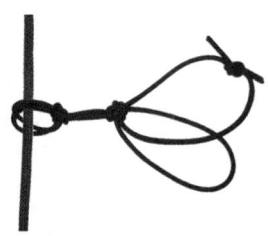

大环套腰部或肩背，小环穿过主绳，小环不能太大，通常建议使用直径 5 厘米以下，最大不能超过 10 厘米（手爪结力量方向改变会卡死，在水中难以处理，因此不建议使用）。

在后面的章节里，有详细的图示教大家使用滑降和涉渡环。

警告：在使用环与环连接时，绝对不能使结与结卡在一起，这样会增大绳结的剪切力，应该将结置于绳环侧面或身体一侧方便检查的位置。

错误的结环

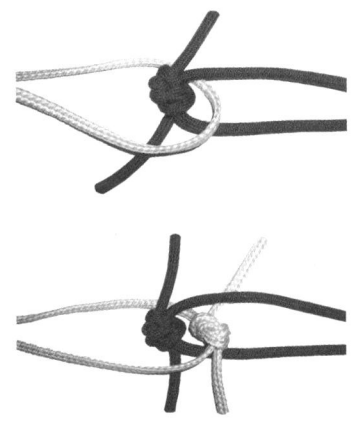

绳索使用注意事项：绳索是绝大部分地形最重要的生存工具之一，务必带上合适的救生绳和安全索。救生绳的型号请咨询专业登山机构。

一般使用直径为 8~10 毫米的救生绳，但这类救生绳（静力绳）质地较硬，因此你需要保护索配合使用。保护索建议用宽扁带或辅绳，使用完后解开绳结，不要让绳索处于疲劳状态。

绳索使用原则

1. 使用前后检查绳索。

2. 尽量不弄脏绳索,如果有污渍要及时清理。

3. 不踩踏绳索,防止踩踏中沙砾进入绳索内部磨损绳芯。如果被冰爪等锋利物品踩踏则不能继续使用。

4. 不要接触腐蚀性物品,例如汽油、酒精、煤油等。

5. 一旦绳索用过于拖车,就不能再作为救生绳。

6. 绳索保存时要在阴凉干燥处,避免阳光直射和潮湿。

7. 建立一个绳索使用表,养成记录绳索使用的环境、过程、强度等习惯,根据绳索的使用频率和强度制订报废时间,哪怕是从未使用过保存良好的绳索,5年也应做报废处理。

绳索严禁长时间放在潮湿的地面或置于阳光下暴晒;尽量不要将绳索扔于沙地等肮脏的地面,以防止沙粒渗入绳索使其磨损严禁暴晒;严禁用脚踩踏绳索;如果绳索受潮,应将其放置于阴凉通风处风干,绝对不能用火强行烤干!

如果绳索太脏,可用水仔细地清洗,然后放置于阴凉通风处风干,以防止其内部受损。

不同绳索用途不同,尽量不要互相混用——虽然有时候你不得不将一根绳索用于不同的目的,可是无论如何,你要尽力保护好你的绳索。在使用绳索时,一定要仔细检查——两手握住绳索,一段一段地捋,并目视检查。检查后将绳索绕成绳圈,不能杂乱无章地随意放置。保护好你的绳索,因为在登山、滑降、涉渡的时候,你的生命就系于其上!

附表:绳索使用记录表

购买时间	2015年12月25日
绳索直径/种类/长度	9mm/静力绳/20m
使用时间	2016年2月20日
共计使用次数	第一次使用

共计使用强度	2 人 /3 次
使用地点 / 环境	大瑶山 / 丛林山地
温度	0℃ ~12℃
湿度	使用当天小雨，绳索外皮全湿
使用方式	配合辅绳，扁带制作下降；上升保护系统，制作吊床夜宿
所做绳结	单套环、双八字结、三套环、蝴蝶结、双套结
使用距离	下降距离 8 米，上升距离 10 米
使用强度（人 / 次）	2 人 /3 次
有无磨损 / 磨损部分 / 磨损情况	无
有无污染 / 处理情况	绳索潮湿，有泥土沾染，已清理
有无触碰烟火或踩踏 / 严重程度	无
用后保养	活动完成后已仔细清理检查，在阴凉处自然风干，已储存好

注意： 除了主绳外，保护索、辅绳、扁带等都需要建立使用记录表，以供检查。

绳索编结

为了保护你那些重要的绳索，在制作损耗性的工具时，捆扎绳最好利用当地材料制作，几根草茎捆绑就可以制作捕鱼笼。然而在搭建庇护所或者架床的时候，你就得考虑到怎么将细绳编成粗绳使用了。

女性学习这项技能有得天独厚的优势，因为其编结方法就是长发女生常编的麻花辫。

　　任何柔韧的材料都可以编结成粗绳使用，例如树皮、草茎、兽皮。你只需要将它们裁剪成合适的宽度和长度，先将三股绳用反手结绑好固定，拉直绳索，反复交叉缠绕（如图，步骤 1~6 为一个循环，注意 ABC 三股绳的缠绕顺序）。缠绕要细密，不要留有空隙（示意图为清晰展示，特意留下空隙没有致密缠绕）。编结后的粗绳长度会比细绳缩短三分之一左右，如果需要编结长绳，就错开线股，增加新的材料，或者用绳结将编好的绳索连起来就可以了。

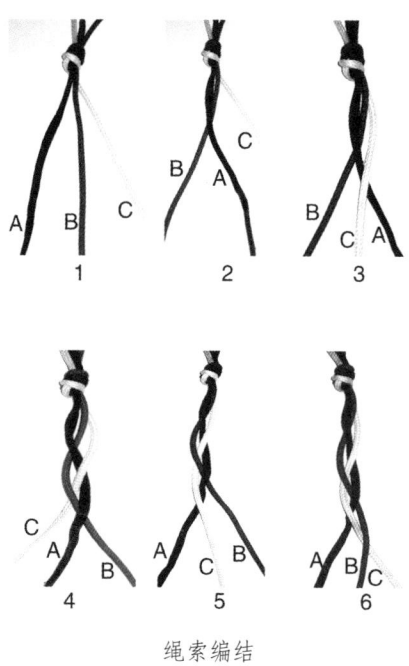

绳索编结

> **注意：** 编结的绳索只适用于捆扎，用其作为救生绳谁也无法保证它的安全性。
>
> 　　打好绳结后要养成检查绳结的习惯，好的绳结是一眼就能看出正确与否的。同时还要养成顺手打上保护结的习惯，这会让你的生命多一层安全保障。

盘绳

携带绳索时要将绳索盘好,这样在使用时你可以快速地解开使用,避免了绳索互相缠绕、打结,节省时间,每一次使用完绳索,也要盘好。

盘绳步骤:

1. 检查绳索之后,将绳索背上肩膀,双臂自然下垂,虎口夹住绳索,以手臂长度作为尺子量绳。

2. 左手用虎口夹住绳索,双臂张开,将一段绳索背过脖子。

3. 右手如法,再次将绳索背过脖子,如此反复,将所绳索都绕成同样长度的绳圈。

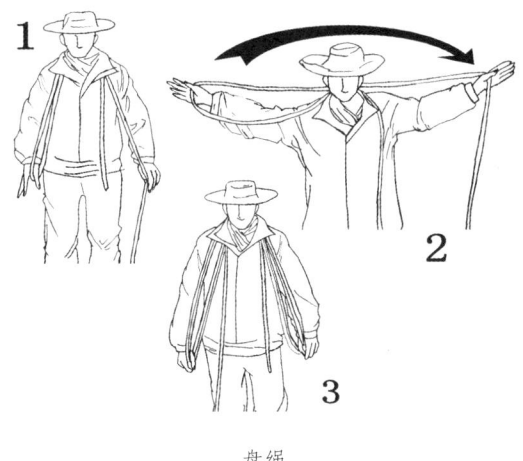

盘绳

绳圈绕好之后,将绳索从脖子上取下,绳头端留出合适长度作为收尾。将绳头回绕形成一个绳圈,用剩余的绳头往绳圈方向缠绕5~6圈,将绳头从绳圈内穿出,拉紧绳圈夹住绳头,最后可以在绳头上打一个反手结防止滑脱。

 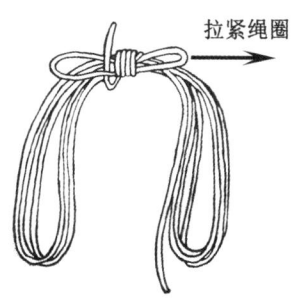

盘好的绳索通常放置在背包外携带，避免占用宝贵的背包内空间，利用背包外的勒条，将绳索牢牢的勒在背包上，注意尽量将绳索散落的部分勒紧，以免在复杂环境下行进时钩挂，如果担心下雨，可以用防水的绳袋包裹好之后再携带。

辅绳、扁带等辅助装备则可以挂在背包带上的环扣里，这样取用的时候方便快速且易于检查。

在使用绳索时，通常不建议截断，当有时绳结做完后绳头部分太长，会影响到你的行动，此时就要将绳头收好，以免可能在危险区域把你绊倒。

长绳头处理其实就是保护结的一种变形，亦即将长出的绳头部分在主绳上隔一段距离打一个结，如果打完一个结绳头还是太长，你可以相隔一段距离再打上一个。

绳技小经验：

在正式的比赛中，是不允许绳索互相结环连接，除了使用抓结做副保护之外也极少让绳索之间互相摩擦，但在野外生存中，不太可能携带全副的安全带、下降器等索降装备，而这时候不能以比赛的标准来要求，你需要使用简陋得让人鄙视的装备，在恶劣得令人崩溃的环境下最大限度地保证自己的安全，而不是拘泥于某些标准——事实上，这些简单的组合的确让许多求生者安全的回归了。

直径 8 毫米以上的登山绳（静力绳）通常质地较硬，在做副保护绳结和结环的时候并不方便，但在紧急时刻，你可以剥开登山绳的防磨层，取里面的纤维编保护索。可你要耗费很多时间，截断绳索也是件可惜的事情。

直径 8 毫米以下的绳索称之为辅绳，通常用于结绳，通常使用直径 6 毫米的辅绳，其质地也比较柔软，作为保护索是足够的了。

扁带是更好的选择。扁带质地柔软结实，容易制作各种保护索，相对比较宽，制作保护索的时候不会勒得你难受。

扁带在户外用品商店基本都有售，价格也不算太贵。我在特种部队的时候，通常使用的是背包带。

保护索可以避免你在需要绳索保护安全的时候截断救生绳，保护索不但能保护你的安全，在搭建帐篷、捆扎物品的时候也非常有用。因此强烈建议你带上几根辅绳或者扁带配合主绳使用。

通常建议是携带一根长、两根短的辅绳（扁带）作为保护索，长的可以打手爪结配合三套环保护你，短的做绳环连接作为副保护索（具体在后面的滑降里有详细叙述）。

伞兵绳强度很大，抗拉力通常在 200 公斤以上，也可用于制作各种保护索。但因为伞兵绳比较细，让人看起来不太结实，但它的用处很大。通常情况下，我都会在口袋里装上两根 10 米、两根 5 米伞兵绳，作为最后的救生绳使用。但伞兵绳普通户外店难以找到。

绳结部位的剪切力会使绳索强度降低，如果绳索没有损伤，那么打结的部位就是绳索最脆弱的部位，比如原来承重 500 公斤的绳索打结后，承重力在绳结处会急剧下降为一半左右，正确的绳结则能大大降低绳结的剪切力。要仔细地选择你的绳索，正规的绳索都需要有国际登山联合会（简称 UIAA）或欧洲标准（简称 CE）认证。如果一个结能解决问题，最好不要在同一根绳子上打太多的结，能使用双股绳最好就用双股绳打结以降低绳结处的剪切力。

绳环连接虽然能将冲击力分担在几个绳结上，但通常也不建议在受力部分超过 4 个结以上。

打了结的绳索最好避免突然而来的力量冲击。

各种绳结、环的连接和使用是很灵活的，能让你在没有保护器、安全带、铁锁等专业登山保护器材的情况下,非常有效和安全地保护你通过危险地段。

互相连接的环最好不要太大,直径在 5~10 厘米就可以了(示意图为了让大家看得清楚,环的比例比较大)。在突然受力冲击的时候,可以减短冲击距离,从而降低冲击力。

实际结环时,很多人难以把握比例,这只能靠自己多加练习。如果你能闭着眼睛将上述结与环打好,那么你又朝生存的强者之路迈进了一步。

具体的使用方法会在后面的滑降、攀爬、涉渡等课程里详细讲述。

如果你能熟练地使用本书中所述的实用绳索技术,那么你的户外之旅可以增添许多乐趣和安全系数。

相信我,这并不难,只需要你找一根鞋带动动手就会。

几种常用绳结的强度变化对照表

绳结	相对强度(%)
无绳结	100
平结	45
反手结	60~65
水结	60~70
双套结	60~65
单套环(布林结)	70~75
8 字环	70~75
双渔人结	65~70

第三章 长路漫漫任你闯

第一课 出发之前

长路漫漫任你闯,但也不是你想怎么闯就能怎么闯。有技巧地闯,能让你闯出名堂、闯出风格;闷头硬闯、不顾一切地乱闯,闯出大祸那是迟早的事情。

本章内容主要是帮助大家解决路上遇到的各种问题,包括一些特殊地形的行进等。

在团队中有两个人的作用是不可或缺的——领队(也称为驴头)和安全员(副领队)。

如果你是个生存方面"雪白雪白的小白",你必须弄清楚这两个主要负责人是否有能力承担应有的责任;如果你本身是领队(安全员),或者今后立志做领队(安全员)的话,那么你要仔细阅读以下内容:

你是否具有相应的野外生存基本常识?是否熟练掌握基本地图判读、标定、方向找寻、线路标定等基础技能?

你是否具有应急能力?在遇险时,能否有效组织队员进行自救和互救?是否具备一定的急救和救险能力?

你是否具有良好的组织协调能力和敏锐的观察力?

领队可以没有丰富的经验,但是必须具备基本生存技能;领队的心理素质要好,计划要周密、遇事沉着冷静、有良好的协调能力,能统揽全局。

在现实中,以下领队是不合格的,我称这些领队为"敢死队领队":

有的领队只顾闷头走路,完全不顾体弱者是否能跟得上,在一些大型的户外活动中,更有先头人员已经赶到目的地,而队尾人员尚在十公里外,互相联系不上的情况;对队员不管不问,似乎将队员带到目的地就一切OK了,路途上从不关心队员做过什么,说过什么,也从来不管队员在哪里活动;不懂基本的生存常识，不懂得使用指北针，甚至根本不带指北针，理由是这里不是深山，不会迷路。殊不知，许多户外事故就发生在普通的野营中；任何人的意见都听，遇到分歧就做和事佬，最后什么问题都没有解决，只会让队员带着情绪上路，导致事故的发生。

还有的领队为自以为无所不能，完全不顾队员或自身的能力，哪里危险往哪里闯，这种叫作"超级敢死领队"。

领队的职责是乐于助人、尽职尽责、时刻考虑队员的生命安全。良好的协调能力很重要。

大家是愿意跟一名好领队出发探险，还是愿意跟"敢死队领队"出发冒险呢？

安全员是"沉默的哨兵"，他的主要职责是协助领队工作、负责全队的安全。作为安全员，观察能力是基本要求，你必须能敏锐地观察到任何一个队员的异样，在天气发生变化或感觉到危险存在的时候，你必须要发出预警。在宿营的时候，你必须要划定一个安全区域并告知所有队员。更重要的是，安全员必须具备丰富的生存技能、急救和救险经验，必须能独当一面！

安全员还必须谦虚谨慎，虽然安全员可能比领队的生存经验更丰富，但通常情况下你不能越过领队对整个队伍发号施令，以免造成指令混乱。你可以对领队提出不同意见并阐述你的理由，你可以在某人遭遇危险前发出警告，但你必须得维护领队和自己的权威！有分歧先和领队化解掉再出发，要知道许多人命就掌握在你们手里。

领队和安全员应互相配合，互相维护权威。如果安全员和领队不合，那么队员就会自动地分裂成几个派别，或者干脆自成一派。

狂妄自大、过于自信、觉得自己无所不能者，绝对不能做领队或安全员！

在关键时刻，领队和安全员要沉着果断，有时候需要进行装备管制，甚至对某些失控队员进行人身拘束，必须保证你的绝对权威。用军队的话说：一支部队只允许一个大脑在思考，其余人只需要听从命令去做并且做好即可。

记住，领队一定要管束队员，当队员犯错的时候，一定要劝告，屡次犯错或较为严重，必须给予警告！

领队和安全员的职责并不是将队伍组织起来，带到野外晃荡一圈就算完了，安全地出发直至安全地回到家，这才算任务完成。

作为队员，你必须要听从领队和安全员的劝告，在受到严厉警告的时候，要及时反思自己的行为，不能一味地指责他人神经过敏。

出发前开一个行前会是很有必要的，领队和安全员需要完成确认队员的身体状况、协调装备问题、指派人员完成采购等准备工作，在出发前一两日，必须仔细对照清单检查队员的装备状况，以免有错漏。

户外活动结束后，最好能将大家组织起来总结活动经验。

领队职责及技能准备

作为一个领队，首要的职责是保证户外活动参与者的安全，然后实现活动的目标，促使参与者得到有价值的体验。而现今国内绝大多数领队并不能称之为领队，至多只能算向导。作为一个领队，你需要有一下 7 个核心能力：

1. 探险的行为和意识。（注意是探险而不是冒险）
2. 良好的技能储备。
3. 沟通能力。
4. 判断与决策能力。（临机处断能力）
5. 在困境和未知情况下的忍受力。
6. 有自知之明。
7. 有愿景以及行动力。

领队的技能分为硬技能和软技能，见下表

硬技能	软技能
1. 户外运动技能	1. 沟通能力
2. 计划制订与准备	2. 探险意识
3. 急救与应急反应技能	3. 角色以及风格
4. 定位与定向能力	4. 判断与决策能力

5. 专项活动技能	5. 风险管理能力
6. 户外知识、技能的储备	6. 指导能力
7. 熟知相关法律法规	7. 专注
8. 环保意识	8. 动态控制能力
9. 营养知识	9. 个人与团队的管理能力

硬技能主要决定活动参与者的安危，软技能则主要决定活动的质量。

对于参与者，如果你并不熟悉领队，请从以下几个方面来考察或了解领队：

1. 是否擅长计划与组织

2. 是否自信心强

3. 是否技能水平高

4. 是否关心他人

5. 是否懂得决策

6. 是否值得信赖

7. 是否好交流

8. 是否是个好老师和好教练

9. 是否遵纪守法

作为领队，你必须要是一个各方面都比较优秀的人，但毕竟领队也是人，为了保证活动的安全和队员的体验，在整个活动中，领队要对队伍有良好的掌控能力，这就涉及一个领队能带领多少队员的问题。

现今国内最流行的 AA 制、风险自担的户外游，所以动辄可以看到一个领队带领几十人，甚至上百人的户外穿越活动，实际这是非常危险的，保证安全的领队与队员比例为 1:5，在安全的穿越区域可适当放大到 1:10，超过这个比例会令自身或队员处于潜在风险中，而在实际操作中，一个 30 人的队伍，配备 3 个正副领队进行一天的中等强度的穿越活动，就很容易出现首尾不能相顾，队伍断裂、失去联系等极易危害人身安全的情况!

一次户外活动就像一个系统的工程,而领队就是工程师,工程师的技能决定了工程的质量,一个领队不光要完成活动,还需要在有极强的临机处断能力,在路途上,遇到的每一件事都会有很多解决的方法,每个人都有选择的权力,但领队的选择有可能就会涉及人员的安危,试想,如果在通过一片水域的时候,你可以徒步涉渡,也可以使用保护系统的时候,你会不会为了节省时间而忽略潜在的威胁?在无法按时赶到预定之地,夜幕降临的时候,你是选择继续前进,还是就地选择一个地方扎营?在户外活动中,会有许多影响选择的因素,你如何准确地判断这些因素的潜在威胁并选择一个最安全的方法来应对?在此时,技能储备就决定了你的选择是否正确。就如一个老司机,在复杂的车况下,无疑会比一个技能生疏经验不足的新司机更能做出正确的决定。

第二课 路在脚下

本章的基础部分已经学完。听!军号已吹响,钢枪已擦亮,我们出发吧!

在出发前,最后确定装备和人员状况,来到起点后,比照地图与地形,确定站立点,寻找标志物。

在丛林和山地等地形不太深入的地方,通常有人踩出小路,可以顺着小路走,但要注意岔道。同理可证,在人迹罕至的深山老林里跟着野兽踩出来的路,也是个不错的选择,当然,你也可以选择开山辟路,不过你要考虑你的体能能支撑多久。

在行走过程中,行军需要随时调整,避免大家扎堆。在野外,扎堆有可能会酿成不可挽回的后果。

一般地形上,队员间隔2~3米,呈单纵队和双纵队,保证大家随时可以联系。

领队通常居队伍靠前位置（有时候会在队伍最前方）观察整队的情况。安全员通常居于最末从后至前观察队伍状况，绝对不允许有人落在安全员身后。如果必须在队伍前方派遣侦察兵，通常是安全员来承担，此时，领队需要指派另一位经验较丰富者殿后。

地形情况用口令的方式传达，领队要随时了解队员们的状态，及时调整队伍，照顾体力差的队员。

> **注意：** 整个队伍的前进速度并不是根据领队或安全员的体能来计划，而是决定于体能最差的那个队员。

口令要简单明了，否则容易产生歧义，例如："前面有条沟。"在吐字不清的时候，容易让人听成："前面有条狗。"

正确的口令为："注意！前方有水沟。"

当听到前锋队员的提醒后，后面的队员要将口令继续传达下去，在传达口令的时候，声音应该大声清晰："明白！注意前方有水沟！"必须复述口令，如果传错口令，前方队员要立刻纠正，例如队员错传："明白！注意前方河流！"前方队员应立刻纠正："错误！注意前方有水沟！"后面的队员再将正确的口令传达下去。

在复杂的丛林地形中，因为遮蔽物太多，容易让队员间失去视线接触，询问队员状况很重要。领队每5~10分钟，向队伍发出口令："报数！"检查队员情况，避免有人走失。

队员从头向尾传达口令，最后一名队员（通常是安全员）听到口令后，立刻回应，由他开始报数，再从尾传回，好让领队清点人数。

有询问，必须要有应答！如果在多次询问没有应答的时候，领队应发出"停止前进"的口令，大家站在原地等候领队的进一步指令。领队清点人数确认无误后方能继续前进。如果有人丢失，将纵队变成横队扩大搜索面往回搜寻，队员间距3~5米，以能视线接触或普通说话声都能听到为宜。在搜索中，除了大声呼喊失踪者名字外，还要互相照应身边的队员，必要时领队要发出"报数"的口令清点队员情况。

野外常使用到的口令

询问型口令：
XXX，请报告前方（后方）情况。
XXX，请报告你的位置。
报数！（清点人数）

提醒型口令：
道路崎岖，小心扭伤！
前方需要攀爬！
小心树枝！
小心泥坑！
前方岔路左（右）转！
道路湿滑，小心摔跤！

警告型口令：
注意！左边（右边）悬崖！
注意！前方11点（方向）发现猛兽！

在野外建议大家不要单独行动，如果你是前锋侦察，必须要在队伍前方报告地形（最好两人结伴，使用对讲机或者其他一切手段与大队伍保持联系）。这些手段包括声光信号，但是严禁随意点火。

在陡峭的上下坡地形上，拉开队形，个人间隔5米以上，一个一个地通过，绝不允许扎堆现象发生。万一有人踩空，扎堆的话，上面的很容易把下面的一起撞下去，如果一个人受伤，至少需要两个人照顾。小心地保护好自己和队友，因为一个小小的扭伤，都可能会拖累整个大队。如果有两三个队员受伤，这次户外活动真的就成为"求生活动"了。

在需要攀爬的地形上，通常领队或安全员先攀登上去，从上至下观察队员的动作，另一名则位于下方保护并观察队员的情况，并进行必要的提醒。其他人员不要好奇地挤在安全员或领队身边，你应该在安全的地方等候。

行进时，身体根据地形来改变重心，略微地把腰弯到合适的角度，让负重压在你的髋部并传导到脚上。速度保持匀速，不要忽快忽慢，最大限度地节省你的体力。

在上坡路，将腰弯低和坡度保持平行，脚要踩实，一步一步爬上去。平时，还可以用双手向上提提背带，最大限度地减小肩部压力。

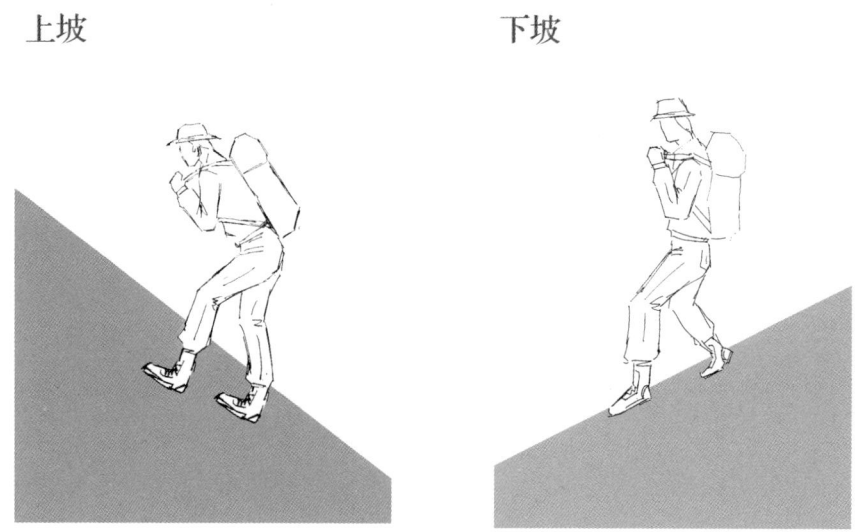

上坡　　　　　　　　下坡

下坡时，双腿略弯缓冲，腰挺直，重心放在髋部，让重量压在你的肩膀上，如果不慎打滑，则一屁股坐在地上，不会一个筋斗翻下去。如果是一般的小斜坡则不必如此，这个方法是对付比较陡的斜坡和崎岖地形用的。

丁字步是很有效的下坡步伐，身子微斜侧，膝盖微弯保持重心，与前进方向形成一个角度，左（右）脚作为导向脚，指向前进方向，右（左）脚合适的外撇一个角度，作为主支撑脚。这样的步伐让你下坡的时候更稳健，更不容易摔倒。下坡时，眼睛要看清楚地形，速度要在你能控制的范围内，防止扭伤和摔倒。

丁字步

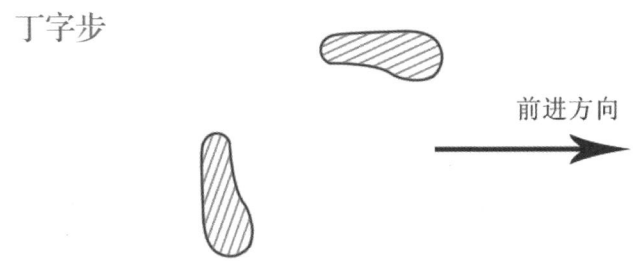

上下坡时，手不能插在口袋中，否则一旦摔倒手无法帮你缓冲。

在植被茂密的地形中，直立行走要和茂密的植被斗争，不妨模仿一下动物四肢爬行。样子虽然难看，却是最省力的方式。

爬的时候将背包的胸带和腰带系好，别让背包乱动，手支撑地面分担一部分背包负重，这样能让你更省力。在荆棘密布的地区，你还不得不贴紧地皮从缝隙中爬过去，这时候解下背包，把背包置于前方推着前进，让它为你开路。如果背包推不过去，那就得停下来弄断一些挡着你去路的树枝。

下陡坡时，坐在地上，身子后仰，双眼注视坡道，一脚收起来，脚掌接地，作为刹车使用，一脚伸直。手作为方向舵负责调整方向，这样可以快速地从陡坡滑下来，安全、快捷，还不用担心摔倒。

在下坡前要选好线路，注意控制你的速度。刹车脚略用力往下踏，通常就能刹住，如果这样还不奏效，手掌也能增加摩擦力。

如果仍旧控制不住速度，立刻翻滚变成下趴的姿势，身体紧贴坡道增大摩擦力，并用手抓紧地面或者任何可以让你停下来的东西。

这个方法通常用于并不是太长却不好直立下坡的地段，高度差通常不要超过 10 米，太长的陡坡如果坡度不超过 60°，在均匀地势也能使用，如果在超过 60°以上的陡坡、地形不均匀的地段，最好还是利用绳索滑降。

注意： 陡坡下滑法要求你的衣物和背包防刮擦，如果是一般的衣物，可能一次下滑之后就磨坏了。

陡坡下滑

领队要根据队员体能做出何时休息的决定。在野外行进会消耗大量的体能，尽量少说话，以节省体内水分和精力，建议一般人在前进 1~2 个小时左右就停下休息 10~20 分钟（如果强度很大，一个小时休息 10 分钟）。休息时不是一屁股坐下来喘气，检视你的位置、做线路和地图标定、适当地吃些东西、喝些水补充体力，检查装备，检查鞋袜。

不要大口地喝水，因为肠胃不会吸收太快，这很可能会造成呕吐，甚至脱水。小口地啜饮，可以帮你节省很多水。如果有时间，你可以用根树枝来敲打自己的小腿，放松肌肉，效果非常不错，最好是能躺在地面上，用背包将脚垫高过心脏。特别是经过一天的跋涉后，躺着敲打敲打，好过去按摩。

不管你承不承认，在一个陌生世界里，肾上腺素会比平时分泌水平高，让你的神经系统保持在一个亢奋的状态以及时规避风险，这样会消耗你大量的精力和体力，但通常这种消耗难以察觉。因此你要节省你能节省的一切东西，用鼻子呼吸，不要用嘴大口地喘气，高强度活动后鼻子不够用，就用嘴巴吸气，鼻子出气，这样能帮你节省体内的水分。

行进过程中，随时补充水分和食物，但每次量不要多，保持肚子不饿，口不渴就行。如果极度干渴和饥饿才补充，此时你的体能也基本耗尽，不多久就会感觉到虚脱。

顶着烈日行走

在烈日下毒辣的阳光会晒伤你裸露的皮肤，戴上帽子，穿上轻薄透气的衣服，脖子上围上丝巾。

生存丝巾和帽子不但能保护你的脖子和头，还能为你节约水分。

一定要注意补充水分，但不要大口喝水，头部避免被阳光直接照射，防止头部因温度过高中暑，当你的头有涨痛感时，这是中暑的前兆。这时立刻停下寻找树荫等遮蔽的地方休息，补充水分，并根据病情判断是否需要使用药物或启动中暑预防程序。

穿行在原始丛林中

在原始丛林中要注意防蚊虫，你需要穿上长衣裤，围上丝巾，戴好手套和帽子，不要让皮肤裸露。某些原始丛林的地面是软的，地面最上一层是落叶，下层则腐质层，非常潮湿，这里是蚊虫、山蚂蟥、虱等吸血昆虫的滋生地。做好防护，严禁穿短袖衣、短裤或者凉鞋穿越！

在瘴树林行进

瘴树林常分布南方湿热丛林地区的背阳处，传统的瘴树林可以从外表上辨别出来，在远处观察时，可以看出它与普通树林绿色对比强烈，它的叶片颜色偏暗，甚至呈黑色。因其常年得不到阳光的充足照射，加上又不通风，落叶在湿热环境下发酵，树林内常有甲烷等可燃性气体聚集。地面落叶腐烂，湿度大并且滋生大量的病毒、细菌以及山蚂蟥和蚊虫等。

如果看到此类树林，请绕道行进，必须要通过的话做好全身防护——扎紧袖口、戴上手套、将裤脚插进靴子中、围上丝巾带上头套保护脖子和头部、穿上雨衣盖上披头。制作一个简易口罩，洒上水捂住口鼻，防止吸入毒气。如果有解毒药，舌下含一片解毒药。

你最好再制作若干火把，利用火把的火焰和烟驱散毒气和山蚂蟥。但是要注意瘴树林内的甲烷等可燃气体，使用火把进入之前，先利用弓箭等投掷工具，将一支燃烧的箭尽可能地射入树林内部，并观察其火焰变化。如果有爆燃或者火焰突然变亮的情况，说明其内部可燃气体浓度较大；如果火焰很快熄灭，则是氧气不足。一旦出现这两种情况，你就要放弃这条线路。

穿越瘴树林后，检查背包、衣服和身体，如果你穿越的瘴树林有山蚂蟥，立刻生火，将装备放在火上烤，用火和烟驱除它们。检查一定要认真细致，连褶皱都不能放过。

> **警告**：穿越瘴树林有可能会让你染上不明的病毒和疾病！在某些遮天蔽日的丛林内，有可能会形成小瘴树林。瘴树林形成需要两个要素：湿热和不通风。如果你进入的丛林有这两个特征，请按照瘴树林穿越原则行进。

在丛林和绵延的山地，顺着山脊线行走能避免上攀下爬，节省大量的体力，而且在山脊上视野也比较宽阔，容易判断方向。而顺山谷前进虽然更能节省体力，但往往在山谷中也会碰到视野太窄，走进死胡同。地面潮湿泥泞不利行走，雨季中溪流暴涨无法前进，山洪暴发不得不逃命等问题。特别在雨季中或刚下过大雨的时候，不要长时间待在山谷中慢慢摸索前进。

路标

路标可以辅助你确定站点、寻找方向、分段标定你的前进线路。在复杂的地形或者缺乏标志物的平原、雪原、山地地形，有时候你要做路标配合地图和指北针。

路标只有三个要求：显眼、方向指示明确以及稳固。

路标尽量用和当地环境色差大的物品制作，方向指示有两个要求：指示你前进的方向和设立指北标（只要标出一个就可以找到其他三个了）。统一你的指北标方向，不要这个路标是指北，下一个变成指东。

路标不能因为风或者其他因素导致位移和倾倒。

丛林和山地中通常用石块、树枝来做路标，路标应选择在便于找到的地方，草丛或者灌木丛等纷杂的地点不宜设置。

在岔路中通常也设置路标，标明你往哪个方向前进。

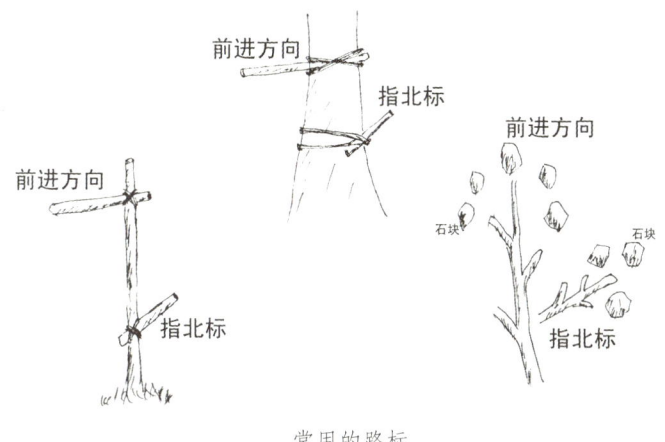

常用的路标

> **注意**：在树木上砍开缺口也能作为路标使用，刚砍开的时候可能非常显眼，可是几个小时后，树木的愈合作用致使缺口发暗难以发现。如果必须在树上砍出缺口做路标，你需要用其他方式提醒位置，例如捆绑一个人工物体，鲜艳的食品包装袋、塑料袋。或者把一些草或灌木枝，绑在树干上——草和灌木是无法生长到树干上的，相对而言，蒿巴的灌木叶片和草比树叶更容易找到。

草地和雪原中用石头做路标通常会被掩盖，用树枝做路标比较显眼。

将两根树枝呈三角形插入地下，一根垂直，一根呈45°或60°斜插。斜插方向就是你的前进方向，第三根树枝以一个小角度斜插入地下作为指北标。

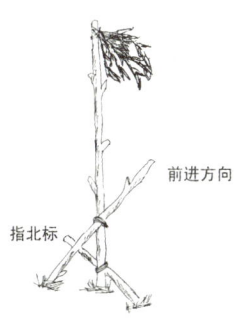

雪地路标

在生有稀疏的松、柏的雪原上行进，可以在某一棵树上砍下若干树枝，插在这棵树周围圈一个圈以区分其他树木，这样容易让你在白色的雪地中找到路标。

在宽阔的地形上路标尽可能高一些，在垂直树枝上绑上显眼的东西，例如色彩艳丽的食品包装袋、塑料袋等。如果没有显眼的人工物品，绑一把枯草或者枯树枝。

沙质沙漠中几乎没有可以做路标的材料，不过有时候你能找到死去的野兽。森白的兽骨在黄色的沙粒中很明显，尽可能地在沙丘高处插上兽骨做路标。一般这类路标存在时间不会很久，会随着沙丘的移动而消失。而戈壁沙漠会有很多石块，用石块垒一个不同于其他地方的路标并不困难，只需要花费一些时间和体力，如果可能的话，尽量使用大块的石块，否则一场沙尘暴过后，小块的石头会被吹飞。

注意： 记住将路标的位置标注在地图上。

第三课 距离的测量

闷头走路苦闷又无趣。分散一下你的注意力，随时检测方位，对照标志物，搜寻四周，这样既能让你精确地到达你想要到达的位置，还会经常惊喜地发现很多有趣的事情——例如草丛中一条对你虎视眈眈的蛇……

怎样使用简单工具，甚至不使用工具测量距离，这对你标定自己的位置非常重要。

人体本身就是一个精密的测量机器，只要简单地"改造"一下，测量距离并不成问题。

步测

步距主要用于测量行军距离，当人匀速行走时，步伐距离是相等的。一般来说，一个成年人一个跨步的步长约等于眼睛到脚跟的一半，大约每跨步，也就是术语上所说的单步约为 70 厘米左右 (根据人的不同有偏差)，每复步 (两个单步为一复步) 大约为 1.4~1.5 米。在前进时默记复步数，可以测量出你所行走的距离。还有个经验之谈，简单明了：我们每小时能走的公里数，恰好和每三秒钟内所迈的步数相同。例如，你平均三秒钟能走五单步，那每小时你就可以走五公里。

当然并不是每个人使用的时候一点不差，步长是否均匀，快慢是否保持一致，都会有变化。因此，需要大家多加练习，测得自己的步长和步速。

跳眼法

跳眼法是中国军人常用的测距方法，也是最快的方法——面向目标，伸出右手，伸直手臂，竖起拇指，闭左眼，使右眼视线沿拇指一侧对准目标左侧，头手保持不动；闭右眼，使左眼视线通过拇指同一侧，并记住视线对准实地的某一点，然后目测目标左侧至该点的宽度，乘以 10，即站立点至目标的距离。

臂长尺

首先，你需要把你的胳膊平均分割成 100 等份 (那位同学，别着急动刀子，用尺子量一下就可以了)，手臂向前平伸，从眼睛到拇指虎口的距离，然后除以 100。比如某人的眼睛到虎口距离为 60 厘米，平均分 100 份则为 0.6 厘米，这个就是臂长尺的基本分划单位。自己刻一个刻度尺，你的臂长尺就做好了 (通常是刻在铅笔上)，你也可以事先测量过你的臂长记住数值，需要的时候可以用指北针的测量尺代替臂长尺。下面实际使用一下看看效果。

手拿臂长尺，伸直手臂，使臂长尺 0 分划对准目标一端，读出目标另一端在臂长尺上的分划数，使用下面公式：

距离 = 间隔（高度）×100÷分划数

估计到这里，有人又头疼了：这还是需要知道远处两点的间隔或者高度啊，要是测量不出怎么办啊？放心，那就多走几步路吧，这样你就可以使用下面的公式了：

距离 = 前进（或后退）距离 × 小分划数 ÷（大分划数 − 小分划数）

比如，你首先测量出远处某地在臂长尺上分划为 10，然后后退 10 个复步 15 米，测量得 8 个分划，那么代入公式：

距离 =15 × 8 ÷(10 − 8)=60 米

相似三角形法

这个办法多用来测量河宽和不便通过的地形。先确立站立点为 A 点，在远处选一点 B，然后右转（左转）90° 步测到 C 点。记住所走过的距离，然后继续步测前进到 D 点（一般 AC 长为 DC 长的整倍数），然后向右转 90°，前进，随时注视 B、C 两点，走到 BC 延长线的位置 E 点时停止。此时，三角形 ABC 与三角形 DEC 相似，那么 AB=AC × DE ÷ CD。

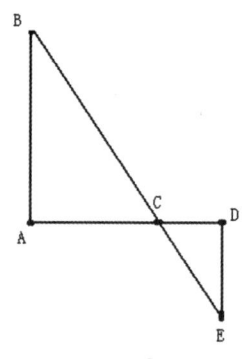

学到这里，大家是否发现这些测距方法离不开一个三角关系？几何学还是很有用的，如果大家快忘记了，请把初中几何再温习一下。

测距的小经验：

规则外表的物体比不规则外表的物体看起来会比较近。

大的目标往往会让人觉得距离较近，老话说"望山跑死马"就是这么来的，在相同的距离上，一个水塔看起来就比一个电线杆近。如果只能看见目标的一部分，看起来也会觉得远一点。

如果在起伏不定的地形上观看很容易因视觉错误而觉得目标会远一些，所以尽量在比较平坦和开阔的地形上观察。

同一个目标,在光线充足的时候,让人感觉比较近;在光线暗淡的时候,让人觉得比较远。但是如果太阳在目标之后(逆光),会让你觉得目标会很远,所以尽量选择背阳观察(背光)。

如果你在很开阔区域或测量很远的目标距离,例如在海上测量海岛、平原测量山脉、沙漠测量石山、山地或丛林中测量远处的山峰距离时,用5倍原则——将你觉得的距离再乘以5倍,这样得出的数据和实际比较相近。

找准了合适的标志物,只要估计出其相应的高度或间隔测距并不难,臂长尺和相似三角形测距法相对来说最精确。但需要一块相对宽阔的地方供你移动,最简便的则是跳眼法,平时只要稍加练习,很快就能掌握。

无论处于何处,精确地测量出距离对确定你的站立点非常有帮助。

第四课 确定站立点

如果你已经学会了地图标定和测距,那么下一步就是把你站立的位置在地图上标明出来,这是你进行下一步行动的基础,它决定了你该往哪里走、该怎么走、走得是否正确等等。

根据明显地形特征

如果你正好站立在某个明显的标志物地形上(如山顶、鞍部、河流转弯处等),只要在图上找到这个地形符号,也就找到了站立点在图上的位置;如果站立点是在某处明显的地形特征点的附近,则可以根据站立点与明显地形特征点的关系,目测判定站立点在图上的位置。这个方法简单,只要找到一个标志物,就可以判定出自己的站立点,而且还能让你很快地判明方向,但是在地形相近地带要小心使用。

根据明显的地形特征确定站立点位置

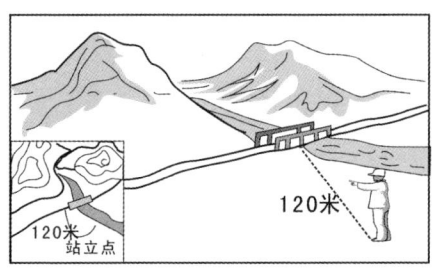

根据明显的地形特征点的
关系，确定站立点位置

明显的标志物一般是：线状地形——山谷、河流、道路等，线状地形的交会处和转弯点。

单个的地物——独立山头、群山中的海拔最高点、高山上的通信基站塔、山坡上的独立树木或特殊的树丛等。

面状地形的中心或者有特征的边缘地形——山地、山鞍部、凹地、洼地、悬崖、冲沟、湖泊、山脊和山背上的转折点、坡度变换处等。

在复杂的地形上，往往一个标志物是不够的，如果你能找到两个标志物，根据两线相交确定一点的原理，你很容易判定出自己的位置。在野外精确的判定自己的站点，常使用交会法。

90°交会法

当你位于线状地形上或者附近的时候(道路、沟渠、河流、山脊线、谷地线、坡度变换线等)，如果在与运动方向垂直的方向上能够找到一个明显的标志物的话，那么线状地形与标志物的垂直方向线的交点即为你的站立点。

野外地形并不是为你量身定做的，当线状地形与标志物不垂直，而是有一个夹角的时候，先标定地图，测出标志物距你的距离，按比例尺换算出地图距离，再将测绘尺在地图上切于相应的地图符号上转动，直至距离合适，标志物与线状地形的交点就是你的站立点。

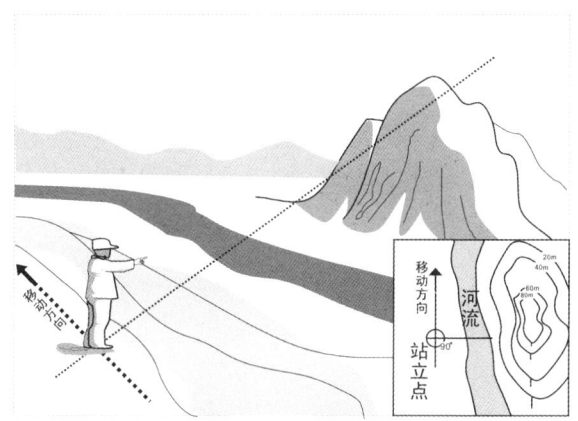

地形交会法

当你处于线状地形的交会处，直接在地图上找出这个地形，线状地形的交会处即为你的站立点。

连线法

如果你正好处于线状地形上或者附近，同时又正好处于两个标志物的连线上，也很容易确定自己的站立点。

一般分为横向连线法和纵向连线法。

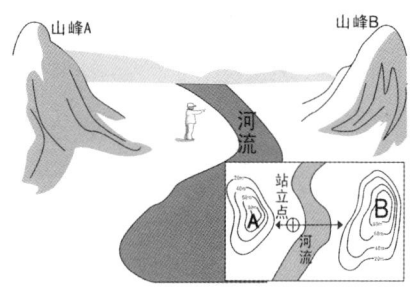

横向连线法

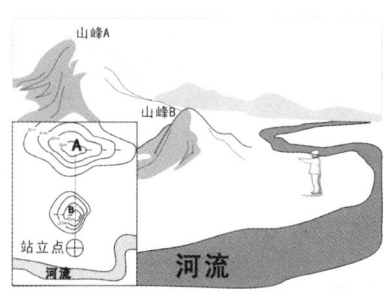

纵向连线法

当你处于线状地形附近，连线法是比较精确的办法。

线状地形包括河流、山谷、公路线、铁路线、山脉线等。但如果没有线状地形，例如处于一片平原，恰好在两个标志物的连线或延长线上也可以使用，但这时你要测量出你和标志物的距离。这些统称为线状地形交会法，在南方河流众多的山地、丛林地形经常使用。

当你处于平坦开阔的地形，或者地形相近的地形上，没有线状地形供你定位，但当你可以看到远方两个标志物的时候，可以使用后方交会法，即先标定出地图方位，测出标志物的距离，再依次将直尺切在图上相应的地形符号上转动，向实地瞄准，并描画方向线，两条方向线的交点就是站立点的图上位置。

后方交会法

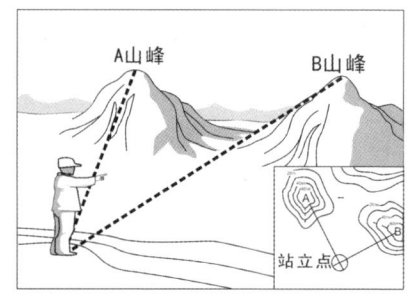

磁方位角交会法

若行进在丛林、山地中,视线被阻挡,不便将地图与实地对照,用磁方位角交会的办法来确定站立点的位置:在视野较开阔的峰顶、树上或者林间空地用指北针精确标定地图,保持地图不动,再转动指北针,使准星对准目标方向,磁针静止后,磁针北端所指的数值就是站立点至目标的磁方位角。

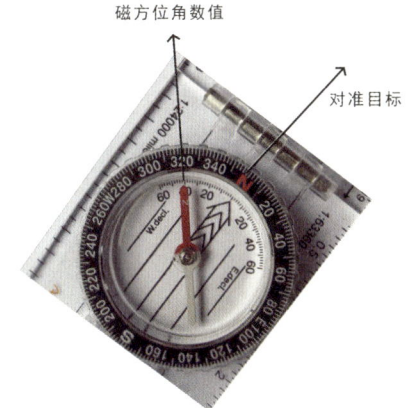
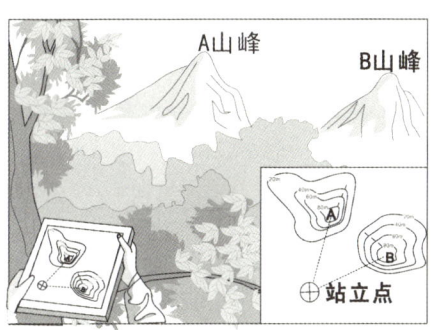

将指北针直尺边分别切在地图的相应标志物上,画出方向线;再以同样的方法,画出另一目标的方向线,两条方向线的交点就是站立点在图上的位置。这个方法也常用于标志物太远无法精确测距的时候。

如果你只找到一个标志物,但能测量出它的距离的时候,使用磁方位角描画方向线,并按比例尺换算地图距离,就可以精确地确定自己的站点了。

自制简易地图

在路上要养成随时检测标志物和站立点的习惯,但当地图不能给你提供足够信息时,自己动手画一张简易地图也不困难。

你只需要一个指北针、一张纸和一支笔。

首先你根据指北针的指引标出东南西北,确定一个合适的比例尺,然后把站立点附近的标志物按实际方位和距离,在地图上使用地图符号标注出来。

以此为起点，往某一方向走，就在地图上画出线路，在每个转弯点都要标注出前进的方位角、上一点距离、附近的标志物。

在途中遇到标志物的时候，也要标注出来。如果迷路，将简易地图反转180°，原路返回，找到最近的一个检测点，重新进行地图标注工作。

简易地图并不需要你画得很精确，但是一定要确定检测点，标明标志物和转向角度。简易地图有个好处，你只要依照方位角前进，计算距离，确定检测点，确定标志物就可以了。地图符号可以依照你自己的喜好来确定，甚至连比例尺都可以忽略，如果你无法测量你行走的距离，你还可以使用"距上点路程2小时"这样的字眼标明。但要注意因上下坡、体能等因素导致同样距离会行走不同的时间。

简易地图还可以作为主地图的补充，不时地要与主地图进行比照。寻找两张地图上的共同标志物，以便更精确地标定你所处的位置。

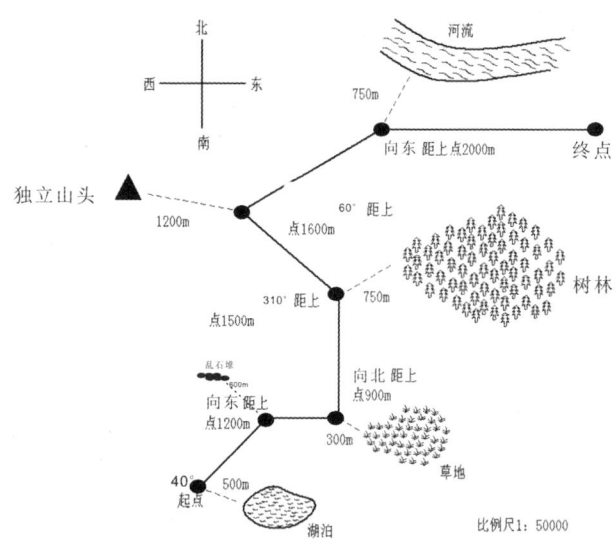

路上的小经验

在野外首先要找到正确的方向，确立站立点。

标志物和检测点贯穿你行进的全程，无论是否有指北针和地图，都要牢记这些防止迷路的法宝——正确的方向、检测点、标志物，然后再考虑标志物与检测点的距离。

记住，永远不要丢失你的方位角和标志物！

不断地补充地图细节，能让你对地形地貌了解得更加清楚，任何你觉得显眼和易记的物体都能作为补充标志物，始终保持能很快地找到两个或两个以上标志物就很容易确定你的站立点。如果只有一个标志物，通过测量这个标志物的方位角和距离，也能大致确定站立点。

路途上能完全按照地图标定好的线路前进是最完美的，追求完美并不等于一定完美，当偏离了线路之后，你要懂得如何修正回来，很简单的方法就是，如果偏左了，就往右边修正，直至你能看到下一个标志物或者回到了正确的方位上。

跳眼法是最快速的测距手段，但测量远处两点间的宽度和高度考验着你的经验，如果附近有树木，不妨"代入"一个中间量——同一个区域生长年限相似的树木通常高度不会相差太大，目测身旁的树木高度比目测远方的树木高度容易得多，然后想象一下将远方树木"放倒"，两点间能容纳几个树高，这样就能换算出两点间距离了。

使用方位角寻找线路，确定方向速度最快，而使用磁方位角定位快且精确。但记住，在做这项工作之前，必须要标定好地图。

在路上，一定要记得好好保护你的脚，崎岖之地容易扭伤，鞋子能保护你的脚，但它也不是万能的，一定要尽量地让鞋子保持干燥——虽然在很多时候这只是美好的愿望，但哪怕你无法弄干它，停下休息的时候也要脱掉它，让脚得到干燥。在炎热潮湿地带，脚被鞋长期捂着极易感染真菌，又疼又痒，而寒冷潮湿地带你一旦患上了战壕脚将苦不堪言。

附录：战壕脚、真菌脚

一战时期主要都是战壕战，敌对双方都挖掘战壕对峙，在潮湿寒冷的战壕里，很多士兵患上了这种奇怪的疾病，脚部冰冷、肿胀、坏疽，外表有蜡状，症状和冻疮类似，行走困难，双脚感到麻木、沉重，严重者神经和肌肉受损，肌肉坏死，只能截肢！

　　这是由于在底气温下（冰点左右气温），长时间——数小时，甚至数天——暴露于潮湿的环境中引起的，要解决它也非常简单：保持你的鞋子和袜子干燥，如果无法保持鞋子干燥，在不需要穿鞋的时候就脱掉它，每天最好洗脚，换上干燥的袜子睡觉，湿袜子无法生火烤干，就用自己的体温把它暖干，保证每天至少能有一双干燥的袜子。

　　真菌脚是在炎热潮湿的气候下，脚部没有得到通风透气和干燥的时候受到了真菌感染，也俗称汗臭脚，相信很多人对这种味道非常熟悉。真菌脚通常不会造成组织坏死，但它可恶之处就在于长期的折磨——每天脚又疼有痒，你却无可奈何，严重的时候会皮肤溃烂，特别是脚趾缝间，它不会让你完全丧失行动能力却能让你每走一步都痛不欲生，恨不得自己把脚砍掉！

　　但无论是战壕脚还是真菌脚，你只要能保持鞋袜干燥就能完全解决了，要保持鞋袜干燥的方法有很多，例如将备用袜子用防水塑料袋包好携带，例如夜间生火将鞋袜烤干，例如可以带一双重量轻的备用鞋轮换……

　　无论如何，记住，不要让你的脚长期憋在潮湿的鞋子里！

第五课　培训蜘蛛侠

　　朋友，你想当蜘蛛侠吗？

　　在丛林和山地地形上，大自然已经帮你做了选择，你几乎没有选择权利。

　　在攀爬前依然是评估，若是你想攀爬高达几十甚至几百米的垂直岩壁，请到隔壁攀岩教室交钱学习。在丛林、山地、林地这样的地形，需要攀爬的地方是在行进线路上的一点小障碍，大多数情况下只是10~30米。坡度大多在

60°~80° 之间。

如果你在路上遭遇巍峨大山或者 90° 的高大岩壁，不得不进行攀爬的时候，那只能说，你要么是专门来爬山的，要么就是你没有仔细地判读地图，找错了行进路线。

攀爬是个体力活，手臂粗壮者以及身体协调能力较好者在攀爬这个技能上有优势，如果连 5 个引体向上都无法完成的前肢无力者，请把攀爬重任交给下一位担任。若走路双脚都会把自己绊倒的朋友请打消攀爬念头，等别人爬上去给你扔绳子吧。

攀爬时右脚和左手同时动作形成一个向上的力，左脚和右手形成一个向上的力，这样比较节省体力。尽量避免只用手臂力量拉扯前进，这样手臂肌肉容易酸痛——记住，尽量使用腿部的力量把你蹬上去而不是单纯地靠手扯上去。

选择好你的攀爬线路，保证你的四肢至少有三个支撑点，如果爬到一半上下不得，这绝对是一个悲剧！

手臂在攀爬时最好保持舒展，尽量不要长时间受力使肌肉绷紧——这样能让手臂得到充足的供血，不会导致手臂酸痛。

攀爬时不能弓腰，胸部和腹部要紧贴岩壁，这样能让你更容易保持平衡，这就是最基础的攀爬姿势——俗称青蛙式。在不慎失手的时候，紧贴岩壁的身体能提供强大的摩擦力，至少摔下来时候没那么严重。

当然，实际环境可能会比讲述的复杂得多，很多时候也不可能做到如此标准的"青蛙爬"，那就要考验你的身体协调能力了，如果你接受过专业的攀岩训练，我相信你不光对攀爬有更深的理解，并且还能做出很多常人做不出的扭曲但有效的动作，以让你完成这个任务。

若是 90° 的光滑岩壁，我不建议大家攀爬，没有支撑点和攀爬工具，徒手攀爬这样的岩壁是件很危险的事情。在 60°~80° 的岩壁、山地、丛林土石山地上，甚至更陡一些的地形上，正确的徒手攀爬很少会造成人身伤害。岩缝、突起的石块、土坡上的树根、茂密丛生的草根都可以成为支撑点让你爬上去。

但在南方常见的黄土斜坡，干裂的黄土裂缝并没有看起来那么可靠，攀爬前要正确地选择支撑点，腐朽的树根、土石山中混杂在浅表土层的突出小块石头、石山中少量土壤丛生的草根、刚刚大雨冲刷过的湿滑土山的浅草层等等，这些看起来很结实的支撑点往往会造成不可逆转的悲剧！

攀爬

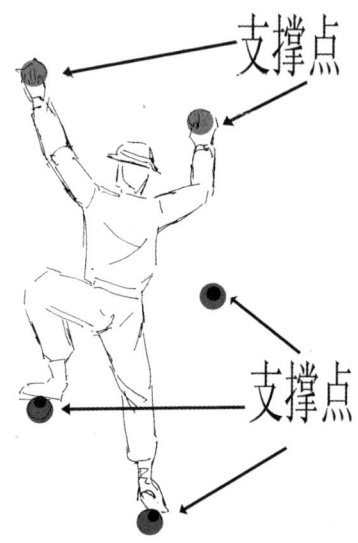

土山中的植物根系能更深入地扎入土层，丛生的草根部位通常可以支撑一个普通体重的成年男子。

茅草类植物在国内大部分山林中都有分布，茅草在土山中常作为攀爬的支撑点，其根部能深深扎入土层中，并且茅草常常是丛生形态存在。

但这类草茎上往往密布一层细密的刺，所以你必须要记得戴好手套。而铺地生长的小草、狗尾巴草之类的浅根系草类则不能做支撑点。

在土山中攀爬，植被可以让你快速地判断是否适合攀爬——丛生且茂密的茅草、蔓延成片的蕨类植物、成片的灌木，以及直径超过5厘米的树木都能证明这里的土壤足够深厚。

记住，支撑点是这些植物的根部，若你去揪它们的茎部、枝条或者叶片，我并不能保证它们能支撑你的体重！

在有些地方，却是浅根系草类占据了山坡，没有足够的支持点，还记得你的生存刀吗？是的，在这样的情况下生存刀扮演的是一个移动支撑点的角色。反握刀（刀尖向下，刀刃向内）右手深深地将生存刀扎入土层，同时脚蹬地取得一个初始加速度（有距离助跑那再好不过了），在右手将自己身体拉向上的同时，左手成爪状尽力地往土层下抓，抓住草根，然后使用左手将自己向上拉，然后继续右手使用刀。但这个办法要求动作一气呵成，对身体协调性和手臂力量有比较高的要求，一般用于土层厚且不高的地形，在坡度很陡、攀爬距离长的情况下危险系数高！因此建议大家在坡度60°～80°、高度不超过10米的地形上适用。

注意： 使用刀攀爬很容易损坏刀具！

如果你的工兵铲上有镐，可以用镐来帮助攀爬。将镐高高举起，用力砸向土中，先拉几下，测试是否结实，然后一镐一镐地爬上去——很多纪录片里，都有用冰镐爬冰山的镜头。

攀爬土石山，比攀爬冰山更容易。

在土山中，你也可以稳步推进——用刀、工兵铲或棍子，在土中掏出一个一个小坑，这些坑像阶梯一样，一步一步地让你爬到山顶，只不过这需要消耗不少时间。

在土石混生的山地中，大块的斜生岩石足以支撑你的体重，要懂得区分土石山的支撑点，若是在一块并不深厚的土壤上看到一块小石块很突兀地着生，那么就最好不要把它作为支撑点考虑进你的行进线路中。结实的石块是着生在石山上，外表经过雨水的自然冲刷和风化，表面一般很钝或者比较光滑，极少会很突兀地露出一个尖端。

这样的小石块多数是因为雨水从山上冲刷下来沉积在薄薄的土壤中，土壤看起来也比较"新"，颜色偏浅色或鲜艳色，与长期存积的土壤颜色反差很大，其根基并不坚固。这样的地形上茅草也不能作为指向草使用，这类地形上的茅草一般都是小簇且贫弱，其根系只能浅浅地到达土层底部而不能扎进岩石中。

岩石山判断支撑点则简单得多，你只要注意石缝是否有严重的风化情况，是否有湿滑的苔藓着生，寻找大块稳固的石块就可以了。

身体协调性有一个最简单的室内训练方法，只使用你家的地板即可：身体平趴在地板上，模仿壁虎的动作，左手右脚同时出力向前，然后是右手和左脚。

注意，屁股不能抬起来，腰不能弓，胸腹紧贴地板。手、膝盖内侧、脚都是你的发力点。这就是部队中常见的低姿匍匐训练。

地面匍匐只是锻炼你协调性的基础训练科目，在攀爬中，手指力量、手臂力量、腰腿力量越强，身体各部位肌肉的协调性完美，那么攀爬对你来说就不是太难的事情。

在某些地区，小悬崖上有斜生的树木，你可以考虑用绳索帮忙攀爬。寻找合适的树木，在绳索一头绑上一块石头，石头要有足够的重量，从悬崖侧面将石头抛过树木，石头自然落下时将绳索带过树干，抖动绳索使其尽量贴近崖壁，然后打一个活套环，拉紧绳索捆住树木，就可以拉着绳索攀爬上岩壁。

先不要着急拉紧活套环，抖动绳索让它靠近甚至贴着崖壁，这样能让你在攀爬时脚蹬住崖壁减轻手臂的受力，否则爬到一半吊在半空是一件很尴尬的事情。尽量选取粗大的树木作为固定点，绳索打好之后，紧抓绳索，利用自己的体重猛力朝下顿几下，测试绳索和固定点是否稳固。

第六课　滑降

滑降是无法徒手下坡时不得不使用绳索通过沟谷、悬崖等障碍，正确的滑降能节省很多路程和时间。

如果有滑降专用器材，请严格按照说明书使用。

滑降前先找到一个稳固点。最常用的稳固点就是树木，直径10厘米以上的健康树木足以当稳固点。但寻找粗大的树木更能令你安心。

不要选择腐朽的树木作为固定点，有一些树木外表看起来很健康，但实际并不是这回事。学习伟大的生存者——熊，抱住你选中的树木前后摇晃，如果能摇出树根、树干折断，那么就找另一棵树木摇吧。如果是蚍蜉撼树，恭喜，省下摇树的力气扎绳索吧。

枯死的树桩也可作为稳固点,同样要经过详细检查和细致的分析,以免造成坠落事故。

在山地中,树木往往达不到稳固点要求,你不得不打山石的主意,选择大块的与石山融为一体的山石作为稳固点,考虑到山石的不规则外表有可能会磨损绳索,在一些凸起部位最好用布或其他物品垫一层,以减少绳索的磨损程度。

根据力学原理,绳索捆扎部位为稳固点的根部,记住,是根部,而不是随便捆扎在树干或山石任意部位,虽然一些粗大的树木和巨大的山石很稳固,无论你捆扎哪个部位都不会让你坠落,可是你要养成一个好习惯。

如果有专业保护器、安全带等滑降器材,请严格参照使用说明书使用。

手爪结滑降

警告:如果必须进行这类高风险的下降、攀爬活动,必须保证稳固点的牢固,必须保证你所使用的绳索是安全的。

用保护索结环,先在安全绳上做一个手爪结,然后在绳环合适部位打一个双8字结,使绳环正好能套在腰部不会松脱。

左手抓住手爪结,右手将安全绳引导置于身体右侧,保持绳索的顺滑。手爪结在受力平衡的时候,可以在安全绳上滑动,如果不小心坠落,手爪结会变形卡住。

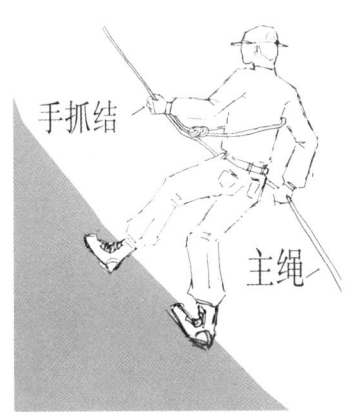

单股绳环有可能在突然坠落的时候会勒住身体，如果你的保护索更长就做一个救生环，一环套肩背，一环套腰部（肩背环是主要受力环，因此绳圈结位于腰上的环）。

救生环滑降

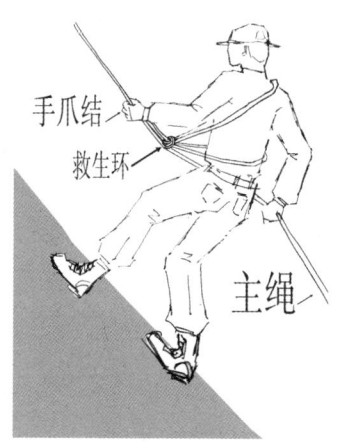

更安全的办法是手爪结与三套环合用，将一根绳索结成绳圈，先在安全绳上打手爪节，然后做三套环套住身体（绳圈结位于腿部的环上），这样更安全。但是无论是单股绳环还是三套环，记住要有一只手握住手爪结！

三套环滑降

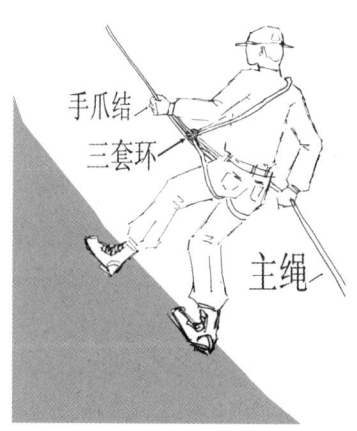

手爪结比较适合不太粗糙的绳索，在常见的静力绳、动力绳上使用非常合适。如果绳索太粗糙，手爪结的滑动效率大大下降，有时你不得不很尴尬地在半路停下来整理绳结，但这并不困难，只是会降低你的滑降速度而已。而太滑的绳索例如尼龙绳，手爪结提供的摩擦力可能会不足，这时候用另外一根绳索做一个副保护套套在腰间。

如果你只有1~1.5米这样的短索，那么就按照连接环所教的方式连接保护索。

滑降一定要认真检查绳结并保证绳索的可靠性，严格选取材料并认真地打结。在平地上测试摩擦力——将安全绳固定绷直，抓住手爪结，脚蹬地，身体后倾慢慢向后退，结匀速地在安全绳上滑动则合格，抓住保护索用力猛顿一下，手爪结能瞬间锁死则合格，如果有绳索断裂等情况出现不要冒险滑降。

我从不建议大家徒手滑降，一旦失手或打滑，会造成不可逆转的后果。**滑降时请戴上防滑手套！**

在你看不到崖底，无法得知悬崖高度的情况下，不要站在悬崖边探出身子往下看，你只需要扔下一块石头并读秒，听到石头落地的声音使用自由落体计算公式 $h=1/2gt^2$ 就可以估算出悬崖的高度，但懒人都是直接秒数乘以10，这样估算出来的高度误差还在能承受范围之内。如果你不确定绳索是否足够长，一定要记住在绳头打两个死结或八字结（如果已经打有抛绳结就不用再打结），错误地估计绳索长度、滑降扣滑出绳索造成坠落事故是有先例的！

如果下滑已经不可能，又没人拉兄弟你一把，你必须懂得自救——两脚岔开合适的角度撑住崖壁，绳索穿过胯下，右手位于臀部下抓紧绳索，臀部犹如坐在右手拳头上，绷直身体以上的绳索，左手将手爪结往上推，顿一下手爪结让它卡死。然后略放松身体，双手用力配合脚步向上，再坐在自己的右手上，左手再推动手爪结，反复如此就可以利用手爪结一段一段地慢慢往上爬。

不要着急，这个过程可能会比较长，也很考验你的协调能力。累的时候，可以利用手抓结吊在半空休息一下，多训练几次你就能找到其中的诀窍。

绳索可能会磨裆，让你很难受，但比起你上下不能而言，这点痛苦并不算什么。

使用手爪结上升

以上的方法是通过比较陡峭的地段，也就是说在绳索的帮助下你可以落脚的地段，但如果你必须要通过垂直崖壁，或者甚至悬空的部分而又没有专业的索降器材，依靠手头的绳索和扁带，同样是可以安全通过的。

这时需要使用到你的身体来增加摩擦力，通常使用坐式下降和戏称为"煎蛋法"下降。

在确认固定点、做好保护索和抓结之后，将主绳绕过臀部，制动手紧靠胯部，让臀部犹如坐在绳索上，另一只手轻握抓结，不要绷紧保护索，利用臀部和绳索的摩擦力，略松制动手，就可以利用地球引力慢慢地下降。

坐式下降

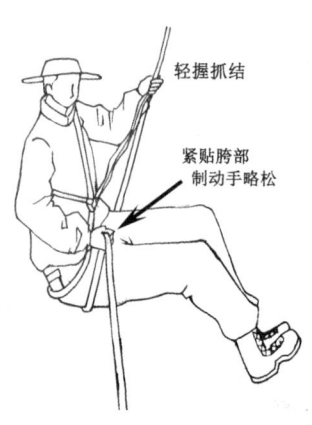

坐式下降虽然很有效，但对身体协调要求也较高，需要调动全身来保持平衡，"煎蛋法"虽然稍微痛苦，但他更安全且容易掌握。

确定好固定点、做好保护索和抓结之后，跨过主绳，将主绳从胯下背上肩部，然后从胸前绕到胯部，利用胯部和背部的摩擦力，制动手紧贴胯部抓紧，下降时轻握抓结，使保护索呈略放松状态。

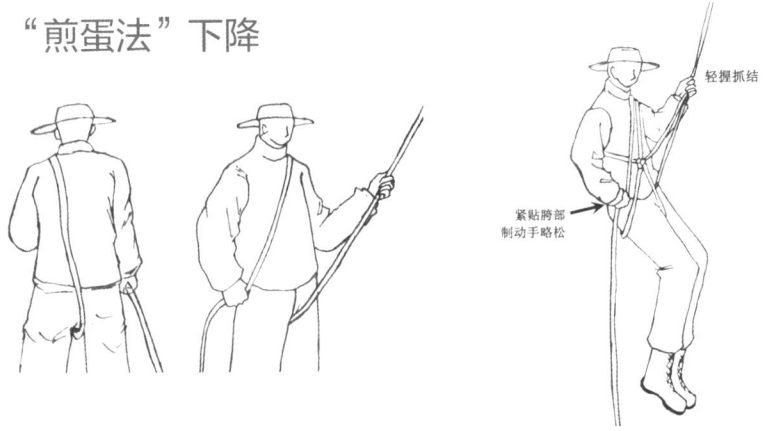

"煎蛋法"下降

> **注意**：注意你的下降速度，如果速度过快，您会体验到火燎屁股和"蛋蛋的忧伤"。绳索紧贴臀沟下降非常难受，你可以将绳索稍微偏一下，使其从臀部下绕过，右手作为制动手，通常偏向左臀，反之亦然。这样虽然稍稍破坏平衡，但我认为这样是非常值得的——至少屁股坐在绳索上受力，比娇嫩的菊花和蛋一起煎熟了要好得多吧！

自救手段

B 计划

在野外通过危险地段时，你都要考虑一个 B 计划，亦即你必须要有自救的手段，在你不慎脱手，抓结会锁死，这时必须要放松抓结，才能继续下去，否则你会吊在半空上不巴天下不着地。

如果你有一根短扁带，那一切都好办多了，保护索的抓结已经锁死，你大可不必担心，你只需要在保护索的下段制作一个抓结，用脚踏在抓结环上，这样就松开了保护索，你就可以放松抓结，重新调整姿势，将自救抓结轻握在制动手中，继续下降。

C 计划

很不幸的，你没有自救的扁带或者辅绳，但别担心，我们还有 C 计划，只要你操作正确，你是不需要吊在半空过夜的……

放松身体，保护索和抓结不会让你摔下去，将下段绳索提上来，在大约膝盖部位，制作攀登环，你就可以踩在攀登环上放松抓结，下降一段，锁死抓结，解开攀登环，再如法炮制，就可以一段一段地下降了。

如果你是上升，上述程序反过来做就可以了，如果是制作攀登环上升，就一路打结配合保护索和抓结，不需要解攀登环。

如果你没有保护索而又不得不下降的话，那非常考验你的技能，用煎蛋法相对安全，但此时因为没有保护索，也无从制订备用计划，因此你得考虑再三再行动。

以上是单人的上升、下降保护系统，如果你是团队行动，你并没办法保证每个人的技能都如此之强，本着能者多劳的原则，你还要懂得如何保护他人安全地通过这些危险地段。

在危险的悬崖地段，找好固定点之后，你首先做好自我保护，例如用长扁带先做好安全索。

将主绳绕过固定端，通常使用单套环、索结或8字结，绳索A端预留足够长制作一个蝴蝶结。如果你绳索足够长，绳索A端预留长一些在蝴蝶结远端再制作一个8字环作为自保部分。

在绳索B端，制作三套环，以保护下降（上升）者，中段部分绳索绕成绳圈备用。

在绳索B端，制作一个抓结，通常使用普鲁士抓结，抓结的另一端在蝴蝶结上系紧，通常使用索结。

下降 / 上升保护系统

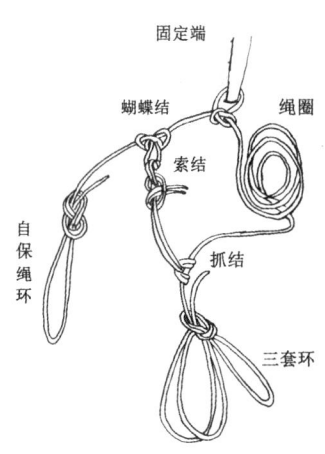

保护者做好自我保护，跨过绳索，下降段背过肩头，制动手抓紧绳索紧贴胯部，另一只手轻握抓结，下降者套好三套环，保护者利用肩背部的摩擦力，轻松制动手，就可以将下降者放下去（也可以将绳索绕在树木上，利用树木代替身体的摩擦力）。如果下降者出现滑坠等特殊情况，抓结会锁死，这时你只需要调整一下，再次把绳索背起来，就可以放松抓结，继续将下降者放下去。

下降/上升保护系统使用

　　如果是保护上升，就不必背绳，你只需要站在旁边，根据攀爬者的速度不断地抽绳就可以了，如果攀爬者滑坠，抓结会锁死，攀爬者稍微配合一下，就可以放松抓结。

　　示意图为了让大家看得清晰，所以保护者用站姿，在野外实际操作的时候，尽量地降低你的重心更有利于保持平稳，通常都是坐着，用脚撑着地面的突起物。

野外的纷杂环境非常有可能使不能目视下降者的动作，因此要加强和他之间的沟通，以防双方配合不好产生冲坠之类的意外发生。

控制绳索，让它匀速且速度适中地移动，这只要稍加训练就可以掌握。

如果有背包，你可以将一部分摩擦力分担在背包上，此时你就需要弓着腰，将背包顶起来让绳索在背包上滑动，姿势的确有些不太雅观却非常有效。

如果你只有一根绳索，却不得不做一个下降保护，那就在结实的树木上，做一个意大利半扣，在树木上绕半圈，保护者位于树木侧后背绳，利用树木、意大利半扣以及身体的摩擦力减速，将人员安全地放下。

意大利半扣下降 / 上升保护系统

> **注意**：使用意大利半扣下降保护，要确认绳索足够长，保护者只能控制绳索下降速率，无法将人提上来，除非有人帮忙，或下方人员爬上来，基本上，你可以认为这是一个单向的保护系统。

如果你有一把铁锁，使用意大利半扣代替抓结部分也可以做下降 / 上升保护系统，意大利半扣是用绳索和铁锁的摩擦力来降低下降速度的，但一旦保护者脱手，后果是灾难性的。

如果要使用意大利半扣，一定要仔细检查，其绳索缠绕方向错误，有可能会磨开锁门造成危险，但如果你的器械捉襟见肘，你就要好好使用这个简单的绳结。

意大利半扣

1. 如图将绳索交叠，行成环 A 和环 B（也就是攀登环的第一步骤）。

2. 将铁锁从右至左扣进绳圈的 B 部分，拉紧绳索，拧好锁门，铁锁的另一端连接安全带或保护索。

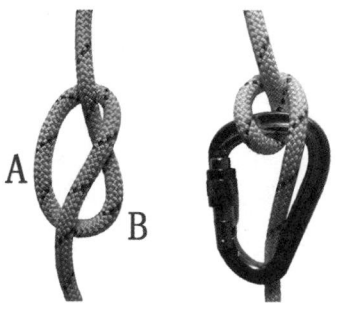

如果你打错了绳索或者扣反了铁锁，通常是以下两种情况

错误的意大利半扣

> **注意**：如果你不幸悬吊在半空，保持冷静，切忌挣扎，普通人在悬吊 10~15 分钟左右，就会因为血液不通导致下肢麻木，甚至出现休克症状，如果处置正确则不会造成人身伤害。

第三章 长路漫漫任你闯 111

在封闭端制作意大利半扣

在野外器械匮乏的情况下，你通常要使用手边的绳索制作安全带，或者在泅渡、下降保护的时候，你还要知道如何在封闭的绳圈或者固定点上制作意大利半扣。

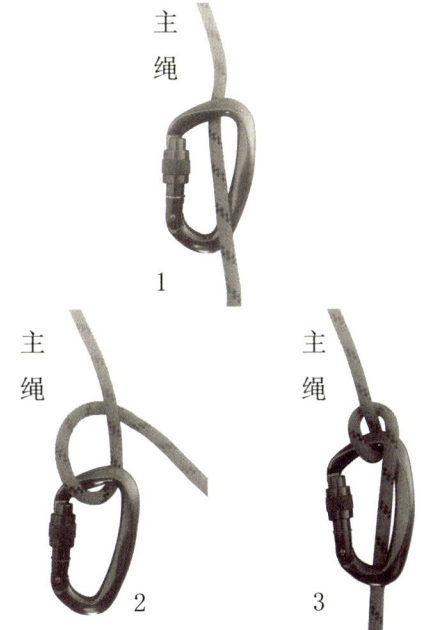

1. 绳索从封闭端下穿入。
2. 活端向上绕过封闭端，再从主绳下绕过。
3. 活端从封闭端上再次穿入，调整收紧。

绳结制作完毕之后，可以在主绳上移动，将绳结移动到合适的位置即可。

如果你的绳索太细，摩擦力不足，还可以将绳索在封闭端内如图缠绕一圈，摩擦力会大大增加。

意大利半扣在你只有一把主锁,甚至仅有绳索时,需要要掌握的一种非常重要的保护性绳结,其优点是制作简单、方便检查、调整方便,但摩擦系数较小,容易磨损绳索,以及容易打错,使用时手一定不能离开制动端,保持缓慢匀速,随时注意速度情况,收紧制动端保障安全。

双绳

通常情况下,携带20~30米的主绳已经足够了,野外生存活动毕竟不是崖降活动,如果崖壁超过10米,通常是不建议进行下降活动的,但如果你不得不通过超出你携带绳索长度一半以上的崖壁时,那么你就要接绳。

用双渔人结,将辅绳和主绳接到一起,在下降途中,你就涉及过结的技能。也就是上述的下降技能的B计划和C计划,但此时连接的两根绳索直径不同,因此你也要更加小心的制作和检查绳结。

警告: 如果必须接绳,你必须确定所接的辅绳是可以承重的!

收绳结

如果你比较不幸,来到一片悬崖时单绳堪堪够长,又没有足够的辅绳结双绳，你或许得考虑一下快速结的一个变种——收绳结。

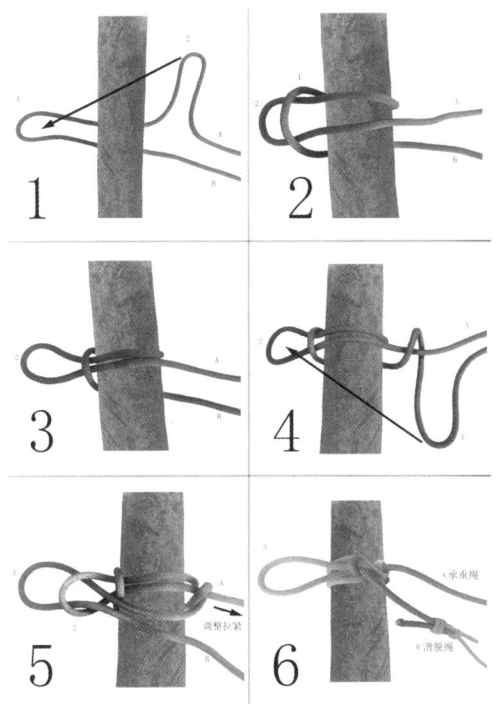

1. 将绳索对折成双股，绕过固定物，绳索 A 段曲一个环 2。
2. 将环 2 穿过环 1。
3. 拉紧绳索 B 段，
4. 绳索 B 段在 A 段上绕一圈，再曲一个环 3。
5. 将环 3 穿过环 2。
6. 拉紧绳索 A 段，调整绳结完成。

口诀： A 段穿环拉紧 B，B 段绕圈穿环拉紧 A。

和快速结一样，绳索 A 段是承重绳，B 段是滑脱绳，在绳索不够长的时候，可以在滑脱绳接上细绳，例如用双编结接上伞兵绳等。

使用承重的 A 段下降，落地后抽拉 B 段，就可以将绳索收回。

此绳结也可以用于拖拽重物,例如拖车。

> **注意**:最后的绳环3尽量留长一些,整理时将绳结收紧靠拢,以免受力时有变形或者滑脱的风险,收绳时最好用力拉扯一次成功。

因为打结松散而险些松脱的收绳结

不慎松脱了第一层的收绳结

虽然松脱了第一层后,还有第二层绳环作为保护,两层绳环都松脱的几率虽然很小,但我仍然强烈建议,绳结制作后,都要养成仔细检查的好习惯。

警告：此绳结需要多加练习，下降时要动作轻柔，避免滑坠，否则绳结有卡住的可能，若绳结被破坏了稳定，攀爬悬崖上去解绳也是非常冒险的行为，连接的细绳要保证有足够的强度收绳，若因为操作不当白白抛弃绳索，也是很可惜的事情。

量绳

除了救生绳还要携带几根短绳作为保护索（第二章里所叙述的扁带等质地比较柔软、结实轻便的绳索）。保护索在搭建帐篷、捆绑等时候都能用上，通常建议带一长两短，长索通常用于制作三套环，短索是辅助索，保护索的长度根据个人体形而定，用手臂量度你所需的长度——一手捏住绳头，另一手张开，以双臂加肩膀为一倍长度单位（约等于自己的身高），通常建议用3.5倍长度单位，因为这个长度适用大多数中国人体形，而肥胖者则需要4倍长度单位甚至更长。

根据你的体形来携带你的长索，在足够的情况下留一些富余，太短在需要制作三套环滑降的时候很尴尬，而长一些就没有这个问题，但多出部分用不着且整理起来很麻烦，你只需保证制作三套环后还有足够的富余部分打保护结就可以了。

短索通常为两倍至两倍半长度单位，这个长度足以结成8字环、救生环做副保护索，也可以将两根短索连接起来做成三套环。

在你不幸丢失了安全绳的情况下，若干人的保护索还可以结成长索使用。

除了使用绳索结成救生环、三套环之外，你也可以结一个安全带，通常使用2~2.5倍长度单位。

1. 将绳索结环，交叉成 8 字形，脚分别站在两个环里，将绳环套上肩膀。
2. 手伸到身后，抓住两个环，左右交叉，形成一个交叉网套住身体和臀部。
3. 绳环拉回胸前，预留足够的长度打一个结形成一个小绳环连接其他绳索或者器械。

安全带

在野外崖壁等危险路段，安全带是重要的保护性措施，通常用辅绳或者扁带制作，但如果你没有足够的辅绳，那就截一段主绳。

全身式安全带

如果你的有足够长的绳索，可以做一个全身式安全带。

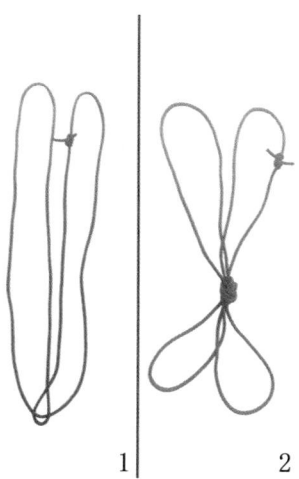

1. 将绳索结绳圈，对折，形成两个绳圈。
2. 将双股绳圈在合适部位打一个反手结，形成两大两小四个绳环。

使用时，将小环套进大腿，大环交叉套过肩背，在绳结下方使用主锁或意大利半扣。

全身式安全带所需要的绳索很长,坐式安全带则可以给你节省很多绳索——通常两倍臂展长度的绳索就足够了。

坐式安全带 1

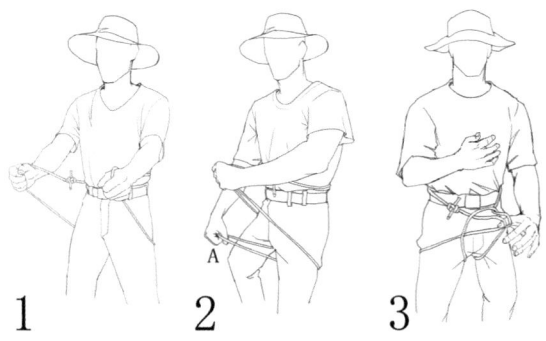

1. 首先将绳索用渔人结或者水结结成绳环,如图所示,将绳环兜过臀下和腰部,绳结位置在右上。
2. 伸手下掏,将臀下的绳索向前抽出,形成一个绳环 A。
3. 将两个绳环穿过绳环 A,收紧、调整,形成网兜状,套住臀下和腰部。

使用时,在两个绳环上扣上主锁,使用保护器或者意大利半扣,如果没有主锁,也可以直接在绳环上制作意大利半扣。

此安全带受力收紧,放松就会散,通常建议两个绳环在 A 环上再缠绕一圈,然后联系主锁或意大利半扣。

坐式安全带 2

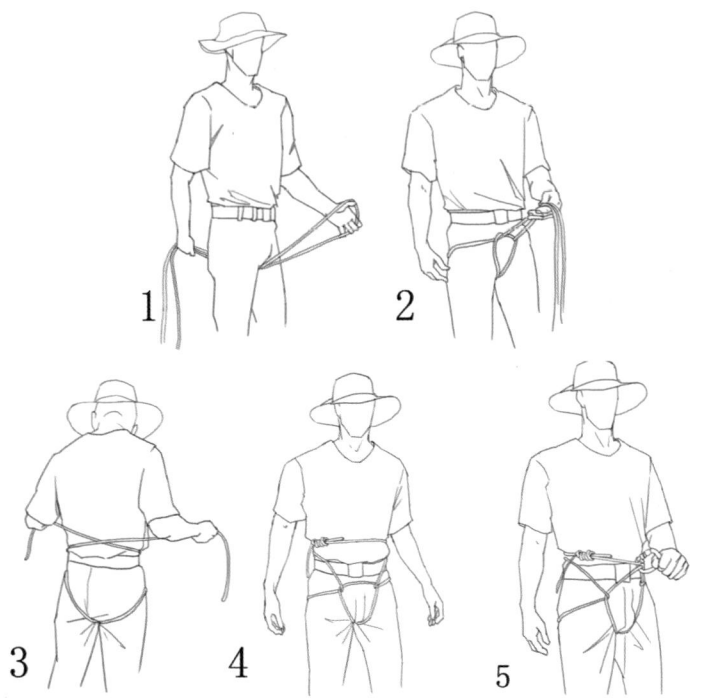

1. 将绳索对折,如图穿过胯下,绳环部在前。
2. 绳头左右绕过臀下穿过绳环,略做收紧调整。
3. 绳头向后,在腰部交叉。
4. 绳头部分绕过腰腹,在右肋下打一个平结,记得加上保护结。安全带制作完成。
5. 使用时,腹部横绳和胯部绳环一起扣进主锁或意大利半扣里。

注意:坐式安全带使用时一定是双股绳一起扣入主锁或意大利半扣里,如果只扣单股,一定是错的。

坐式安全带下降时要注意保持平衡,避免身体倾斜甚至倒挂。

绳索穿入环的时候,从上往下穿和从下往上穿,都不影响使用。

如果有主锁,就用主锁连接安全带后再使用下降器或意大利半扣,如果没有，可直接使用意大利半扣，但要仔细检查，以免打错。

绳结部分通常放在右边腹部，一低头就能检查到的位置，如果你是左手选手，就放在左腹合适的位置。

坐式安全带的使用

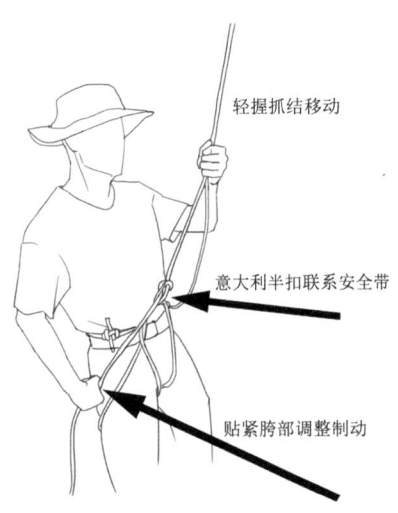

轻握抓结移动

意大利半扣联系安全带

贴紧胯部调整制动

示意图是直接使用意大利半扣联系安全带。

如果有辅绳，就在主绳上方制作一个抓结辅助安全，一般使用攀树结，下方联系在安全环上，请注意检查。

> **警告**：如果使用主绳做意大利半扣直接联系安全带，务必要仔细检查绳结，在下降途中，绳索之间会互相缠绕，保持缓慢均匀的速度，否则绳索会磨损很严重。

第七课 涉渡

不要依靠漂浮工具徒步通过水道称为涉渡。

首先全面、细致地观察水道情况，如果有必要，爬到树上或山坡上，对水道的宽度、深度、水流的速度、是否有漩涡、是否有岩石的凸起、水道中是否有沙洲、上岸点是否有障碍物，以及下水点等做一个全面的观察。

在水流中扔一漂浮物（例如树枝）观察水流速度，漂浮物尽量扔在水道中心水流最急的地方，默读秒数观察漂浮物在单位时间内被冲过的距离，如果速度超过 4 米/秒，水深超过髋部，则不适合涉渡。

在一些比较宽大的溪流或浅河区，水深不超过一个人的腰部、在水流不急的情况下可以考虑涉渡。涉渡前先选择好前进线路，不要逆水流向上游走，应该顺着水流斜向下前进。

在一些宽阔的浅河区，河中一般有露出水面的沙洲，沙洲附近常会形成一条条沉积带，这是天然的水中道路，沉积带的水比别的地方都要浅，顺着沉积带可以很轻松地到达对岸。

水流缓慢，清澈见底的河流很容易涉渡。而在某些浑浊的水道，你不可能用肉眼看清水底状况，你需要一根结实的木棍来帮助你涉渡。砍一根直径 5~10 厘米、1.5 米以上的结实木棍作为探路棍，涉渡时先用木棍插进河底探测水深以及河底情况，将探路棍斜插入你上流的水中，身子略前倾，使棍子和身体形成一个三角稳固形。棍子能分开水流，前进时身体位于棍子下的分流处，每前进一步都要站稳，将棍子前移时，插入比上一个点靠下游一些的地方。

你要在棍子的下游涉渡，不要用棍子撑住下游以抵住身体，这是错误和危险的涉渡。如果水流湍急，插入下游的棍子很容易打滑，你无法及时找到第二个支撑点就会滑倒甚至被水流冲走!

正常情况下,木棍插进河底不超过 10 厘米。如果木棍能轻松插入河底超过 20 厘米,证明水底淤泥比较深,容易陷脚,你需要考虑是否另选涉渡线路。如果木棍被水流冲得难以掌控,则证明水流较急,如果河底不坚实,不能提供牢固的稳定点,我建议你还是放弃涉渡的想法,以免被冲进龙宫探望龙王爷。

如果是集体涉渡,安全性大大提高,最强壮的一位使用探路棍走在最前面,他将首先忍受水流的冲击,他分开水流后形成的漩涡,能让跟随身后的人站稳,后面的人也保护前面的人,一手压着他的肩膀,一手扶住他的腰部。一旦前一位站不稳,两手一压一提,就能帮助他站稳。记住,你要站在探路棍或前一名队员的下游,利用漩涡来减轻水流对你的冲击。

集体涉渡

水流方向

警告: 沙质或碎石质的河底比较适合涉渡,在淤泥较深厚的水道请酌情考虑有没有涉渡的必要。不要用绳索将大家联系起来,在水流湍急的情况下有可能会将所有人都冲到下游!这个方法只适用于水深不超过胸腔下部、水流速不快、河底坚实无淤泥、可以看清水底情况且没有漩涡等复杂水情的情况下!在无法有效掌控探路棍的情况下绝不能徒步涉渡!

徒步涉渡时,如果水流比较湍急,可以考虑使用绳索集体涉渡。

使用绳索集体涉渡的方法

第一、目测水道宽度,保证绳索足够长。

第二、选择下水点和上岸点,最好两岸有一定的空间供队员们做保护工作。如果涉渡点太狭窄会限制保护工作开展。

第三、根据队员的情况,具体分工——开路先锋、中间人、逆流者。

"开路先锋"需要下水趟道,为后继队员找出合适的涉渡线路,通常由安全员或经验丰富者担任。在涉渡时,用安全绳做救生环,套在他身上,其余人在岸上做保护工作。当其涉渡到对岸后,寻找稳固点扎绳或作为对岸的第一个支撑点。

开路先锋

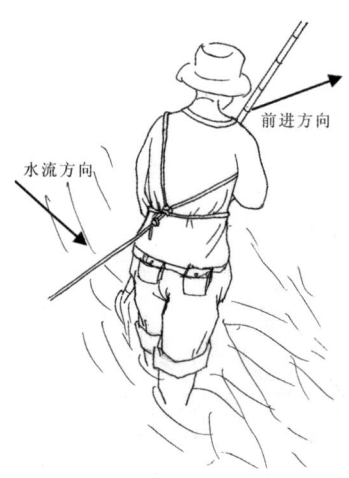

"中间人"是整个队伍中最轻松的,他只需要将保护索穿过安全绳、拉着绳索涉渡即可。

中间人

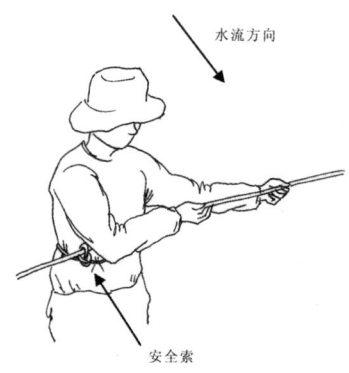

> **注意：** 你应该在绳索的上游涉渡而不能是下游，此时需要安全扣自由地在安全绳上滑动，不要使用手爪结，用8字环或救生环。

"逆流者"最后涉渡，他需要在别人的帮助逆流而上，用安全绳做救生环。但套救生环的方向和开路先锋是相反的。

逆流者

把队员做好分工后，如果岸边有树木，利用树木绕桩更安全。绕桩是根据水流方向而定的，如果水流从左至右，绳索就顺时针绕；水流从右至左就逆时针绕。

绕好桩之后，绳索绕好绳圈放置地面上，末端在树上打一个索结。

绕桩

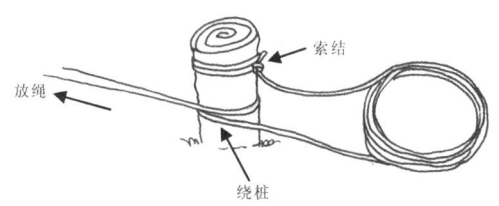

"开路先锋"套好救生环，"中间人"套好保护索，就可以用集体涉渡的方式渡河了。一名队员站在桩后抓住绳索，并根据涉渡速度放长绳圈。如果水中的队员站立不稳，他抓紧绳索，用脚撑住树木，身体后倾，通过树木的摩擦力，能很快地使水中的队员摆脱困境。最坏的情况就是无法控制局面，绳索全部放开，即便如此，索结会保证大家不会被冲走。如果队员较多的话，可以分配在桩的前后抓住绳索做保护工作。

当大家涉渡到对岸之后，最后一位"逆流者"解开绳索，套好救生环，在大家的帮助下逆流涉渡。

意大利半扣绕桩

如果水流比急，推荐使用意大利半扣绕桩，区别只在于使用绳索在树木上制作一个意大利半扣增强摩擦力。遇险后只要收紧绳索，意大利半扣就会卡住。

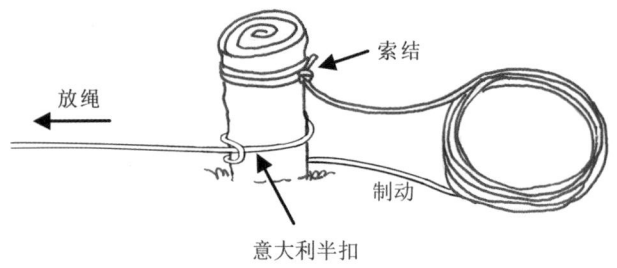

使用绳索集体涉渡 1

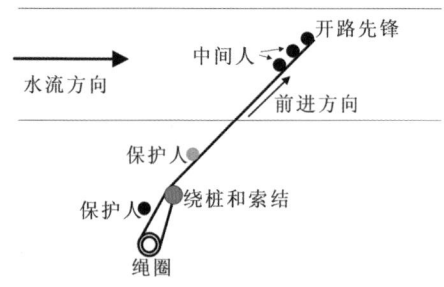

> **注意**：这个方法能提高涉渡速度，绕桩通常一个人能保护 3 个人或更多人涉渡，但水中的队员也要有一定的自救能力，因为绕桩过后摩擦力增大，桩后的保护队员也仅仅能控制住绳索而已，并不能将大家拉回来。

使用绳索集体涉渡 2

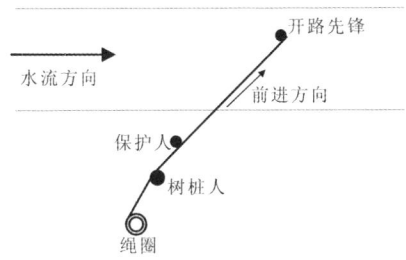

当无法使用绕桩涉渡,就用另一种更安全有效的方法,这种方法适用范围更广,缺点是涉渡速度不快。

先挑选一位强壮的、最好是体重最重的人做"树桩人"。他是岸边最重要的支撑点(胖子"内牛满面"——终于有我用武之地了!)

"树桩人"背上背包将绳索绕过腰部和背包以增大摩擦力(注意水流和绕桩方向),所示,以弓字部站稳,一手在前,一手在后抓住绳索,配合放绳,绳圈置于"树桩人"身后,但不能用索结或其他绳结绑在"树桩人"身上。

树桩人

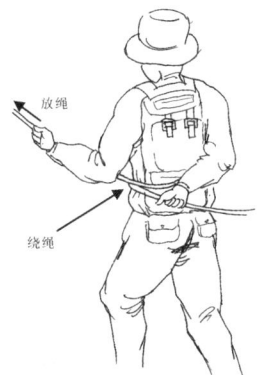

"树桩人"前一至两位队员抓住绳索做第一重保护,保护"开路先锋"涉渡。"开路先锋"涉渡成功后,在对岸寻找稳固点扎好绳索,或者在对岸做一个"树桩人"。"中间人"一个一个打好保护索涉渡。

注意:使用"树桩"人不能多人下水涉渡,一个一个地通过。

这个涉渡方法让涉渡队员始终至少在两个人的保护下安全涉渡，在涉渡过程中，如果有人不慎滑倒，只要"树桩人"抓紧双手，就能控制绳索，大家能有足够的时间把水里的那位倒霉蛋给弄回来。

虽然绕在腹部已经满足要求了，但有可能会在突发情况时会勒伤，背包作为缓冲垫有非常重要的作用，绳索绝不能绕过胸腔，更不能绕过脖子，也可以使用下降保护系统中的姿势，将绳索绕过胯部背上肩头。通常河岸两侧的地形都比较开阔，这时候你可以放低重心，例如坐在地上，目视涉渡队员，并加强话语沟通。

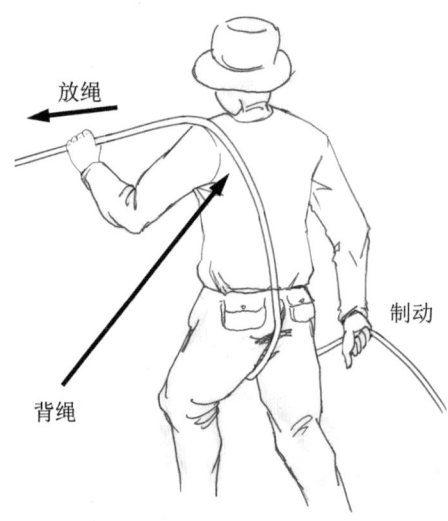

在其他人涉渡时，岸边的各位精神不能太放松，手一定要抓住绳子以保护过河队员安全。

最后"逆流者"套好救生环，在大家保护下逆流涉渡。

> **注意**：以上两种方法称之为涉渡保护系统，是在实际运用中最有效的简易系统。集体涉渡是指至少三人以上的涉渡，要有合作精神以及正确使用绳索技能。如果水流太急，在绳索和探路棍的帮助下仍无法站稳，或岸上人员难以控制绳索时，请放弃涉渡另寻过河线路。"开路先锋"到达对岸后，要解开身上的救生环再扎绳或做"树桩人"，以免因意外被拖下水。

涉渡小经验：

在使用绳索时记住带上防滑手套。

在浅水区，挽起裤脚；在水深超过大腿根部甚至更深的时候，最好脱掉裤子，将衣服扎高防止兜水和打湿、避免水流冲击摩擦力大使你站立不稳；在某些湍急且水深超过腰部到达胸部的时候，可以考虑把衣服也脱掉装进背包中，特别是在寒冷季节涉渡，过河后一件干衣服能帮助你迅速恢复体温。

在水中前进时拖着脚走，这样能让你站立更稳，步幅不要太大，站稳了再行动。

将零碎物品都装进背包并扎紧背包带，拉好拉链（救生盒这类保命工具随身携带，牢固的扣在腰带上），但不要将背包的胸带和腰带扣起。背包的重量能使你在水流中站得更稳，但不慎落水时，果断扔掉背包。在水深不超过腰部的时候，背包上部应尽量保留空气，即使背包落水后仍能漂浮在水面上，在下游或能找回。当水深达胸部且水流湍急时，背包是个很大的受力面，使你在水流中难以站立，这时应尽量背对水流以减少受力面。

不管用哪一种方式渡河或泅渡，所有物品必须要做防水处理。特别是火种和药品等。

最后一点很重要：涉渡时穿上鞋子，能保护你的脚避免被河底的异物划伤，并且能使你在水中站得更稳，如果你带上一双备用鞋就更好了。

> **注意：** 滑降和涉渡使用绳索结环的时候，记住要打上保护结，书中部分示意图因角度和美观原因，省略了保护结。我再次强调，养成打结之后检查绳结、顺手打上保护结的习惯。

第八课 泅渡

泅渡，就是脚不着地，身子泡水里的渡水方式。

但是泅渡不是叫你背着沉重的装备跳进河里狗刨，任何游泳高手都无法背负沉重背包游江过河。简单地说，泅渡就是借助漂浮工具渡河。

在野外想要船接船送那是不可能的，稍微动下脑子，你可以给自己做一个漂浮工具泅渡。

背包是一种很常用的泅渡工具，你得保证你的背包是防水的并且没有漏洞。检查完毕后，你还需要小小地调整一下背包内的物品，将背包架朝下置于地面，先将大件的、较沉重的物品，例如帐篷、雨衣、防水布、绳索、开山刀等放进背包内垫底，有缝隙处用衣服等物填充，使物品不会在包内晃动，以免下水后造成重心不稳，然后尽量撑开背包以保存足够的空气，扎紧背包口。

零碎物品不要放进背包内，放在背包的外部小袋或侧袋中，调整重心保证背包平衡。

面料柔软的背包，难以形成足够的空气腔，不要浪费时间和背包做斗争，使用刀砍些拇指左右粗细的结实树枝，扎一个框形架，框形架下部扎上横梁，将物品摆放好后，框形架的横梁可以将物品牢牢地压在背包底部，也解除了你在泅渡中因物品晃动，重心不稳而提心吊胆。框形架大小根据背包大小和物品摆放的位置而定，合适的框形架能在你将背包口扎紧时牢牢压住背包内的物品。

框形架

注意： 要对框形架的突出树枝进行钝化处理，否则有可能会刺穿背包造成漏水。

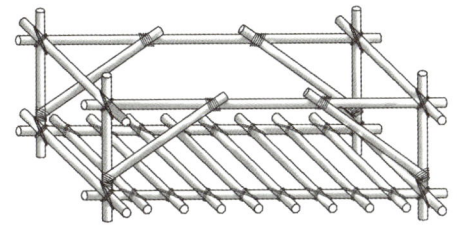

雨衣和防水布漂浮包

如果背包太重,所做的泅渡包无法提供足够的浮力,拿出你的雨衣和防水布,砍四根合适的树枝和若干新鲜灌木枝或细树枝。

漂浮包制作步骤

1. 将树枝捆扎成两个十字架,检查雨衣和防水布,保证没有漏洞和破损等情况。将雨衣平铺在地下,雨衣四角系上绳索,将第一个十字架摆在雨衣中部。

2. 将灌木枝交叉堆叠在十字架上(第一层横放、第二层则竖放,以此类推)堆叠30厘米高度,然后将第二个十字架压上去,两个十字架的压放方式所示。轻轻按压一下灌木堆。

3. 继续堆叠灌木，再堆叠 30 厘米高度，用雨衣四边将灌木堆包裹起来，雨衣四角的绳索对角绑好。要求是捧起雨衣摇晃时，灌木不会散落，雨衣四边不会漏边，否则要再拉紧绳索，或用多余的绳索加固漏边的地方。

4. 将另一件雨衣或防水布也平铺在地上，四角扎上绳索。将灌木堆倒过来，反压在雨衣上。

5. 再按压一次灌木堆，将雨衣四角绳索拉紧，角对角捆扎。

6. 用绳索在漂浮包上扎井字形，对漂浮包进行加固。泅渡时漂浮包开口一面朝下——不用担心，一般情况下水漏不进里层。

注意：两个十字架是交叉摆放，以撑开雨衣形成更大的空间，也可以用三个十字架或者井字架。最后一定要进行井字形加固，以免制作不熟练造成漏边。十字架和灌木枝要进行钝化处理，防止刺穿雨衣，要使用新鲜的灌木枝或细树枝，最好不要使用干枯的会吸水的树枝，草看起来是一个不错的选择，但有可能填充草会造成漂浮包浮力不足。

用两件雨衣制作的漂浮包，足以满足一个成年男子的泅渡需要。

如果是单人，使用雨衣和防水布共同制作漂浮包。

使用两张防水布制作漂浮包能提供更多的浮力，一般情况下足以满足两个成年男子的泅渡需要。

注意：做漂浮包时，其浮力大小与防水布（雨衣）的大小、十字架大小以及堆叠的灌木、你的制作工艺有很大的关系。如果你贪图轻便，只带了普通的防水油布而不是帆布底这类结实的防水布，一定要谨慎检查，除非万不得已，不建议你使用这类料子的防水布制作漂浮包，不得不冒险的时候在十字架端头包裹一些布能防止刺穿防水布。

无论是何种类型的漂浮包，在做好后最好要进行试验，先抱着漂浮包在浅水试验。如果漏水或浮力不足，你需要思考材料问题和手艺水平问题。

使用两张防水布制作的漂浮包因为面积大，可以提供两个人甚至更多人共同泅渡的需要。通常情况下，此时背包已经清空了，用绳索拖着背包做副漂浮包。

泅渡时抱着或两手牢牢扒在漂浮包上前进，更安全的方法是用绳索将漂浮包固定在胸前，一条或两条绳索在背后打一个X交叉，绳索在漂浮包前扎紧固定漂浮包，如果有必要，在胸背部横扎一条绳索牢牢地兜住漂浮包。

漂浮包固定

用绳索将若干个漂浮包、背包捆扎起来就能成为一个简单的筏，这样更安全。如果需要这么做的时候，将较重的背包根据情况捆扎在漂浮包侧面、底部或漂浮包上作为压载，但一定要保证平衡。

漂浮包只适合用在水流较缓的水道，在水深超过胸部的水中涉渡也可使用，不要指望漂浮包能帮你渡过急流险滩。在使用漂浮包泅渡时，脱掉外衣、裤子和鞋子装好不要打湿了。

零碎物品(特别是火种、食物和药品等)要装好并做防水处理，检查漂浮包，处理有可能刺穿漂浮包的尖锐物品（刀具、支撑架等）。

最后提醒一下，记住你的过河线路，无论是涉渡还是泅渡，都要选择好你的登陆点，而你的过河线路跟水流方向和速度是有关系的。

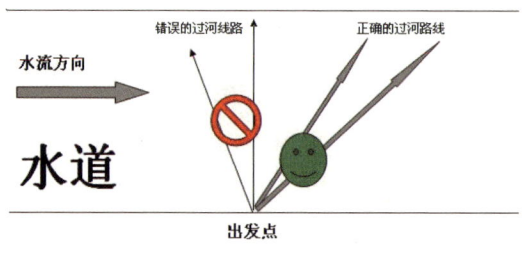

过河线路

筏

筏是渡过水道的一种有力工具,筏能最大限度地保护装备不浸水。如果你的装备中有救生圈,几个救生圈可以组成一个简单有效的筏。

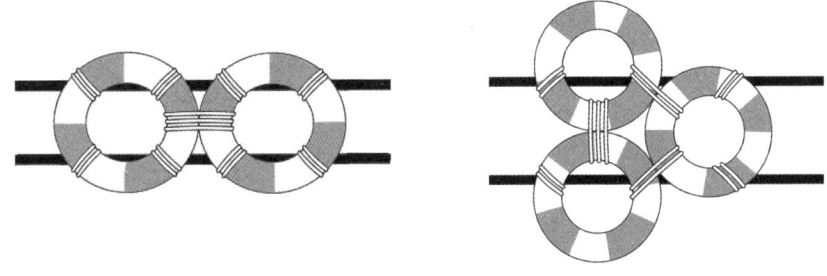

救生圈筏

用两根杆子加固筏,可适当增加几根杆子绑起兜住底部,装备放在救生圈内。

两个救生圈做成的筏可能还不足以让一个成年男子坐在里面享受撑筏的乐趣(装备中的救生圈一般都比较小)。将装备放在一个救生圈中固定好,人半趴在另一个救生圈上以平衡筏的受力,脚打水前进。

三个救生圈制作的筏为品字形,通常情况下可以运送一套装备和两个人。装备放在其中一个救生圈中,两人各扶一个救生圈。而四个救生圈组成的筏用四根杆子呈井字形捆绑,其提供的浮力足以运送四个人和两套以上的装备,每个人各扶一个救生圈进行泅渡。

此筏的浮力与救生圈的大小有关,大的救生圈足以提供足够的浮力让人坐到筏里,此时可以再使用若干树枝并排捆扎好作为筏底。如果救生圈比较小,人还得泡在水里,将装备放在筏上推动筏前进。

此类筏适合于水流比较缓慢的渡河和漂流。如果你有足够长的绳索,渡河时在筏的两端都绑上牵引绳,两边互相拉动筏,能加快渡河效率。但是请注意,牵引绳不能直接捆在救生圈上,而应该绑在筏加固杆上。

牵引绳

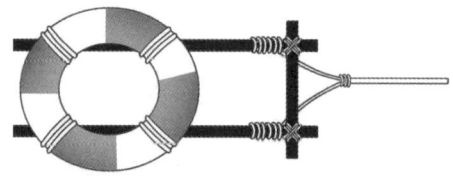

注意：此类筏受力不平衡时容易倾覆，将装备使用绳索固定在筏上，人连上救生索，人伏在筏上时也要注意用力，避免倾覆。使用绳索捆扎筏时松紧要适中，太过于用力有可能会使救生圈气压过大而爆炸，特别是材质较薄的救生圈更要注意。必须要检查救生圈是否有漏气现象——尽量地把救生圈摁进浅水中，检查是否有气泡冒出来，扎好筏后，要再检查一遍，特别是充气口，有没有因为扎筏时因捆扎太紧气压太高而使充气口松漏。

如果你需要利用水路前进，很显然漂浮包和上述的筏难以满足你的要求，哪怕是在水流平缓的水道中，长时间将身体泡在水里也是一件难以忍受的事情。漂浮包和简单的筏只适用渡过平静的水道、在水路中短途漂流。

如果你想要顺流而下，你要懂得制作更复杂的筏。

木筏和竹筏是非常理想的漂流工具，前提是你制作的筏必须足够结实。

竹筏比木筏更容易制作——要想找到足够的圆木并不那么容易，而竹子的加工也远比木头容易得多。

夹筏

这是制作最快速、使用绳索最少的筏，在准备好足够的漂浮木后，你还需要砍四根横木。

将两根横木一头用绳索捆扎好，夹住漂浮木，用尽力气将横木这一头扎紧，牢牢地夹住漂浮木。漂浮木间使用若干短绳捆扎加固。在筏另一端和中间再夹上一或两道横木以加固。

横木的材料最好有一些弹性，过于刚直和坚硬的材料很难夹紧漂浮木，用刀在圆木上劈出一道凹槽以容纳横木能解决这个困境。

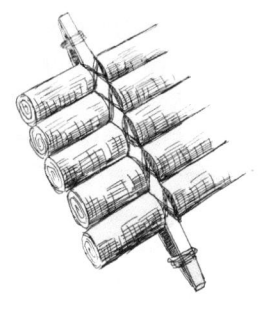　　　　　　

　　　　夹筏一　　　　　　　　　　　夹筏二

多层筏

单层筏可能会因浮力不足或太长而难以操作，多层（含两层）筏则可以在浮力和操纵性中找到一个平衡。而且制作的方式也并不困难。

将两个或三个单层筏重叠，用绳索捆扎起来，就成为一个最简单的多层筏。

用竹子做多层筏是很容易的——将竹子的两头开孔，中间也可以增开一或两个孔，使用坚韧的竹条或树枝穿过竹孔、扎紧。如果是圆木，就不要费力开孔了，在野外为圆木打孔无疑是一项浩大的工程。

舵

通常情况下，在水流不急、水不太深的情况下，使用长杆（例如竹竿）足以操纵筏——两人呈对角站立在筏的前后端，手持长杆撑筏，或一人在筏尾使用长杆掌控筏的前进方向。但在水深和水流较急的情况下，长杆的操控就不那么可靠了，此时你需要一个舵。

用四根结实的树枝制作两个 X 叉架，X 叉架底部插入筏的缝隙中，并使用绳索捆紧，使叉架能牢牢地固定在筏上，将两个叉架向中间弯曲，使用绳索绑好，就成为一个支撑舵棍的叉架。必要时候叉架顶端使用绳索四面交叉拉紧（如果预见需要舵的时候，在扎筏的时候最好先安装叉形架，在圆木上使用刀开几条槽，能让叉形架安装更容易且结实）。

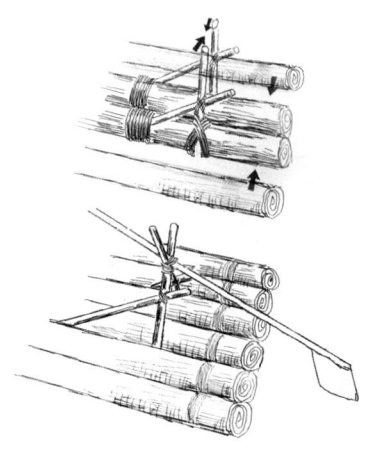

带舵的筏

工兵铲舵和衣舵

操纵筏是一个需要大家配合的工作，越大的筏所需要的人手更多。如果求生的人数众多，多扎几个筏，不要只扎一个大筏全部挤上去。先头的筏必须是最有经验的人驾驶——他要负责观察水道，寻找前进路线、瞭望和预警。

先头筏上只装载少量补给品，大多数装备放在后面的筏上，一旦出现险情需要抛弃筏就不会损失大量的装备。

使用筏前进时，在筏上使用保护索将人和筏联系起来，保护索的长度不要太长使你落入水中，也不能太短而限制你在筏上的工作范围。但在西南的横断山脉漂流，常会遇到急流险滩，这时尽量靠近河岸边行驶，不要使用保护索，在身上套好救生圈（衣），或者将漂浮包牢牢地绑在胸前。如果筏失去控制，冲向危险的水域，还是放弃筏游到岸边为妙。

如果你不确定水道是否安全，就靠近岸边的浅水缓行，水道中间漂流速度快，但也可能在水下暗藏着石头和漩涡，筏也更难操控。如果靠近河岸筏还难以掌控就立刻靠岸。

落差大的水流中使用筏前进很危险，如果水道前方有水落的轰鸣声，或者空气中有飞溅的水雾，预示着前方水道可能是湍流和瀑布，应立刻上岸。在途经险滩时，人员和装备脱离筏上岸，一部分人到下游做好接应，将筏解开自由漂流到下游。通过险滩后，整修筏后再继续前进。

在南方水流缓慢的水道边，常生长有芭蕉树，芭蕉树很容易加工做筏。但芭蕉筏只适用于平缓水道，不要用芭蕉筏在湍急的水道中碰运气，在崇山峻岭中的水道水流湍急，必须要保证筏足够牢固，否则在水流中散架那就是一场灾难的降临。

> **警告**：无论是涉渡、泅渡还是扎筏顺水路前进，都是野外生存中的危险活动，你必须三思而后行。如果你不会游泳，尽量不要进行涉渡和泅渡的活动。使用你身边的任何漂浮物制作工具帮助你渡河（包括空的水壶、吹气的塑料袋、空的矿泉水瓶等），在不得不穿越水流湍急的水道时，要仔细地检查绳索和漂浮工具，扎筏时尽量多使用几道绳索捆扎并制订好备用计划。

第九课 沼泽地、雪地、沙漠

沼泽地

探路棍是对付泥沼的重要工具，在沼泽中尽量选择草密的地方落脚，这里常有簇生的草木，预示着这里土地比较坚实。浅浅的蔓生开来的小草通常草根只能稍稍扎在泥沼中，有可能会暗藏陷阱。

芦苇通常都需要有一块比较坚实的土地扎根，沿着芦苇丛边前进是个不错的办法。如果不慎陷进泥沼中，不要慌张挣扎，立刻趴下，采取蛙泳的姿势展开身体，尽量增大身体的接触面积，然后将背包解开，趴在背包上，用手肘努力往前爬，犹如海豹般扭动身体，尽量将陷入泥沼的脚抽出来。

如果不幸陷入泥沼地，除了趴下时你需要果断迅速外，其他动作应该缓慢轻柔，切不可胡乱挣扎——泥沼地的浮力很大，一时半会你还不会被淹没，控制局面后，在他人的帮助下重回岸边或利用背包的浮力慢慢地朝坚实的土地挪动。

另一个更好的办法是将背包反过来背在胸前，你趴下去的时候背包能垫着并提供浮力。

在某些沼泽地中，泥水浅浅地淹没了地面，沼泽中只有蔓生的浅根系小草，你无法确定地面是否坚实，贸然步行进去是一个冒险的举动。而有一些沼泽地水深超过膝盖甚至腰部，你不得不涉水前进，这样也会增加你遇险的概率。通常这时我建议你扎筏或利用漂浮包通过这些地方，但在沿海的红树林沼泽，筏根本无法前进，漂浮包也不太适合，这时只能走 Z 形线路，从一棵树走到另一棵树，用手扶着树不断地帮助脚从淤泥里解脱出来，我戏称这是"扶树式"

走法。这时，你要注意你的方向，否则经过若干个 Z 之后，你就找不到北了。

雪地

在严寒的雪地中行进，选择好鞋子是关键。塑料材质的鞋在极寒下会冻得坚硬，很容易断裂，极不适合雪地。

薄薄的雪地对前进影响不大，在冰雪混合的路面和纯冰面上行走时就要注意防滑，这时候你的靴底花纹很重要。必要的时候你要穿上钉鞋。

冬季在积雪较深路面行中，一定要穿靴子，不能穿轻便的低腰鞋。一是避免扭伤，二是避免进雪和冰碴。

在厚达 30 厘米以上的雪层中前进时会耗费大量的体力，厚厚的雪层不但让人难以通行，潮湿的雪水还会渗进靴子里，让你的脚很难受。

事先准备好雪套是非常必要的，它能够避免积雪渗入靴筒，同时可以对小腿起到约束作用，防止长途行走后小腿肿胀。雪套在一般的户外用品店都买得到，如果你忘记有雪套这个好东西，那么用裤腿包裹住靴子，然后用绳索或布条扎紧，如果有必要的话，用布条（例如急救包中的纱布）将靴子和小腿都包裹起来。

注意选择你的内衣，纯棉的内衣适用于大多数生存活动，但不适用于寒冷地区——它一吸汗就贴紧你的皮肤，这会带走你宝贵的体温，因此要穿容易排汗的混纺内衣。

在行进中，脚会散热、出汗，有可能靴子内已经潮湿你还没有发觉，一旦停下来没多久，脚就会冰冷，冻得发疼，经常检查靴子和脚，保证脚不要被冻伤。如果在行进时脚已经冰冷，冻得失去了知觉，立刻停下休息，吃些东西，生火——在运动中脚都是凉的，证明你的体内能量已经有供给不上的危险。

在雪地中前进尽量抬高脚，落脚踩稳了再移动身体重心。注意地形，尽量少接近雪地中的低凹处和崎岖处，寻找平坦的雪地前进——雪覆盖了地表，你无法透过雪层看到下面的情况，有可能低凹处隐藏了一个坑，崎岖的碎石可能不稳固，会让你扭伤。准备一根探路棍，能提前帮你探出是否有深坑。

背着沉重背包在厚厚的雪地中做"高抬腿"运动，的确是一件很辛苦的事情。你气喘如牛地走了半天，回头一看，离起点并不远，我无法将雪给你变没了，但能告诉你怎么走比较省力。

雪地拖鞋能减小压强，让你在雪层上轻松前进，只需要花上一点时间，就能避免一整天和雪地斗争。

将一根柔韧的树枝弯曲，然后树枝上绑上若干树枝，其中几根树枝较粗一些，作为主要的踩踏点，位置根据你个人的重心配置，通常都略靠后一些，然后用绑带将雪地拖鞋绑在鞋子上。

如果没有柔韧树枝，也可以找若干结实的小树枝按照图例右图做一个雪地拖鞋。

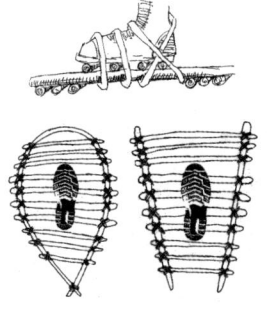

雪地拖鞋

雪地拖鞋同样适于沼泽，它能让你在淤泥里站得更稳，但有时雪地拖鞋会陷入淤泥中，让你难以行动。

用绳索拖着背包走，也能节省大量的体力，但有时背包会卡进雪地，将背包用绳索捆扎成"球"状，能减少大部分背包给你带来的麻烦。

工具可以给你带来极大的便利。雪地行进最好的工具当然是雪橇，将装备放在雪橇上，用绳索拖着前进。雪橇的前端形状非常重要，它应该是弧形翘起，否则会扎进雪里难以拖动，尽量地使雪橇底部宽大以减小压强，若干根细的树枝加工起来也比一根粗树枝容易得多，将细树枝弯曲用火烤弯，再并排的捆扎起来。

当然，手艺还是需要考虑的因素之一，许多人烤出的树枝奇形怪状、弧度各异，难以捆扎，耐心一些，不要一口吃成胖子。烤好一条后，以此为标准，其余的树枝逐段逐段的弯曲来烤，并不时地比照标准。

如果你嫌这个精益求精的方法比较慢，那我们可以使用标准化生产——若干根粗细差不多的树枝砍成同样长度，用同样长度的绳索将他们都拉成弓，然后将这些弓并排用绳索捆扎起来，在弧度部分用火烤定型，最后再捆扎成雪橇。

更省力的雪橇就是用防水布包裹雪橇架子，大大减小了压强，使雪橇"浮"在雪地上，但这样有可能会损坏防水布。

如果觉得雪橇太难做，那就退而求其次，做一个雪拖吧。

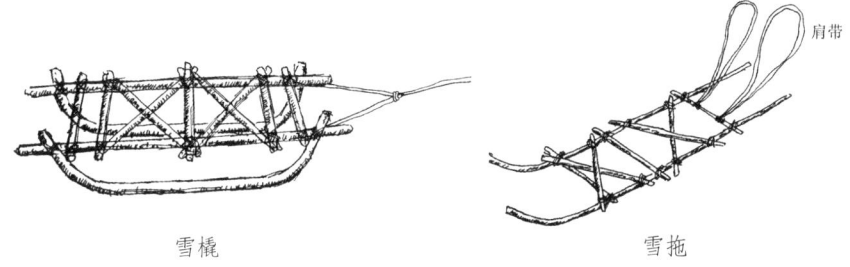

雪橇　　　　　　　　雪拖

东北林地中有许多桦树，在下坡的时候，剥下桦树皮作为滑板，能让你很省力地下坡。俯卧在雪地上向下滑去，也是一件很好玩的事情，不过我需要提醒一下，控制速度，小心坡地上的凸起和石头，若不小心一头撞了上去，别人会觉得更好玩。

在雪地中行进的时候，可能走没多久，你会觉得身体发热、出汗，这时不要立刻脱掉衣服和帽子散热——汗湿的身体和头突然着凉容易造成感冒、头疼。应该先敞开衣襟，等汗慢慢消退后，再酌情脱掉一两件衣服。寒风呼呼的季节，不要脱掉帽子，否则头部在凛冽的寒风下，很快就会引发头疼。停下休息或宿营时，要加衣服保暖。

雪盲症

雪盲症是一种由于眼睛视网膜受到强光刺激引起暂时性失明的一种症状，经常发生在登雪山者、雪地探险和极地探险者身上，因此称为雪盲症。

但雪盲症并不只发生在雪地，沙漠中也常常有人患上此病。在阳光充足的情况下，冰雪和沙地会反射大部分的阳光，在艳阳高照的茫茫雪原和沙漠中，几个小时内就会让人患上雪盲症。

雪盲的症状为眼睛非常疼痛，感觉像充满风沙，眼睛不仅发红，经常流眼泪，对光线十分敏感，甚至很难张开眼睛等。

防止雪盲症很简单：尽量减低光线对眼睛的伤害，如果你带有墨镜那再好不过了。如果没有，用生存丝巾蒙上眼睛，透过网孔看外面。

用硬纸片或树叶打几个小孔，制作一个小孔眼镜，能阻挡大部分的阳光对眼睛的伤害。在实在没有任何物品制作遮阳镜的时候，用木炭将下眼皮涂黑能少部分缓解一下眼睛疲劳。

在雪地和沙漠中行进时，不要紧紧盯着白雪或沙地，单一的色彩很容易使眼睛疲劳，从而加速雪盲症的产生。不时将眼睛从雪地或沙丘中移开，看看雪地中的树、裸露的山岩、蓝色天空中点缀的白云，都能缓解眼睛疲劳。

若是大部队在雪地中行进，先头人员应该将雪地中的小松树的落雪摇掉，一来可以作为路标，二来让跟随在后的大部队人员缓解视力疲劳。

如果出现雪盲症状，立即让眼睛休息，不要勉强使用眼睛。有条件的可用眼药水冲洗眼睛，蒙上纱布休息。

但在雪地或沙漠中这比较不现实，在雪地中患上了雪盲症，用生存丝巾或布包裹雪，敷在眼睛上轻揉，用凉开水冲洗眼睛。在沙漠中，用少许水打湿生存丝巾或布，敷在眼睛上轻揉。然后用生存丝巾盖住眼睛，闭目休养，不要勉强使用眼睛视物。间或用雪或打湿的丝巾轻揉缓解症状，有条件时生火烧水用温水熨敷眼睛。

一般的雪盲症在 24 小时至 3 天内消除。如果患上了严重的雪盲症可能要 5~7 天才能恢复，恢复期尽量避免使用眼睛，特别是在强光下。

沙漠

沙漠的主要特征是空气干燥，终年少雨或无雨，气温变化剧烈，日温差可达 50℃以上，地面正午最高温度可达 60~80℃。沙漠生存的基本要求是带足饮用水，学会找水的方法；不能丢失方向；夜行晓宿，切不可在烈日下行动；学会寻找食物的技能；掌握发出求救信号的方法等。

在沙漠中行进，你将面临高热、缺水、昼夜温差大、无标志物容易迷路这些考验。

沙漠中水是非常宝贵的生存资源，你必须要尽可能地节省水。一旦缺水生命很容易断送。

与常理推断不同，在沙漠的高热气候下行进，并不是要你敞开衣襟散热，相反的是要穿上合适的衣服。一定要选择好内衣——纯棉的内衣穿起来除了舒服外，吸汗后会紧贴皮肤形成一层水膜，这样既能够给你散热，又不会让你大量流汗而造成脱水。外面套上一件宽松的、有一定厚度的衣服，例如春秋装或军队作战服这样的外衣保存水分，紧身衣当然好看，可是不多久你就会热死！到沙漠耍酷是非常不明智的行为，记住用生存丝巾将脖子、口鼻围上。

多人会觉得这样闷得慌，但比起脱水而死，这点缺点你必须忍受。大约半小时你就能习惯了。

记住，不要贪图凉爽而穿着薄薄的透气外衣在沙漠中行走，例如快干衣，除非你能保证有足够的饮用水。干燥高热的沙漠能很快蒸发掉你的汗，几个小时就会因为流汗过多而脱水。

在沙漠中要注意你的水，合理地分配水，无论你带了多少水都要严格调配水，如果水已不多，按捺住口渴要喝水的欲望，实在顶不住的时候，才能喝上一小口——啜饮一小口水，用舌头将水送到口腔各处湿润，慢慢地咽下去。每口的水量不要超过10毫升，每次喝水的总量不要超过30~50毫升。大口喝水是严厉禁止的，如果发现有人大口喝水，没收他的水壶。

注意体温，排汗是正常的生理行为，可是大量的排汗会造成水分流失加速，所以你必须要将自己遮个严严实实，别以为中东沙漠民族在大太阳下裹成个木乃伊样是他们傻。这是至今为止，最有效地兼顾了水和体温的方法！

如果不能补充足够的水分，尽量不要吃东西，消化时会消耗大量的水！

一旦发觉排汗不畅，体温升高，这是中暑的前兆，立刻停下来寻找阴凉处或建立庇护所休息并进行处理，否则你很快就会头疼、虚脱，最终中暑。

必须要遮挡头部，戴上帽子避免阳光直射头部，没有帽子用毛巾或用生存丝巾扎一个头巾。然而高强度的太阳可能会透过你那薄薄的帽子晒伤你的头，如果你能找到柔韧的灌木枝之类的东西，可以在帽子外围一圈"草帽"，利用枝叶的蒸发降低头部温度。将尿撒在帽子、生存丝巾上也是降温的法宝，但这样很恶心，如果这样会让你呕吐，就不要这么干。

覆盖1×1米的生存丝巾形成一个隔热透气层，生存丝巾还能遮挡面部成为面纱，防止强光伤眼。

面纱

沙漠中的沙丘并不是一个好的标志物，沙丘会移动和变形，在平坦的碎石沙漠中或许你根本就找不到标志物。严格按方位角前进，不要随意更改方向，尽量地朝直线前进，每半小时甚至15分钟就看一次，检测一次方位角。

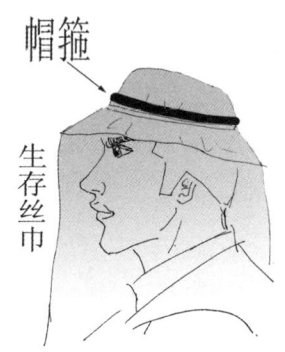

海市蜃楼

海市蜃楼是一种光学现象，沙漠的地表热空气上升，使光线发生折射从而出现海市蜃楼。

海市蜃楼是沙漠中一种很有迷惑性的假象，看起来距离很近的绿洲往往是从遥远的地方折射而来的影像，海市蜃楼常常引诱人偏离正确的方向去追寻看起来近在咫尺的绿洲。

在沙漠中遇到海市蜃楼，先不要着急着加快脚步去追寻，检视地图，计算你所在位置附近是否真的存在绿洲。如果有沙丘就爬上沙丘，远离地表热空气观察，在距离地表3米以上，海市蜃楼往往会消失，而真实的影像不会消失。

海市蜃楼的影像是飘忽而且模糊的，真实的影像在地表热空气中虽然也会飘忽，可是其影像是相对固定的——例如一棵树，它的影像会在热空气中扭动，而海市蜃楼的影像，你换了个角度去看的时候，这棵树往往已经不在这个位置上或者干脆消失了。

> **警告：** 沙漠生存是极其危险的活动，你将面临缺水、高热、方向感迷失等等要命的考验，严格控制你的水和体温，经常检视指北针和地图防止迷路！

沙漠生存很危险，因此我不建议大家去这个地方。

许多乐观人士认为自己背了几升的水，足以坚持几天时间。而现实往往很残酷，高热下水分的消耗大大超出了平常——普通人在40°的高温下进行高强度运动，一天需要消耗15升水。你觉得你能背着15升的水在地表温度高达50°甚至更高的沙漠中能走多久？

不要白天在沙漠中碰运气，晓行夜宿并不适合用在沙漠生存，在比较凉爽的拂晓和黄昏前进，这时不会出现海市蜃楼。在早上九十点地表温度还没高到让你无法忍受的时候就该寻找宿营地，静静地躲避在阴影中，避免剧烈运动流汗，用生存丝巾遮盖口鼻，用鼻子呼吸能减少水分流失，记住坐姿比躺在地上受阳光辐射小，所以更省水。如果要躺着，必须挖一条沟，躺在沟里躲避太阳辐射。

等傍晚五六点，太阳落山沙漠降温后再继续出发。沙漠的温差大，记住带一件夜间保暖的衣服。

在夜间的九十点你又该停下宿营了，此时的沙漠开始冷却，是你取水的好时间。夜间也是沙漠生物活动的时间，运气好的话你可以在沙地上找到食物，例如蜥蜴和昆虫。

有月光的情况下，沙漠中能见度很高，你还可以酌情多走一会，而无月光的沙漠能见度几乎为零，在无月光的沙漠中前进无疑跟个无头苍蝇没什么区别，不要冒险继续前进，你要早早地打算宿营和取水。无论如何，在沙漠中行进要根据你的水来做决定，一旦没有了水，你就会陷入困境。

附录：

沙漠分为沙丘地形和戈壁地形。沙丘地形行进更为困难，靴子要扎紧防止沙粒进去，厚厚的沙子会拖慢你的前进速度，但夜间取水和建立沙洞庇护所的时候却又非常容易。

如果遇到沙尘暴，在无法找到隐蔽物的情况下趴下躲避，不要在沙尘暴中乱跑。戈壁沙漠没有沙丘或很少沙丘，地面铺满了碎石，在这样的地貌中行走较为容易但建立庇护所比较困难，不过在这样的沙漠中往往有小石头山或者大块的岩石，它们除了可以作为标志物外，还能为你提供一个遮阴的地方。

在沙漠中背着背包前进比较耗费体力，如果有可能，做一个雪橇，拖着前进比较省力。

沙漠中盐碱湖的水不能喝，而且盐碱湖中往往滋生大量的蚊虫，靠近盐碱湖时请做好防护，用盐碱水湿润身上降温是个愚蠢的行为。高浓度的盐碱水会腐蚀皮肤，让你得皮肤病。不要用盐碱水直接冲洗身体，尽量别让装备接触盐碱水，盐碱水的腐蚀性大大超过常人的想象。

盐碱湖是沙漠中一个重要的水来源，你可以通过蒸馏法从盐碱湖中提取蒸馏水。取水将在以后章节讲述。

必须正确地喝水，正确地躲避阳光，否则你在沙漠中撑不过一天！在缺水且不运动的情况下，人在15.5℃气温中的生存时间约为18天，在49℃的气温中，可能只生存一天。我国研究资料表明，我国西北沙漠在最炎热的夏季，如不带水在遮阴的地方休息，可生存3天，如果在太阳下行走，最多生存1~2天。夜间无水行走距离不超过100千米，而烈日下行走极少能超过30千米。即便在气温较低且有水的条件下，在沙漠中也很难走出200千米。一位英国空军飞行员在非洲沙漠遇险，11天步行224千米已堪称奇迹。他的秘诀就是"夜行晓宿"！

沙漠生存的小经验：

在沙漠中不能穿短袖衣裤。穿衣戴帽既可隔绝外界的热空气，还能防止热辐射。最好穿白色的衣服，白衣服可反射太阳辐射50%，也便于救援者发现。头部除戴帽之外，还可用毛巾或布等包盖，避免头部暴晒。因沙漠地区气温变化急剧，沙漠行动要注意白天防晒，夜间防寒。

严密注意你的方位角，在某些流沙地段必须要绕行，绕过障碍之后，必须立刻回归到正确方位。

避免在白天的10~16点间前进，这个时段气温最高，且很容易发生海市蜃楼。

水的合理饮用极为重要。应该采用"少量多饮"的方法。试验证明：一次牛饮1000毫升水，小便排出380毫升；假若分10次喝，每次80毫升，小便共排出80~90毫升，如果每口喝10毫升，每次50毫升，则水利用率更高。正确的喝水，哪怕每昼夜仅仅喝了500~600毫升水，在5~6天内对人体不会带来害处。

雨衣不但能在夜间给你保暖，还能为你取水。

只有在有充足水的情况下才进行捕猎和采集植物的活动，否则会体力消耗过大。

带一张不透明的防水布作为遮阴材料（最好涂有银色反光膜，紧急时刻它能发求救信号），再带一两张透明油布，通常 2~3 张 1.5×1.5 米的防水布在夜间能取到 1 升左右的水，足以让你撑过一天！

个人建议：避免在阳光下徒步穿越沙漠。

黑夜行进

夜间能见度降低，在黑夜间行进是很危险的，在无月光的黑夜，最好早早安营扎寨休息。但如果不得不在夜间行进的时候，你必须要做好以下的工作：

1. 必须要再次仔细分辨方向，做地图标定。

详细地标定自己的位置，沿途的检测点，各个路段（检测点）的距离。夜间能见度降低，能选择的检测点不多，寻找明显的标志物，在这附近标定线路。寻找北极星，保证随时可以看到它，并用北极星检查指北针是否受到磁场干扰。如果云层太厚无法找到，每 5~10 分钟检视一次指北针，以保证正确的前进方向，一有机会，就要寻找北极星。

2. 准备好夜间行进的装备，手电要带足电池。

重新整理队伍，召回前锋侦察，将体能弱者放在队伍中间，队员间距 2~3 米，并且严禁队员随意插队，要让领队明确每个人在队伍间的位置。

3. 严格遵守询问和应答条例。每隔 5~10 分钟，领队要清点一次人数。

4. 如果必须派遣前锋侦察，前锋侦察要用一切手段保持和大部队的联系。

规定好联络信号，例如一声长哨表示询问，两声短哨音表示应答。空旷地用手电联络比较好，而丛林和山地等复杂地形，用声音联络较好，必须要保持在能联络的范围内。如果领队觉察前锋侦察距离过远，应发出前锋停止或慢行的信号，前锋侦察必须要严格执行领队命令，在这种情况下领队要缩短询问时间，直到前锋侦察和大部队保持正常的距离。

5. 丛林、山地等复杂地形，严格按照攀爬原则行进。

在黑夜中，胆小的队员会本能地贴近前面的队员亦步亦趋，一旦觉察到后方人员距离太近，立刻停下脚步，并提醒后方人员"注意距离"。每到陡峭崎岖地形，领队都应下达"注意距离"的口令。如果有人三番五次犯错，前方人员应给予严重的警告——停下脚步，转身，一手伸直，手掌面对队员，嘴上警告："注意距离！"

6. 严密注意行走距离和检测点。许多人在夜间着急赶路，忘记自己走过的距离而漏过了检测点，其实夜间行进比白天行进慢是很正常的。

7. 必要的时候要画简易地图，并做好路标，路标必须是要明显的。

> **警告：** 不要在无星光和月光的黑夜中行进，特别是复杂山地、丛林、沙漠和草原。一旦夜间造成了人身伤害事故，营救是很困难的。

野外特情处理

特情处理指特殊情况处理，亦即超出了计划之外的情况，在野外最常出现的情况就是迷路，或者因为耽搁造成无法按计划完成路途。如果出现类似的情况，普遍使用的是 S.T.O.P 原则。

S.T.O.P 在英文中是停止的意思，但实际它是四个英文单词的字头缩写，即 Stay(停下，待在原地)、Think（思考）、Observe（观察）、Plan（计划）

首先你应该停下，不要继续前进，接着对所处的环境和遇到的情况进行冷静地思考，客观全面地判断发生了什么，接着观察周围的环境，是否会有山洪等危及生命的情况，检视地图和自己的方位，观察队员、队伍的状况，最后综合的分析，计划下一步行动。

你要重点思考以下几个方面：

1. 方位在哪里？是否迷路了？
2. 气候和地形如何？有没有山洪等突发灾害？
3. 还有多少水？附近可否取到足够的水？
4. 你还有多少时间？

5. 你的庇护所在哪里?

6. 怎样保持你的体温?

7. 食物在哪里?该如何取得?

8. 队员和队伍的状况如何?能否继续前进?

9. 如果出现了最坏的状况,例如已经有人伤亡,你该如何保存体能,求救或脱离困境?

10. 如果出现了最坏的状况,如何激发你或者队员求生的欲望?

当你出现了比较坏的情况,例如已经确认迷路又找不到正确的路,已经无法按照原计划完成路程,或者你显然已经处于潜在的求生境地时,你要尽快进行以下几个工作和准备:

1. 寻找安全的宿营地,搭建庇护所。

2. 生火。

3. 尽量保持衣物和其他装备的干燥。

4. 注意夜间的防寒保暖。

5. 检查食物和水,必要时进行管制,节省体力,不要做无谓的消耗。

6. 保持求生欲望,克服恐惧和慌乱,安抚队员情绪,做坚守准备。

7. 如果仅靠自身能力已经无法脱离困境,进行了以上措施之后,向外界求救,不要在没有把握的情况下冒险。

第十课 辨识天气

天气对野外生存活动影响是巨大的,天气情况通常分为大气候和小气候,大气候是指影响范围广大、持续时间比较长的天气变化,例如台风、冬季从西伯利亚南下的寒流、春季从南太平洋北上的暖湿气流。大气候的变化通常是受到洋流和大气环流影响而产生的，洋流和大气环流规律人类已经基本清楚了，因此这种大气候能提前预判，并且在天气预报中也会提前通知。

天气是决定生存质量的一个重要因素。在准备活动中，一定要通过各种渠道查阅当地的天气情况。虽然天气预报不一定很准，但是万一准一次而你又没有准备相应的装备，那可就非常痛苦了。

小气候则是因为地形影响而产生的突发性和持续性的但影响区域不大的天气情况，通常小气候出现在复杂地形的山区中。

例如四川黑竹沟的山区里，因为地形复杂，峡谷幽深，水分充足，山区内常年浓雾不散，能见度极低，但山区之外却艳阳高照。

在平原地区的夏季，炎热的太阳烘烤大地，暖气流上升，有时也会于高空较冷的云层对撞，从而形成一场来势汹汹的大雨。

在山区峡谷或低地，太阳升起之后，通常会看到一股雾气从山谷中腾起，在古代没有科学解释的时候，这种通常就叫作瘴气，这是因为太阳将前一夜下沉的冷空气加热而形成的。

而在一些山高的地区，山体会抬升气流，这时候往往可以看到东边日出西边雨的景象，这也是因为地形影响而形成的一种小气候。

大气候通常是可以通过天气预报预判的，但小气候基本上只能通过个人的经验和观察四周的情况来判断，这时候前人留下的宝贵经验就无可替代了。

> **记住：**雨衣是重要的生存工具，不要以为出发时万里无云，几天后同样还是好天气。

所有的气候都和云有关，看云识天气是野外生存中最基础的一项技能，这项技能并不难学。

雨是野外生存的大敌，但是雨不会突如其来，在下雨前会有许多征兆，如果你判断准确，你可以在暴雨来临之前建立好庇护所或寻找躲避的地方。

1. 蓝天中飘浮着如棉絮状的云，通常预示着好天气，这些点缀高空的卷云很少能积聚成雨云。

2. 天空中飘浮着如绵羊状或棉团状的积云，通常也预示着好天气，但如果积云发展得越来越多，其前端快速地推进，遮住阳光，天气阴暗下来，通常预示着暴雨将至。

3. 积云形成积雨云在某些时候会很快，但也并不是没有预兆的——急速形成积雨云的同时，伴随着天气迅速阴暗，风会突然增强，风向混乱，如果碰到这样的情况，你就要立刻寻找宿营地，建立庇护所或从危险的山谷中离开，通常10分钟内雨滴就落到你头顶了。

4. 天空厚厚的云层遮住太阳，通常也会有雨。

云层越低，下雨的概率也就越大。阴天高层的云层相对而言并不可怕，这样的云层有时会降下阵雨，雨量通常也不会太大。有时甚至几天都不会下雨，记住，云层越低，天气越阴暗，雨量就会越大。如果高层乌云迅速压下地面，立刻寻找做好防雨准备，搭建庇护所，离开危险的山谷，很快暴雨就会劈头盖脸打下来。

5. "朝霞不出门，晚霞行千里"，这是民间的天气谚语。落日下红色的余晖映红天边的云层，表明天空中水汽很少，不大有可能第二天会下雨。但如果早晨红了半边天，今天不是阴天就会是雨天。

6. 早晨升起大雾，今天有雨的可能性也不会很大。在多山的地方，早晨山谷中笼罩着薄雾，通常也预示着好天气，但如果午时雾仍未散去，那你就要考虑降雨的可能性了。

7. 灰色的晨空将预示着今天又是干燥的一天。因为底层大气中的灰尘颗粒升不上去，没有凝结核是无法降雨的。然而灰色的夜空通常预示会降雨——夜间含水的冷空气沉降下来，很容易与灰尘结合而降雨。

8. 月朗星稀的晚上，第二天降雨的可能性也不会很大。但如果月亮呈红色，有很大的月晕，通常第二天都会降雨。

9. 清爽的夜空也通常预示着好天气。但如果是夏末或秋季天空没有云层的时候，在第二天早晨很可能会形成霜降，你应该尽量避开低洼地和山谷寻找宿营地。

10. 凉风习习的夏日，如果风向突然转变并变强或混乱，通常预示着积雨云在快速形成，不多时你就可能会看到乌云滚滚而来。立刻做好防雨的准备吧。

11. 炊烟袅袅升起，通常预示着好天气。但如果炊烟忽左忽右的飘浮，或者升起又降下，甚至低低地弥漫开来，通常预示着暴风雨即将来临。

暴雨降至的时候，空气中水汽会增加，人的身体也会有相应的反应——例如觉得湿热烦闷，若有风湿的人会感觉到关节疼痛。在干燥已久的地区，植物通常会先暴雨一步给你提供预警——蔫巴的枝叶开始伸展，准备迎接暴雨的洗礼。

12. 动物对气压的变化非常敏感，燕子在暴雨来临之前会追逐昆虫到很低的空中，如果发现成群的燕子低飞捕食，立刻做好防雨准备吧。

蜻蜓通常情况下很少积聚齐飞，除非是交配季节或者暴雨降至，成群的蜻蜓低飞捕食也预示着暴雨降至。

蚯蚓成群的爬出地面，向高处逃亡的时候，通常一场大暴雨就要来了。

13. 在丛林中，如果气味突然增强，通常也是下雨的前兆——饱和湿空气是气味的放大器。

如果暴雨过后，蓝天重现，通常预示着几天内不会再有暴雨，但如果云层仍然没有散去，而是盘旋在高空，你仍不可掉以轻心，今后几天阴天的可能性很大，或许还会有急速的阵雨降临。

14. 暴雨过后和傍晚的彩虹显现，则预示着第二天的好天气。

如果预示着第二天是"好天气"，那么另一个理解就是：太阳很大，在今后的旅途中，你要考虑水的补给问题，此时多准备些水并没有什么坏处。而如果是"坏天气"，你就要准备些干柴，这时首要考虑的是在下一个宿营地里生火的问题了。

虽然建议尽量不要在山谷中穿行，但野外并没有那么多"理想条件"，如果坏天气即将来临，你必须马上离开危险的山谷，向上寻找新的线路或寻找安全地点宿营。冒险在暴雨中的山地行走是很危险的。

谁也无法保证每次预测都准确，然而小心一些总是好的。经验非常重要，这项技能就是个熟练工种，老道的生存者往往能通过云、动物、植物、自身发出的信号预报一两天内的天气变化。

第四章 拥有自己的"房子"

第一课 普通庇护所

对于很多无房一族来说，要买一套属于自己的房子比登天还难。但在野外拥有自己的"房子"并不困难，虽然它很简陋。

我们通常都是白天行进活动，晚上宿营。在宿营前两个小时，你就要做好宿营准备——一路寻找燃料、顺路弄点好吃的、选择一个好的宿营点。

如果你携带了帐篷这类傻瓜型庇护所，这不在我们的讨论范围之列，不过一些看似原始的庇护所，还是值得你学习的——有时候这些看似简陋的东西会比你背包里的玩意儿更有效。

宿营点最好选在水源附近或丛林中的空旷地等，地势平坦、视野开阔。但在山地和丛林里，这样的地方很少，大多数时候你不得不在树林里过夜。

搭个庇护所并不难，简单地说，就是弄个能让你休息、不至于风餐露宿的地方。理论上，弄一个有盖子的玩意儿，你就能躲在下面睡觉，如果弄个有盖子又有边墙的玩意让你钻进去，能遮风又挡雨，这"房子"也差不多了。

在野外"盖房子"要找砖头水泥瓦片不现实，对我们来说比较现实的是：树木、泥土、石块、雪这些东西唾手可得，且都是不错的"建筑材料"。

天大地大，何处都为家。但如果你选择的宿营地很糟糕，那么你将花费很多时间来搭建栖身之所。倒霉的话，你还要面临逃命的窘境，如果更倒霉一些，小命就这么玩完了。

注意，雨季不要在河床上宿营。虽然平坦的河床对你非常有诱惑力，但你要考虑洪水到来时你是否有足够的时间逃跑。每一年都有许多人在河床宿营而发生危险，甚至有人因此送命。

你的宿营地要高出水位线两米以上，如果是洪水季节要仔细观察水道，找到历史最高水位线，再往上爬两米盖房子。

开阔的山顶也不适合宿营。因为这里缺水、风大，山谷底部看起来是个不错的选择，但山谷是冷空气的聚集处。哪怕夏天这里气温也比较低且很潮湿，清晨时候的露水更让人难受。

在水源地附近宿营，要注意观察附近是否有野兽出没。正确的做法是避开野兽行走的小径，离水源大约 1 分钟左右路程的地方扎营。

雷雨季节，不要在山顶和独立的高大乔木附近扎营，更不要在突兀的山头上当避雷针。在山顶下垂直距离超过 30 米以上的山坡、两山的鞍部附近寻找宿营地或躲入大片的树林中，但不要选择在鞍部的临时水道旁，也不要选择山底和山谷，特别是狭窄的峡谷地段。如果暴雨突袭，很快你就得打包逃窜。更不能贪图方便，在危崖下、冲坡下宿营，在暴雨、雷电或大风来袭的时候，泥石流或者坠落的石块随时会造访你的营地。

在山地要寻找背风面宿营，如果你不幸处在迎风面又没时间寻找背风面，你至少要找一下可以遮挡风的石头或凹处。

在沙漠中看见绿洲，别高兴太早，这里虽然有水源、有灌木和树木遮阴，但同时也是动物聚集地。一些大型的动物例如骆驼、野驴，甚至看起来很"卡哇伊"的动物并不好惹，绿洲水源边是动物的战争频发地带，在"战争"期间，它们比世界上任何拆迁队的效率都高，"卡哇伊们"瞬间会让你恨得牙痒痒却又无可奈何！远离它们——除非你是去捕猎。

在雪地中宿营，应该避开陡峭的雪坡，尽量寻找平缓的山坡和平坦的雪地。最好的办法是在缓坡的树林中搭建庇护所，因为冬末早春季节，雪将化未化之际，很可能会因发生雪崩捎带把你给埋了。

在搭建庇护所之前，首先对宿营地附近环境做评估：附近有无危险的区域禁止人员靠近、水源地距此有多远、会不会有危险的动物深夜造访营地等等都是你要考虑的问题。

选择好了你的宿营地，那就动手建房吧，如果你带了帐篷，参看帐篷的使用说明。

在月朗星稀，气温宜人的时候，你大可天为帐，地做床，只需要稍微清理一下地面，铺上雨衣或者防水布就可以笑看风月。

第四章 拥有自己的"房子"

但老天不这么配合的话,你就需要做一些工作了。

背包里的那张防水布就是你随身携带的房子,你只需要在当地找一点搭建材料。

通常地钉和压杆是不能少的。

地钉用于将防水布固定,压杆则固定和让防水布翻折。

地钉和压杆

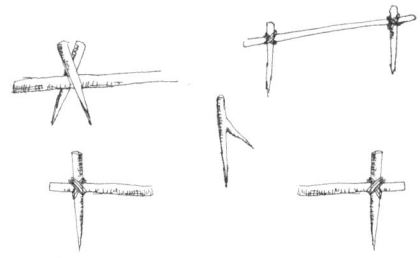

地钉和压杆在大部分地区随手可得,你只需要小小的加工一下。

地钉和压杆的使用

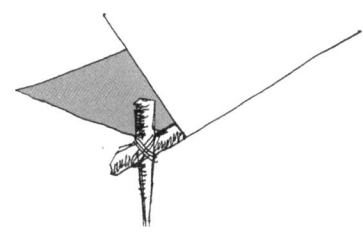

以下是几种搭建方便且常用的庇护所:

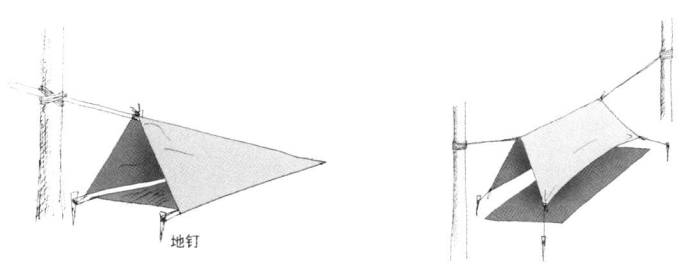

地钉

以上所搭建的庇护所虽然简易,却能帮助你遮风挡雨、应付大多数时候的宿营需要,在风不太大、雨不太猛、气温不太低的时候,睡觉还是很舒服的。只是你需要注意风向,拉紧地钉,以免风吹飞了防水布你得去追"房子"。

在南方湿度较大的地区,用雨衣作为防潮垫,尽量找些小树枝和灌木、草等垫在地面,如果你的火堆很旺,将一些木炭砸碎铺在地上,再铺上树枝、灌木、草等最后铺上雨衣,可以保证整夜你的庇护所都不会潮湿。

通常情况下,树枝灌木等铺上 20~30 厘米再铺好雨衣防潮,在小雨的情况下都能让庇护所保持足够的干燥,但如果雨势较大或你的宿营地地势较低,早晨潮气很重的时候,你需要一条排水沟(集水沟)。

围绕庇护所,挖一条宽 20、深 20 厘米的沟,下雨的时候,能将雨水排出去,在潮湿的早晨,也能收集一部分露水,让你的庇护所不会太潮湿。

排水沟

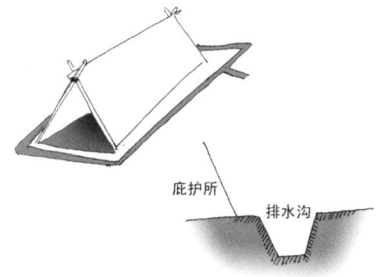

第二课 特别的庇护所

在野外过夏，搭帐篷可能会比较闷热，尝试弄个吊床过夜还是比较浪漫的。即便是午间小休，这也是个不错的选择。你需要做的就是找到两棵距离合适的树，将防水布四角扎起，绑在树上就可以了。

为了睡得舒服，吊床在你睡上去之后，最好离地面保持 1 米高的距离，这样可以避免地面的潮气侵袭和虫蚁的骚扰。但你的防水布必须要足够结实，普通薄薄的尼龙防水布是不能做吊床的。

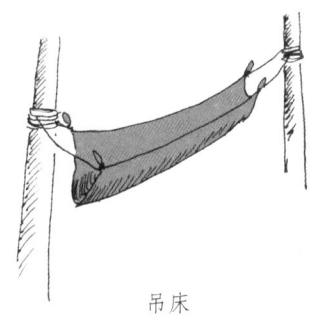

吊床

简易棚

在野外生存，如果遇到下雨天，除了搭建庇护所之外，你还可以搭建一个简易棚来遮风挡雨，甚至生火，包括在简易棚里再搭建帐篷。

首先，准备搭棚棚架的材料：两根 1.3 米长左右的木棍，两根 1.7 米长左右的结实木棍，两根 3~4 米长的长棍，若干根结实的小树枝。

其次，将四根木棍插入地下，保证不松动为佳，必要时可使用三角捆扎，用绳索搭好棚架。

长绳子不要冒险截断，可以用反手结绑横梁，横梁的宽度应与覆盖顶的叶片长度相吻合。

棚架

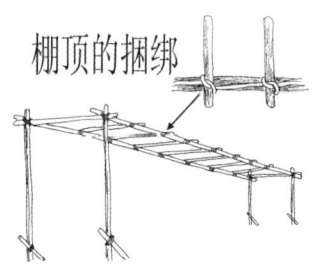

最后，覆盖棚顶。用两块防水布覆盖上去，并捆扎好边缘，棚就可以正式投入使用了。如果防水布比较紧张的话，你就得想法寻找一些天然材料来做屋顶了。比如用阔叶树的树叶，像下图所示，鱼鳞状一样交叠，从下到上，覆盖两到三层叶片。这样能让雨水顺着树叶流下，不会漏到棚里。当然，如果能使用芭蕉叶这样的宽大叶片更好。如果没有阔叶树叶片，也可以使用长草和带叶片的树枝。将材料顺着棚的斜面堆叠大约 20 厘米厚，先叠下部，再叠上部，反复堆叠好之后再视情况而定是否要用柔韧树枝加固"房顶"。

这样，一个简单的棚就做好了。当然，还有一个步骤不能省略，那就是挖一圈排水沟。

棚顶的覆盖

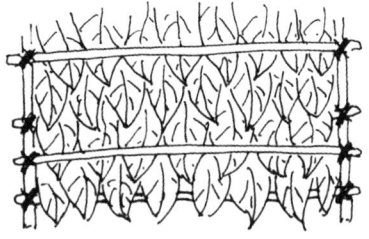

天然庇护所——山洞

在森林和山地中行进，运气好的时候你可以找到山洞栖身，这样就省去了搭建庇护所的辛劳。

但是找到山洞后，先不要急着冲进去。因为山林中的山洞往往也是蝙蝠的栖身之地，如果山洞地面中堆积了厚厚一层蝙蝠屎证明这个山洞已经"名洞有主"。

如果找到幽深的大山洞，尽量不要在其中宿营。因为南方丛林中的大山洞除了常常栖息着蝙蝠之外，还会有追寻蝙蝠而来的蛇。而不讲卫生的蝙蝠在洞里乱排泄，洞内空气充满了大量的病毒、细菌和孢子，不慎吸入这些空气有可能会得不治之症，有些背阴不透风的山洞常常沉积着瘴气，特别是在夏末和秋天的时候，山洞往往也是冷空气的聚集处。

即便你找到了一处不错的山洞。在乔迁新居前，也要先检查一下山洞外围和内部——如果附近有许多野兽的脚印以及新刨开的土，最好不要进入。但当你决定要入侵动物的家，你就必须要找一些粗大的树枝，堆起堵住洞口，告诉主人——这里归我了！然后在洞口生火。

可以栖息的山洞地面常常是比较"干净"的，没有排泄物和脚印。观察洞顶和洞壁是否有松动的石头，对于幽深的山洞不要轻易深入。

将你的营地搭建在山洞口附近。这里通风良好、视野开阔，一旦情况不妙，拎起东西就可脚底抹油逃离山洞。

"乔迁新居"后的第一件事情是生火，火和烟能驱散山洞中的霉味和瘴气，特别是南方丛林中的山洞，没有火简直无法待下去。

山地中虽然山洞众多，却不是每个都能成为你的天然的庇护所，可遇不可求。

山地中山洞和草木可能很少或没有，但是凸起的石头、凹下的地面绝对不在少数。你可以利用这些凸起、凹下的地势，做个不错的"土坎庇护所"。

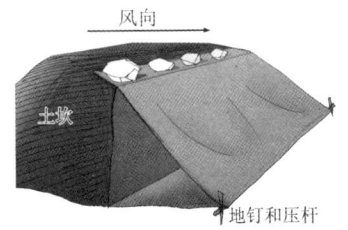

土坎庇护所

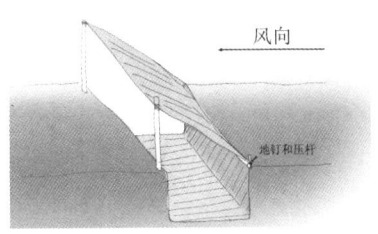

凹地庇护所

在野外，一般没有示意图中这样标准的土坎和凹地，不过使用工兵铲，配合土石，你能很容易地堆出一个，将挖出来的泥土和石块堆砌起来，夯实了压住防水布边缘，防止被风吹走。

第三课 特殊地形和气候庇护所

湿地架床

如果你在沼泽和湿地生存，会是一件很烦人的事情，因为这里很难找到一块干燥的宿营地，而你也绝不会想躺在水里睡觉。

有问题，就会有解决问题的办法，那就是搭建湿地架床。

最简单的湿地架床是 A 形架床，铺面的高度通常是 0.5 米——约为一个成人小腿的高度，这个高度让你比较容易地钻进钻出。

床铺的主要两根支撑杆是绑在 A 字架的外侧——床铺在受到压力的情况下能通过 A 字架向下传导力量，让整个架床更稳固。

接着铺上若干横木，这些横木很重要，必须要能承受你的体重，然后再铺上树枝、草等，最上层铺好雨衣。

最后用防水布盖好顶，四周用地钉和绳索拉好，你的架床就做好了。

A 形架床

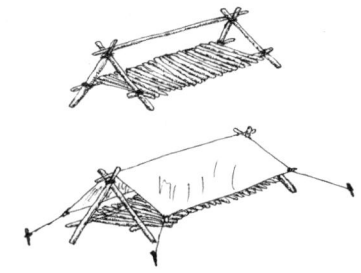

第四章 拥有自己的"房子" 163

X 形架床其实就是 A 形架床的一个变形，其做法相似。

X 形架床

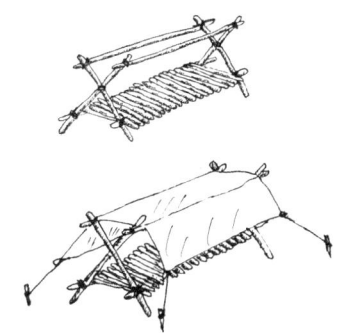

湿地架床将铺位提离地面，可以避免潮气和水的"骚扰"。虽制作上有些复杂，但适用范围广，可在沼泽、湿地、雪地、海滨和在大雨时使用。

但如果你的材料比较少，或者你需要做一个双人的湿地架床，那么就做一个通铺吧，这个湿地通铺，也不过是 A 形架床的组合改良版。

湿地通铺

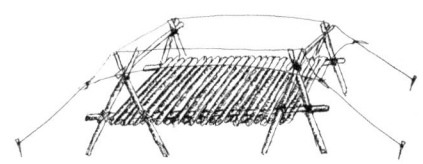

绳索吊床

如果在山林之中，砍伐足够的材料建立 A 形架床并不困难，但你要耗费许多时间，如果你身上带有足够长的绳索，可以用绳索编结一个吊床。

1. 首先将绳索的中段如图蛇形扭曲，宽度大约 1 米，绳索两端预留足够长的 A、B 两端。

2. 在绳索的 A、B 端如图制作双套结，将蛇形卷曲部分塞入双套结内，拉紧双套结。绳环穿入两根长杆，调整双套结和蛇形部分，绳尾在两端最后的蛇形部分收尾系紧。

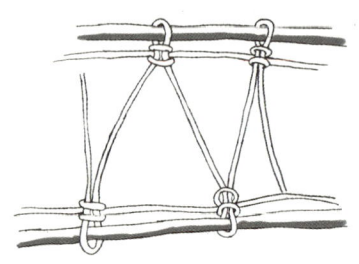

如果正好有两棵合适距离的树木，使用其他绳索或者扁带，将吊床吊起来，通常建议的高度是吊床离地面 0.5~1 米。如果没有合适的树木，也可以做 A 形架或三脚架。

3. 最后用防水布覆盖，在吊床上垫上雨衣或者其他垫层，庇护所就做好了。

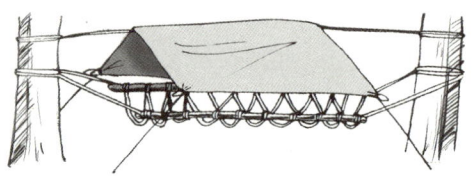

绳索不但是通过危险路段、救生的重要装备，也是一个很好的庇护所材料，如果你有必要做提离地面的庇护所，使用绳索编结吊床远比寻找各种材料制作 A 形架床快速得多。通常 30 米的绳索足够编结一个很舒服的吊床，携带的两根 10 米和两根 5 米的伞兵绳足够编结一个舒服的吊床，也可以用若干短绳、扁带结绳。如果实在没有足够长的长杆，可以用几根短杆塞在蛇形部分和双套结间，在受力之后，自动会缩紧绳结和杆子。

这个方法也可以用于做担架转运伤员。

在雪地上搭建庇护所

我们在大雪里行走会比较困难，但是在大雪中搭建庇护所的时候相对比较容易。而相反地，在薄薄的小雪层中搭建庇护所的时候会碰到不少困难。

雪地搭建庇护所，首先是为了防寒，如果可能还可以搭建湿地架床，以远离冰冷的地面。

搭好架床，可找些松枝先挂在架床外，然后再覆盖防水布。

当条件不能搭建湿地架床，只能搭建普通庇护所时，你需要做防寒处理——寻找灌木枝、松枝等覆盖在庇护所外架上，然后再覆盖防水布。

处理干净地面的雪，可先垫上 30 厘米以上厚度的灌木枝或松枝，然后再垫上雨衣。

在雪地中不要搭建单层的简易庇护所，更不要直接睡在地面上。冰冷的地面会将你身体里的大部分热量毫不留情地吸走，搭建好庇护所后，用灌木或松枝做一个"门"，以阻挡寒风。但"门"尽量少敞开，或者制作一个反火墙，将火的热量反射进庇护所中。

雪地冻土是一个难缠的敌人，在许多地形上很容易的打桩工作因为冻土太硬而倍加困难。尽力挥舞工兵铲也只能在冻土上砸出一个小小的浅坑。在这种情况下，可尽量依托树木和灌木来搭建庇护所，在缺少树木的雪原上，平整一小块地面，立脚杆使用三角捆扎，然后使用绳索和地钉加固——将地钉打入冻土比插入一根长杆容易得多。

三角捆扎

在厚厚的雪地中不要费力去和冻土抗争，雪也是一种很好的建筑材料，加工雪比挖地容易得多。尽量寻找凹地来掏雪洞，清理掉凹地里的雪，平整地面。将雪堆积起来，夯实成为两个梯形的"墙"。"墙"高没有一定的标准，若是在凹地可以低一些，平地堆砌就要高一些，但要保证雪洞有 80 厘米高的空间供你进出，"墙"的顶宽大于 30 厘米，外壁倾角为 60°，"墙"之间的宽度为

1~1.2米，迎风面一端封闭，同样用夯实的雪堵上。

在你的"床"上，可先垫上至少30厘米厚的灌木枝或松枝，再将防水布或雨衣折叠起来作为"褥子"垫好。

最后，使用灌木枝或树枝横搭在"墙"顶上，搭若干层，不要留有缝隙漏雪。将松散的雪花再盖上去，至少保持30厘米厚，顶部的雪花不要夯实，松散的雪更能保暖。

如果你有多余的防水布，可以将防水布覆盖在"墙"上，四角使用绳索和地钉拉紧，再覆盖雪花做顶保暖。

雪洞

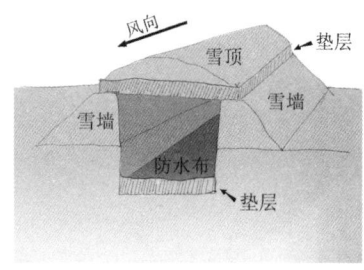
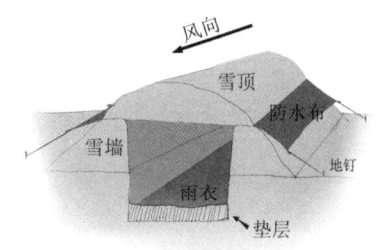

雪洞一　　　　　　　　　　雪洞二

如果你还有其他材料，地面上可垫上一层细树枝，用树枝和绳索做一个框架放入雪洞中（如图），然后再上面再垫一层细树枝，铺上雨衣。这样，一个"席梦思"床架就做成了。

> **注意**：一定要将你的"铺位"下的积雪清除干净，夜间你的体温会融化掉地面的残雪，进而可能渗透到"褥子"或你的衣服里，从而加速带走你的体温！

床架

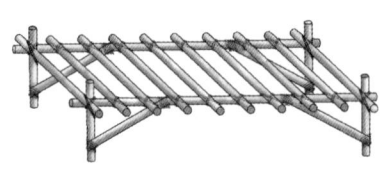

搭建雪洞时，雪原中的松树是很好的保暖材料，可以做"墙"。

寻找地面枯死的松针，然后把它垫在地上和床架上。记住，先把松针覆盖后，再在顶部覆盖雪。在雪墙内部掺入松针既能加固雪墙，又能保暖。如果没有枯死松针，新鲜的松枝也能使用，收集桦树林剥落的桦树皮，效果也非常好。

为了适应不同的地形，雪洞可多种变形。比如在海滨地区可使用沙子搭建沙洞，当然，湿沙子效果更好。但"床"要做好防潮工作，在阳光毒辣的海滨，可以酌情考虑是否封闭迎风端，使用湿沙子覆盖顶端可以防暑降温。但干燥的热沙子就不要用了，闷热的沙洞很容易让人中暑。

如果你有两张防水布，可以搭建这样一个沙洞（如图），两张防水布间形成一个隔热层和空气流动层，可以避免阳光直接照射在庇护所上。

沙洞

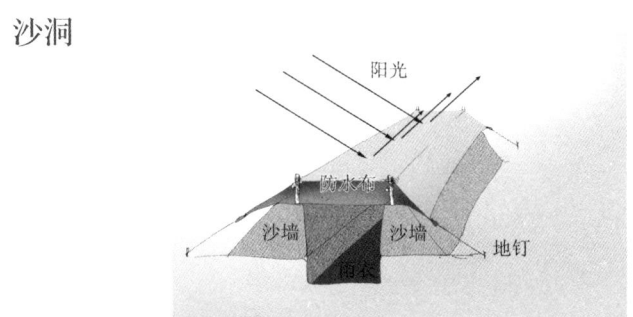

如果你只有一张防水布，虽然很不幸，不过也没关系，你可以掏一个阴凉洞。阴凉洞常适用于炎热的海岛和沙漠中，它不需要树枝，只需要沙子或石头就可以建好。

第一，最好能找块凹地。如果没有凹地，可在沙地上挖出一条长约 2 米、深约 0.5 米的沟。

第二，将挖出的沙土堆在沟的三边成为"墙"，阴凉洞的出入口挖出一个斜面方便你进入。

第三，将防水布平铺在顶上，使用沙子或石块压住防水布，垫高大约为 30~50 厘米。

第四，将防水布翻折并加固，这样就在阴凉洞顶上形成了一个隔热层和空气流动层。

制作良好的阴凉洞内外温度差约为 20℃左右。

沙漠阴凉洞

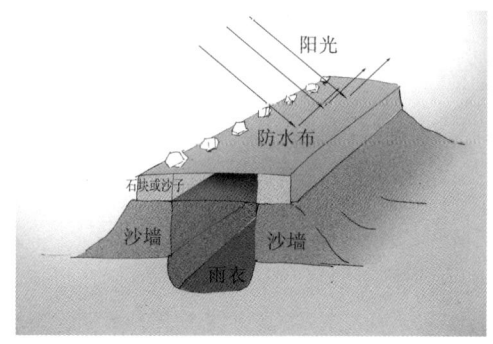

个人认为,如果不是长期待在一个地方,不需要搭建长期庇护所。因为搭建长期庇护不仅需要大量的材料和体力,而且需要一定的经验和技巧。以上这些简单的庇护所足以应付大家在野外的需求,因其搭建简单,没什么技术含量,充其量就是耗费一些体力而已。

如果你没有防水布,可利用当地的植物来建立庇护所,当然,最好是使用阔叶植物覆盖庇护所的顶和边,这样的防雨效果更好。如果没有阔叶树,你需要覆盖多层枝叶,这时你要注意庇护所架子的坚固度,以免会被枝叶压塌。

树枝覆盖

树枝反复交叠大约 20~30 厘米厚,足可以抵挡大多数的风雨和雪,隔绝冷空气。在寒冷气候下,用树枝覆盖庇护所的入口,庇护所内的温度会比外面高

出大约5℃，再配上一个小小的暖手炉，这就是你温暖且甜蜜的家。

若是有长期居住的需要，那么就使用竹片编结墙，两面竹片墙牢牢地用立柱等夹稳，内部填充黏土或干草、蕨等作为防风保暖的夹墙。

建立庇护所小经验：

在树林中，尽量利用树木作为支架搭建庇护所，山地、雪原、沙漠中寻找凹地可以省很多力气。下图是沙漠阴凉洞的剖面图，也是山地凹地、沙滩、雪洞的剖面图，其区别是顶的覆盖不同。

凹洞庇护所剖面

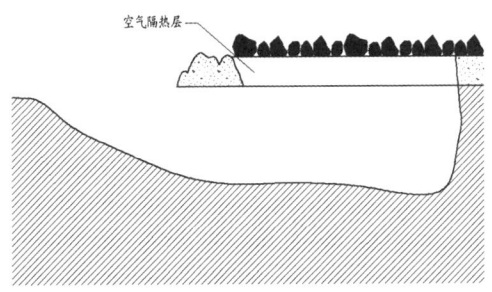

在庇护所内睡觉，脑袋朝开口方向，万一你手艺不精，庇护所塌了你可以很快地逃出来。

在寒冷地带保暖是关键，在庇护所中填充灌木枝、干草等物品能有效地保暖。另外，在垒"墙"的时候不妨在"墙"的内壁先插上一层松枝，"墙"中间也插一层。这样既能增加"墙"的强度，又能保暖，配以反火墙和暖手炉取暖（见第四章中的"火"）。

在沙漠、海滨等炎热地带搭建庇护所需要注意隔热，搭建两层顶的庇护所能有效降温隔热，尽量不要让阳光直接照射在庇护所上。使用石块和湿泥很容易垒"墙"，将湿泥填充进石块缝隙中做黏合剂使用，这样的墙更结实。

冰块可以用工兵铲切成砖使用，如果正好在水源边，先用水泼到雪地上拍实，等一会结冰后，用工兵铲切成雪砖，可以垒出很大的庇护所。在每垒一层"砖"的时候洒上一些水，水结冰后"墙"更结实。

排水沟在潮湿地带作用很大，特别是雨季的时候，更值得你付出那点体力。

要熟练地使用三角捆扎，在建立湿地架床、棚的时候，能让你的庇护所更稳固。

排泄

无论在城市，还是野外，吃喝拉撒都是绕不过的问题。在城市中有专门的厕所供大家解决问题，在野外似乎这个问题更不是个问题。野外天大地大，只要找个没人的地方就行，理论上也没有错，可是养成一个良好的排泄习惯对大家都有好处。

没有人愿意待在臭气熏天的营地里，所以你的排泄处至少要在离营 20 米外。你还要考虑风向问题，排泄处应该选在营地侧面的下风口处。

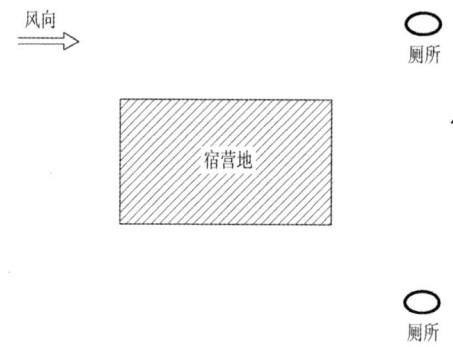

不要在水源中排泄，这是一个非常不好的习惯。

挖一条 80 厘米长、30 厘米宽、20 厘米深的排泄沟，在排泄完毕后用土掩埋。在蚊虫肆虐的地带，先在排泄沟一头点一小堆火，盖上新鲜的草、树叶，这样能产生烟驱赶蚊虫。当然你要觉得麻烦的话，在山地或树林里，找个坑或坎蹲上去也无所谓，但是记得一定要掩埋粪便。

在蚊虫多的地方，点一堆火很重要，排泄途中和蚊虫作战，排泄后屁股上繁星点点是件很痛苦的事情。

切记，点火前一定要先清理附近的草木，以免酿成火灾。

哨兵

如果是集体外出,夜间安排放哨很重要,大家要养成轮流放哨的习惯。

通常情况下,哨兵的作用就是看守火堆,定时巡查一下营地内外的情况,在危险即将降临的时候提供预警。在有猛兽或蛇虫鼠蚁出没的地方,哨兵和火堆是第一道防线;在雨季、低洼处、河边宿营的时候,在浅水处插一根树枝并刻上当时水位的刻度,经常巡查河水状况。

我不止一次地发现,许多户外爱好者夜间没有放哨的习惯,第二天往往很恼火地发现火堆熄灭了,地面很潮湿,生不起火。

不客气地说,这已经是非常幸运的事情了,如果大家留意新闻就会知道,每年发生的户外事故中,大多数都是因为宿营时没有安排哨兵,在遭到洪水袭击时无法及时离开从而导致造成伤亡事故。

实际上,每两小时轮换一次哨兵并不困难。

特别强调一点:哨兵的职责不只是守着火堆"拜观音",哨兵要定时巡查营地内外,包括庇护所以及以营地为圆心,半径20米的营地外情况。

在恶劣的气候条件下,哨兵在庇护所外或许会很辛苦,但要保证一个人在庇护所里观察周围的情况。

如果大家不养成夜间放哨的习惯,类似于上述的事故可能还会发生,所以,还是认真对待为好。

建立庇护所的小经验:

在野外,"家"的重要性不亚于火、食物和水,而这个"家"就在你的背包里——一块防水布,它并不比蜗牛壳重多少。

如果你比蜗牛还懒,那么只能寄希望于大自然给你提供建筑材料,虽然它很慷慨,但你得花比较长的时间去搜集你的"房顶",因此强烈建议你带着防水布,只需要几根树枝,你能很快地建起庇护所。

依托树木和灌木搭建庇护所很容易,在山地中,你也仅是需要搬几块石头,雪原中大家都把雪当作大敌,其实它是很好的庇护所材料,雪并没有大家想象得那么冰冷,它是很好的保温材料,但你的庇护所不能太大,其空间大约相当于你个人体积的三倍左右,这样能给你保温。

在炎热的地方,比如沙漠,尽量躲入地下,这里温度会比地表低,哪怕是在树荫下、撑开防水布得到的一点点阴处,挖一个30厘米的沟躺进去,这条沟的温度也比阴处低大约10℃,不要小看这10℃,这决定了你的水流失速度,在炎热的地方搭建庇护所,尽量大一些,最好还要保持空气流通。

在沼泽等湿地,芦苇是很好的庇护所材料,虽然它看起来并不那么结实,但5~8根成熟芦苇扎起来,足以建立A字架床等庇护所——当然,你上床的时候也需要小心一些,而在没有芦苇、树木等材料的湿地中,你可以尝试用石头和土垒一个台——我经常在山地的溪流附近用鹅卵石垒一个既不潮湿,也接近水源的床铺。

先铺上20~30厘米厚的树枝、干草等,再铺雨衣,能隔绝大多数的潮气和寒气,先用粗的,再铺细的,你就得到一张柔软的床,而如果你有足够的木炭,先铺一层木炭,不但能保暖,还能吸潮。

第五章 水与火的考验

第一课 生命之源

大多数情况下在野外获取水比获取食物的需要更为迫切。如果没有水，在高热区域，不到半天人就将因为脱水或中暑而丢掉小命。

水是生命之源，一个成年人即使在运动量很小的情况下，通常每天需要一升水左右。

千万不要迷信书本上的数据，水壶总保持"空空如也"不是个明智的选择。每天必须有一定量的水供应保证——每天至少能有一升以上的摄水量是比较安全的，而每天有500毫升以上的摄水量才能最低限度存活。

水的消耗量与人的体质、运动量和天气有关，强壮的人耐饥渴能力比体弱的人更强。剧烈的运动、忽快忽慢的行走比匀速慢走更消耗水，在炎热干燥的气候条件下，哪怕你什么都不干，你身体内水分的消耗量也是令人咋舌的。所以，出发前，必须对用水问题有个实际的估算——需要带多少水、如何合理地分配等。

水在野外并不少，只要你懂得怎样去找，怎样取得最低限量的、保证延续生命的水还是比较容易的。

在河流、湖泊、水塘、小溪等水源地，取水不是太大的问题，你只需要分辨水是否"干净"。

山林中清澈的小溪水源、长满了绿色水草的池塘或湖泊的水，因为有植物的净化，一般可以直接饮用。从山岩中渗透下来的水也可以直接喝。大雨过后从山坡冲下来的清水，经过了树根草丛的重重过滤，直接饮用也不会有太大问题。

夜间不要直接喝小溪中的水，夜间气温降低，丛林中的有毒气体会沉降下来，如果大家有心的话，可以闻到夜间的丛林那股特殊的腐臭味会加重，如果味觉灵敏者，可以尝到夜间小溪的水是有一点异味的。

下雨之后，许多凹坑里留下的积水，稍微过滤一下烧开就可以喝。

在山地和丛林中，在山脚和山谷中寻找水源——这里很多的石缝里会渗水，容易寻得水源。

在缺水的山地和丛林中，山脚和山谷中的冷凝效果更佳，收集露水更容易一些。

一般而言，流动的水通常情况下都是干净的，比如流动的江河水，稍微过滤一下就可以饮用了。当然遭受化工污染的水除外。

许多人在口渴时，看到清澈的溪流就会忍不住扑过去，用手直接捧起水大口喝水，大口喝水并不是野外生存的好习惯，这不但容易造成脱水，而且你不确定水里是否有寄生虫卵。

将生存丝巾折成方块浸湿，吸吮生存丝巾上的水，这样既避免你大口喝水，又多了一层过滤效果。

再怎么干净的水，最好都能先煮开再喝。野外的水和自来水不同，称之为硬水，可能会让人不适应而引起腹泻。

相对来说，煮开的热水更容易让人适应一些，并且可以杀死水里有可能的寄生虫卵。

雪原中的雪和冰块都是非常好的水源，煮开后就可以喝。融冰比融雪需要的热量更少，在有冰又有雪的情况下，优先考虑融冰取水。如果无法生火，将雪揉成团，用生存丝巾将雪团包住，放在嘴边吸吮，这样既不会让你冻手，还能控制你喝水的速度。或者将一小块雪或冰块含在嘴里，慢慢咽下融化的水，但不要直接嚼雪或冰块，大口地嚼雪或冰块可能会冻伤你的口腔，并且会降低你的体温，干渴的时候还会让你加速脱水。

如果你已经饥寒交迫就不要"喝"雪，这会使你体温进一步下降，想办法生火煮开雪吧。

在附近没有水源的情况下，只要有草和树，都可以取到水。

清晨的时候，湿润的空气会凝成露水，将可以吸水的材料——例如衣裤、生存丝巾、毛巾，平铺在草地上拖，就可以将凝结在草地上的露水吸纳起来，将水拧出来，过滤后就可以喝了。低矮的灌木和你的庇护所上也会在清晨凝结露水，不过你必须早起，否则太阳一升起来后露水就会消失。

在头一夜，砍下一大堆灌木或细树枝堆放在地面上，大约30厘米厚，2~3平方米，不要堆得太密实，有一定的空间冷凝效果更好，第二天清晨，堆积的灌木中就会凝结大量的露水。

在白天有阳光的时候，可以通过植物的蒸腾作用取水，选择无异味的、蒸腾作用比较快的阔叶植物，最好使用塑料袋，将塑料袋尽可能地撑开，将新鲜的枝叶小心地装进去，不要使枝叶碰到塑料袋，然后扎紧袋口，将袋子斜放在斜坡或靠在石头之类的东西上。

叶片通过蒸腾出来的水会在塑料袋中凝成水雾，然后慢慢流到塑料袋底部，取水的时候只需剪开一个小角，取完水后再扎好。枝叶蔫了就小心地打开塑料袋，换一把新鲜的枝叶进去重新蒸腾。

个人小经验：

将树枝放入塑料袋的时候，动作粗鲁点并没有什么大不了的，不过在扎紧塑料袋时，记得将塑料袋吹鼓。用这个方法取水并不快，如果能有几个塑料袋，那就一起上阵吧。

蒸腾取水

水不是问题，问题是没水，更大的问题是有水你喝不了，很多人兴高采烈地奔到一汪水边却发现水被污染了，甚至散发着恶臭。野外有很多地方的水都不能马上喝，例如丛林中的死水潭、山中凹地积存已久的雨水、沙漠里的盐碱

湖、无淡水的海岛，这些水无论生喝还是煮开喝都会加速你的死亡。

从污水中获取可以喝的淡水是野外生存中必须要熟练掌握的技能，如果你自称是一个野外生存者，却守着水被渴死，没有比这个更让人感觉悲哀的了！

如果你的医药包里带有净水药片，那就按照说明书使用，这里介绍的都是极端情况下净化水的方法。

大多数污水经过滤水筒的过滤都可以直接喝，你只需要一个筒状物——一节一米长的竹筒，除了最底层的竹节外，其余竹节都得打通，在最底层竹节上钻上一个小孔。

先填入一层15~20厘米的细沙作为隔离层，然后填入一层30厘米的炭，将炭粒和更细碎的炭填好后，敲打竹筒外壁，使之更加密实，然后填入一层10厘米的细沙，再填入一层30厘米的炭。每填一次炭就敲打一次竹筒，最后填一层15~20厘米的细沙滤水筒就做好了。

将滤水筒悬挂起来，滴入污水。第一层细沙滤掉污水中的颗粒，炭层吸附掉污水中的有毒物质和异味，第二层细沙再次滤掉带下来的炭粒，再经过一次碳层的吸附和过滤层的过滤，滴出来的水就已经很干净了。

不要着急往滤水筒里倒水，先制作一个滴漏挂在滤水筒上，例如使用大片的叶片卷成的漏斗状容器、塑料瓶倒吊起来，瓶盖钻一两个小孔，一滴一滴地滴水，制作好的滤水筒甚至可以将尿液过滤成清水直接饮用。

滤水筒中的炭层至关重要，活性炭当然最好，可也是最不现实的。通常情况下，都使用火堆中的余炭。将烧红的火炭埋进沙土中熄灭，然后吹掉炭上的灰烬，把大块的炭敲成一厘米见方的炭粒备用。

过滤层可选择的材料很多，不一定非要是细沙。

隔离层的主要作用是过滤水中的颗粒物，任何无毒的渗水的材料都可以——一把干草用棍子捣进滤水筒。揉成团的袜子、黏土或黄泥都是不错的材料。

第一层隔离层可以用草木灰，草木灰有一定的杀菌功能，有人会在第一层的炭层中混入草木灰杀菌消毒，隔离层的厚度可以自由掌握，只要能隔离掉污水中的颗粒物就行了，炭层厚一些更利于吸附水中溶解的有毒物质。

滤水筒

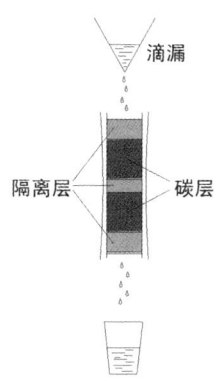

如果你有两个矿泉水瓶,可以制作一个滤水筒(如图)。简单而言,滤水筒的分层从上至下就是:隔离层－炭层－隔离层－炭层－隔离层－清水。使用袜子和裤子也可以做成滤水筒。

矿泉水瓶、袜子、裤子滤水筒

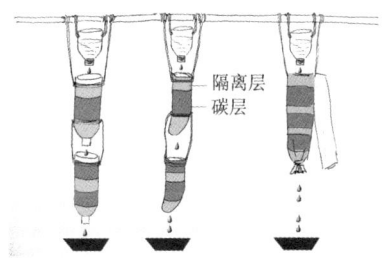

如果你只是需要过滤掉水中的泥沙,完全不用那么麻烦,反复折叠成小块的生存丝巾、揉成团的袜子、一把干草捣进去滤水筒中,就足以滤掉泥沙。

滤水筒中滴出的清水虽然可以喝,不过为了安全考虑,我仍旧建议大家烧开了再喝。

滤水筒可以过滤大多数的污水,但过滤海水和盐碱水则效果不佳,如果是在海滨和沙漠中生存,则要通过其他办法取到干净的淡水。

在海边的最高水线上挖井,水会慢慢地渗入井里,可取上层的水喝,虽然有些咸味，但是却可以止渴。

有时在海边的礁石凹坑中，你也可以找到积存的雨水，只要用手指蘸点水尝一下，你就可以分辨是淡水还是咸水了。

在沙漠的盐碱湖边，可能地很坚硬，如果无法挖井，那你就挖一个坑，通过蒸馏取水。

挖一个直径1米、深0.5米的碗状坑，坑的外沿20厘米左右，挖一圈宽10厘米、深20厘米的沟，坑底部放置一个盛水的容器，小心地将防水布盖在坑上，四周用沙土压好。防水布中央放一块小石头，在沟里倒入盐碱水，盐碱水会首先经过泥土的过滤，然后凝结在防水布上，滴入容器，用吸管（医用胶管此时派上用场了）从容器中取出淡水，这样不必在取水的时候掀防水布，在不取水的时候堵上吸管，防止水分散发。

这个办法适用于一切污水的净化处理，海水、化工污水、盐碱水等等都能蒸馏成淡水。

污水蒸馏坑

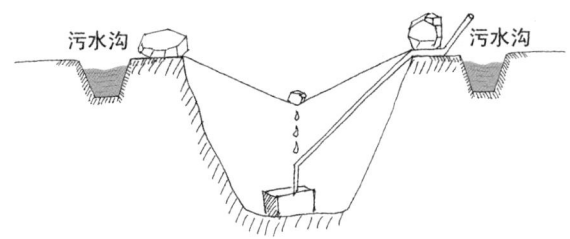

在沙漠常常使用冷凝法取水。

考虑到空气冷凝出来的水可能比较少，通常坑直径在1米左右，如果你的防水布足够大，也可以挖直径1.5米以上，深约1米。然后依样在坑底放盛水容器，覆盖防水布，再用沙土固定防水布。在防水布中央放一块小石子或一小堆沙子，最后用根小棍子斜穿一或两条通风洞。

如果有风，垂直于风向戳洞，如果无风则没有方向要求。如果风太大水汽就无法冷凝下来，你就得盖上通风洞，让坑里的空气充分冷凝后，再打开导入新鲜的空气。

沙漠冷凝坑

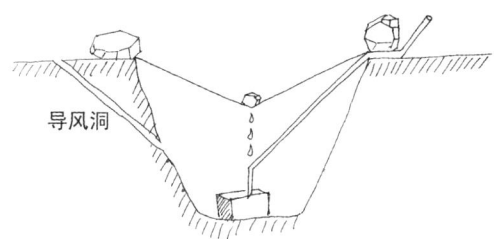

沙漠中有些地方会有坎儿井,通常这些地方都会被人为地标注出来——例如堆有石块做标记,一般可以使用绳索从井里取水。在地图标定中,一定要标出水源所在地,顺着水源前进为佳。

在有植物却没水源的地方,也可以用冷凝法,将树叶捣烂放入冷凝坑。

植物冷凝坑

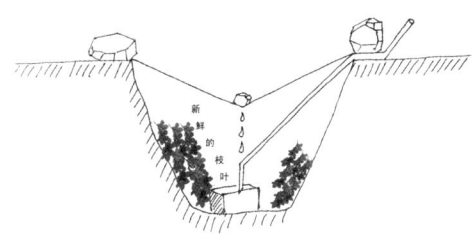

冷凝法虽然好用,不过效率非常低,如果你能生火,不妨试一下蒸腾法。

蒸腾帐是最快的蒸馏方式——四根树枝树立起来,树枝做钝化处理,以免刺穿防水布,顶部覆盖防水布扎好,四角用绳索拉紧。帐顶放一块小石头,在帐中央吊一个盛水的容器。帐内建个小灶以生火煮污水,蒸汽会凝结在帐顶,一滴一滴地滴进容器中。

一般在两个小时内,你就可以得到一到两升淡水,这个速度已经算很快了。如果你还觉得慢,帐顶倒入凉海水可以加速冷凝。

火的控制很重要——火力要保证水能沸腾,蒸汽能顺利地在帐顶凝结,太大的火势会将蒸汽驱散。

蒸腾帐四周用多余的防水布或树枝围起来，尽量少留缝隙。简单而言，就是建立一个相对密闭的空间以收集蒸汽，这样效率更高。

如果是被化工污染的、有异味的污水，可能凝结出来的蒸馏水还带有一些异味，将蒸馏出来的水再过一遍滤水筒就可以了。

蒸腾帐非常适用于海边和沙漠盐碱湖取水，水不是问题，问题是火，只要有燃料，都可以取到干净的水。

蒸腾帐

利用动植物取水

绿叶蒸腾受阳光的制约，取水显得太慢，在阴天或多云的时候效果不佳。不过丛林中一些植物的根部像莲花一样散开，例如姜科植物、芭蕉类植物的叶根部、一些阔叶植物卷曲的叶片、枯死的树桩往往也会形成一个凹坑。这些地方都可能有留存的雨水，用吸管或生存丝巾将水吸出来再过滤烧开。

阔叶植物需要大量的水分以保证存活，成长很茂密的姜科植物根部泥土一般都是湿润的。用工兵铲在树根下挖一个直径30厘米左右的坑，有时水就会慢慢渗出来。但是如果挖下半米仍然没有效果的话就考虑暂停。通常情况下，挖到半米深的时候，泥土已经会渗出一些水了。丛林中的大树或野芭蕉树下，通常也可以通过这个办法在湿润的草地上取水。

在没有水源的丛林或山地中，灌木成片的山坡通常都不会有水，蕨类植物虽然喜湿，但其耐旱本领也非常高。向阳面的山坡上密布灌木或蕨类植物并不是水源的良好的风向标，但姜科植物和野芭蕉这类超级阔叶植物没有水是难以生存的，连成一串的野芭蕉和姜科植物通常预示着旁边就是小溪。山间凹地中成片的野芭蕉或姜科植物很可能预示着地底下蕴藏大量的水。

在丛林和山地中仔细观察树冠的话，会发现树冠被一条"线"给分隔开来，几乎可以断定，树冠下就隐藏着一条小溪或河流。在山谷中找这条"线"是很容易的，山谷是天然的水道。树木是需要生长期的，每年的雨季暴发的洪水会让太靠近溪边的树木得不到长大的机会。山坡上也通常有洪水冲刷出来的水道，当然，有时候你找到的只是一条干涸的小溪，证明这是季节性洪水的水道，顺着它继续往下找，你总能找到水。

高大的乔木类阔叶植物作为水的风向标并不太可靠，它们的根扎得很深，虽然茂密却不一定很容易取到水，不过在暗不见晴天的丛林中，如果你扒开落叶发现地面非常潮湿，也是可以取到水的。

含有气根的乔木也需要大量的水，例如榕树，虽然在它附近可能找不到水，不过咀嚼气根也能给你补充一些水分。

丛林中通常是乔木和藤条伴生，砍断藤条，如果渗出的是晶莹剔透的汁液，通常都是能喝的，如果是渗出乳状汁液，就不要冒险喝它。丛林中一些大树，剥掉树皮时也会渗出水，用手指点一点尝一下，如果有异味，特别是苦杏仁味，那绝对不能喝！

> **注意**：能渗出乳白色汁液的藤条或树木，通常都是有毒的，只有少数无毒（例如木瓜、无花果）。一些树木带有异味，例如苦楝树的味道很让人恶心，无论是枝叶蒸腾取水还是直接在树木、藤条上取水，你要首先确认它是否无毒。藤类植物种类繁多，难以分辨，一般情况下不建议大家从藤条中取水。相对来说，树木的安全系数则高得多。

野芭蕉和大棵的姜科植物，可以通过切V字槽和螺旋槽，用一片树叶折起插在槽下，或插入一根小竹管来取水。姜科植物的根也富含水分，不过它们往往有特殊的类似于姜的味道，挖出根后切成薄片或捣烂，放进蒸馏坑中可以取到水。

V 形切槽和螺旋切槽

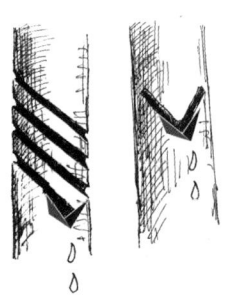

在贫瘠的山地和草地，茅草类植物是水源的风向标，凹地或山谷中茂密的茅草类植物中通常都可以取到水。高大的竹茅草、矮小的香茅根扎得很深，它们旁边不一定有水，不过它们本身就是很好的水源——砍取香茅或竹茅上部的嫩茎，剥掉外皮咀嚼，就可以补充水分。不过要小心，这些大茅草的茎往往密布毛刺。

竹子中很容易取到水，用开山刀轻敲竹子，如果声音发闷，通常竹节中就会有水，在竹节下部钻孔可以吸出水。另外，生一小堆火烘烤竹节，也很容易能取到水。烘烤得到的竹汁同时也是非常好的清热解毒、利尿祛湿、抗感冒、治疗喉咙肿痛等疾病的良药，这是天然鲜竹沥液（药品名）。

从竹子中取水

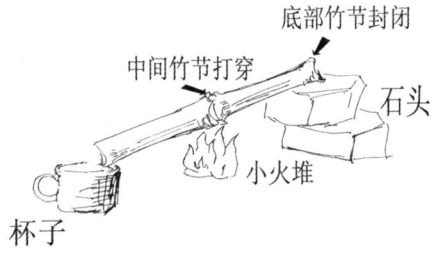

大块头的草食动物每天都要喝水，跟踪它们或顺着它们的足迹可能会找到水源，如果是兔子就不需要这么干了——兔子很少喝水。

肉食类动物和鸟类不是好的水源风向标——肉食类动物虽然也要喝水，不过它大部分水分是从食物中获得，跟踪鸟类找水通常吃力不讨好，小鸟不需要喝太多水，肉食类猛禽几乎不喝水。水禽虽然需要许多水，不过它们的活动范围太大，我们的两条腿很难跟上一双翅膀。

但发现某片天空上许多水禽盘旋那另当别论——极有可能它们的翅膀下就是一个湖泊或水塘，特别是在傍晚的时候，水禽通常会依水而眠。

找到兽径也很容易找到水源，顺着兽径搜索，找到兽径的交汇处，多条兽径交汇形成一条"大路"，这条大路往往通向水源，特别是在干旱的草原和沙漠，野兽是最好的"水向导"。

树林中的蚂蚁经常排着队前进，要么是搬家，要么是搬食物，要么就是去取水——跟踪它们可能会有惊喜，蚂蚁通常都能把人带到它们的水源地：某个树洞中积存的雨水。

爬行动物绝对不是找水的好帮手：蜥蜴只需要露水就可以活下来，山林中的山龟几乎一生都不下水，跟踪大山龟去找水简直就是找死——要不被渴死就是被它磨蹭死。我觉得它们作为食物更称职一些。

如果你听到成片的蛙鸣声，预示着你离水源已经不远了，大多数的蛙类一生都不会离水源太远，特别是春季交配季节，在这里你不但能找到水，还能补充食物，蛙肉是非常美味的。

取水的小经验：

多带一个水壶并没有坏处；在干旱的地域生存，做地图标定工作时首先标定水源地，在路途和水源地间找一个平衡点，线路尽量靠近水源保证你很快能找到水；在干燥的丛林和山地找水的时候，不妨往山脚靠拢，或许你找不到溪流，但夜间和清晨的山谷和山脚永远不会缺露水。

有植物的地方通常不缺水，一些植物的根茎和叶片捣碎后能挤出直接喝的水。

如果遇到干涸的季节性河流，在河床最低处往下挖，可能还会有些未蒸发的水会渗出来，但如果挖了半米仍旧很干燥，那就不用费劲了，如果只挖到一些潮湿的泥土，将泥土放进蒸馏坑里能帮你取到水。

尼龙防水布轻，但在用冷凝法取水的时候并不太好，尼龙会吸一部分水，涂胶层或者油布这类防水布更好，但它比尼龙防水布重一些，因此在干燥地带，预计要使用冷凝和蒸馏取水的时候，带这类防水布更好一些。

使用蒸馏坑和冷凝法取水是效率最低的方式，要有预见性，不要等到你的水壶见底了才想起取水。沙漠几乎不下雨，夜间若气温不算太低，席地而睡，省下防水布和雨衣取水，若温差太大，就挖沙洞躲入地下，有人声称用防水布一昼夜从沙漠空气中冷凝了 1.5 升的水，对这个数据我表示怀疑（可能我的技术没他好），通常在 8~10 个小时的夜间防水布能冷凝出 200~500 毫升水，我最高的纪录是接近 700 毫升，多带一两块防水布通常能每夜取得总共 500 毫升以上的水。正常情况下，500~600 毫升水就可以让一个人度过一天！

任何吸水的东西都能提高冷凝法的效率，例如袜子和生存丝巾，将它们沾湿了不能直接喝的水放进冷凝坑中——比如尿。

节约你的水，在取水完毕后，不要浪费防水布上的水珠，用一小块棉花吸出来。

我国沙漠地区通常是含矿物质较多的盐碱水，不能直接喝，西北沙漠地区居民用当地的干地椒草与盐碱水同煮。经过这样处理的水，虽不能脱去苦碱味，但可以防止饮用后发生腹泻、腹痛、腹胀，但或许外地人不能适应这样的水，可先少量喝一点试试。

在沙漠等难以取水的区域生存，你不妨多背上一个水袋，如果你懂得正确的喝水方式，水袋中 3 升的水能让你撑过一个星期。

> **注意**：无论什么时候，都要留有一些可以直接喝的淡水！急救包里的水很重要，可根据自己的身体条件设定一条警戒线，一旦水低于这个警戒线（例如 500 毫升，干旱地带生存还应该更多），就停下来找水。不要冒着脱水的危险继续前进，除非你 100% 确认前方不远处就有水源。养成在地图上标注水源的习惯，保证能在前进无望的时候能回头取到水。

正确的喝水

在大多数情况下，水决定了你能走多远。

一般水源附近不会缺食物，但食物附近不一定就有水源。任何浪费水的做法都是不可容忍的。节约并不是吝啬，节约到脱水那可就得不偿失了。

小口多次啜饮能为你节约水，并且不会让你脱水。排尿可作为你是否缺水的重要风向标，如果尿量减少太多、尿色赤黄、排尿困难就是在警告你已经有脱水的嫌疑或正处于脱水状态。这时应该找阴凉的地方休息并立刻补充水分，否则很快你就有可能中暑。每隔一两分钟喝10~20毫升水，总量50~100毫升左右时就该停下来，出汗后再考虑是否补充一些水分。急救包里的水轻易不要动用，有机会就补充。

> **警告**：久未喝水、极度干渴和刚刚进行了剧烈运动后严禁大口喝水！否则肠胃吸收没那么快，身体却接收到错误的水分充足的信号，会因大量排汗而造成中暑！

当水源不足、水壶水也不多的时候，在炎热的地带行进是冒险行为，你必须好好斟酌再下决定。

团队集体行动，要养成监督别人用水的习惯，在没有水源的地方，严格遵守节约的原则。

在严重缺水的沙漠地带，最好能在穿过沙漠的公路附近行进，穿越沙漠的车辆有约定俗成的帮助他人的习惯，并且通常都是自发组成车队穿越，一旦你遇险，数日之内就有可能得到帮助。

第二课 烈火熊熊

熟练地使用火是野外生存必备的技能！火有驱寒、煮熟食物、防卫猛兽等作用，要学会在任何条件下生火！

火种

无论何种野外生存带上火种就代表着希望,但你必须懂得正确地选择你的火种。虽然街边塑料打火机便宜实用,但如果你是去高热、严寒或潮湿等恶劣的地带,你清楚塑料火机是否能经受得起折磨而不会出现因爆裂、冻结、潮湿等意外,甚至引起失灵事故。灌油的火机更要注意这类事故。往往这类火机的油料会冻结或蒸发太快,火轮潮湿会擦不出火花!

记住,无论你带了多少个打火机,都要带上火柴!

火机可能会没油,可能会爆裂,某些号称万次火柴的高科技也会失灵,但保护得好的火柴永远不会让你失望。

记住,无论是普通火柴或所谓的不湿火柴,都要使用熔融的蜡将火柴头包裹起来保护,以免因为火柴头受潮而失效。

尽量节省你的火种,浪费不是一个好习惯。带上一小截蜡烛能延长火种时间,生火时先点燃蜡烛,在火生起来后再熄灭它。

引火物

引火物属于燃料中细分出来的一种,它的作用是燃烧后引燃大块的燃料。简单而言就是易被火种点燃的东西。例如鸟兽的绒毛、干枯的草叶、纸张,甚至医药包中的棉花、高锰酸钾和硫黄粉混合物等等。

引火物与火种一样重要,必须要保证引火物的干燥,引火物常常在当地搜寻,可是你的背包里必须要有备用的引火物来应付潮湿等极端情况。养成保存引火物的好习惯,在路途中若能搜寻到合适的引火物就保存下来,将引火物放在防潮的塑料袋中扎好袋口。

火绒

比引火物更细微的燃料,它只需要一点火星就能点燃,在极端的情况下,火绒非常重要。

燃料

任何能燃烧的东西都可称为燃料。野外最普遍的燃料当然是草木，通常情况下都是在当地搜寻，但是在潮湿的地方或雨季时，你会恼火地发现那点可怜的火种和引火物根本生不起火，在这样的情况下你必须要有预见性，背包中准备适量的燃料以便引燃潮湿的草木。

或许许多人认为生火是一件简单的事情，实际上我不止一次地发现许多户外爱好者将生火变成了生烟，不少人耗费不少火种、火绒和燃料后还没能生起火。

请大家牢记一句话：火要空心。在初中的化学课上，大家都已经学过燃烧的三大要素，即氧气、温度和燃料。

第一必须要保证空气的流通。柴火并不是堆得越多越好，堆积太多的柴火会阻隔空气流通，那样不但浪费而且难以将火生起来。

第二必须保证有足够的温度引燃燃料。如果温度不超过燃料燃烧的临界温度是不会燃烧的。

在干燥的地方生火相对来说很简单。但是请大家一定要养成一个生火的好习惯，先把细碎的火绒、较细小的树枝做的引火物以及不同粗细的干柴分开。最简单的生火方式为金字塔式和八字架势。

清理地面后，先将引火物放好，然后依次搭上小树枝、中等粗细的树枝、粗树枝，搭建过程是由细到粗，形成一个金字塔形或八字架。点燃一根细树枝引燃引火物，引火物再引燃大块的燃料，只要燃烧能持续进行，剩下就是添加燃料的事情了。

金字塔搭建

八字架搭建

> **注意**：生火之前要清理地面，特别是在秋冬干燥季节的山林。草原中，至少清理出一块直径2米的地方来生火，避免引起火灾。如果控制不好火堆，你很快就能到班房中免费享受一阵子的牢饭！

在干燥的季节生火的确不是什么难事，不过我仍建议大家养成生火的好习惯，即生火前清理地面，将不同的燃料分门别类，燃料堆放由细到粗，节约你的火种和任何燃料，一次将火生起来。

风和潮湿是生火的大敌，虽然在这样的情况下生火变得很困难，但还是有办法解决的。

风中生火

在风中生火时，防风是一个重要的措施。这时蜡烛的重要性就体现出来了，在你一次生不起火的时候，就不用浪费太多的火种。

当然，蜡烛那点小小的火苗很容易会被风吹灭。可考虑一节竹筒、切开的塑料瓶，甚至用纸张或布卷起来都可作为防风筒保护你那可怜的星星之火，防风筒底部开几个小孔让空气流通。点燃蜡烛后，盖上防风筒，使用引火条从防风筒里的蜡烛取火，不要随便掀开防风筒，直到火生起来后再熄灭蜡烛。

防风筒

在无风环境下，一根干燥的小树枝就能从蜡烛上取火，从而引燃引火物。但在风中小树枝就显得不那么牢靠了，不过你只需要小小地加工一下，用小刀

刮开树枝外皮增大燃烧面积，增加燃烧效率。火势越大，引火条就越不容易被风吹灭。

用石块将火堆围住，石块不但可以挡风，还可以作为灶使用。

石块围住火堆

挖火沟可以避开强风，让你容易生火。而且沟里能形成穿堂风，保证空气流通。一般火沟长 1 米左右、深和宽都在 30 厘米左右。如果是干燥的地方，可以直接在火沟中生火，如果潮湿的话，可先铺上一层小石块或干土，隔离沟里的潮气再生火，摆上几块石头就可以做灶煮东西了。

火沟和十字火沟

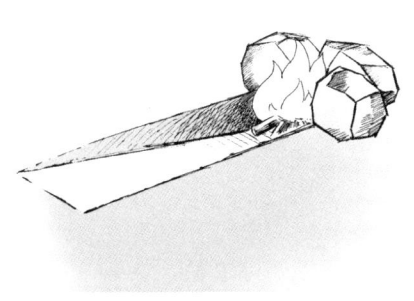

火沟

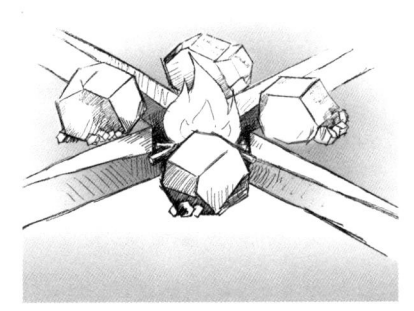

十字火沟

潮湿地带

在潮湿的地方生火，燃料是一个大问题。

下雨的时候几乎一切东西都是潮湿的，在这样的情况下，你的背包里要提前准备好能生起一小堆火的燃料——例如一抓手指粗细、40厘米左右长的干柴，一旦火势稳定，很容易烤干湿的柴草。

如果突然降雨，你又没有准备，尽快寻找枯死的树枝，寻找例如小手臂般粗细的结实柴火。哪怕柴火外已经被淋湿，但芯还是干燥的。不要选择看起来粗大，但是已经腐朽的柴火，这样的柴火吸水很快。劈开柴火，选择干燥的柴芯，劈得细一些就可以作为引火物和柴火。耐心一些，有时候干的柴芯可能只有筷子粗细。

引火物的作用很重要，柴草的搭建更为考究，如果不慎你的干柴火用完还没能生起火，那就非常痛苦了。

火绒和引火物的区分不明显，都是比较细碎且易于燃烧的物品。相对而言火绒更细碎，好的火绒只需要一点火星就能点燃，例如鸟兽的绒毛、干枯的草树叶、剥下的干燥树皮纤维、从竹木上刮下的碎屑、医药包中的棉花，甚至撕碎的布条、食品的塑料外包装袋以及一些化学物品等都能作为火绒使用。

在有足够的火种和燃料的情况下，火绒的作用不明显，但在比较极端的情况下你必须谨慎考虑火绒的重要性，利用最少的火绒生火，使用火绒并不是越少越好，而是合适。过少的火绒引燃不了引火物，不如索性放上一抓，生火最好是一次成功。

在潮湿的地方火绒容易受潮，特别是棉花、高锰酸钾、硫黄粉等。一旦取出尽快生火，吸潮后就很难使用。

塑料很容易燃烧，并且不受潮湿的影响，如果有必要，将食品塑料包装袋、塑料瓶切成条状作为火绒和引火物使用。

食用油也是很好的引火物，树枝上蘸些油很容易被火苗点燃，稍微蘸些食用油的棉花和软木柴更是如此。

在潮湿的地方虽然柴火都是湿的，但是你仍然要从细到粗仔细分好。很细的树枝很容易被一点点火苗烤干并燃烧起来，但湿的枯叶和草不要冒险用来当

第五章 水与火的考验

引火物，虽然看起来它们比细树枝更容易点燃，但也更容易熄灭。潮湿的枯枝虽然难以点燃，但一旦燃烧就能持续烧下去。

在山地中，大石头下可能会有干燥的地方，先在这里将火生好，然后再移到别处。将火堆远离潮湿的地面更容易生火，用石头、泥块或树枝等材料搭建一个火台，保持一个相对干燥的环境，火生起来之后，一切都好办了。

在草地、山地中等处，常常用石块或土块来搭建火台，将石块或土块垒成一个高出潮湿地面大约 20 厘米的台，台的顶部用 5~10 厘米厚碎石铺平，在碎石上生火。如果你带有足够的干柴，将干柴折成 10 厘米长左右，并排铺在火台上，在干柴上生火会更容易。

火台

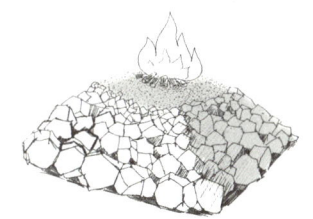 

在沼泽中生火，你需要做个架子，把四根树枝插在地面上，离地面约 20~30 厘米处使用横木搭成架子（可使用刚砍下的新鲜树枝），然后在架子上铺上一层 5~10 厘米的碎石，就可以在碎石上生火了。

如果你还能找到干燥的泥土更好，但是湿的泥土不能用来铺底——碎石上的水只需要一点点热就能烤干，而湿泥可不会。生起的火旺盛以后，架子可能会被烧塌，不过此时地面也烤干得差不多了。

> **注意**：搭建火台的石块要严格挑选，不能直接在长期浸水的石块上生火。吸水后的石头可能会在高热下爆炸。任何潮湿的、长期浸泡在水里的石块，特别是板岩、质地较软的、有裂痕的、中空多孔的、表面易剥落的岩石，在含有水分的时候都很容易膨胀爆炸，不能直接在这类石块上生火。也不要将这类石块摆在火堆边做灶，否则爆炸的碎片有可能会崩伤眼睛。质地致密的花岗岩、石灰岩，以及河岸边的鹅卵石最适合

> 搭建火台，但泡在水里的鹅卵石非常危险，不要投入火中。
>
> 　　不过在潮湿地带，你并没有那么多选择——谨记搭建顺序：大块的、松软的、长期浸泡在水中的石块在最底部；远离火苗，由大到小依次往上码放；缓慢地受热一般不会使岩石炸裂，而越小的岩石在受热时伸展比较舒畅，爆炸的可能性也就越小。
>
> 　　铺底层用坚硬且细小的碎石，最好使用干土——虽然这在潮湿地带很难得。

在草地中，用工兵铲切割草地，将带泥土的草根用来搭建火台。如果是黄土或黏土，很容易捏成砖来垒火台。在下雨天，先搭建棚挡雨再生火，不要在窄小的庇护所里生火，以免控制不了而造成火灾。

燃料

很多人认为，一旦火烧起来了，就剩下往火堆里丢柴火的事情了，理论上没有错，可是野外生存的一个基本原则是节省，在火堆中堆砌柴火，除了产生更多的烟外，并没有太多的好处。除非你使用火和烟向外界求助，否则别这么干。

枯草和枯叶很容易燃烧，但是并不禁烧，如果你想火堆彻夜不熄，你得花很长的时间收集它们。腐朽的干柴也一样，它们是良好的引火物，却不是好的燃料，质地严密结实的枯枝是很好的燃料，投入一根可以烧得很久，可是粗大的枯枝在野外也并不是随处都有。

新鲜的树枝也能作为柴火使用，相对而言，新鲜的树枝比满地寻找枯枝容易得多。只要你生起了一小堆火，烤干一些细树枝，进而增大火势。不断地烤干更多的湿柴火，保证你的火堆彻夜不息。

烤柴架

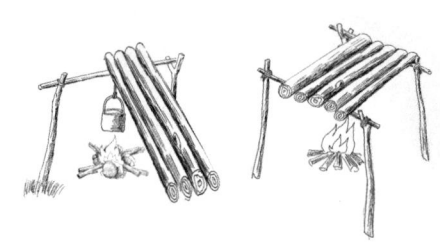

松树是非常好的燃料，哪怕是刚刚从树上砍下的新鲜树枝也是如此，松树含有大量的松脂，松树中的油松特别容易点燃。尤其是在夏秋季节，松脂含量很高，从松树干上砍下几片新鲜的木片（松树粗糙的树皮作为燃料很好，但引火就不太好用），用来引火非常好用，它们燃烧时会冒出黑色的浓烟。此外棕榈树、桐油树等含有油脂的树木都非常适合作为引火物使用。

简单而言，在大多数的野外生存活动中，要收集大量的干柴并不太容易，你必须懂得怎么最大限度地利用资源。

粗大的柴火要砍断它并不容易，不要浪费时间和力气，可是你要拖着一根10米长的大树枝烧火显然也不适合。如果你带有绳锯，临时用树枝制作一个手柄锯开它，或者将一头架空，搬起石头将它砸断，小心不要砸到自己的脚。

粗大的柴火劈细后更容易燃烧，劈得更细些就是很好的引火物，当对付那些坚硬且粗大的柴火时，大家会尴尬地发现刀经常会卡在柴火里。

不用费劲挥舞刀拼命砸，用一根合适的粗树枝削一个楔子，你只需要将柴火竖直放好，刀刃朝下，使用一块石头敲打刀背劈开一条缝隙，之后的事情就很简单了：将楔子插入缝隙中，用石头砸楔子就很容易将柴劈开。

如果你只有一把小刀，不要冒着损坏这把刀的危险来劈柴，将柴火架在火苗上，用火将它烧断。

竹子是一种危险的燃料，很多人忘记了爆竹是怎么来的，在用竹子做燃料的时候，记住一定要劈开，或者在每一节竹筒上都用刀劈开一条缝，以免受热的竹子爆炸。

火势的控制

火生起后，必须能熟练地控制火势，牢记火的三大要素：温度、空气和燃料。

如果你收集不到太多的燃料，你要根据你的燃料和空气的流动率来掌握火势的大小，尽量利用热量。

一般三到四根柴火就能满足你煮熟东西的要求，如果你柴火不多，不要一次投入太多，熊熊大火虽然看起来很舒服，可是不多久你就会面临无柴可烧的窘境。

在火堆中的柴火即将烧完的时候，再添加一两根柴火进去。如果你能找到的燃料只有草或者灌木之类，可以考虑将草拧成草绳，将细灌木枝扎成一束，这样更"禁烧"。

在夜间需要熄火的时候，不要放任火堆不管，用干土将炭和灰烬掩埋起来，使之形成"闷烧"，在第二天扒开土的时候，还有余炭可以让你很快生起火。

在寒冷的季节，敞开燃烧的火堆大部分热量都散失掉了，你需要做一面反火墙。反火墙不但能帮你挡风，还能将火堆的热量反射回来，并且有助于使烟向上飘散，不会熏到你的眼睛。

岩壁反火墙

最简单的反火墙是岩壁，有经验的生存者们极少在岩壁根下生火，而是将火堆置于离岩壁1.5米左右的地方，让火堆位于岩壁和人之间，岩壁能将热辐射反射回来。

夜间宿营的时候，庇护所距离火堆1~1.5米，岩壁反射回来的热能投入庇护所里，柴火放在庇护所附近——这样能保证你稍微探出身子就能照顾火堆，不用全身暴露于寒冷中。

防水布反火墙

如果没有岩壁，防水布也能制作反墙，把三根树枝插入地下，形成一个约120°的夹角，将防水布摊开，捆在树枝上，距离防水布1.5米左右生火。

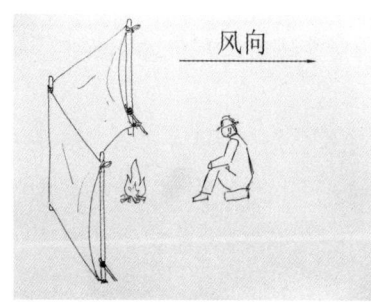

如果你的防水布还有其他用途，那么就得辛苦一些使用树枝编一个反火墙，其实这反火墙跟扎筏差不多，只是要固定在地面上，柔韧的树枝按照竹片编结的方式编结，树立起来就可以作为反火墙使用了。

树枝反火墙

在雪原中,雪也能作为反火墙使用,不过此时,你的庇护所开口要稍微做些调整,面向风向。火堆距离庇护所约 1.5 米,然后在距离火堆 1 米左右,堆一堆 1.5 米高、环绕庇护所开口的环形雪堆,使用工兵铲拍成平滑内壁,顺着内壁挖一条排水沟。

雪地反火墙

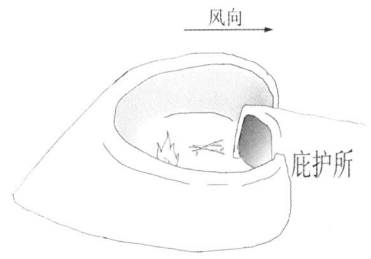

如果你的时间充裕,而且材料够用的话,弄两面反火墙,这样更能利用火的热能。或者靠着崖壁,在前面搭建反火墙,背靠的反火墙要比前方的反火墙高度高出 0.5 倍左右。

双面反火墙

炉灶

炉灶能最大限度地将火的热能聚拢，在做饭的时候能给你节省很多燃料。

最简单的炉灶就是将三块石头呈品字形围住火堆，将锅架在石头上或制作一个支架，锅吊在支架上做饭。

品字炉灶

在土石山中的土坎，用工兵铲在土坎中挖一个洞就能埋锅造饭了。

有时你需要客串泥瓦匠用石块和泥土垒一个灶，石块缝隙用泥土填充。

记住，湿润的黏土或黄土可以做黏合剂，半圆或长梯形的灶外壁需要有一定的倾角。在灶烧干后，可以在外壁上搭上烤湿袜子或湿柴火。

熏炉既能够做饭，又能熏食物，使食物保存更久还能烤干你的湿衣服。虽然熏炉搭建起来比较麻烦，但它物超所值。

在搭建熏炉之前，最好能在土坎上先挖出一个灶，如果没有土坎，你得先垒一个灶或挖出一条长1米、深宽各40厘米的灶坑。挖灶的时候请注意，灶中间要留有一条"梁"，否则搭建烟囱的时候就会很费力。因此先挖出两条40厘米的坑，然后掏洞将两个坑连起来。前一个坑做灶，后一个坑垒烟囱。

简单而言，熏炉就是在灶上增加一个烟囱，烟囱高40厘米就够了。在灶上做饭，热烟顺着烟囱排出。

在做饭的时候，可以将湿的柴火靠在烟囱的内壁，利用热烟烤干，在烟囱顶上排列几根树枝，就可以将衣服、袜子放在树枝上烤干了。

熏炉

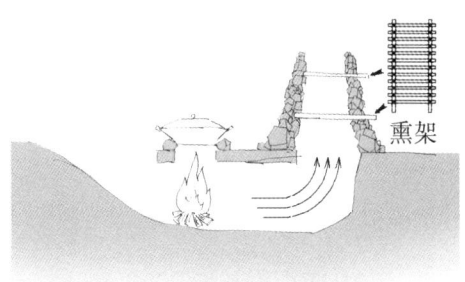

如果你有很多食物需要熏干,你就需要搭建一个稍微大一点的熏炉,并且在烟囱上做一点小小的手脚——搭建烟囱的时候开两三条长 15 厘米、宽 5 厘米左右的缝,犹如烤面包架一样,用树枝编织的烤架可以搭在烟囱中。

个人小经验:

搭建熏炉的时候,善于利用黏土和石块比单纯的用石头垒更结实且更容易塑形;方形的烟囱比圆形烟囱更容易搭建并且实用;在草地中用工兵铲切割的带草根的泥土也非常容易垒成烟囱;在不用煮东西的时候,将灰烬和余炭推到烟囱下,定时从烟囱中投入少量柴火保持炭火不灭,需要再次生火的时候再扒拉出来。

暖手炉

在恶劣的气候下,暖手炉救过许多人的命。暖手炉可以认为是一个小型的随身携带的灶,它能最大限度地利用稀缺的燃料给你提供温暖、加热食物、保存火种。

通常情况下用罐头盒制作暖手炉。例如很常见的八宝粥罐头盒。在罐头盒底部戳两三排小孔，罐头盒开口处对穿两个孔捆绑提手。然后用草编结草绳，在紧急时候，可以截一段绳索，紧紧地捆绑在罐头盒的上四分之三部分，绳索不用致密地并排捆绑，留下一定的缝隙，然后在绳索外糊上一层黏土。黏土必须要细腻的，并且经过和面般揉过的。最后，在黏土外捆绑一层草绳。这样就形成了隔热层，让你捧着暖手炉取暖的时候不会被烫伤。

在没有黏土的时候，隔热层可以直接用绳索或草绳往复捆绑几层。甚至将备用袜子裹上去。

在暖手炉中生火是一门技术活，不过一旦你掌握了，一切都很简单——准备好火绒、引火物和燃料，点燃火绒，投入暖手炉中，塞入一小把引火物，接着立刻投入燃料，提起提手在空中抡圈，很快暖手炉里就能燃起火。

如果非要说诀窍的话，那就是你必须要手脚麻利，动作要尽可能的快。

如果暖手炉燃烧不畅，会产生很多烟，你要考虑一下炉底的通风孔是否被堵塞或太小不能提供足够的空气。如果火势太旺，减少燃料，或用湿泥堵住一些通风孔。

暖手炉的提手一般只在需要增大火势的时候使用，金属线非常适合做提手，但可能你没有，在隔热层绑上绳索也可以做提手使用。不过这很考验制作工艺，例如本人的第二个暖手炉，我正抡得 Happy，隔热层滑脱，暖手炉在空中划出一道完美的弧线，投入了山崖的怀抱……因此在初次制作暖手炉的时候，我更建议大家使用一根约小手指粗的新鲜树枝横穿过炉口的两个孔，绳索绑在这个树枝上抡圈——树枝没那么快会被烧断，火生起来后拆掉它就可以了。

暖手炉还常常用来保存火种，将火堆中的炭移到暖手炉中，盖上一层干土使炭在里面闷烧。要检查火种是否还燃烧很简单，只要抡起提手抡圈就行，如果暖手炉外壁比刚才更热，就证明火还没灭。

在你燃料不足的时候小小的暖手炉可能就是你生存下去的关键——虽然它很小，但能让窝在庇护所里的你有热食可吃，热水可喝，让你的庇护所里有点暖意。

暖手炉不适合烧大块的燃料，将柴火劈成小块，每次投入一到两块就能保证炉火不会熄灭，块状柴火在燃烧后更容易形成碳。

记得每天清理一下暖手炉中的积灰，清理积灰时，把燃烧的炭火小心地移出来，不要熄灭了这点星星之火。

其他生火方式

化学药品

将高锰酸钾和硫黄粉以 1:3~1:4 的比例混合后，一根小小的火柴的火焰就能将它们点燃，从而引燃其他燃料。受热后的高锰酸钾会释放大量的氧气有助于燃烧。搭好引火物后，在引火物中撒一小把混合的高锰酸钾和硫黄粉，能让你在潮湿地带更容易地生火。

不过请注意，它们容易受潮，一旦撒上去就尽快点火。

化工店出售的固体酒精，这绝对是物超所值的引火物。你只要切取一小块用火种点燃它，它几乎可以在任何潮湿环境下燃烧。准备一小瓶油，在潮湿气候下作用会很大。

放大镜

凸透镜的聚焦原理大家在初中时就学习过，在阳光明媚的日子，使用放大镜生火能节省你的火种，如果是阴天和晚上就不要费力了。

打火棒

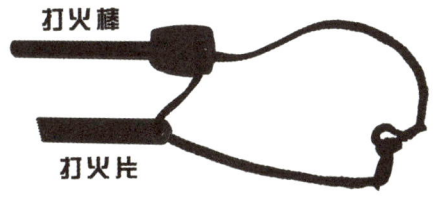

我强烈建议你随身携带一根打火棒，它不会因为潮湿而失效。无论何时何地，它都能给你提供火种，只要你有干燥的火绒，打火棒永远不会让你失望！

摩擦取火

虽然这是咱老祖宗流传下来的取火方法,但是现代人要掌握这个方法还是有一定的难度。摩擦取火首先要求气候干燥,在大雨和潮湿的环境下很难擦出火星。

摩擦取火对火绒的要求很高,没有良好的火绒很难取到火。平时用火机很容易点燃的干草此时都不那么容易着火了。还是耐心地做点火绒吧,从干柴上刮下足够的碎屑,或者烤得焦干的棉花都能作为火绒使用。

火钻

首先需要一块质地较硬的木块、一根质地较软的木棍,木棍一头削尖呈纺锤状,木块上掏出一个凹坑,将火绒塞在凹坑中。缺口上用刀钻一个小洞,把纺锤木放在双手掌间不断来回地搓,持续用力使它向下钻进去。如果顺利的话,纺锤木在钻穿木块的时候会冒烟、发红,此时要加速搓动,火钻头会像烟头一样燃起,引燃火绒。

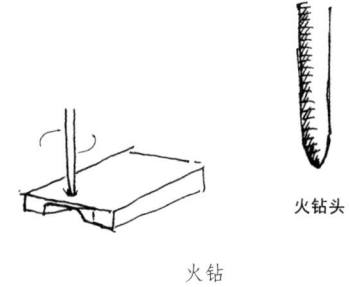

火钻

火犁

在一块质地软的木块上用刀挖出一条直槽,一头放上些火绒,然后用另一根质地硬的木棍前后犁,顺利的话,不多时就能磨出火星从而引燃火绒。

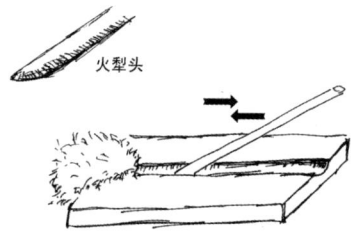

火弓

制作火弓需要一块木块、一根棍子、一根柔韧的树枝和一条绳索,木块较软,棍子质地较硬,在木块中掏一个凹坑,将木棍一头削尖做成钻子,塞一些火绒在凹坑中,脚踏在木块上不让它动,将弓弦在钻子上绕一圈,钻子顶部压一块加压块(木块上挖一个圆坑以固定钻子)。必须保持钻子的垂直不晃动,压住钻子后,一只手来回拉弓让钻子旋转,持续地加压。当钻子即将要钻穿的时候要加快速度拉弓,钻进凹坑后用更大的力气压住钻子,同时快速地拉弓,使弓不断地弯曲直到不能再弯曲为止。

不出意外的话钻头就会冒烟燃起,炽热的碎屑会掉落在火绒上点燃火绒。

压力块　　　　　　　火弓

这些都是比较常用的钻木取火手段,但是各有优缺点——钻木取火不但对气候要求高,对技巧性要求也高,我建议大家在没事的时候经常练习一下,以备不时之需。

如果天气状况良好,熟练的人可以在 20 秒内将火"钻"出来,普通人则需要更多的练习以掌握其中的技巧。如果你仅有一身蛮力,缺乏协调性和技巧,那只好介绍一种非主流的摩擦取火方式了。

刮火绒

半片干燥的竹子也能取火。在竹片上横切一道槽，槽下宽上窄，将一把火绒放在槽上，略略压紧火绒，让它密实一些，引火物可从这半片竹子上刮取——斜抵住竹子，用开山刀呈 60° 以上夹角不断地往下刮。技术很重要，很多人刮出的火绒太粗无法使用。竹片内的竹衣是最好的火绒，用小刀，甚至一块尖锐的石块反复地刮，就能很容易地刮取到很多卷曲绒毛状的火绒。

竹片取火

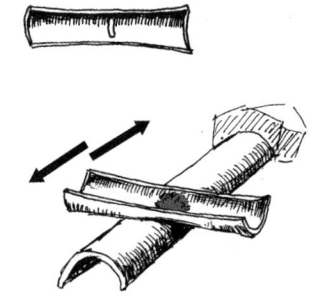

剩下的问题就是将另半片竹皮剥掉，倒扣在地上，顶住一头不让它移动，然后将横槽用力压在上面，快速地来回搓，产生的热量能通过槽往上传导，直到将火绒点燃。

这个方法没多少技巧性，有蛮力就可以了。

如果一定要说有技巧，还真有一点——横槽的形状和摩擦棒契合得越好，就越容易生热，竹子可以往复利用，在这条槽使用过后还可以在另一个地方继续开槽。火绒可以取现成的，只要用刀在竹子上刮就行了。摩擦棒也可以用另外一根粗点的棍子代替，稍微修整一下棍子的形状使之契合槽就可以了。

取火的小经验：

越干燥的气候和燃料越容易生火，如果风很大，先建立反火墙再生火或寻找避风的地方生火。在潮湿地带要想办法将火堆提离地面，待火势稳定后再移到别处，摩擦取火的材料必须都是很干燥的。火绒在此非常重要，准备一些烘得焦黄的棉花保存着，能省下不少力气。在摩擦面上加一小撮干土或细沙，能增加摩擦力，从而加快发热，加压块的圆坑越光滑越好，没有合适的木块的时候，一块一面平整的石头也可以。如果连石头都没有，水壶的底部也可以压紧钻杆。从木柴上刮取的火绒必须要细碎，要善于利用身边的一切物品，使用高锰酸钾与硫黄粉的混合物，混在火绒中生火更容易，但油料则不要混在火绒中生火——液体会吸热，一点点火星不足以点燃它(打火棒的火星能点燃)，不过一旦有了火苗，适当地加点油就能增强火势。

把摩擦取得的火星包裹在火绒中，小心地用嘴吹气就能得到火苗，并慢慢添加火绒、引火物等。过程要谨慎，否则小小的火星很容易熄灭，如果气候并不是特别干燥，你又没有别的办法取火，用竹片的取火成功率较高。

在南方丛林和山地最好避开阴凉的地方，寻找太阳直接照射的地方摩擦生火，相对而言，太阳底下湿度最低，在多云或阳光不算太好的时候，如果材料不够干燥，不要把燃料直接放置于地面晒干——此时的地面多少都会有些潮湿，最好搭一个架子，把它们放在架子上晒干。如果有可能，最好带一段竹子，它不但可以做滤水筒，使用竹片生火也是最容易掌握的摩擦起火方式。

记住，在使用火绒前最好用手揉搓一下，使之更容易被点燃，将火绒揉搓成鸟窝状，打火棒伸入凹陷处，用打火片或刀背用力刮擦，使火星集中喷射到火绒中心。这样能有效地利用火星的热量很快点起火来，如果你在半空中擦火星，引燃火绒的概率并不高。打火前用打火片从打火棒上刮下一些碎屑，火星也很容易点燃这些碎屑从而点燃火绒，在你的火绒并不是很干燥的情况下，刮点碎屑点火的成功率更高。

打火棒的使用

新鲜的含脂高的木片很容易被点燃，但打火棒这类的火星就不行（若是汽油等燃料则很容易点火），你可以加工一下，将其弄成刨花状晒干或夜间用纸、布包起来夹在腋窝、腹股沟用体温烤干。

如果你有足够的油脂，用刀刮下火绒，纸片、动物绒毛等，在油脂里浸泡一下取出晾晒干，这就是非常好的火绒，哪怕是在潮湿的条件下，这些火绒也很容易被火星点燃。

通常大家都会携带纸巾（特别是女性），纸巾也是非常好的火绒，但要注意保护它不要受潮。

化工品店有售的固体酒精（块状酒精）是很好的引火物，只要一点火星就能引燃它，将其捏碎混在潮湿的火绒中，能很快点起火。

理论上任何坚硬的石头互相砸就能砸出火星，不过燧石产生的火星更多一些。至于火星能否引燃火绒，技巧是一方面，运气也占很大因素。在这里就不再介绍了，大家自己慢慢体会和练习吧。

第六章 生命的动力

第一课 盐

野外有一种资源，绝对不可或缺，那就是——盐！

盐不仅是一种重要的调味品，也是维持人体机能平衡的重要物质。

盐在人体内具有调节水分均衡分布、维持细胞内外的渗透压、参与胃酸的形成、促使消化液的分泌、能增进食欲等作用，同时还提供胃蛋白酶作用所必需的酸碱度、维持机体内酸碱度的平衡和体液的正常循环。

人如果缺盐会造成体内的含钠量过低，产生食欲不振、四肢无力、晕眩等病症，严重时还会出现厌食、恶心、呕吐、心率加速、脉搏细弱、肌肉痉挛、视力模糊、反射减弱等症状。

通常一个成年人每天摄盐量不低于5克才能保证人体机能正常运转。流汗和排尿都会造成体内盐分的丧失，温度越高排汗越多盐分丧失也越快。

在野外，盐是非常稀缺的资源，因此强烈建议大家携带盐！

盐可以分成几个小包放在背包中，急救包和救生盒中都要放有盐，50克盐分存在急救包和背包里占不了多大地方，救生盒中的20克救命盐也值得你腾出那个空间。

在遭遇紧急情况大家还必须懂得应急的找盐方法。

动物的血液

野外生存，不要浪费动物的血液。用套索抓到的因窒息而死的动物，血液会凝固在体内，花些时间把它慢慢地弄出来。或许你会认为老鼠体积很小，可是几只小老鼠体内的血液包含了足够支撑你一天所需的盐量，所以不要小看任何动物，包括鱼类。这些小动物很难取出血，将它们烤熟吃掉肉的同时也摄取了盐。

大型的草食类动物都需要盐，他们定时都会到盐矿中去舔舐盐，跟踪它们或许会有收获。例如南方丛林中的大象，山地上的岩羊，草原上的野羊等等。但这也是最不靠谱的办法——你无法确定它们是不是去找盐，除非你看到它们走入了一个山洞中舔舐地面和岩石，这些地方往往就是盐补给地，将它们舔舐的石块或泥土用水煮，可以提取出盐。

肉食动物的盐都是从猎物中获取，跟踪它们找盐非常危险——与其跟踪，还不如想办法"办"了它喝它的血。

海边不会缺盐，但不要直接饮用海水，用淡水稀释后再饮用，或者把海水蒸发掉然后取得盐。

从海水中所获的盐会带有苦涩味，一般建议从水线以上的沙井中获取表层的水，既能解渴还能补充盐，用来做菜也非常不错。

沙漠的盐碱湖取盐方式类似于海边。

有些地区有盐矿，不过这样的地方少之又少，在做准备工作的时候，把盐矿位置给标注出来。

从植物中找"盐"是比较现实的办法，盐的化学名为氯化钠，植物中往往都含有钾和纳以及氯。从这个角度上来说，多吃点植物类食物并没什么不好。

小溪边带有气根的树木负责从水中抽取水和微量元素，微量元素含量相对较高。植物的块茎根往往也是养分的集中点，微量元素含量也高；水里的浮萍能固定水中的养分，包括微量元素。将浮萍烤干磨碎做汤能补充"盐"。

这些植物吃起来或许没有咸味，可是多少能补充一下钾、纳和氯。

一些地区的山林中生长着少量的被称为"结盐树"或"结盐草"的植物，在连续干旱的时候，树皮或叶面会析出黑褐色的盐晶体。不过找到它们跟撞大运差不多。

实在没有盐的情况下，请记住这个办法——盐的再回收利用：准备小半饭盒清水，用浸湿的药棉擦身，收集汗液，将贴身的衣物浸入沸水中煮，溶解衣物中的汗液。然后蒸发掉水分，析出盐。虽然这个办法显得有些"恶心"，效率也很低，但是在紧急时刻，这可能是你唯一可以补充盐的办法。

记住，你可以不带食物，但是一定要带上盐。盐并不贵，也不会占用你多大的空间，如果在野外遇险缺盐，想办法从植物、动物、海水等地找盐，并节省你的盐，避免剧烈运动流汗以造成盐分丧失，避开高温时段行进。

在体内缺盐的时候，肌肉往往会先发出信号——在没有剧烈运动甚至休息的情况下，手大臂和腿部肌肉会轻微地痉挛，此时你该喝一点淡盐水补充体内盐分。

附录：糖

糖不是生存必需品，但如果可能，尽量携带一些糖。

在野外食品中，糖的吸收是最快的，能最快给你补充能量。

糖的种类很多，从补充能量的角度而言，奶糖、水果糖等都是不错的选择，这些糖携带方便，对防潮处理要求也低。

但我更建议大家携带砂糖，细腻的砂糖混合一定量的葡萄糖，这类糖溶解速度快，哪怕你没有热水，它也能在冷水中很快地溶解。

如果你水比较少，先含一小口糖，用唾液溶解糖，再喝一小口水。

冲调咖啡的方糖也是一种很好的选择，方糖是一种混合糖（也有一些纯方糖，但通常建议携带混合方糖），混合了蔗糖、果糖、葡萄糖等，这类方糖的营养价值相对更高一些，携带也比砂糖容易。

在你行走一天停下来的时候，含一小口糖，能让你尽快补充能量，消除疲劳。在路上感觉疲惫、饥饿却又无法马上进食或休息的时候，含一小口糖也能让你缓解不适的感觉。

在后面的章节中，我们会介绍许多药茶，如果加入些糖，口感会更佳。糖还能起到干燥伤口、吸引细菌的作用，在外伤又无法得到消炎药物的情况下，糖就是最佳的消炎药，在后面的野外救伤一章将会讲述。

携带糖必须注意防潮，如果糖受潮之后，放在太阳下晒干。

第二课 和尚的生活（一）

本章的所有配图照片，均为作者在野外实地拍摄，因季节、角度、植株等原因，无法全方位的拍摄花、果、茎、叶等分辨细节，有些植物仅能拍到其局部。在辨识植物这门课程里，除了多积累相关的植物学理论资料外，还要多实地辨识，以积攒经验。

古话说，民以食为天，食以植为先。在野外，你会沮丧地发现，这里既没有饭馆，也没有菜市，除了山和树，就剩下草了。你甚至连一只长四条腿的动物都难看到。所以收起你那天天打猎、大块吃肉、大碗喝酒的幻想，做好当苦行僧的准备，老老实实用你的眼睛搜索周围的植物吧。我不能保证你能大碗喝酒，但大碗喝汤还是可以的。

在野外，你必须要摒弃偏食习惯，吃是你生存下去的动力源泉！

在这一课将学到怎么辨识植物，以及如何采摘、加工植物。

在这一章最后，还会附录部分野外食谱，告诉大家怎么吃才能吃得有滋有味。

首先介绍的是野外生存入门级的野菜，这是必须要能熟练分辨并掌握加工、食用方法以及它们的药用方法，需要熟练到什么程度呢？当你在野外不慎摔了一跤、眼冒金星的时候眼前出现了这么一棵植物，你第一时间就能反应过来：这不就是什么，该怎么吃最好，它能治疗什么病……

必须熟知三类（科）植物是：蕨类植物、菊科植物、蔷薇科植物。

几种蕨

全世界的蕨类有 10000 多种，中国有 2000 多种。蕨俗称蕨菜，它的植物孢子体非常发达，有根、茎、叶之分，但是不开花，以孢子繁殖。是分布最广的可食用植物之一。

蕨类植物是植物中主要的一类，是高等植物中比较低级的一门，同时也是最原始的维管植物。大都为草本，少数为木本。

蕨类植物是最容易分辨的可食用植物，其叶片和被子植物的叶片大不一样，若干叶片呈对称状生长在茎上，更精确地分辨蕨类植物一般基于三个特征：如拳头般卷曲的幼叶、叶背有许多棕色虫卵状的结构（孢子囊群）、叶背（特别是叶柄基部）生有一些棕色披针形的毛状结构（鳞片）。

在春夏季节，一般多采摘未开卷的鲜嫩肥厚的拳头状嫩芽或刚刚展开的嫩叶作为食用，成熟的蕨叶则不适合食用。

蕨类植物的根富含淀粉，特别是在秋末和冬季，蕨类靠根中的淀粉支持过冬，在春夏季节淀粉含量较少。大家记住一句口诀：春吃嫩芽冬挖根。

蕨类植物几乎无处不在。除了大海、深水底层、沙漠和长期冰封的陆地外，在海滨、高山、湿地、湖泊、平原、山丘，到处都有蕨类植物的踪迹。

它们有的在地表匍匐或直立生长，有的长在石头缝隙或石壁上，有的附生在树干上或缠绕攀附在树干上，也有少数种类生长在海边、池塘、水田或湿地草丛中。

野生蕨类多生长于山地草坡，稀疏的阔针叶林混交林地，丛林的边缘或空地上。蕨类植物喜湿，雨后便疯狂抽芽，雨后的第二天和第三天就会冒出许多新芽。在干燥的季节，蕨类很少会抽芽生长，此时最好打别的植物的主意，如果实在饿得慌，可以尝试挖蕨根充饥。

> **注意**：蕨菜含有少量的致癌酰胺化合物，蕨菜自古为人类所食用的重要野菜，极少有中毒报告，因为人煮熟或腌渍破坏了蕨类中的毒素。但最好不要生食蕨类植物，有报告称长期食用蕨菜会造成贫血以及血小板减少，在野外，良好的膳食平衡是保证你健康的重要因素之一，长期食用单一种植物并不是我所建议的。

蕨类植物在湿润、腐殖层深厚的地方生长得特别茂盛，非常容易采摘。它的适应性非常强，在条件欠佳的黄土地或沙地上都能生长。

蕨的药用：清热、化痰、滑肠。

蕨汤有清热化痰效果，常用于体内燥热不安。取蕨鲜品50克水煎服，煎汤呈淡绿色则可，也可饮用加工嫩芽的焯水。

便秘：取蕨鲜品约20克，捣烂热水冲服，对便秘有一定的效果，如果效果不明显则停止用药，防止有可能的中毒。

蛇伤救治：取蕨类鲜品捣烂外敷，可减轻蛇毒症状。

菊科植物

菊科植物是双子叶植物纲菊亚纲最大的一科。菊科植物在中国约有 220 属近 3000 种。

我们主要从花来分辨菊科植物：菊科植物一般有一致的小花结构，花瓣呈辐射状散开，多数小花密集排列，外覆以总苞片而形成一致的头状花序。

头状花序即花生长在顶端或枝叶末端，一些菊科植物在夏末或秋季花会变成冠毛或刺毛状种子以利于远距离传播（如蒲公英、千里光和鬼针草），花色多为黄色或白色，少数属有紫色、紫红色等其他颜色（如蓟属植物的簇状花有紫色、紫红色、粉红色）。

菊科植物大多数无毒，能作为食物食用，且全国性分布。菊科植物种属众多，分辨也较困难，但是至少你要懂得分辨以下几种。

野菊花

菊科多年生草本植物野菊花，又名山菊花、路边菊、野黄菊等，全国大部分省区均有分布。吉林、辽宁、河北、山西、陕西、甘肃、青海、新疆、山东、江苏、浙江、江西、湖北、四川、云南等地为多。

茎基部常匍匐，上部多分枝。叶互生，卵状三角形或卵状椭圆形，长 3~9 厘米，羽状分裂，裂片边缘有锯齿，两面有毛，下面较密；叶柄下有明显的假托叶；高达 1 米。

头状花序直径 2~2.5 厘米，排成聚伞状；花小，黄色，边缘舌状，花期 9~11 月，果期 10~11 月。野菊花耐旱且耐寒，对土质要求不高，因此多见于田边地头、渠边路边、山坡野地、草甸、草地、黄土地、灌丛、河边水湿地、海滨盐渍地及岩石上等处，在树林中和蕨类植物茂盛的地方较少见。

野菊花的嫩茎叶可生食，花常用于冲泡茶饮，老的茎叶苦味较重，要用沸水焯1~3分钟再换冷水浸泡一小时左右，去除苦味再食用。在野外，野菊花常用于与肉类食物炖煮，可去除肉腥和鱼腥味。平时家中小聚，打个火锅那也是非常不错的配菜。

野菊花的花为药用部分，主要功效是清热解毒，疏风平肝，常用于清热解表和清热解毒。对治疗疔疮、痈疽、丹毒、湿疹、皮炎、风热感冒、咽喉肿痛，对眼热、目赤疼痛、长距离行走的头痛脑热、中暑前的眩晕效果极佳。

野菊花泡茶是一种很好的保健醒脑茶饮。200毫升开水放入3~5片野菊花常作为保健茶饮，若作为治疗，量要加大2倍，或用野菊花熬水饮用。将野菊花用沸水浸泡一个小时，再煎煮30分钟饮用，可预防感冒。

野菊花可治疗疔疮肿痛、无名肿痛：老野菊花茎叶或加菊花150克至250克，加水500~700毫升煎成浓汤，分两次内服，外捣适量鲜品外敷，干即换，病情较重者可用野菊花茎叶和花捣碎绞汁内服，药渣外敷。

治疗眼热、目赤疼痛，除可以常饮用野菊花茶外，病情较重者可用野菊花（也可用茎叶）50克，加水100毫升文火熬至30毫升，药液放凉点眼。野外长途劳顿常会引起劳累性的高血压症状，造成头疼、头胀，野菊花泡茶饮用可缓解和治疗此类症状。日常饮用野菊花茶，对预防高血压和辅助治疗高血压有良好效果。野菊花还有杀菌消炎的功效，也常用于治疗伤口发炎。取适量的野菊花茎叶（最好用老的），加水煎煮至浓汤，洗涤患处或用药棉、布掩敷伤口和患部，可杀菌消炎。在水源不足的情况下，适量的野菊花药水可作为个人清洁的良药。

野外常见的还有小野菊、岩香菊、雏菊和小雏菊等，这些都为野菊花的同属植物，食用和药用部位和效果相同。但野菊花及同属植物性微寒，脾胃弱者食用过多或长期食用会伤脾胃阳气，偶会出现胃部不适、胃消化功能减弱、肠鸣、大便稀烂等肠胃反应。故脾胃虚寒者酌量食用。在野外，野菊花常配以蔷薇科蔷薇属植物，如野蔷薇、月季、金樱子或鱼类、其他肉类同食，以中和野菊花的寒性。

蒲公英

菊科蒲公英属植物蒲公英，别名婆婆丁、黄花地丁等，为菊科多年生草本植物，蒲公英分布之广是许多植物不能比拟的，除极热的沙漠地带和极冷的高山寒地，世界上几乎每个地方都可见到蒲公英的身影。

蒲公英的适应性极强，无论是山坡荒地、草地、河岸沙地、荒野、树林、丛林空地，都能采集到它，自古以来都是人类经常食用的野菜。

各地不同种类的蒲公英叶片大小以及形状变化都很大。我国约有22种蒲公英，蒲公英为直立茎，根出叶（少量蒲公英种类茎上也生叶，但大多叶片贴地面发散生长），簇生排成莲座状，掐断茎叶会渗出白色乳汁。

株高大多为20~40厘米，主根粗壮深长，根单一或分枝，入土深度可达1~3米，再生能力强。

叶片倒披针形或披针形，叶片边缘有不规则锯齿，花生于茎顶端，多为白色或黄色。花谢后结絮状种子，随风飘落，花期多在早春及晚秋。

人们常食用的是蒲公英的幼苗，在长江以北的地区，通常于3~5月采集蒲公英幼苗，可生吃，也可用做汤或焯熟后凉拌。

蒲公英1

蒲公英2

蒲公英的成体生食会有苦味，因此需要用水焯 1~3 分钟，然后用凉水浸泡半个小时后凉拌或煮汤。

治疗疔疮肿痛：蒲公英鲜品适量捣烂外敷，效果极佳。

感冒：蒲公英 30 克、大青叶 15 克，水煎服。

便秘、小便黄、小便时尿路刺痛：蒲公英 50~60 克，煎水至 50~100 毫升服用。一日一次，一般一到二次可解决尿路刺痛等症状，连服 3~5 天可治疗便秘。

蒲公英根也是良好的野外茶品。挖取蒲公英根，洗净切成薄片，于阳光下晒干或用火烘干，用开水冲泡，能够提神醒脑，其作用类似于咖啡。

国外有人将蒲公英根磨碎与咖啡一起冲饮，效果极佳。平时行进困倦时，可将 1~2 片干制蒲公英根舌下含服，可抑制困乏，帮助提神。

马兰

菊科马兰属植物马兰，别名马兰头、马兰菊、路边菊、田边菊、泥鳅串、衰衣草、小野菊等。多年生草本，地下有细长根状茎，匍匐平卧，白色有节。茎直立，高 30~50 厘米。叶披针形或倒卵长圆形，单叶互生，近无柄，叶长 3~7 厘米，宽 1~2.5 厘米，初春仅有基生叶，茎不明显，初夏地上茎增高。黄色头状花序疏伞房状，直径 6~9 毫米，边花舌状，白色或紫色。瘦果扁平倒卵状，冠毛少，易脱落。

全国大部分地区有分布，多见于山间、溪水边、草丛、路边、田野等处。

马兰全株可食，通常于 3~4 月采摘马兰嫩茎叶做蔬菜，食用时先用开水烫过，再用清水漂洗去除苦味。

马兰味辛，性微寒，有清热解毒、散瘀止血、利湿、消食、消积等功效，常用于治疗感冒发烧、咳嗽、急性咽炎、扁桃体炎、流行性腮腺炎、传染性肝炎、十二指肠溃疡、小儿疳积，肠炎、痢疾，吐血，崩漏，月经不调；外用治疮疖肿痛，乳腺炎，外伤出血；痢疾或湿热腹泻；咽喉肿痛，痈肿疮疡；血热衄血、便血；湿热黄疸；或水肿，小便不利；饮食积滞，脘腹胀满等疾病。

止血：鲜马兰茎叶捣烂外敷。

鼻血不止：鲜马兰揉碎塞鼻。

痈疮疔肿：马兰嫩叶适量 加食盐少许，捣烂敷患处。亦治蜂、螫、蛇咬。

咳嗽：鲜马兰30~60克，水煎服，效果很好。

消炎杀菌：鲜马兰适量，水煎，清洗伤口或身体。

菊科马兰属植物马兰有几个变种：原变种马兰、狭叶马兰、多型马兰、狭苞马兰以及裂叶马兰，它们的功效都相同，在野外常煮马兰汤（马兰适量煮汤，汤菜同服，吃的同时就预防和治疗疾病），有清热祛暑、解毒等功效，常用于治疗和预防感冒、咳嗽、燥热、腹泻、痢疾、消炎杀菌等常见的疾病，马兰花也是极好的茶饮，马兰花数朵，开水冲泡半小时，具有提神醒脑，平衡体内电解质等功效。

《本草纲目》记载："根、叶，主诸疟及腹中急痛，痔疮。"

《本草正义》记载："马兰，最解热毒，能专入血分，止血凉血，尤其特长。凡温热之邪，深入营分，及痈疡血热，腐溃等证，允为专药。内服外敷，其用甚广，亦清热解毒之要品也。若谓其破宿血而生新血，则言之过甚矣。"

黄鹌菜

菊科黄鹌菜属植物黄鹌菜，一或二年生草本植物，高10~80厘米。叶倒披针形，顶端钝圆或急尖，提琴状羽裂，顶端裂片较两侧裂片稍大，裂片边缘有不规则细齿，无毛或有稀疏细软毛，花茎上无叶或有或数片羽状分裂叶片；有基生叶和茎生叶两种叶。

植物体折断后有白色乳汁流出，花果期4~6个月，开黄色花。结果冠毛白

色，细软。收载于汪颖《食物本草》形若苦荬。全国大部分地区都有分布，尤以长江以南地区为多，田间地头、河沟边、草地、山谷、溪边、湖边、沼泽地等湿润处为多见。

黄鹌菜常被误认为蒲公英或野苦荬，其生活环境与蒲公英相同，但耐旱和耐寒力弱于蒲公英，在干旱处较为少见。黄鹌菜全株可食，全年都可采集。食用和药用同蒲公英。

一点红

菊科一点红属植物一点红，别名石青红、野芥蓝、红背地丁等。一年或两年草本植物，株高10~40厘米，根系浅，侧根多，茎直立或近直立，浅绿色，分枝多。耳叶稍肉质，生于下部的叶卵形，琴状分裂或锯齿状，长5~10厘米；上部叶细小、全缘、无柄、抱茎生；叶面灰绿色，叶背常为紫红色。全株含有白色乳汁。四季开紫红色小花，头状花序，有长柄，花谢后结如蒲公英一样的种子，随风飘散撒播。

一点红喜阴凉、潮湿环境，适宜生长温度为20~32℃，较耐旱、耐瘠，能于干燥的荒坡上生长，但不耐渍、忌土壤板结。南方各省都有大量分布，常见于河岸边、山坡草地、田间地头等处，水泡地和沼泽较为难觅。

自古以来一点红都是南方人爱食用的野菜，全株可食，食法多样，可炒食，也可做汤或火锅用菜，口感清爽，具有类似茼蒿的香味。一点红采摘嫩梢，沸水焯后，加蒜蓉炒食，作汤。食味柔滑，清香可口，是野外难得的一味佳肴。

一点红性味微苦、凉，有清热解毒、利尿消炎的功效，常用于尿路感染、疟疾、麦粒肿等疾病。

尿路感染、小便赤黄、尿路刺痛、小便不通：一点红30克（鲜品加倍）水煎服，或加野菊花、车前草、积雪草同煎药茶服用。

麦粒肿：一点红、千里光、野菊花等量，水煎服。

感冒、咽喉肿痛、咳嗽：一点红一份，地胆草半份，水煎服，若配山芝麻根半份，岗梅根两份效果更好。不过野外难找这两味药。

无名疔疮肿痛：捣烂外敷患处。

地胆草

菊科地胆草属植物地胆草，别名地胆头、草鞋跟、苦地胆、草鞋底、毛刷子、铁灯盏等。为多年生贴地草本，长匙状根生叶贴地如莲座状生长，一根或数根茎直立，茎生叶少且小，全株白色绒毛或无毛，夏秋季开花，头状花序紫红色，伞房状。

全国大部分地区有分布，长江以南省份为多，常生于草地、山坡、稀疏林地、黄土地等处。

民间常于春季或夏初采集地胆草的幼苗食用，先用水焯1分钟左右，就可做汤或凉拌。长成的地胆草苦味则有些重，纤维质也多，味道苦但带点甘辛。

地胆草性寒，味苦辛，有清热解毒、凉血、泻火、消肿、止咳利尿的效果。

感冒：地胆草30克，金银花、野菊花各15克，水煎服（鲜品加倍）。

外伤流脓、脓包疮：地胆草、千里光、一点红各30克，水煎洗患处，如有发热症状可饮用半碗（鲜品加倍）。

各种炎症性疾病（菌痢、感冒、扁桃体炎、咽喉炎、急性胃肠炎、尿路感染、结膜炎等）：地胆草全草两棵，水煎服。症状严重者可用地胆草绞汁，热水冲服，每日1~2剂。

急性中耳炎：地胆草绞汁点耳，一日3~4次。

千里光

千里光是中国特有的菊科植物，别名九里明、九里光、黄花母、九龙光、九岭光。千里光为多年生蔓性草木，长2~5米。根状茎圆柱形，土黄色，下生多条粗壮根及少量须根。茎圆柱形细长，曲折稍呈"之"字形上升，上部多分枝，有毛，后渐脱落。叶椭圆状或卵状披针形。夏末或秋季开花，多为小黄花，秋季花谢后结絮状种子（类似蒲公英）。

千里光一般作为药用，在野外也可作为食用植物，一般在春季采集鲜嫩的叶片，成熟后的叶片比较苦，采集后建议用水焯1~3分钟后再食用。

千里光有清热解毒、明目等功效。花可泡茶，有提神醒脑的作用，可代替野菊花泡茶（话说回来，菊科植物的花多数功效相同）。

千里光对于疔疮肿痛有良好的效果。民间谚语说：识得千里光，一世不长疮。鲜品捣烂外敷疗疮，或配以蒲公英、野菊花同用，效果很好。

千里光熬水放凉点眼，治疗风热眼疾、沙眼、缓解眼睛酸累胀痛。

千里光杀菌消炎的功效很好，熬水放凉后，常作为伤口消炎用，也常用于野外清洁身体。但千里光食用会造成消化系统功能减弱、大便稀烂等症状出现，不宜多食。

欧亚旋复花

菊科旋复花属植物欧亚旋复花，俗称为旋复花、野菊花、野黄菊、金佛草、驴儿草、百叶草、金钱花、滴滴金、盗瘐、夏菊、戴椹等，是野外常见的菊科植物之一，欧亚旋复花遍布欧亚大陆大部分地区，生于平原旷野、田边地头、低湿草地或海滨，我国大部分省区除极寒冷、干燥或高山寒区外均有分布。

欧亚旋复花为多年生直立草本，须根多，茎中空，无柄单叶互生，椭圆形、椭圆状披针形或窄长椭圆形。花为黄色，单瓣，花瓣以5为基数生长，夏季至冬初都会长花，头状花序直径2.5~5厘米。长得很像小菊花，在野外是很好辨识的一种植物。

常食用的为欧亚旋复花的嫩叶和嫩苗，采摘后用沸水焯 1~3 分钟，换冷水浸泡 1~3 小时，去除苦味。

旋复花常以花入药，是常用的传统中药之一，主要功效是行水、下气、通血脉。在野外常作为清热、明目、提神醒脑、消痰止咳的药品。因此常用旋复花替代野菊花泡茶饮用，可消痰平喘、治疗头热风痛、眼热、目疾疼痛。治疗风寒引起的咳嗽、湿痰、风痰、积痰效果很好，但阴虚劳咳和风热燥咳，干咳无痰，气虚阳衰者慎用。

旋复花还常用于加工鱼类食物，去除鱼腥。剖好鱼后，旋复花茎叶与花适量塞进鱼肚中同煮，小鱼则混煮，可有效去除鱼腥味。治疗腹胀，小便不通可用旋复花适量，鲤鱼一条，旋复花入鱼肚内大火煎煮至熟透。

治疗风火牙疼：旋复花的花或茎叶适量，捣碎点敷牙龈，效果很好。

治疗无名疔疮：旋复花叶鲜品适量，捣碎外敷。

附录：旋复花属是典型的菊科植物，其功效与菊花类似，多为清热明目、提神醒脑、消痰止咳之用，也有杀菌消炎功效。民间除了使用欧亚旋复花外，旋复花属其他种类如大旋复花、线叶旋复花等功效相同。作为食物食用时部位也相同，但旋复花味道偏苦。

小蓟

多年生菊科蓟属草本植物小蓟，别名刺儿菜、野红花、小刺盖、刺菜、猫蓟、青刺蓟、千针草、刺蓟菜、青青菜、姜姜菜、枪刀菜、野红花、刺角菜、木刺艾、刺杆菜、刺刺芽、刺杀草、荠荠毛、小恶鸡婆、刺萝卜、小蓟姆、刺儿草、牛戳刺、刺尖头草、七七牙等。除了西藏外，全国各地都有分布。根状茎匍匐细长，地上茎直立，叶互生，叶片呈长椭圆形或圆状披针形，叶片无柄，边缘有齿裂，齿裂尖端有刺，头状花淡紫色或紫红色，花呈伞房状，非常漂亮。花期5~6月,花谢后结簇生絮状种子。

　　小蓟在我国各地都可以见到,常被农民伯伯视为顽固的田间杂草。广泛生于田间地头、荒地、路边、山坡、草地以及河岸边、针阔混交林或稀疏树林、草树混交林、水渠边等地。食用部分是小蓟的茎叶,春夏季节采集的幼嫩茎叶可直接生食或做凉菜,成熟的茎叶采集后用水焯1分钟左右,可烹炒或做汤。在一些地区,小蓟还作为包饺子的馅,也可用来煮粥或腌制。小蓟的碱性较强,食用前最好用开水焯一下,漂去碱性。

大蓟

　　菊科蓟属中最常见的一种可食用和可药用植物大蓟,别名马蓟、虎蓟、刺蓟、山牛蒡、鸡项草、鸡脚刺、野红花、茨芥、牛触嘴、鼓椎、鸡姆刺、大恶鸡婆、恶鸡婆、大牛喳口、牛喳口、山萝卜、猪姆刺、六月霜、蚁姆刺、牛口刺、大刺儿菜、大刺盖、老虎脷、刺萝卜、鸡母刺、山老鼠簕等。多年生草本,一般高0.5~1米。根簇生,圆锥形,茎直立,有些大蓟茎为方形,有细纵纹,茎中空或者有絮状填充物。基生叶丛生,倒披针形或倒卵状披针形,长15~30厘米,羽状深裂,边缘齿状,齿端具针刺,茎生叶互生,头状花序顶生,针状"花瓣"发散簇成一团呈伞房状,非常好看。花多为粉色,花期5~8月,花谢后结簇生絮状种子,种子随风飘散播撒。大蓟和小蓟的种子可以理解为放大号的蒲公英。

大蓟是野外常见的野菜之一，一般在春季采摘刚生出的嫩蓟，水焯1分钟左右食用。如若成熟的大蓟一是有刺，二是比较苦，食用前要除去叶片边缘的刺，水焯1~3分钟，并用凉水浸泡半小时左右去除苦味。

大蓟是常用的传统中药，全草入药，主要功效凉血止血、祛瘀消肿。用于衄血、吐血、尿血、便血、崩漏下血、外伤出血、痈肿疮毒等。

不过在野外的时候一般都作为创伤止血的药品使用，将大蓟揉碎敷于伤口，止血效果很好。在野外炎热季节长途行走后，容易造成体内燥热不安、头昏脑涨。大蓟适量，水煎服，可凉血、去除体内燥热。

泥胡菜

菊科泥胡菜属植物泥胡菜，别名石灰菜、猪兜菜等。

泥胡菜为一年生草本植物，除新疆、西藏外，遍布全国海拔50~3200米范围内的山坡、山谷、平原、丘陵、林缘、林下、草地、荒地、田间、河边、路旁等处。朝鲜、日本、中南半岛、南亚及澳大利亚普遍分布。

高30~100厘米。茎单生，很少簇生，通常纤细，被稀疏蛛丝毛，上部常分枝，少有不分枝的。

基生叶长椭圆形或倒披针形，花期通常枯萎；中下部茎叶与基生叶同形，长4~15厘米或更长，宽1.5~5厘米或更宽，全部叶大头羽状深裂或几全裂，侧裂片通常4~6对，倒卵形、长椭圆形、匙形、倒披针形或披针形，向基部的侧裂片渐小；顶裂片大，长菱形、三角形或卵形，全部裂片边缘三角形锯齿或重锯齿，侧裂片边缘通常稀锯齿，最下部侧裂片通常无锯齿；茎叶质地薄，两面异色，上面绿色，无毛，下面灰白色，被厚或薄绒毛，基生叶及下部茎叶有长叶柄，叶柄长达8厘米，柄基扩大抱茎，上部茎叶的叶柄渐短，最上部茎叶无柄。

头状花序在茎枝顶端排成疏松伞房花序，总苞宽钟状或半球形，直径1.5~3

厘米。花紫色或红色，花冠长 1.4 厘米，瘦果小，楔状或偏斜楔形，长 2.2 毫米，深褐色，压扁，花果期 3~8 月。

泥胡菜营养丰富，气味纯正，是江浙一带清明节前后制作青团的传统原料，也是一种民间常实用的野菜，通常于春夏季节采摘，除根，择掉老叶片，嫩叶焯水凉拌食用。进入结籽期后，叶片老化枯黄，茸毛粗硬，味道很差，此时通常煮熟作为家畜饲料。

泥胡菜性味苦凉，具有清热解毒、消肿祛瘀的功效。可治痈肿疔疮、外伤出血、骨折。

清热解毒、治痈肿疔疮：泥胡菜、蒲公英各一两，水煎服。或泥胡菜适量捣碎外敷患处。

治疗刀伤、出血：泥胡菜适量，洗净捣碎外敷，可止血。

据《贵州草药》记载，泥胡菜适量，捣碎包骨折处，可治疗骨折。

苦菜

苦菜为菊科苦苣属的统称，也泛指苦荬菜属的野生品种，其形态相似，风味也相近，生态习性差异不大。有时很难将他们分清，因此我只能取分布最广、最容易辨识的几种苦菜来介绍。

苦菜别名苦苣菜、苣荬菜、苦马菜、苦荼、荼菜等，为多年生草本植物，根状茎黄白色，细长横走。茎直立，中空或有絮状填充物，茎方形或有棱。无毛，上部分枝，叶为披针形或广披针形，叶缘为不对称裂片，边缘有不规则的尖状锯齿，齿端有小刺或无刺，折断茎叶如蒲公英般渗白色乳汁。头状花序，单一或数朵排列成伞房状花序，花为黄色。花谢后结絮状种子，花期一般为 5~8 月。

苦菜的分布是全国性的，大江南北均有分布。它广泛生长于荒地、山坡、沙滩、路边、田野、草丛、河沟边等处，多见于较肥沃湿润的地带。

苦菜耐寒、耐热、耐旱、耐贫瘠,在阴坡湿润地带,苦菜的茎叶舒展,呈深绿色,在干旱和贫瘠地带,苦菜茎叶表面褶皱,呈灰绿色,在春天或秋末气温低时,苦菜叶片边缘一般会有一层淡淡的紫色。

苦菜的营养价值丰富,为一般的野菜所不及,苦菜中含有17种氨基酸且

野苦荬菜

比例协调，常食用可提高人体免疫能力，在野外是一种良好的保健野菜。一般在春季食用苦菜的嫩苗，整株挖取洗净后用水焯1~3分钟，加盐生拌食用。味道略有些苦，但比较爽口。在适宜苦菜生长的地区，苦菜的生长期很长，在南方的广西、广东、福建等温暖湿润的省份，苦菜几乎一年四季都可采集到。北方地区在秋冬季节苦菜食用时苦味较重，生食的确很挑战人的味蕾和胃消化功能，建议水焯后用凉水浸泡一个小时左右，去除苦味。

苦菜的药用功效和菊科植物相同，为清热凉血，和胃止咳、清肝明目。脾胃虚寒者过量食用易导致肠胃消化功能不良引起的腹泻，大便稀烂。与蜂蜜同食用也易引起肠胃消化功能减弱等症状。

附录： 苦荬菜属的苦菜，为多年生草本植物。株高20~40厘米，茎直立或斜生长，无毛，基部分枝，基生叶莲座状，叶片披针形或倒披针形，长5~15厘米，宽1~2厘米，先端钝圆形或急尖，基部下延成窄叶柄，全缘疏小齿或不规则羽裂。头状花序排列成伞房状，花黄色或白色，花谢后结如蒲公英般的絮状种子。

山莴苣

山莴苣为菊科山莴苣属多年生草本植物，别名野生菜、土莴苣、鸭子食、苦芥菜、野莴苣等，与苦菜的形态、味道相近，通常也归入苦菜属里。

山莴苣高50~130厘米。根垂直直伸。茎直立，通常单生，常淡红紫色，也常见绿色、绿白色、紫色等，中空。全部茎枝光滑无毛。中下部茎叶披针形、长披针形或长椭圆状披针形，长10~26厘米，宽2~3厘米，顶端渐尖、长渐尖或急尖，基部收窄，无柄，心形、心状耳形或箭头状半抱茎，向上的叶渐小，与中下部茎叶同形，开春时节叶绿色，成熟后有紫红、红、褐红等色。全部叶两面光滑无毛。头状花序顶生，淡黄色或带白色，中午开放，夜晚闭合。瘦果长椭圆形或椭圆形，褐色或橄榄色，长约4毫米，宽约1毫米，冠毛白色，两层，冠毛刚毛纤细，锯齿状，不脱落。花果期 7~9 月。

山莴苣为全国分布，多见于黑龙江、吉林、辽宁、内蒙古（呼伦贝尔市、通辽市、昭乌达盟、锡林郭勒盟、大青山）、河北、山西、陕西、甘肃、青海、新疆。欧洲、俄罗斯（欧洲部分、西伯利亚、远东地区）及日本、蒙古也有分布。

山莴苣全株可食，营养丰富，山莴苣茎叶中含粗蛋白，还含有较多的胡萝卜素、维生素 C 等。每 100g 鲜菜含胡萝卜素 4.88mg，VB20.63mg，VC29mg，粗蛋白 2.25g，粗脂肪 0.74g，粗纤维 2.62g，钙 0.7g，磷 0.3g。山莴苣的顶部嫩茎叶可直接生食，口味略苦，有回甘，下部茎叶生食较苦，但煮熟之后味道鲜美，是一道凉血、降火的野外佳肴。

山莴苣全草均可入药，性寒，味苦，有清热解毒，活血祛瘀，健胃之功效。在野外药用时多取其食疗效果，促进食欲、帮助消化、祛火防病。无论其老嫩茎叶煎水服用，都可生津止渴，治疗体内燥热，上火，老茎叶煎水，有消炎止痛的功效，多用于外伤感染，冲洗伤口，捣烂茎叶，也可作为应急的止血药材使用。

蔷薇科植物

蔷薇科植物只产于北半球，我国有 51 属约 1000 余种，各地均有分布。

蔷薇科植物有草本、灌木或小乔木，有刺或无刺，有时呈攀缘状；叶互生，常有托叶；花两性，辐射对称，有多种颜色；花托多为中空，花被即着生于其周缘；萼片 4~5，有时具副萼；花瓣 4~5 或有时缺；雄蕊多数，周位，稀 5 或 10；子房由 1 至多个、分离或合生的心皮所成，上位或下位；花柱分离或合生，顶生、侧生或基生；胚珠每室一至多颗；果为核果或聚合果，或为多数的瘦果藏于肉质或干燥的花托内，稀蓇葖果。

蔷薇科植物是大家非常常见的植物，也经常食用它们的果实。看到以下这些很熟悉的瓜果，大家应该有一个感性的认识了。苹果、沙果、海棠、梨、桃、李、杏、梅、樱桃、枇杷、榅桲、山楂、草莓、树莓、扁桃仁、杏仁、地榆、龙芽草、翻白草、郁李仁、金樱子、木瓜，这些都属于蔷薇科植物。

蔷薇科植物中有许多是经济价值很高的植物，因此人们栽培的也很多，但在野外要找苹果雪梨海棠这类食物很不现实。因此，我们只介绍几种野外常见的蔷薇科植物并告诉大家吃什么部位,怎么吃。

蔷薇

蔷薇科蔷薇属植物是大家都很熟悉的观赏植物,分布欧亚大陆、北非、北美各洲寒温带至亚热带地区,世界共有 200 余种,中国有 91 种,全国都有分布,国内野外环境中常见的为野蔷薇和月季。蔷薇属植物多为直立、蔓延或攀缘灌木,多数被有皮刺、针刺或刺毛,稀无刺,有毛、无毛或有腺毛。叶互生,奇数羽状复叶,叶边缘有锯齿;花单生成成伞房状,稀复伞房状或圆锥状花序;颜色多为白色、黄色、粉红色和红色,争奇斗艳!

蔷薇的花瓣和嫩芽可食,嫩芽剥开外皮即可食用,花瓣可做粥、汤,清香扑鼻!

蔷薇的野外药用价值主要是在精神上的而非治疗某个疾病,蔷薇花非常美丽,在野外看到能令人心旷神怡,令人士气大振!花多有清香,抵近嗅闻能提神醒脑,在野外能发现一片蔷薇花,是一件非常令人愉悦的事情。

月季

月季为蔷薇科蔷薇属中一种很常见的植物,因为花长得漂亮,人工栽培的已经非常多了,分类也非常繁杂,我们不需要懂得怎么分月季的种类,只要你懂得月季长什么样就可以了。

月季为有刺灌木,或呈蔓状与攀缘状。常绿或落叶灌木,直立,茎具钩刺或无刺,也有几乎无刺的。小枝绿色,小叶 3~5,多数羽状复叶,宽卵形或卵状长圆形，长 2.5~6 厘米，先端渐尖，具尖齿，叶缘有锯齿，两面光滑无毛；花朵常簇生，稀单生，花色甚多，色泽各异，直径 4~5 厘米，多为重瓣也有单瓣者，花有微香。果卵球形或梨形，长 1~2 厘米，萼片脱落。花期 4~10 月。

中国是月季的原产地之一，至今许多城市还将月季作为市花。大家辨别月季应该没有问题。月季除了人工栽培的外，在野外也是全国性分布，月季对土地的要求不高，月季喜阳光，因此在阴暗潮湿光照不足的地方，就不要费那力气去找它了。

月季常分布于山坡、草地、稀疏林地、河边黄土地等。为全国性分布植物。月季的嫩叶、嫩芽和花都可以吃，在春季或夏秋季节下雨过后，月季常会抽出嫩芽，直接可以摘取嫩芽，剥掉皮食用。采摘嫩叶可用于做汤或凉拌，月季有个好处就是花期长，除了严冬季节，几乎一年四季都开花。在北回归线以南地区，除了冬季及寒冷的一个月左右，月季花是四季不断。月季花清香怡人，常用于做汤，还可以煮粥。

在野外月季花常用于提神醒脑、调节心情，漂亮的月季花清香淡雅，看起来就让人很舒服。在劳累头晕的时候，闻一闻月季花的清香可缓解精神紧张，在头疼脑涨的时候，揉碎月季花放于鼻下闻，可缓解症状。

金樱子

蔷薇科蔷薇属植物金樱子，常绿蔓性灌木，无毛。小枝除有钩状皮刺外，密生细刺。叶片椭圆状卵形或披针状卵形，长 2~7 厘米，宽 1.5~4.5 厘米，边缘有细锯齿，两面无毛，背面沿中脉有细刺。叶柄、叶轴有小皮刺或细刺。托叶线形，和叶柄分离，早落。白色单瓣花花单生侧枝顶端，直径 5~9 厘米；花柄和萼筒外面密生细刺。

蔷薇果近球形或倒卵形，长2~4厘米，有细刺，顶端有长而外反的宿存萼片。花期5月，果期9~10月。

金樱子很好辨认，跟月季和蔷薇长得差不多，同样是灌木，三种蔷薇属植物都有攀附性，在稀疏林地，月季、蔷薇、金樱子都有攀附在树木和其他灌木上争夺阳光的情况。

我们不是植物学家，因此不需要很精确地判断它是什么，简单点说，你在野外看着长得像月季的灌木，不是月季就是蔷薇或者是金樱子，月季和蔷薇的分辨最简单的办法是看花，月季多为重瓣，金樱子和蔷薇的花都为单瓣，但金樱子和月季与蔷薇的简单分别可以看刺，金樱子几乎全身是刺。另一个是看果实，金樱子的果实是可以吃的，而月季和蔷薇的果实肉质很少，一般不食用。

金樱子与月季、蔷薇习性相似，都喜阳光，对土壤和水分要求不高，多生于向阳山坡、草地、稀疏林地、灌木林中，金樱子主要分布华中、华东、华南、西南。长江以北则少见。食用部位也一样，只是金樱子多了个果实可以吃。

金樱子果实为常用的传统中药，含维生素C、苹果酸、枸橼酸、鞣质、皂甙等。南方民间常用金樱子果实泡酒，补肾壮阳。叶有解毒消肿作用。根药用，能活血散瘀、拔毒收敛、祛风驱湿。

金樱子的果实俗名叫糖罐子、蜜罐子、刺头、倒挂金钩、黄茶瓶、刺瓶子等，成熟后呈黄色或土黄色，含糖量很丰富，非常甜。若呈红色或深红色则有些熟过头了，例如配图中的。果实外密布细刺，因此摘取的时候要小心，建议手套摘取，然后顺着茎向果实把刺抹掉，食用果实肉质，不要食用里面的种子。

金樱子的果实因为富含苹果酸、鞣质等，因此有固精涩肠的作用，在野外常用于治疗拉肚子和久泻不止以及尿频尿急（金樱子花也有相同功效，但是药效较弱），但食用过多可能会有便秘情况。因此食用金樱子果实的时候，请注意补充水分。若有感冒和发热的病人也不宜食用。

月季、蔷薇、金樱子的花都可以生食，但因花内含有香精素，生食的味道不一定合每个人的口味，三者的花都常用于提神醒脑，分散紧张情绪，以及临时替代薄荷等药物作为中暑急救。

附录：蔷薇、月季、金樱子都为国内常见的蔷薇属植物，其外观相似，通常难以分辨具体的种类，但处于野外环境时，我们并不需要精确分辨其种类。在英语中，蔷薇属植物统称为"Rose"，而在中国大略分为蔷薇、月季、玫瑰三个大种类，其中玫瑰多为经人工改良的栽种品种（相信大家都非常熟悉），而野生的蔷薇属植物通常成片聚集，从野外生存的角度而言，看到蔷薇属的花能令人身心愉悦，提升士气，其嫩芽、果实还能提供食物和药物。

龙牙草

蔷薇科龙牙草属植物统称龙牙草，俗名路边鸡、鸡爪沙、牛头草、仙鹤草、瓜香草等。为多年生草本，高30~100厘米，全株具白色长毛，根茎横走，圆柱形，秋末自先端生一圆锥形向上弯曲的白色科芽。茎直立。单数羽状复叶互生，小叶大小不等，间隔排列，卵圆形至倒卵形，托叶卵形。

总状花序顶生或腋生，花小，黄色，萼筒外面有槽并有毛，顶端生一圈钩状刺毛，裂片5，花瓣5，雄蕊10，心皮2。瘦果倒圆锥形，萼裂片宿存。花期7~8月，果期9~10月。

识别龙牙草有一个顺口溜：大叶大，小叶小，大叶小叶龙牙草。因为龙牙草的叶片生长比较有意思，别的植物大多都是叶片大小一致，而龙牙草是大小叶片伴生。龙牙草全国各地均产，比较喜温暖湿润的气候，广泛分布于荒地、山坡、路弯、草地，针阔混交或疏林下、林缘、灌丛中、沟边等较湿润的地方。

龙牙草的幼苗和嫩茎叶可食用，一般在3~5月采摘。老龙牙草比较苦涩，要在沸水中焯一分钟左右，换清水浸泡一至两个小时去掉涩味食用。

龙牙草有止血、健胃、治疗毒蛇咬伤的功效。取龙牙草叶片适量捣碎，可治疗创伤、跌打出血，还可治疗癣疮、毒蛇咬伤。

龙牙草还是强壮性收敛止血剂，兼有强心效果，煎汤或捣汁服用，可治疗劳累咯血、吐血、尿血、便血以及心力不足等症状。在此还收录龙牙草的一个偏方：龙牙草干制品研细末，每次10~15克，在疟疾发作前用酒或温水送服，连服三剂，对抑制疟疾杆菌有一定的效果。

附录：龙牙草每100克鲜品中含粗蛋白质4.4克，粗脂肪0.97克，胡萝卜素7.06毫克，维生素B2 0.63毫克，维生素C157毫克，钙970毫克，磷134毫克以及鞣质、挥发油和多种微量元素。

地榆

蔷薇科地榆属植物统称地榆，别名马软枣、黄瓜香、小地榆等。为蔷薇科地榆属一年或多年生草本植物，适应性强，全国性分布，现在已知约有35种地榆，从古至今都是人们常食用的野菜。

地榆高1~2米，根粗壮，纺锤形木质化，茎直立，上部分枝，有棱，疏生短绒毛或无毛。叶片为奇数羽状分裂，叶片有长柄，叶片卵形、长卵形或椭圆形，叶片边缘锯齿状，叶表无毛叶背中脉明显，羽复叶互生，花小，无花瓣，聚生成头状或穗状花序。

我国分布的地榆主要以大地榆为主，分布在东北、西北、西南以及山西、山东、河北、河南、江西、江苏、浙江、安徽、湖南、湖北、两广和云贵川等地区。地榆常生于山坡草地、荒地、田边地头、灌木丛以及树林边缘、海拔500~1300米之间的荒山林地等处。除寒冷冬季外，其余季节都能长出新叶，在贫瘠干旱的土壤中地榆长势更旺，而且味道好，营养丰富。维生素以及无机盐含量均高于一般蔬菜的几倍甚至十几倍,实在是居家旅行、野外生存、徒步暴走、遇险自救等情况下必备的防饥利器。

除了寒冷冬季外,其他季节都可以采集地榆的嫩苗、嫩叶或花穗,沸水焯后换冷水浸泡食用,西方人还常将其作为沙拉食用。地榆有一股大家都非常熟悉的气味,轻揉叶片能闻到黄瓜的清香味,在做汤时放入几片地榆叶片,能令人食欲大振,还常常与野菊花,鱼腥草等同泡或煮茶,增加风味。

地榆有凉血止血、解毒敛疮等功效,常用于便血、痔血、血痢、崩漏、水火烫伤、痈肿疮毒等症状。

在野外地榆常用于治疗胃痛和胃肠出血,地榆适量,用水煎成浓汤服用。急性菌痢,地榆根烘干研粉,每次 1~2 克,每天三次。

治疗湿疹:在野外当然没办法经常洗澡,特别是在炎热潮湿地带,地榆叶一两,水半斤煎至约 100 克,用药棉或生存丝巾蘸药液湿敷。当然,如果有条件的话,你还可熬水来洗澡,只要你按这个比例来烧水就行了。

治疗毒蛇咬伤:地榆根绞汁内服,渣敷患处。

附录: 1:10 或 1:5 的地榆汤有抑菌作用,至今未有副作用报道,因此地榆在野外还常能替代消炎药,可内服并清洗伤口。地榆汤还常作为镇吐药使用,地榆水煎剂以 3g/kg 体重剂量内服,可有效抑制恶心呕吐。

蛇莓

蔷薇科蛇莓属植物蛇莓是野外常见的果类食物。别名三匹风、野三七、一粒金丹、大莓、蛇泡草、蛇盘草、蛇果草、龙吐珠、宝珠草、三匹风、三叶莓、地杨梅、三爪风、三爪龙、三脚虎、红顶果等。

蛇莓为多年生伏地草木,茎多数纤细,匍匐在地面上,有柔毛。叶互生指状三小叶,小叶为卵圆形,长 1~3 厘米。有锯齿,叶柄长,黄色小花,花瓣容易碰落。果熟时红色，由多数小圆果聚集成半球形。根肉质，较粗壮。喜阴湿，干旱处少见。常生于潮湿丛林中，树林边，草地、河沟、小溪等阴湿处，常与蕨类植物伴生。我国大部分地区均有。

蛇莓主要食用的部分为果实，果期在4月末至于6月间。蛇莓全株供药用，有清热解毒、活血散淤、收敛止血作用，又能治毒蛇咬伤，敷治疗疮等，并用于杀灭蝇蛆。不过因蛇莓需要配其他药物同用，在野外的时候常用于治疗毒蛇咬伤，取鲜品适量捣碎外敷患处。清热解毒则常用蛇莓熬水或与蒲公英、积雪草、车前草等植物同煮为凉茶饮用。蛇莓煎浓汤，对跌打损伤有一定的效果，鲜品捣碎，还能外敷伤口止血。

悬钩子

蔷薇科悬钩子属植物悬钩子，别名蛇腹子、莿、山莓、木莓、树莓、三月藨、吊杆泡、木暗桐、对嘴藨、蕹秧藨、黄莓、大麦泡等。

悬钩子为藤状灌木，枝、叶、花均密布黄色绒毛和小钩刺。单叶互生，近椭圆形或宽卵形，3~7裂，边缘有细圆齿，叶面有囊泡状小凸起和粗毛，叶背密布绒毛，主叶脉有小钩刺。白色单朵腋生花，花瓣5，花期3~4月，果期5~6月。果实为小珠状聚合而成的聚合果，熟果为鲜红色，熟至橘红色时已可食，直径约为2厘米，味道酸酸甜甜，是野外常见且好吃的一种浆果。广泛分布于河北、陕西和长江以南各省。

悬钩子对土质要求不高，常见于山坡荒地、草地、土石混生山林的土质层，稀疏林地，河边沟渠、贫瘠黄土地，常与蕨类、草伴生，争抢土地和养分。悬钩子喜阳光，在阴暗潮湿地难寻。

悬钩子生命力顽强，常常蔓生与其他植物争抢地盘，一长就是一大片，因此在采摘果实的时候要注意它的钩刺，蔓生的悬钩子下阴凉，是蛇类常常栖息的地点,相传有悬钩子的地方就有毒蛇,毒蛇爬过的果实特别大且鲜红,南方俗称它为蛇腹子。在春季悬钩子抽嫩芽的时候,嫩芽也可以食用,但食用前必须先揉过叶片,用水漂去除叶片上的绒毛,剥掉茎皮煮食(南方的朋友都吃过南瓜苗吧?加工方法同南瓜苗),如果食物不短缺,可不考虑食用,绒毛入喉的确是件很难受的事情。

湿热腹泻:鲜悬钩子根 50 克,水煎服。

口腔炎:悬钩子根 30 克,水约 100 毫升煎汤,漱口含洗患处。

菊科植物茎叶多为苦味,性多为微寒,肠胃功能弱者、食用过量或长期食用,可能会造成大便稀烂,胃消化功能不良的肠胃疾病。在野外常用蔷薇科植物配以食用或泡茶饮用以中和其寒性。

菊科菊属、蒲公英属、千里光属、旋复花属植物的花是中国常用的保健花茶,有清热去火,清肝明目等功效。千里光属和旋复花属对肠胃的影响比其他种属都大,食用前请各位评估自己的肠胃状况,如有腹泻,消化功能弱者需慎重,以免加重病情。

认识这三大科若干属的植物后,大家也就一只脚踏进了野外生存食物辨识的大门了。但是别着急,还有若干种中国广布的可食用植物还需要辨别。

第三课 和尚的生活(二)

在上一节课,我们讲到了三大科中分布最广、最具代表性的可食用植物,不过这还远远不够。如果你在所生存地域没有找到上述的可食用植物,那你就找找下面这些广布大江南北的可食用植物

车前草

圆叶车前

尖叶车前

车前草科车前草属植物是中国分布最广的可食用植物之一,别名车轱辘菜、车轮菜、牛耳朵草、蛤蟆叶、当道、牛舌、猪肚菜等。

根状茎不明显,叶基生呈莲座状,叶片椭圆形、宽椭圆形或卵形。从叶丛中抽生花序一个或数个,花序直立或斜生,能长达20~30厘米,为密生小花组成的穗状花序。车前草广泛分布于全国各地,长江以南多为圆叶车前,以北主要为尖叶车前。常生于海拔2500米以下的路旁、田野、荒坡草地、土石山间、溪流河沟,车前草喜湿和阳光,在阴暗丛林,干燥的沙漠就不用费力去找了。在稀疏树林中,车前草的分布也比较少,在沼泽、湖边、野外水塘、河流,草地、草甸等易于水土保存的地方,车前草数量极多。

车前草全株可食用,全年都可采集,沸水焯1~3分钟后,换凉水浸泡半小时,即可起水,挤干水分,拌上调料食用。

车前草性味甘寒,具有利水、清热、明目、祛痰的功效。主治淋病、尿血、小便不通、黄疸、水肿、热痢、泄泻、目赤肿痛、喉痛等。也是野外常用的一种应急草药。

常用车前草适量,熬煮凉茶饮用,可治疗体燥不安、目赤肿痛、小便不通、小便黄、尿血、腹泻等疾病。车前草一或两棵,水200毫升,文火煮半小时,饮用药茶,用于一般的体燥不安、小便赤黄、小便量少和日常保健。如果小便不通、尿血、腹泻和目赤肿痛等症状较重的疾病，车前草5棵，水300毫升，先用大火煎煮5分钟，换小火熬半个小时，取浓汤药服用。

车前草在南方常用于煮凉茶，其清热去火的保健效果很好，常用车前草、积雪草、茅根同煲煮凉茶。在野外也可适量饮用。一些地区还有大车前草，都可食用，药用功用都相同。

青葙

苋科青葙属植物青葙，别名草蒿、萋蒿、昆仑草、野鸡冠、鸡冠苋、狐狸尾等，种子名青葙子、草决明。

青葙为一年生草本，高60~100厘米，全株无毛。叶互生，披针形或椭圆状披针形，长5~8厘米，宽1~3厘米，顶端长尖，全缘，基部渐狭成柄。

穗状花序顶生。花初开时淡红色，后变白色，每花有膜质苞片3，花被片5，披针形，干膜质，透明，白色或粉红色，有光泽。子房长圆形，花柱红色，柱头2裂。胞果球形。种子扁圆形，黑色，有光泽。花期6~9月，果期8~10月

青葙几乎全国性分布，喜生于坡地、路边、较干燥的向阳处，通常为簇生，找到一棵足够一顿饭吃的了。

青葙使用部位主要是叶片，嫩叶可直接煮食，较老的叶片最好水焯一下。用青葙做鱼和肉汤味道很好。青葙种子是一种野外食用油，但有气味，种子含油量大约为15%，在7~10月（南方省份甚至到12月）都可以采集到种子，摘取果穗晒干，搓出果实，拣去杂质即可，捣碎种子，置于金属饭盒内用文火慢慢翻炒榨出油。

青葙全草可清热、利湿，种子可入药，可消肝火、明目，可杀虫。

高血压引起的头部胀痛：青葙子 50 克，水煎两次，过滤，滤液混合，分三次服用。

鸡冠花

苋科青葙属植物鸡冠花，别名青葙、鸡冠菜、鸡冠苋、鸡髻花、老来红、芦花鸡冠、笔鸡冠、大头鸡冠、凤尾鸡冠、鸡公花、鸡角根等。鸡冠花对于很多人来说并不陌生，它是很常见的观赏植物之一。

鸡冠花为一年生草本，茎直立粗壮，株高因种类不同而异，一般株高在 40~100 厘米。分枝多，多呈绿色，有时带紫红色。叶片卵形、卵状披针形或披针形，叶互生。叶柄短，叶片和叶柄均无毛。穗状花序单生于茎顶端或分枝末端，圆柱形或褶皱犹如鸡冠状，花色多种且鲜艳，多为紫红、淡红、红黄、黄色、大红、白色或杂色。

野外的鸡冠花分布范围极广，几乎是全国性分布，多见于河沟边、草地。鸡冠花对土壤要求不高，也常见于湿润的沙质土壤，或者较贫瘠的黄土地中。

鸡冠花喜阳光，不耐涝，在干燥炎热地方长势良好，在沼泽地带中较少见，不耐寒冷。长江以北地区在秋霜过后就比较少见。

鸡冠花的蛋白质含量很高，可达鲜品的 5% 或干制品的 20% 左右，氨基酸与其他营养物质含量也很均衡，是一种极具营养价值的野菜。在阳光和水分充足的情况下，一年可繁殖多茬，几乎随时都可采集其嫩茎叶食用。

鸡冠花有收敛止血、止带、止痢的作用，多用于吐血、崩漏、便血、痔血、赤白带下、久痢不止等。

治疗便血痢疾拉肚：鸡冠花 15 克，水煎浓汤服用，配以生地榆效果更好。

治疗细菌性痢疾：鸡冠花 10 克，马齿苋 30 克，水煎浓汤服。

治疗荨麻疹，痱子：鸡冠花全草，水煎，内服加外洗全身或患处。

马齿苋

马齿苋科马齿苋属一年生肉质小植物马齿苋，别名五行草、耐旱菜、瓜子菜、酸苋、酸味草等。

马齿苋茎通常匍匐生长，先端斜向上，肉质感很强，全株光滑无毛，圆柱形茎长达 30 厘米以上，淡绿色，向阳面多带紫红色。卵形叶互生，叶柄极短，叶片肥厚。花黄白色，白天开花。

马齿苋为全国分布，其适应力极强，马齿苋是古往今来最常见的野菜，广泛分布在河岸池塘边、山坡草地、田野路边等处，几乎随处可见。

马齿苋耐旱，也耐阴湿，几乎可以在任何土壤上生长，对温度变化不敏感，温度在 10℃以上就可生长。马齿苋有令人恐怖的再生能力，一旦生根，其他杂草很难生存，因此常成片生长。马齿苋含较多的维生素 C 和苹果酸等营养元素，味道比较酸，食用前将嫩茎叶用开水烫软，挤干就可食用。

民间常用马齿苋与其他原料一起做馅包饺子或包子。

马齿苋不但是常见的野菜，也是一味很常用的中草药。早在公元前 5 世纪就已经有入药记载，有凉血止血、清热解毒等功效，野外常用于治疗肠道感染、痢疾拉肚、眼干燥、夜盲、维生素 A 缺乏症等疾病。且其药用非常简单，多是作为菜直接食用。

细菌性痢疾等胃肠道疾病，常使用马齿苋鲜品或配以地榆、车前草、鸡冠花、辣蓼等共熬浓汤服用。

治疗黄疸：鲜马齿苋绞汁，每次约 30 克，开水冲服汁液，或捣碎马齿苋直接用开水送服，一日两次。

腿疮、外伤引起的溃烂：马齿苋捣烂外敷，或配以千里光等有杀菌消炎效果的药品同捣烂外敷。

尿路感染、尿道灼热，由劳累引起的尿路不通、尿不尽、尿血、便血等：马齿苋绞汁，配以藕汁，或车前草汁、积雪草汁，每次约 60 毫升。一日两次。

马齿苋药尤以鲜品效果较佳，其本身又是一种可食用植物，大量食用也非常安全，是一种在野外非常实用且常用的预防细菌引起的胃肠道疾病的保健类野菜。但脾胃虚寒、消化功能不全者勿用，且在野外做菜时，最好也不要跟虚寒的龟类，特别是龟甲同煲，容易导致肠胃消化功能不良从而引起腹泻。

野苋菜

野苋菜为苋科苋属除苋、繁穗苋等栽培种外野生苋菜的统称，别名山菜、细苋菜、绿苋菜、红苋菜、银苋菜、白苋菜、刺苋、假苋菜等。

野苋菜为一年生草本植物，茎直立，光滑无毛或茎上部有疏生细毛，茎绿色，一些品种为淡红色，叶互生，卵形、菱状卵形或三角状广卵形，长 3~8 厘米，宽 1.5~4 厘米，一些品种叶腋基部有尖刺一对（刺苋），穗状花絮顶生或腋生，胞果近圆形，种子黑色，花果期 5~10 月。

野苋菜为全国分布，华北、华东、华中地区分布广泛，耐旱、耐热、喜肥、喜阳，生命力强，不耐寒，不耐涝，常见于海拔 1000 米以下的平原、草地、土坡、黄土地、山上缓坡等阳光照射充足处。

野苋菜营养丰富，含维生素 C、糖类、氨基酸、钾盐、钙、磷、胡萝卜素等，口味好，茎、嫩叶和花穗可食，春季至秋季都能采集，直接煮食即可。

野苋菜性甘、淡、微凉，具有清热利湿、解毒消肿等功效，主治腹泻痢疾、肠炎、小便涩痛、咽喉肿痛、湿疹、痈肿、牙龈糜烂、蛇咬伤等。

治疗痢疾、腹泻：鲜野苋根 50~100 克，水 250 毫升，水煎服。

治疗小便赤黄、涩痛：野苋菜茎叶煮食，连汤服用即可。

治疗疔疮、皮肤瘙痒等：鲜野苋菜茎叶捣烂外敷（加盐效果更好），内服汤。

治疗毒蛇咬伤：全草 50~100 克，绞汁内服，伤处外敷药渣。

附录：野苋菜为除栽种外的苋科苋属野外种的统称，全世界有 40 种，广泛分布于热带和温带地区，中国有 13 种，常见的有反枝苋、皱果苋、凹头苋、刺苋等。反枝苋分布在东北、华北、西北、山东、河南、浙江等地；皱果苋为全国分布；凹头苋除内蒙古、宁夏、青海、西藏外，其他省区均有分布；刺苋主要分布于华东、华中、华南及西南地区。

龙葵

茄科龙葵属植物龙葵，别名黑星星、白花菜、苦菜、苦葵、老鸦眼睛草、天茄子、天茄苗儿、天天茄、救儿草、后红子、水茄、天泡草、老鸦酸浆草、天泡果、七粒扣、乌疔草、野茄子、黑姑娘、乌归菜、野海椒、黑茄、地泡子、地戎草、山辣椒、山海椒、野茄菜、耳坠菜、天茄菜、狗钮子、野辣椒、野葡萄、酸浆草、水苦菜、野伞子、飞天龙、黑天天、龙葵草、野辣椒等。龙葵株高 30~100 厘米，茎直立，多分枝，叶互生，长如米粒状小白花，结球形浆果，熟透后呈黑色或紫黑色，果实和嫩茎叶可食用。

龙葵长得很像辣椒，非常容易分辨。

龙葵为全国性分布的野生杂草，世界温带、热带地区均有分布，龙葵喜温暖湿润气候，对土壤要求不高，同属的少花龙葵多分布于云南、江西、湖南、广东广西、福建台湾等南方省区。常见于河沟岸边、湖边草地或稀疏林间、密林阴湿处。

注意：龙葵的食用部分为嫩茎叶和成熟的果实。龙葵中含有龙葵碱、茄碱等有毒物质，不可生食，必须煮熟食用。

龙葵碱的作用类似于皂甙，能溶解血细胞，中毒可引起头晕、恶心、呕吐、腹痛腹泻、瞳孔放大、心跳先快后慢甚至昏迷，中毒深者会死亡。其症状与食用发芽的马铃薯相同。

龙葵性寒，肠胃功能不全者或脾胃虚寒者食用会导致因肠胃消化不良引起的腹泻。因此，也常作为治疗便秘的一味药品使用。

龙葵全草供药用，主要功效为清热解毒，利水消肿，治疗感冒发热，牙疼等疾病。

治疗疗疮肿痛：龙葵茎叶捣烂外敷，与蒲公英、野菊花同用效果更佳。

小便不利，肢体水肿：龙葵20克，熟蒲公英一棵，水300毫升煎煮半小时服用，若配木通、泽泻效果更佳。

牙痛：嫩龙葵茎叶少量，捣碎敷患处，内服蒲公英等清热去火汤药。

在野外，龙葵还常用于防止困倦疲乏，食用龙葵过后人常无疲倦感。因此在某些情况下，可做提神物品使用。

附录：龙葵碱广泛存于马铃薯、番茄、茄科植物中，特别是未成熟的果实、根茎。但龙葵碱的口服毒性较低,因此茄子、番茄、马铃薯才能成为我们日常的蔬菜之一。人因体质不同,口服摄入 0.2~0.4 克龙葵碱就会引起中毒。

但龙葵的茎叶和熟透的果实中龙葵碱含量及其低微,生果中含量较高,且龙葵碱并不是引起中毒的唯一原因,引起中毒可能是与其他成分共同作用的结果,具体机理仍在研究中。龙葵自古是救荒草之一,至今未见食用后死亡的报告,但少数人配以高蛋白质食物食用时曾出现过过敏反应,因此在食用龙葵时不提倡配以蛋白质含量高的如鱼虾、昆虫等食物同食。不可食用未成熟果实,如果因此而导致中毒,请立刻送往医院就诊。

紫苏

唇形科紫苏属植物紫苏,别名赤苏、红苏、黑苏、红紫苏、皱紫苏等。紫苏为一年生草本植物,原产于中国,在中国已经有上千年的栽培历史,至今在野外仍然有非常广泛的分布,几乎遍及全国,其中江苏、浙江、贵州、河北、山西、北京、安徽、吉林、黑龙江等省份为多。常见于田间路旁、河沟边、山坡草地和稀疏树林、树林边缘和密林间的空地。

紫苏野生种一般高 0.5~1 米,人工栽培的可高达 1.7 米,须根粗壮发达,茎直立,有分枝。紫苏的再生能力强,摘取茎叶后很快就会长出分枝,随着生长分枝会越来越多。

紫苏叶互生,卵形或卵圆形,一般长 7~15 厘米,宽 5~13 厘米,叶缘有粗锯齿,总状花序顶生或腋生,花白色至紫红色。

常见的紫苏很好辨认,茎、叶柄和叶脉如图般呈紫红色,翻过叶片,叶背也为紫色或紫红色,紫苏的嫩茎叶可凉拌或做汤,煮熟后即可食用,不用水焯和浸泡。老叶片要适当煮久一些。紫苏的老叶片吃起来纤维质较多,不过还是那句话,在野外,就不要那么挑剔了,有口吃的就不错啦……

紫苏的种子富含植物油,在野外也是一种不错的油脂。可在9~10月采集紫苏成熟的种子煎油,前提是你能找得到那么多,一般情况下,收集的种子仅仅够一顿使用。

紫苏叶性味辛温,具有发表、散寒、理气和营等功效。治感冒风寒、恶寒发热、咳嗽、气喘、胸腹胀满等。《本草纲目》载:"行气宽中,清痰利肺,和血,温中,止痛,定喘,安胎。"

紫苏常作为解鱼毒和蜂毒的药品使用,海边的居民常用紫苏配鱼、虾、蟹等高蛋白质食物食用,可中和蛋白质过敏症状和因蛋白质摄入过多引起的腹胀、消化不良症。野外不慎被蜂叮虫咬,紫苏叶揉碎外敷,可有效去除疼、痒、麻等症状。紫苏叶做菜食用,可治疗感冒风寒、恶寒发热、咳嗽、气喘、胸腹胀满等病症。

附录: 紫苏在中国有上千年的栽培历史,因此变种也很多。野外常见的紫苏其茎叶颜色一般没有人工栽培的那么深,多为淡紫色或红紫色,野外还有一种常见的紫苏为绿叶品种,称为白苏,其食用和药用部位与紫苏一样。叶卵圆形,先端尖,背面有腺点,茎叶绿色,叶脉有时呈淡紫色。

白苏

白苏含有大量草酸,草酸在体内遇到锌和钙,会沉淀为草酸锌和草酸钙。人体沉积过多会损害神经、消化系统和造血功能。因此体质虚弱者、阴虚久咳者最好不要多食。

薄荷

唇形科薄荷属植物薄荷,别名水薄荷、人丹草、土薄荷、夜息香、南薄荷等,中国有12种薄荷,为具有香味的多年生植物。薄荷茎直立,茎圆形和方形都有,

多分枝,茎被柔毛或无毛。下部数节具须根和水平匍匐根状茎。叶对生,圆矩状披针形、椭圆形或卵状披针形。一般叶长2~7.5厘米,宽0.5~2厘米,先端锐尖。叶边缘粗锯齿,叶片正面为绿色,背面淡绿色,沿叶脉密生微柔毛或无毛。白色或淡紫色轮伞花序腋生。薄荷喜湿润,常生于河沟边、湖边、沼泽湿地、湿润草地等湿润处,适应性很强,分布于全国各地,薄荷的叶片是张"大众脸",与许多植物很像,区别薄荷最重要的手段就是气味,它有一股特殊的香气,相信这股气味大家都不会陌生,揉碎叶片一闻就能分辨出来。野薄荷为野外常见的野菜之一,常于春夏之际采摘嫩茎叶,用开水烫过,在放凉水浸泡后凉拌食用。

薄荷从古到今都是一种很常用的药品，可疏风、散热、辟秽、解毒。治外感风热、头痛、目赤、咽喉肿痛、食滞气胀、口疮、牙痛、疮疥。野外常见的头疼脑热，中暑，困倦疲乏都用得上薄荷。摘取几片薄荷叶片，揉碎于鼻下闻，用叶片揉搓太阳穴，严重者，可揉碎一小片薄荷叶置于舌下含服，对野外常遇到劳累引起的头疼、头胀、炎热引起的中暑或中暑前的眩晕等症状效果非常明显。

牙疼：薄荷叶一到两片，捣碎敷于患牙牙床。

风热感冒：薄荷叶除闻味，揉太阳穴或舌下含服外，能找到更多的话，用生存丝巾包起来，揉搓前胸后背，直至发热、发汗。

感冒或受凉引起的鼻塞：薄荷叶揉碎，鼻下吸闻。

血痢：薄荷叶 10~20 克，煎汤服用。

蜂叮虫咬：薄荷叶揉碎敷患处。

鼻血流不止：薄荷绞汁，滴鼻，然后用药棉塞鼻。

> **注意**：薄荷脑、油对哺乳动物具有较强的麻痹作用，若过量服用会导致呼吸麻痹而死亡。因此不提倡大量生食薄荷，在药品中的使用剂量不能超过规定的限量（一般每人每日不超过 2g/kg 体重）。

枸杞

茄科枸杞属植物枸杞，别名枸杞子、枸杞菜、杞子、狗牙菜等。枸杞喜光，稍耐荫，喜干燥凉爽气候，较耐寒，适应性强，耐干旱、耐碱性土壤，喜疏松，排水良好的砂质壤土，忌黏质土及低湿环境。常见于山坡、林地、荒地、田边路旁、丘陵地带、灌木丛中和盐碱地，枸杞为全国性分布，也有人工栽植。

枸杞为蔓性灌木，株高一米左右，人工栽植的可达两米，多分枝，枝条细弱弯曲下垂，茎和枝有短刺或无刺，茎上叶互生，或簇生于短枝先端。叶狭卵形至卵状披针形，长 1.5~5 厘米，宽 5~17 毫米，有短叶柄，某些枸杞因为受到菌丝的侵害，叶片会有卷皱或发泡凸起现象。花为腋生，通常 1~5 朵簇生，

花梗细，一般为淡紫色小花。结卵形或长卵形深红色或橘红色浆果，即枸杞子。中国的家庭中，枸杞子是一味常备的药品，如果真不认识枸杞子，随便找个药店去吆喝一声"我要买枸杞子"，你就会印象深刻了。

枸杞的嫩苗、叶片、嫩尖和果实均可食用，也可入药。在枸杞的整个生长季节都可采集叶片、嫩尖做菜食用，枸杞汤是南方很多地区常食用的一种滋补保健汤，常配以猪肝同煮，取其茎叶的清肝明目功效。枸杞子也是日常的保健和药用品，用枸杞子煲汤、泡茶、泡酒是中国民间一贯传统，有滋阴补肾、提高免疫力等保健效果，特别适用于体质虚弱的人。在野外做汤或做菜的时候，放入些枸杞子可增加鲜味。鲜嫩的枸杞茎叶可直接做汤或炒食，不用水焯，但秋末或冬季，枸杞的茎已经不适合食用，只能食用叶片，老的叶片会有特殊的苦味，挑食的人可先用水焯一遍再食用。

枸杞是常用的中药，在野外通常用于治疗感冒发烧：老枸杞茎叶一把，熬浓汤趁热服用，至身体发汗。

皮肤痒：枸杞茎叶一把，视病情严重程度，熬浓汤或清汤，泡洗患处，部分内服。

体寒、体虚、精力不济、精神萎靡：生枸杞子30克，开水冲泡，至药茶淡红色，连枸杞子一并服用。或生枸杞子适量，伴热水嚼服。如果有生晒的枸杞子效果更佳。

枸杞茎叶偏寒凉，果实枸杞子为热补，枸杞子的温热身体的效果很明显，因此正在患有感冒发热，炎症和腹泻的病人最好不要食用枸杞子；枸杞子含糖量高，糖尿病患者忌多食；枸杞子还有兴奋神经中枢的作用，如果你本来就精神亢奋了，那就省省吧，若是本身就性欲旺盛的人士，更不适合食用枸杞子……

狗肝菜

爵床科植物狗肝菜为草本植物，别名：路边青、头狮子草、岩东菜、四子马兰等。茎直立，株高约30~50厘米，茎被细小绒毛，茎节膨大，卵形单叶对生，叶脉上有细毛，花淡红色。长江以南地区多有分布，其中以福建、江西、广东、广西、贵州、湖南、湖北、四川、西藏为多。狗肝菜喜阴湿，常生于路边、河沟边、丛林中、低洼草地等潮湿阴凉地带，干燥的草地、黄土地等处难觅踪迹。

狗肝菜的食用部分为叶片，几乎一年四季都可摘取叶片做汤，汤为淡绿色，稍微放点盐，味道就非常鲜美了。民间也常用狗肝菜配猪肝、剁碎的猪肉等同煮。狗肝菜性味甘、淡、凉。药用功效有清热解毒、凉血生津。常用于感冒高热，斑疹发热，肝炎，目赤肿痛，斑痧等疾病的治疗。

感冒发热、高烧不退：狗肝菜、积雪草、鬼针草各30克，水煎服。

流行性乙型脑炎症、外伤发炎：狗肝菜30克、积雪草、地胆草、鬼针草、车前草各15克，水煎服，外敷配以消炎类的草药同用。

跌打肿痛：鲜狗肝菜60克、柞浆草、鹅不食草各30克，共捣烂用布或生存丝巾包起，于火上烤热，温敷患处。如果有酒，加酒入内温炒或同烤热，效果更佳。

外伤出血：鲜狗肝菜捣烂外敷。

荇菜

我国古代的第一部诗歌集《诗经》里的第一首诗歌《关雎》里就提到了两种食物——雎鸠（斑鸠）和荇菜。

荇菜是古代餐桌上常见的菜肴,但现今几乎从餐桌上绝迹,但野外分布还是非常广泛。

荇菜别名水荷叶、水镜草、余莲儿、接余、凫葵、水葵。龙胆科荇菜属,多年生水生草本,茎圆柱形,多分枝,密生褐色斑点,节下生根。上部叶对生,下部叶互生,叶片飘浮,形似小睡莲,近革质,圆形或卵圆形,直径 1.5~8 厘米;基部心形,有不明显的掌状叶脉,下面紫褐色,密生腺体,叶柄圆柱形,花金黄色,长 2~3 厘米,直径 2.5~3 厘米;蒴果无柄,椭圆形,长 1.7~2.5 厘米,宽 0.8~1.1 厘米,宿存花柱长 1~3 毫米,成熟时不开裂;种子大,褐色,椭圆形,长 4~5 毫米,花果期 4~10 月。

荇菜分布中国绝大多数省区。在中欧、俄罗斯、蒙古、朝鲜、日本、伊朗、印度、克什米尔地区也有分布,生于海拔 60~1800 米的池塘或不甚流动的河溪中。性强健,耐寒又耐热,喜静水,适应性很强。

采摘后可做汤,也可焯水后拌盐食用,全株可食,也可伴其他食物同食。
荇菜性甘,用于清热、利尿、消肿、解毒、诸疮肿毒、毒蛇咬伤等。
体内燥热、尿不通畅:荇菜适量,熬水趁热服用,一日两次。
痈肿、毒疮、毒蛇咬伤:荇菜叶 15 克,捣烂外敷患处周围。

荠菜

十字花科荠菜属植物荠菜,别名地丁菜、地菜、荠、花花菜、羊菜、鸡心菜、菱角菜、清明菜、香田芥、枕头草、地米菜、鸡脚菜、山萝卜苗、百花头、俞菜、辣菜等。

荠菜为一年生或二年生草本植物,在我国温带省份广泛分布,多见于平原、丘陵地带,喜温暖,但也耐寒,常生长于杂草较少的田野、山沟、路边。

荠菜根白色。茎直立，单一或基部分枝。基生叶丛生，贴地，莲座状、叶羽状分裂，不整齐，顶片特大，叶片有毛，叶耙有翼。茎生叶狭披针形或披针形，基部箭形，抱茎，边缘有缺刻或锯齿。

开花时茎高 20～50 厘米，总状花序顶生和腋生。花小，白色，两性。萼片 4 个，长圆形，十字花冠。短角果扁平。呈倒三角形，含多数种子。生长不同之地的荠菜，外观稍有不同。

荠菜营养丰富，是中国传统人们喜爱食用的野菜，通常于春季采摘嫩茎叶，焯水后可炒食、凉拌、做菜馅、菜羹，食用方法多样，风味特殊，在野外是一种相当可口的菜食，民间如今也有多地栽培。

荠菜全株可入药，味甘、淡，性微寒。能凉血止血，利尿除湿，清肝明目，茎叶可明目、清凉、解热、利尿、治痢。

其花与籽可以止血，治疗血尿、肾炎、高血压、咯血、痢疾、麻疹、头昏目痛等症

野外药用通常用于治疗痢疾拉肚：荠菜 100 克，水适量煎浓汤，趁热服用。

止血、消肿解毒、治疮疖：鲜荠菜洗净，捣碎，外敷患处。

灰灰菜

藜科藜属植物灰灰菜，别名野灰菜、藜、灰菜、灰蓼头草等。藜科一年生草本植物，全国性分布，喜生于田间地头，乡下房前屋后，山坡草地，河边等处。其嫩苗和嫩茎叶可食用，为民间自古以来的救荒草之一。灰灰菜营养丰富，味道还是不错的，富含维生素和无机盐，特别是钙、铁微量元素含量很高，有一定的防贫血和补钙的保健效果。食用灰灰菜还能预防消化道寄生虫，消除口臭。

常在春季采摘灰灰菜的嫩苗，或在其他季节采摘顶部嫩茎叶，用沸水焯 3 分钟左右，放于清水中浸泡半小时，起水后挤干即可食用。

灰灰菜有清热利湿，枝叶透疹的功效，用于风热感冒、痢疾、腹泻、龋齿痛；外用治皮肤瘙痒，麻疹不透。

外用鲜品适量，捣碎外敷，主治皮肤瘙痒等症状。少量捣碎，塞痛牙，也有清热去火减轻疼痛的效果。荨麻疹，皮肤过敏则用灰灰菜捣烂蒸热，用布包裹来回滚敷。

注意：灰灰菜为含有卟啉类物质的光感性植物，食用过多在阳光暴晒过久时容易引起急性光毒性炎症反应，其症状为面部浮肿、皮肤红肿发亮、浑身刺痛、刺痒，严重者还可能会有斑疹，有些患者会出现喉头发紧、恶心、呕吐、头晕的症状。因此在食用前，尽量寻找嫩苗和嫩茎叶，若食用老茎叶，则需要水焯 5 分钟以上，并用清水浸泡 2 小时以上，起水后挤干，尽量去除灰灰菜的卟啉类物质，灰灰菜不宜多食，食用后避免在日光下暴露。有过敏史的人不要食用或触碰灰灰菜。

积雪草

伞形科积雪草属多年生草本植物积雪草，别名铜钱草、雷公根、崩大碗、马蹄草、地线草、半边碗、大叶蛇等。积雪草茎细长匍匐生长，节上生根，叶片圆形或肾形，边缘有钝锯齿，两面无毛或有疏被毛。2~4 个单伞形花序聚生于叶腋，花紫红色或乳白色。积雪草的分布以长江以南诸省区为主，尤以云南、四川、广东、广西、福建、台湾、湖南、湖北、浙江、江苏、安徽、陕西等地为多。积雪草喜湿润，常生于湿润的草地、河沟边、田边、河滩、沼泽草滩中等地带。

在云南、福建、两广等省份,因雨水充足,在许多草地、黄土地都能找到积雪草,积雪草常与低矮的杂草伴生,在成片的茅草和蕨丛中、灌木丛中难觅踪迹。

积雪草全株可食,再生能力强,四季均可采集,但积雪草的味道有些怪异,因此要先在开水中煮 5~10 分钟,再用清水浸泡漂洗,挤去水分后可凉拌、炒食或做汤。

积雪草是南方常用的保健凉茶原料之一,主要功效为清热解毒,去湿、利尿消肿。主要治疗湿热黄疸、中暑腹泻、砂淋血淋、痈肿疮毒、跌扑损伤。两广地区在潮湿炎热的季节常用积雪草、车前草、茅根同煲保健凉茶。常用积雪草、车前草、茅根等量同煮,对因湿热引起的感冒、腹泻、便秘、尿路刺痛、小便赤黄等都有良好的功效,日常饮用还有清热去湿,调和肠胃的保健作用。不过请注意:积雪草与车前草的利尿效果很好,在水源不足的情况下,酌情饮用积雪草或车前草药茶,以防有可能会几泡尿过后,无水可喝的窘境发生。

治疗外感风热:积雪草 60 克、蚯蚓 4 条,共捣烂,水煎后取汁分服,一日三次。要是你觉得蚯蚓比较恶心,可用积雪草单品绞汁服用或冲水服用。南方很有名的一味凉茶就叫生冲雷公根。对风热感冒效果极佳,还兼具清热去湿的保健效果。

刺芹

伞形科刺芹属植物刺芹二年生或多年生草本,别名假芫荽、节节花、野香草、假香荽、缅芫荽、香菜、阿佤芫荽等,高 11~40 厘米或超过,茎绿色直立,粗壮,无毛,有数条槽纹,上部有 3~5 枝聚伞式的分枝。基生叶披针形或倒披针形不分裂,革质,长5~25厘米,宽1.2~4厘米,顶端钝,基部渐窄有膜质叶鞘,边缘有骨质尖锐锯齿,表面深绿色,背面淡绿色,两面无毛;叶柄短,基部有鞘可达3厘米;茎生叶着生在每一叉状分枝的基部,对生,无柄,边缘有深锯齿,齿尖刺状,顶端不分裂或3~5深裂。头状花序生于

茎的分叉处及上部枝条的短枝上,呈圆柱形,长0.5~1.2厘米,宽3~5毫米,长1.5~3.5厘米,宽4~10毫米,叶状,披针形,边缘有1~3刺状锯齿;花柱直立或稍向外倾斜,长约1.1毫米,略长过萼齿。果卵圆形或球形,长1.1~1.3毫米,宽1.2~1.3毫米,表面有瘤状凸起,果棱不明显。花果期4~12月。主根纺锤形。

刺芹主要分布于广东、广西、贵州、云南等省区。通常生长在海拔100~1540米的丘陵、山地林下、路旁、沟边等湿润处。

刺芹有特殊香气,在野外多用于做汤食用,在炖鱼或肉汤即将起锅时加入刺芹,香气扑鼻,令人大快朵颐。少数人食用过多刺芹会呕吐,因此刺芹在野外时多用于调味或掩盖肉类、鱼的腥气。

刺芹全草供药用,性状辛,温。疏风清热、行气消肿、健胃、止痛,用于感冒、胸脘痛、泄泻、消化不良;外用于蛇咬伤,跌打肿痛。

感冒、消化不良:刺芹适量,水煎趁热服用。

治疗蛇伤:刺芹适量,捣碎外敷。

野山姜

姜科姜属植物野山姜,直立草本,高0.5~1.5米,大着可高大2~3米,茎径2~3.5厘米,基部具无叶片的红色叶鞘。叶片椭圆状披针形或狭椭圆状披针形,长40~54厘米,宽11~15厘米,先端渐尖或尾尖,基部圆形,叶面深绿色,主脉两侧疏被柔毛。穗状花序卵形或头状,长7~9厘米,宽6~7厘米,血红色,

从根茎基部抽出 1~3 枚。

野山姜的叶片是做庇护所和包裹、保存食物的很好材料，食用部分为根，野山姜根有浓郁的辛香气息（我们日常所食的姜即某种野山姜人工培养而成），在野外主要用于作为调料使用，例如放下几片野山姜和鱼或肉同煮，可以有效地掩盖其腥味。野山姜分布于甘肃（东南部）、陕西（南部）、四川、贵州（东部）、湖北、湖南（西部）、河南、江西（西北部）、江苏（宜兴）等地，海拔 800~2700 米的林下或山坡阴湿地。

野山姜的药用多取其芳香性，可治疗恶心，呕吐，消化不良，食欲不振等症状，在野外有这么一块辛香扑鼻的野山姜，无疑能为你的食物更添美味。

附录：野山姜是泛指姜科姜属或山姜属的植物，姜属植物的外形相似，但大小差别很大，例如山姜属的福建土砂仁，株高通常一米，叶片长 8~15 厘米，而弯管姜（本配图）则比福建土砂仁大得多，但姜属植物叶片长圆形或披针形。花序通常为顶生的圆锥花序、总状花序或穗状花序，花色绚丽，常生于林中、山谷、溪流、密林下的阴湿地，都能让人很容易地分辨。

酢浆草

酢浆草科酢浆草属植物酢浆草为多年生草本植物，别名：酸米草、酸咪咪、酸梅草、三梅草等。全株疏生白柔毛、根状茎细长柔弱，地上茎匍匐或斜生，叶片很好辨认，三片叶互生，叶片先端凹入呈倒心形。花为粉色或粉紫色，如一朵小号的喇叭花，单层花瓣 5 瓣。

酢浆草为全国分布类型，酢浆草喜湿润，温带和热带分布很广，常见于河

酢浆草（紫花）　　　　　　　酢浆草（黄花）

沟边、河滩上、湿润草地、荒地、耕地、山坡，甚至石山土缝中。与杂草伴生或簇生，在灌木林、树林或茅草茂密的地方少见。紫花酢浆草多分部于长江以南地区，黄花品种比紫花品种小一号，花颜色不一样，为全国分部，全株都可以食用，药用功效相同。酢浆草生食味酸如醋，多生食会有烧胃的感觉。食用前用沸水焯3分钟左右，换凉水浸泡1~2小时后凉拌、做汤或炒食。

酢浆草性寒，味酸微涩，主要功效清热利湿，凉血散瘀，消肿解毒。治泄泻、痢疾、黄疸、淋病、赤白带下、麻疹、吐血、衄血、咽喉肿痛、疔疮、痈肿、疥癣、痔疾、脱肛、跌打损伤、汤火伤。

食欲不振：生酢浆草几株，洗净嚼服，可引胃酸分泌，增加食欲，此方为民间验方。

治疗疟疾：酢浆草烘干研末，每次25克，开水送服，或用烘干的酢浆草20~50克，水煎服。

治湿热黄疸：酢浆草50克或75克。水煎二次，取浓汤，分服。

治疗咳喘：鲜酢浆草50克，加米少许煮服，连服三剂，此方还可治疗因肺热引起的咳嗽、咳喘。

治疗创伤青肿：鲜酢浆草搓伤处，另用酢浆草100克开水炖服。

治疗跌打新老损伤：酢浆草根（干制）20克，加少量酒煎服。或用鲜酢浆草加少量酒共捣烂，炒热，用布包熨患处，药渣温热后外敷。

治疗火烫伤：鲜酢浆草捣烂，用食用油（最好是麻油）调和，敷患处。

治疗咽喉肿痛：鲜酢浆草50克，食盐少许，共捣烂，用纱布包好含于口中，药液随口水自然流入。或煎汤漱口,还能治疗口腔炎。

牙疼:鲜酢浆草捣烂,塞于牙患处。

白茅(茅根)

茅根为禾本科茅根属多年生草本植物白茅的根,白茅也称为茅草、白茅草,株高 20~80 厘米。杆丛生,直立,单叶互生,集于基部,老时基部常有破碎呈

纤维状的叶鞘。叶片扁平,条形或条状披针形,夏季开花,圆锥花序圆柱状。花银白色,分枝密集,小穗长 3~4 毫米,具柄。颖果椭圆形,暗褐色。被白色长柔毛。根壮茎白色,横走于地下,密集,根包覆一层鳞皮,搓开就可看到白色竹节状根,有甜味。

白茅广布于亚洲、欧洲、非洲温带和热带地区。我国大部分地区都有分布。喜阴耐旱,多生于路旁、草地、贫瘠的黄土山等地。

可食用部位主要为根,嫩花苞也可食用,茅根含多量蔗糖、葡萄糖,少量

果糖、木糖及柠檬酸、草酸、苹果酸等，又含约21%的淀粉，营养丰富，还有大量纤维素。用工兵铲挖出茅根，搓掉根皮就可以咀嚼食用。但因纤维素丰富（特别是秋冬季的老茅根），很挑战咀嚼肌，大多数人只是咀嚼甜味就将渣吐掉，在此我强烈建议一同吞食。

茅根性味甘、寒，无毒。有凉血、止血、清热、利尿、降血压的作用，通常用水熬煮，可做清热凉茶饮用。

茅根含大量纤维素，在野外常用于代替牙刷，咀嚼清除牙齿和口腔，当作清洁使用时，将残渣吐掉以免病从口入。

狗尾草

禾本科黍亚科狗尾草属植物狗尾草，全世界约有140种，我国有20余种。别名狗尾巴、俾草、谷莠子、莠等。一年生，根为须状，高大植株具支持根。秆直立或基部膝曲，高10~100厘米，叶片扁平，长三角状狭披针形或线状披针形，先端长渐尖或渐尖，基部钝圆形，几呈截状或渐窄，长4~30厘米，宽2~18毫米，通常无毛或疏被疣毛，边缘粗糙。

圆锥花序紧密呈圆柱状或基部稍疏离，直立或稍弯垂，主轴被较长柔毛，长2~15厘米，宽4~13毫米（除刚毛外），刚毛长4~12毫米，粗糙或微粗糙，直或稍扭曲，通常绿色或褐黄到紫红或紫色；小穗2~5个簇生于主轴上或更多的小穗着生在短小枝上，果灰白色或淡褐色，花果期5~10月。

狗尾草为全国性分部，海拔4000米以下野外经常能见到它的身影，适生性强，耐旱耐贫瘠，酸性或碱性土壤均可生长。生于农田、路边、荒地。在神话故事中，狗尾草是一位仙女的爱犬死后的化身，代表着坚忍不拔。

花果可食用（狗尾巴部分），也可生食（但味道的确不太好），用于做清汤或和肉类做汤味道很好。

全株可供药用，用于风热感冒，砂眼，目赤疼痛，黄疸肝炎，小便不利。

面上生癣：取草茎揉软，不时搓之。

目赤、眼多血丝：取茎若干，挤出汁液滴眼，或用鲜草适量煎水，放凉滴眼。

沙眼：茎若干绞汁滴眼。

防虫：鲜草适量，水煮20分钟，喷洒在营地四周。

小便不利：鲜品100~200克，加水500毫升，煎水10分钟，分几次服用。

附录：常见的狗尾巴草种类：大狗尾草、倒刺狗尾草、短刺西南莩草、断穗狗尾草、莩草、狗尾草(原亚种)、光花狗尾草、贵州狗尾草、褐毛狗尾草、厚穗狗尾草、间序狗尾草、金色狗尾草、巨大狗尾草、具稃贵州狗尾草、卡松古鲁狗尾草、梁、粟、小米、西南莩草、硬稃狗尾草、莠狗尾草、云南狗尾草、皱叶狗尾草、棕叶狗尾草。

菟丝子

菟丝子为旋花科菟丝子亚科菟丝子属线茎亚属植物，科属比较复杂，但其实非常好辨认，菟丝子别名豆寄生、吐丝子、菟丝实、无娘藤、无根藤、菟藤、菟缕、野狐丝、黄藤子、萝丝子、无根草、黄丝草等，是一种生理构造特别的

本土菟丝子

日本菟丝子

寄生植物，其组成的细胞中没有叶绿体，利用爬藤状构造攀附在其他植物上；并且从接触宿主的部位伸出尖刺，戳入宿主直达韧皮部，吸取养分以维生，更进一步还会储存成淀粉粒于组织中。

菟丝子为一年生寄生草本，缺乏根与叶的构造。茎攀缘性，攀附寄生于其他植物之上，以吸器附着宿主生存。花多数，簇生成球状，具有极短的柄，呈短钟形，约 2 厘米，蒴果为球形，稍扁，花果期 6~8 月。分布于吉林、辽宁、河北、甘肃、宁夏、新疆、陕西、山东、河南、安徽、江苏、浙江、福建、江西、台湾、湖南、湖北、广东、广西、四川、云南、海南等地。生于田边、路边荒地、灌木丛中、山坡向阳处、河边，树木、灌木、草本植物都是菟丝子的寄主，多见寄生于灌木丛、树木上，以及豆科、蓼科、菊科植物上。菟丝子有成片群居的特性，故在野外极易辨识。

国内分布的菟丝子主要由三种：菟丝子（本土菟丝子，茎多为黄色），日本菟丝子），金灯藤（茎较为粗壮，肉质，直径 1~2.5mm，黄色或红色的茎上常带紫红色瘤状斑点）。

菟丝子全株可食，通常在野外做汤，也可生食，其营养丰富，相对其他植物淀粉含量高，是补充体能的良好食物。如果采集较多，可晒干作为备荒粮储存。

菟丝子气味辛，甘，平，无毒，在《神农本草经》中被列为上品，适用于肝肾不足的腰膝筋骨酸痛，腿脚软弱无力、阳痿遗精、呓语、小便频数、尿有余沥、头晕眼花、视物不清、耳鸣耳聋，以及妇女带下、习惯性流产等症。

但这些在野外基本用不上，在野外生存中，菟丝子除了是良好的食物外，最主要的药用功能为止血以及治疗各种疮毒及肿毒，菟丝子若干捣碎，敷在患处，可止血并有收敛伤口的作用。

鱼腥草

三白草科蕺菜属植物鱼腥草：别名车耳根、蕺菜、狗贴耳、肺形草、臭菜、热草、臭质草、臭腥草、臭牡丹、臭灵丹等。多年生草本，全草有鱼腥味，在野外气味极容易辨识，高 10~30 厘米，茎有节，叶互生呈心形，叶背面有时为紫色，夏季开花，花黄白色。主要分布于长江以南省份，江苏、浙江、广西、

广东、四川等地为多,鱼腥草喜阴湿,多生于山区或半山区,常长于阴湿的山谷溪边,丛林阴湿处等处。

鱼腥草是野外常见到的一种食物,而且易于辨识,心形叶片揉碎,一股鱼腥味扑鼻而来。全株可食用,鲜草洗净可炒菜吃,其根象茅根,可洗净生食,做菜。四川人特别喜欢用来做菜,名菜有车耳根炒腊肉等。

全草供药用,鲜草捣烂外敷伤口周围,或用水煮汤洗患处,内服9~60克。常配野菊花、蒲公英、大蓟(这些都是野外很容易找到的植物)各60克煎水服用,治疗蝮蛇、竹叶青、烙铁头等蛇咬伤有良好疗效。

鱼腥草清热解毒的效果很好,清疮拔脓无所不能,常用鲜草捣烂敷患处。

竹木刺入肌肉,鱼腥草适量,用湿纸包裹火中煨熟,捣烂敷患处,可拔出异物。

野外劳累引发的心绞痛、胃绞痛、背部劳累性扯痛:鱼腥草茎1~2寸,生嚼,可缓解此类疼痛。

鱼腥草又有利尿作用,故又可用于尿路感染、尿频涩痛。

注意:鱼腥草茎叶含刺激性的蕺菜碱,会引起少数人的过敏反应,过敏表现为揉搓出的汁液接触皮肤后引起皮肤发炎,严重者起泡。

酸模

酸模为蓼科酸模属植物的统称,别名野菠菜、山菠菜、山大黄、山羊蹄、酸母、牛耳大黄、酸汤菜、黄根根、酸姜、酸不溜、酸溜溜、莫菜、酸木通、鸡爪黄连、田鸡脚、水牛舌头、大山七等。

酸模为多年生草本,根肥厚,黄色,茎中空直立,少见分枝,无毛或稍有毛,有沟槽;叶片卵状长圆形,单叶互生,长5~15厘米,宽2~5厘米,先端钝或尖,基部箭形或近戟形，全缘，有时略呈波状；花序顶生，狭圆锥状，分枝稀，花数朵簇生；瘦果圆形，具三棱，黑色，有光泽。花期5~6月。果期7~8月。

酸模几乎外全国分布，喜生于山坡、路边、水边、荒地、溪流、沟谷、沼泽等处。

酸模营养丰富，每百克含胡萝卜素3.2毫克，维生素C70毫克。有助于增强人体免疫功能。食用酸模能增强体质，防病抗病。因含有草酸钾和酒石酸，故有酸味，古时就采集食用，诗经尔雅里就已有记载（名称为蓚芜）。

酸模嫩茎叶可生食，味酸，缺水山区可吸吮叶片止渴，老的茎叶需用水焯煮，去除酸味食用。

酸模性味酸、苦，性寒，有凉血、解毒、通便、杀虫等功效。用于内出血、痢疾、便秘、内痔出血；外用治疥癣、疔疮、神经性皮炎、湿疹。

腹胀、痢疾、腹泻：生捣绞汁服。（《本草拾遗》）

治痢疾初起：酸模适量，煎汤内服。（《本草推陈》）

小便不通：酸模根15~20克，煎汤内服。

皮肤疮疖：酸模根适量，捣烂外敷。

附录：酸模因种类和生活地域不同，其外形也有所差别，同属的还有酸模叶蓼、皱叶酸模等，功效相同。酸模含草酸含量高，不宜和钙含量高的食物共食。长期食用会有结石的风险。但酸模自古都为中国人常食用的野菜，其安全是有保证的，适宜人群也很广泛。

水蓼

蓼科植物蓼属植物水蓼，别名辣蓼、蔷、虞蓼、蔷蓼、蔷虞、泽蓼、辛菜、蓼芽菜等，一年生草本，高20~80厘米，直立或下部伏地。茎红紫色，无毛，节常膨大，叶互生，披针形成椭圆状披针形，长4~9厘米，宽5~15毫米，两端渐尖，均有腺状小点，无毛或叶脉及叶缘上有小刺状毛；叶柄短。穗状花序腋生或顶生，细弱下垂，淡绿色或淡红色，有腺状小点；瘦果卵形，扁平，少有3棱，长2.5毫米，表面有小点，黑色无光，花期7~8月。

水蓼为全国性分部，多见于湿地或水边。水蓼味辣，在辣椒未引入中国时，常用于调味，叶可做汤食用。

水蓼性味辛、平，可治疗化湿，行滞，祛风，消肿。治痧秽腹痛，吐泻转筋，泄泻，痢疾，风湿，脚气，痈肿，疥癣，跌打损伤。

跌打损伤、无名肿痛：鲜品若干，揉搓患处。

长途行走脚肿：鲜品若干，煎水，热敷并揉搓脚部。

腹泻：鲜品50~100克，煎浓汤服用。

> **注意**：根据《千金·食治》记载："蓼食过多有毒，发心痛。和生鱼食之，令人脱气，阴核疼痛。妇人月事来，不用食蓼及蒜，喜为血淋带下。"因此在野外，水蓼多用于调味或与肉类炖汤。

败酱

败酱科败酱属植物败酱，别名苦菜、泽败、鹿肠、鹿首、马草。多年生草本，高1~1.5米。根状茎横走，有陈腐气味；地上茎下部有脱落性倒生粗毛，茎上部近无毛或有一排硬毛。基部叶簇生，卵形或长卵形，有长柄，不裂或羽状分裂，钝头，边缘有粗齿，花时枯萎；茎生叶对生，披针形或阔卵形，长5~15厘米，2~3对羽状深裂或全裂，顶端裂片最大，椭圆形或卵形，两侧裂片椭圆形或披针形，向下逐渐变小，边缘有粗齿，两面疏生粗毛或近无毛；靠近花序的叶片线形，全缘。顶生大型伞房状聚伞花序，花期7~8月，花冠黄色，直径2~4毫米，瘦果长椭圆形，长3~4厘米。全国各省均有分布，多生于山坡草丛中或河边坡地，阳光充足之处。丛林和林地间少见。

败酱的嫩叶可食用，常于春季采集刚生长的败酱嫩叶，用水焯后食用。夏秋季节，长成的败酱选取顶部较嫩的叶片采集。

败酱为自古以来民间的重要救荒草之一，多取食用，少做药用。败酱根和根状茎有镇静作用，在野外常见因体内燥热而引起的精神亢奋，可用败酱根与清热泻火药物同煮药茶饮用，取其镇静效果。

野芭蕉

芭蕉科芭蕉属植物野芭蕉，常绿大型多年生草木。茎高达3~4米，不分枝，丛生。叶大，长可达3米，宽约40厘米，呈长椭圆形，有粗大的主脉，两侧具有平行脉，叶表面浅绿色，叶背粉白色。入夏，叶丛中抽出淡黄色的大型花。性喜温暖耐寒力弱，茎分生能力强，喜湿润，耐半阴，生长较快。芭蕉属热带植物，在中国只分布在湖南以南的广西、广东、福建、云南、台湾、海南、贵州南部等地，常见于河沟边，丛林小溪，山谷处，干燥的坡地、草地少见。北方只在少量温棚中有栽种同属中的香蕉，野外几乎无法存活。

人们常见的为芭蕉和香蕉这两种人类种植的经济作物，常食用其果实。野外当然难见人工栽种的芭蕉或香蕉，多见野芭蕉。野芭蕉和栽种的芭蕉、香蕉

外表区别不大。只是其果实比日常见到的芭蕉更细短，长约 10 厘米，成熟后外皮多呈淡红色、红紫色。肉质薄，一般肉厚 0.5~1 厘米，肉有夹嘴感，肉质中包裹的籽较大，含淀粉，可煮熟磨掉籽皮食用。

芭蕉根富含淀粉，常烤熟去外皮食用，也可煮熟，磨碎做粥。

芭蕉茎含大量水分，是野外很重要的一类水源，芭蕉汁中含有葡萄糖，能补充体力，清热解渴。用刀在茎上切 V 形槽，下放一容器接流出的芭蕉汁，切槽由上至下，或使用中空竹筒插入芭蕉茎中取水，一棵强壮的芭蕉树，能取大约 1L 的水。

野芭蕉是南方野外生存中必须要懂得辨识和使用的植物，其宽大的叶片常可用于搭建庇护所，茎类似树木却很好加工，全身许多部分都能食用，取水后用刀砍断芭蕉树，纵切茎，如剥笋般层层剥开外皮，取内部直径约 2~3 厘米的芭蕉芯，芭蕉芯可生食。也可烤熟食用，最后挖取芭蕉根。一棵成年的芭蕉树可提供两个人约 2 天的食物。

芭蕉树加工容易，也常用于扎筏泅渡，一棵成年的芭蕉树，砍断用绳索吊起来，沥干水，其浮力足以提供一个成年人泅渡一般的河流。南方乡下调皮的孩子经常会抱着被洪水冲断的芭蕉树冲浪。当然我并不建议大家这么干，最好还是若干棵芭蕉树捆扎起来做筏比较安全。

治疗一切肿痛：芭蕉根捣烂敷患处，稍焙热外敷效果更佳。此方还可治疗荨麻疹、风疹、湿疹。

风火牙疼、虫牙：芭蕉根捣烂取汁，约 150 克，煎热含漱。

消渴、劳累或感冒引起的骨节酸痛，骨节干涩烦热：芭蕉汁或芭蕉根捣烂取汁，做日常水饮。

心痹痛：芭蕉花适量，烧存性，研末，每次 6~10 克，温盐水送服。

（烧存性，中药炮制的一种方法，即将中药至于火上煨烤，外表烧呈碳状，内部未烧透，仍保持药性。常用猛火炙烤，或外包中性叶片、湿纸之类的煨烤。）

榕树

桑科榕属(亦称无花果属)多年常绿大乔木榕树，可高达 30 米，高 20~25 米，枝叶繁茂，树冠巨大，枝条上生长的气生根，向下伸入土壤形成新的树干称之为"支柱根"。可向四面无限伸展。老树其支柱根和枝干交织在一起，形似稠密的丛林，因此被称之为"独木成林"。叶革质，椭圆形、卵状椭圆形或倒卵形，颜色呈淡绿色，长 4~10 厘米，宽 2~4 厘米。夏季和秋季在叶腋下结圆形果实，熟果黄色、粉红色、深红色乃至紫黑色。榕树为热带和亚热带特有的乔木，喜热不耐寒，我国主要分布于广西、广东、福建、台湾、浙江南部、云南、贵州。南方各省城市多有栽种，用于做绿化和路边遮阴。各村村头也常见。野外多分布于热带丛林，树冠相连，遮天蔽日，也常于河沟，山谷，山坡中单独生长。

大叶榕　　　　　　　　　　小叶榕

榕树是热带植物区系中最大的木本植物之一，有板根、支柱根、绞杀、老茎结果等多种热带雨林的重要特征。在热带雨林中，榕树也是一种常见的食物来源，除了在夏秋季节采摘成熟的榕树果实外，西双版纳地区的少数民族还常于春季采摘榕树的嫩枝芽做菜，榕树的嫩枝芽含丰富的维生素和矿物质以及帮助消化的纤维质和苦味素。而榕树的气根一年四季都可采取，选取下垂近地部分的嫩气根，可生嚼食，也可煮熟食用。气根纤维质中的多糖能在消化系统中转化为单糖为人体吸收，未消化完的部分排泄时还能清理肠胃，接地或水的气根会从土壤、水中吸取微量矿物质，如钾、钠等，有替代盐的效果。

城市绿化常用的是大叶榕和小叶榕两种，还有若干种家种盆景观赏榕树，高温多雨的热带和亚热带丛林中还常见木瓜榕、苹果榕、厚皮榕、高榕、聚果榕、突脉榕、黄葛榕等，这些榕树都能作为食物。

> **注意**：榕树果实食用过多，有可能会引发便秘症状。不要食用青色未成熟的榕树果实，南方孩童贪吃食用未成熟果实，常引发腹泻和呕吐等消化系统疾病。

咳喘痰多、痰不净：榕树叶适量，捣碎，水过面熬煮，水少则加，至浓汤，趁热服用，可有效治疗呼吸道感染引起的痰多、痰咳不净、气管炎和支气管炎。

普通咳嗽、感冒、疟疾：榕树叶适量，水熬浓汤热服。

感冒高热、湿疹不透、急性痢疾：榕树半老气根，水熬浓汤热服，注意保暖发汗，若为湿疹不透，适量外洗。若为痢疾，注意补充水分和盐，防止脱水，并适量食用部分气根以清肠胃。

腹泻或痢疾后清理肠胃：榕树嫩气根适量，水煮约 15 分钟，连汤水带气根一同服用。

五指毛桃

桑科无花果属植物五指毛桃，别名裂掌榕，小无花果等，通常株高 0.5~1.5 米，大者可高达 2.5 米，木质细茎直立，叶片大，互生，叶片长椭圆形，根据生长年限，其叶片会呈手掌状分裂副叶片，通常头一年为单片叶，两到三年为三指，三年以上叶片裂成如人手掌般五指，花生于球形隐头花序内，（因看不到传统意义上的"花"所以叫无花果）花果期长，通常4~12月都能采到果实，果实生于叶腋或茎上，大小约为小手指至拇指头大小，成熟呈粉红色、红色或紫红色，表面有微毛。五指毛桃喜光，

耐旱不耐涝，对土壤要求不高，广泛分布于长江以南的针阔叶混生林，灌木丛中和稀疏林地中，夏季或秋季结果。其食用部位为成熟果实。

无花果

桑科无花果属植物无花果，别名印日果、天生子、奶浆果等，灌木或乔木，株高3米，茎光滑无毛，叶片大，长椭圆形对生，长约15~20厘米，宽10厘米。花果期为5~11月，果实生于叶腋或茎上，约为指头大小，生果青色，熟果为红色、桃红色或紫红色，采摘时有白色乳汁，无花果喜水，不耐寒，广泛分布于温暖湿润的海拔1200米以下的湖南、广西、广东、福建、海南、四川、云南、贵州、台湾等省的山间小溪、湖泊、水塘边。

果实可食用，富含苹果酸、柠檬酸、糖等营养成分，可治疗食欲不振、便秘等野外常见疾病。

附录：桑科榕属、无花果属植物是生存者的食堂，榕属植物种类众多，果实都可以吃，除配图的大叶榕、小叶榕外，还有聚果榕，苹果榕等都是野外的

美味。

在一些文献中,将无花果属细分在榕属下的亚属,称之为无花果亚属。

榕属植物共有约1000种,中国约98种、3亚种、43变种,无花果属约300余种,中国约70种!

无论是榕属还是无花果属植物,其种类都有很多,形态也差异很大,它们是热带、亚热带地区常见的乔木、灌木,主要分布于中国的南部、西南部和东部,其他地区较少。从5月开始至11月(两广、海南等温暖省份甚至至12月)一直都在结果,湖南以南省份几乎每一条山间溪流、温暖湿润处都有它们的生长,极易采集到足够2天的果实,鲜果采集过多,可以晒干或腌制成干果携带。它们并非没有花,因为其花朵在内部的子房里,确切地说是在果实的雏形里,授粉昆虫会从底部的小洞里钻进去然后使花朵受精。我们吃的是它膨大的花序轴,因此摘取果实后,应捏开检查是否有昆虫,否则你会得到一份高蛋白加餐。

我们传统所说的大无花果为落叶灌木或乔木,高可达12米,但此种无花果为西汉年间从伊朗引进,多数为人工栽培,先进少数地区将其作为经济作物栽培,野外分布极少,一旦看到大无花果树,就证明离人烟不远了,在此就不多介绍。

竹笋

竹子为禾本科多年生木质化植物,我想没有几个人不认识这个植物,竹类大多喜温暖湿润气候,因此在长江以北较为少见。竹子是非常常用的一种建筑材料,野外常用于是制作庇护所、弓箭、筏等生存工具,竹的可食用部分为竹笋,剖开竹子,也可刮取白色可食用部分。春天一场透雨过后,竹笋就冒地而出,南方温暖湿润的地带,一年四季几乎都可以在竹林中采到竹笋。南部偏北的地域,秋冬季节竹芽蛰居地下等候过冬,或牙尖微微冒出地面,此为冬笋,也可挖取食用。竹子在中国有许多种属,分布也很广泛,主要分布地区为:

北方散生竹区

包括甘肃东南部、四川北部、陕西南部、河南、湖北、安徽、江苏及山东南部、河北西南部等地区。位于北纬30°~40°之间，年平均温度12℃~17℃，1月平均温度2℃~4℃，年降水量600~1200毫米，该区约分布竹类10属29种10个变种。该区竹类以刚竹属等散生竹为主。

江南混合竹区 本区包括四川东南部、湖南、江西、浙江、安徽南部及福建西北部，约相当于北纬25°~30°之间，年平均温度15℃~20℃，1月平均温度4℃~8℃，年降水量1200~2000毫米。该区具有散生竹和丛生竹混合分布的特点，是中国竹林面积最大的地区，竹子资源最丰富，其中毛竹林的面积280万㎡。该区是我国竹材产量最高的地区，而尤以毛竹为甚，很多地方种植毛竹。

西南高山竹区

主要包括地处横断山区的西藏东南部、云南西北部和东北部、四川西部和南部。该区位于北纬10°~20°之间，年平均温度8℃~12℃，1月平均温度6℃~0℃，年降水量800~1000毫米。该区主要以熊猫的主食箭竹属和玉山竹属等合轴散生型高山竹类为主，一般分布在海拔1500~3600米或更高地带。

南方丛生竹区

主要包括台湾、福建沿海、广东南岭以南、广西、贵州南部以及云南省等地。位于北纬10°~20°之间，年平均温度20℃~22℃，1月平均温度8℃以上，年降水量1200~2000毫米。此地区为南亚热带季风常绿阔叶林和热带雨林地带，气候温暖湿润，适合竹子生长，竹种众多，竹子常成片生林，一年四季都可在竹林中找寻到竹笋。

竹笋为中国自古以来常食用的一种蔬菜，使用工兵铲挖取或用开山刀砍取竹笋的地上部分，剥去层层竹皮，取内部鲜嫩部分，若为早春、冬季未冒尖的嫩竹笋，可以洗净后直接食用，已经冒出地面稍老的竹笋一般按民间常用的加工方法加工后食用：将竹笋切成薄片，用清水浸泡，视竹笋老嫩浸泡2小时甚至12小时,食用时捞起挤干水分,就可炒或做汤。也可将切片后的竹笋先煮熟后置于清水中浸泡。

附录:竹筒可做锅,水壶等容器之用,竹筒锅蒸煮出的食物有清香,能引起食欲,竹叶煮后也会有清香气息,在野外常用竹筒煮竹叶做茶饮,用竹叶包裹食物煮熟后晾干,能延长食物保质期,民间还常用宽大的竹叶包裹粽子。

> **注意**:生竹笋有一股特殊的青臭气味,生食可能会令某些人产生恶心、反胃的症状。若经过清水浸泡,可减轻这股气味,但除非饿疯了,否则我并不建议生食竹笋。民间常将竹笋置于清水中保鲜,若水变浑浊,闻之稍有异味,则将竹笋揉搓清洁后换水,在一个星期左右可保持竹笋不变质。

捻子

捻子,又名倒捻子、倒黏子、都捻子,也叫山捻、岗捻等,学名桃金娘,为桃金娘科桃金娘属植物,常绿灌木,对生叶片革质,夏开淡红色花,浆果大如樱桃,熟时暗紫色,产于我国福建、广东、广西、海南、台湾等地。捻子喜阳光,耐干旱,对土壤要求不高,广泛分布于我国湖南以南的红黄壤丘陵地带,在丘陵、针阔叶混生林中、山坡成片生长。常于农历八月十五前后浆果成熟,为南方孩童常采摘食用的野果。果实富含黄酮甙、酚类、氨基酸、有机酸、糖类等营养物质,尤以糖为多,是野外随手可得补充体力的食物。但过多食用捻子,常会引发便秘症状,野外常配以车前草药茶同用,以调和肠胃。因其此功效,因此捻子也常用于治疗腹泻以及痢疾。

治疗腹泻、痢疾、急性肠胃炎、消化不良：捻子果实一两直接食用。或叶片适量，熬浓汤趁热服，少量食一些煮后叶片。对腹泻、急性肠胃炎、痢疾效果很好。

捻子果实还有补血、滋养的保健效果，若采集过多，干制后作为果干，日常可作为救命粮和保健果品。

番石榴

桃金娘科番石榴属植物番石榴，别名番桃、花念、芭乐、鸡屎果、拔子。原产于美洲，17 世纪引入中国栽培，至今已有多地演变成野生。乔木，高达 13 米；树皮平滑，灰色，片状剥落；嫩枝有棱，被毛。叶片革质，长圆形至椭圆形，长 6~12 厘米，宽 3.5~6 厘米，先端急尖或钝，基  部近于圆形，上面稍粗糙，下面有毛，叶柄长 5 毫米。花单生或 2~3 朵排成聚伞花序；萼管钟形，花瓣长 1~1.4 厘米，白色；浆果球形、卵圆形或梨形，长 3~8 厘米，果肉白色及黄色。

番石榴的野外分部多在我国的台湾、福建、海南、广西、广东、云南和江西省，其他省份较为少见。其果实可食用，营养价值很高，一到两枚果实即可补充人体一日所需的各种元素，但多食会便秘，果期为夏季，熟透的果实容易腐烂变质，在野外生存中多用火烘干保存。在无果实季节，可采摘叶芽煮食。

番石榴也可做药用，主要治疗腹泻拉肚、疟疾、肠炎，以及止血外伤。

腹泻：番石榴嫩叶尖若干，嚼服。

治肠炎、痢疾：番石榴鲜叶一至二两，煎服。（《云南中草药选》）

治跌打损伤、刀伤出血：番石榴鲜叶捣烂外敷患处。（人民卫生出版社《常用中草药手册》）

野牡丹

野牡丹科野牡丹属植物野牡丹，别名地茄、豹牙郎木、毡子杆、毛足杆、野石榴、金鸡腿、猪姆稔、牛姆稔、红觇牙狼、暴牙郎、倒罐草、高脚稔、不留行、大杜桥、水外年、高脚埔梨、大番炉、九螺仔花等。

野牡丹为常绿小灌木，高约 0.5~1.5 米，高者达 3 米。茎钝四棱形或近圆柱形，披淡褐色鳞片状糙毛。叶全缘，单叶对生，叶片坚纸质，长椭圆形或卵形，先端钝尖，基部近圆形或浅心形，两面披淡褐色糙毛及短柔毛，长约 4~12 厘米，宽约 3~8 厘米；叶脉 5~7 条基出；叶柄长约 2~5 厘米。分枝顶端聚伞花序，近头状，由 3~7 朵花组成，稀单生，花瓣 5 片，倒卵形，粉红色或玫瑰红色，雄蕊 10 枚，5 长 5 短，上部呈关节状弯曲，状似镰刀，雌蕊柱状，墨绿色；花柱线形，紫红色；果为壶形蒴果，与宿存萼贴生，未成熟时果成淡褐灰色、灰色，表皮有糙毛，成熟时外皮爆裂，露出里面紫黑色簇生果肉，故名觇牙狼，花果期为 5~12 月。多生于长江以南各省和台湾省的沟边、山坡草地和稀疏林地中，是酸性土壤中常见的植物，野牡丹喜温暖湿润的气候，稍耐旱和耐瘠。在向阳、疏松而含腐殖质多的土壤中易寻，常和松林、灌木伴生。

可使用部位为果实，味鲜甜，含糖分足，是补充体能的良好食品，也可晒干作为干粮。果实多于 6 月~10 月间成熟，花瓣也能食用但不建议多食。

药用多用根，采挖根，洗净晒干，用时水煎服（紧急时刻可以用鲜品），对急性肠胃炎，胃痛等肠胃疾病有一定的疗效。

地捻

野牡丹科植物地捻，别名铺地捻、地茄、野草莓等，为铺地的半灌木，老枝和根灰白色。叶全缘，单叶对生，嫩枝和叶背脉、叶边缘疏生糙状伏毛。花淡紫红色，花丝弯曲成镰刀状，果近球形，生果青色，熟果紫黑色，花果期6~11月。生于长江以南各省区的山坡草地、水边、疏林地等处。草地，泥地等空旷处多见。

可食用部位为成熟果实，味甜，可口，也可采集果实后烘干备用或制成果酱。

全草可供药用，性甘、涩、平，有行气活血、调经止血、祛风利湿等功效，用于肠炎、痢疾、痛经、月经不调、血小板减少性紫癜等治疗，但须与其他药物同用，在野外常用于治疗痢疾和胃痛，地捻50克，水煎服，有一定的效果。

铜锤玉带草

桔梗科半边莲属植物铜锤玉带草为多年生草本植物。别名地钮子、地茄子、地浮萍铜、平卧地表，长达45厘米，须根多，黄色，茎绿色纤细，略呈方形，有细柔毛，节下生根。叶互生，圆形至心状卵圆形，长1~1.2厘米，宽1~1.2cm厘米，基部心脏形，先端钝，边缘钝锯齿，表面绿色，背面淡绿色，两面均有短毛，基脉5~7条。花淡紫色，单生叶腋而与叶对生，花梗长1~2cm厘米，萼5裂，边缘有刺毛，

花冠左右对称，浆果椭圆形，紫蓝色，有宿萼，果实可食。广泛分布于华东、西南、华南等地的田边、路旁以及丘陵、低山草坡或疏林中的潮湿地。

全草可供药用，性味苦，有清热解毒、活血、祛风利湿的功效。在野外多用于治疗无名肿毒，鲜草适量捣碎外敷。

榆树

榆科榆属植物榆树，别名白榆、家榆、榆钱、春榆、榆巧儿等。落叶乔木，高达 25 米。树干直立，分枝多，树冠近球形或卵圆形。树皮深灰色，粗糙不规则纵裂。单叶互生，卵状椭圆形至椭圆状披针形，缘多重锯齿。聚伞花序簇生，花紫褐色，早春先叶开花或花叶同放。翅果近圆形，顶端有凹缺。似古代铜钱，花期 3~4 月，果熟期 4~5 月。

榆树喜光，耐旱，耐寒耐贫瘠，但不耐水涝，榆树不择土壤，生存力强，广泛分布于东北、华北、西北、华东等省区，为长江以北地区常见的树木。

榆树的可食用部分为果实榆钱、早春的嫩枝叶，古代饥荒年间，劳苦人民无粮可食的时候，榆树常常扮演救荒的角色。榆钱营养丰富，北方居民常用榆钱和面做面食，做馅包饺子，还常与其他肉类同炒食。当在野外一般都是做汤或焯水后食用凉拌榆钱。因为榆钱（早春嫩枝叶）味道鲜美，在野外也常配其他食物同煮以和味。

榆钱和嫩枝叶生长期太短，早春过后榆树基本失去了可食用的价值，但在生存角度来说，榆树一年四季都有可食用的部分，在其他季节采集枝叶尖较嫩的叶片，用水煮 10 分钟左右，挤干水分也可食用。在古代饥荒年间，榆树皮都作为食物食用。据《尔雅》记载，榆皮（榆白粉）荒岁农人食之以当粮，不损人。嘉祐年中，过丰，沛，人缺食，乡民多食此（榆皮）。榆树叶和榆树皮营养价值很低,纤维质多,不好消化,仅在于紧急情况下塞满肚子时食用。

榆树果实含有烟酸、抗坏血酸等酸性物质以及大量的无机盐,食用可治疗食欲不振,还含有钙、磷等微量元素,有清热安神的功效,榆钱汤有利尿消肿、清热安神、治疗失眠和神经衰弱的功效。

柳树

杨柳科柳属植物柳树为落叶乔木或灌木,别名水柳、垂柳、清明柳等,性喜湿地,高可达20~30米,径50~60厘米;树皮组织厚,纵裂,老龄树干中心多朽腐而中空。柳枝细长,柔软下垂,叶为线状披针形或狭披针形,长约6~14厘米,宽约5~11毫米,边缘有细锯齿。每年的2~3月开花,花序是属于葇荑花序,雄花序长2~4厘米,雌花序长约2厘米。果实为蒴果,成熟后2瓣裂,内藏种子多枚,种子上具有一丛绵毛。柳树耐寒、耐涝、耐旱,喜温暖至高温。世界约520余种,中国有250余种,不同种适于各种不同的生态环境,不论高山、平原、沙丘、极地都有柳树生长。主要分布于北半球温带地区。旱柳产中国华北、东北、西北地区的平原。垂柳遍及中国各地。柳树生长快,易繁殖,生命力强,既可美化环境,又可材用,柳树在中国已有2000多年的栽培历史。

柳芽自古为民间的救荒草,可食用,可泡茶,也可治病,不过要在未开花絮之前采摘。柳芽采摘后焯水就可拌盐或直接食用,也可生食,也可采摘之后晒干或鲜品泡茶,如果和其他茶叶共同冲泡,味道更佳。

柳树叶和皮有微毒,但毒性不至造成人身伤害,全株都可供药用,柳花性凉柔软,做枕芯有安神催眠之功。若将柳花研细,可治疗黄疸、咯血、吐血、便血及女子闭经等,外用尚可治牙痛。

柳叶：柳叶功同柳絮，它含有丰富的鞣质，有清热解毒、利湿消肿之功。水煎服可治疗上呼吸道感染、支气管炎、肺炎、膀胱炎、腮腺炎、咽喉炎。捣烂外敷，可治疗足跟疼痛。

柳枝：水煎服，可治疗冠心病、慢性支气管炎、尿路感染、烧烫伤等，水煎熏洗，对风湿性、类风湿性关节炎有明显疗效。

柳根：能祛风利湿、消肿止痛，可治疗乳痈、牙痛、中耳炎、黄疸等疾病，酒煮饮服，其祛风、消肿、止痛作用更佳。

柳皮：能除痰明目、清热祛风，水煎熏洗尚可治疗疥癣顽疾。

附录：中国柳树主要种类

垂柳：别名水柳、垂丝柳、垂枝柳。枝细长下垂。叶狭披针形或线状披针形。品种与类型有曲枝垂柳，枝卷曲下垂；黄皮垂柳，小枝黄绿色或褐黄色，节间较短；红皮垂柳，树冠长卵形，小枝紫红色或酱紫色，叶阔披针形。

朝鲜垂柳：与垂柳相似，区别为叶稍呈镰状弯曲，子房中下部有毛，花柱明显。其变种有红花朝鲜垂柳，花药红色，苞片中下部有长柔毛。

旱柳：别名柳树、立柳、青皮柳。枝直立或斜展，叶中部最宽，基部圆形或宽楔形。变种与类型有绦柳，小枝下垂。龙爪柳，小枝、叶卷曲。红花龙须柳，小枝卷曲，花药红色，花丝和苞片黄色。馒头柳，树冠半球形。

白柳：树冠广卵形。叶披针形至倒披针形，花序较长。变种有垂枝白柳，枝下垂。黄枝白柳，枝、叶黄色。红皮白柳，枝条红色。银叶白柳，叶表面有绢毛。蓝叶白柳，叶背面被蓝色的毛。

爆竹柳：与旱柳相似，不同为枝褐绿色，较粗，质脆易折，叶片较大。

圆头柳：树冠圆球形，枝质脆。雌花仅有腹腺。

白皮柳：乔木或灌木。叶中部以下最宽，沿叶脉有柔毛。花序无梗。

云南柳：别名滇柳，乔木，树冠宽大。叶宽披针形、椭圆状披针形，幼叶发红色。花序有长梗，花密。

紫柳：叶广椭圆形、椭圆形至长圆形，花序长、花疏。

腺柳：小乔木，树冠半球形。叶椭圆形至椭圆状披针形，腹背腺基部连合成假花盘状。

大白柳：叶质厚，卵状长圆形或卵状披针形，雄花序直立，雌花序长、下垂，果序可长达 15 厘米。

大叶柳：灌木或小乔木，枝粗壮，暗紫红色，有光泽，芽大，暗红色。叶大，近革质，椭圆形或宽椭圆形，长约 20 厘米，宽达 11 厘米，全缘或近全缘，幼叶发红色，有长柄。花序粗长。果序长约 23 厘米。

细柱柳：别名红毛柳，灌木，芽大。叶椭圆状长圆形或倒卵状长圆形。背面叶脉突起。花先叶开放。花序粗，苞片椭圆状披针形，上部黑色，密被长毛。

棉花柳：别名银芽柳、银柳。形态特征与细柱柳相似，雄花序更为粗大。

杞柳 ：灌木。叶对生或近对生，稀近 3 叶轮生，叶片椭圆状长圆形。花序对生。

松树

松科松属植物松树：松树是北半球最重要的森林树种，松树对陆生环境适应性极强。它们可以忍受 − 60℃的低温至 50℃的高温，几乎能在各类土壤中生长，耐干旱、贫瘠，喜阳光，全国除高原、沙漠、海岛外都有分布，松树最明显的特征是叶成针状，常 2 针、3 针或 5 针一束。常见的有油松、马尾松、雪松、黑松、落叶松等。

松树是野外生存的好帮手，极易辨识和寻找，东北三省的松树在秋冬季节的松果中会有松子，富含蛋白质和脂肪，东北以南的大多数松树极少结籽，但撬开松树皮，可刮取白色的食用部分。而春季的松花可以直接食用，味道不错。松树皮、松果，甚至新鲜的松枝、松树干都是极好的燃料，富含松脂的新鲜松树 (如油松) 用一点火苗就能轻易点燃！

松树也有极高的药用价值，几乎为野外生存万用药！松针中含丰富的氨基酸，多种脂溶性和水溶性维生素，40 多种常量元素和多种微量元素及粗纤维，是野外极好的茶饮。

松针一小束用水熬煮 5 分钟，每天一杯能补充维生素和体内微量元素，并且能预防野外的大多数常见病！

疲乏、困倦、感冒前期症状：松针煮茶饮，可提神醒脑，预防和治疗轻度感冒。

高血压：松针 50 支左右，加水煎煮，做茶饮用，或加水约 50 毫升研磨成松汁，每日 3 次。

咽喉肿痛、咽喉炎、气管炎、呼吸道过敏等咽喉疾病：平日用松针熬水做茶饮可预防，得病取松针适量口嚼缓慢咽下。或松针适量，加水熬煮 10 分钟得浓汤，每日三次，疗效极好。

过敏性鼻炎：新鲜或干松针 20 克，煎水服用，少量趁热滴鼻。

口腔溃疡：松针几枚，用牙嚼烂，敷于患处。

牙疼：松针嚼烂敷于患处，或嚼食数枚松针可很快缓解，或用滚水将松脂煮开，趁热含漱。若是蛀牙，可在患牙处塞少许松脂。

急性肠胃炎、腹泻：干松针 10 克，加水 300 毫升，煎煮至 150 毫升，热服，一日三次。

痢疾：松针 10~20 克，加水 30~50 克，捣碎取松针汁，内服。

便秘：取松树近根部分老松针几枚，嚼食，每日三次。

接触式皮肤过敏，体表溃烂：取鲜松针或干松针适量，煎水外用做水洗，部分内服。

清洁身体、清洗伤口：松针适量，煎水擦洗，还可用于治疗阴囊湿痒等皮肤疾病。

口臭：嚼食松针可治疗。每日嚼食几枚松针，有刷牙的效果。

驱蚊：松枝、松针、树干都富含松脂，燃烧可驱赶蚊虫，灰烬能撒在营地周围防蛇和蚂蚁等昆虫靠近。

桑树

桑科桑属植物桑树，落叶乔木，可高达 16 米，胸径 1 米。叶卵形或宽卵形，

先端尖或渐短尖，基部圆或心形，锯齿粗钝，幼树之叶常有浅裂、深裂，上面无毛，下面沿叶脉疏生毛，脉腋簇生毛。聚花果（桑葚）紫黑色、淡红或白色，多汁味甜。花期4月；果熟5~7月。

中国是桑树的原产地，也是中国一种很重要的经济树木，中国人种植桑树的历史可达4000年！桑树喜光，适应性都很强。可耐-40℃的低温，耐旱，不耐水湿。也可在温暖湿润的环境生长。喜深厚疏松肥沃的土壤，根系发达，生长快，萌芽力强，寿命长，一般可达数百年。

桑树大多分布于海拔1200米以下的林地和山地中。几乎全国性分布。全国约有15个桑种3个变种，但其外形和果实形状分别不大。东北自哈尔滨以南；西北从内蒙古南部至新疆、青海、甘肃、陕西；南至广东、广西，东至台湾；西至四川、云南，都有野生分布，各地还有许多栽种以养蚕。

桑树的食用部分是果实桑葚，我想这个东西不用多介绍了。只需要提醒大家一点，桑葚食用过多，特别是比较酸的桑葚，有可能会产生烧胃的症状，即胃部泛酸，恶心，严重者有胃绞痛。解决办法很简单，想办法呕吐，休息片刻后徐服温水以暖胃，适当进行休息。还可用车前草等调和肠胃的草药熬汤，温服可解。桑葚未成熟也可食用，但有一股特殊的青臭气味，多食可能会导致腹泻。

风热咳嗽、感冒、体燥不安、利尿去火：老桑叶适量，熬浓汤趁热服用，对风热引起的感冒和体燥咳嗽有良好的治疗效果。清汤则用于治疗体燥不安，小便赤黄等内热疾病。

外伤出血、毒虫咬伤：嫩桑叶适量，捣烂取汁外敷。

桑树在野外还有一个作用，作为指向树木，野外桑树极少能聚集成林，成林的桑树多为栽培，有桑树林的地方证明离人烟处不远。桑枝的弹性很好，一条合适的桑枝是制作弓箭的好材料。

> **注意**：植物的分辨要从叶片、花朵、果实等多方面进行。本书中图片为作者实地拍摄，一些植物无法全景拍摄，只能拍摄局部特征；因季节原因，一些植物无法同时拍摄到叶、花、果，只能拍摄重点分辨部位，请大家多方参考资料，进一步熟悉植物特征以便准确辨认。

附录：野菜的采摘

采摘时摊开左手，待采够一手后可以用草茎等扎把，放好，这样能保持野菜的鲜嫩，不宜扎把的（散乱的嫩叶等）用袋子装起。注意不同种类的野菜不要混放。

食用时也最好不要把不同的野菜混煮，除非确认两种野菜混煮不会产生有毒的化学物质。

根茎类食物用工兵铲或棍子等挖取，一些浅表根茎可以直接拔出来，小心挖取，不要损坏根茎，最好整块（条）挖出。

参考文献：

《救荒本草》（明·朱橚）

《野菜谱》（明·王磐）

《本草纲目》（明·李时珍）

《中国野菜开发与利用》（朱立新、吕建强、李正应、周长久、赵玉珍）

《临床常用中药手册》（湖南中医学院）

以及一些各地的中药、野菜文献、民间验方等

第四课 肉的诱惑

如果野外生存，天天让你吃糠咽菜，那岂不是连和尚的生活都不如？和尚

尚且能磨块豆腐补充蛋白质呢。

别着急，蛋白质说来就来，以下蛋白质品种丰富，无论是深山老林，还是海滨沙漠，甚至高寒地带，只要有植物的存在，就有他们的存在。

这就是地球上最伟大的生存者之一——昆虫。

蝗虫、蝈蝈、蟋蟀

这三种昆虫遍布全国各地，几乎只要有草的地方就会有它们的身影。蝗虫的种类很多，虽然体形差异很大，但外形大同小异，蝈蝈也称为油葫芦，叫声清脆，蟋蟀是夜行性昆虫，白天少见。

一般用手捕捉昆虫，但小心大蝗虫的强壮后腿——这些大蝗虫飞行能力很强，徒步追赶并不是个好办法，用生存丝巾制作一个网兜吧，小时候大家追过蝴蝶吧，就是那玩意儿。

蝗虫在夜间很少活动，他们会躲避在草叶下过夜，夜间能见度高时可以翻找，这时候蝗虫一动不动，很容易捕捉。但蝈蝈和蟋蟀很容易被营地里的篝火吸引。特别是在秋末开始降温的季节，你只需要在火堆边准备好一根竹签顺手捕捉到你身边的蝈蝈和蟋蟀，撕掉翅膀和头脚，插在竹签上就可以就着火堆烤着吃了。

将蚯蚓捣烂，或者用剩余的食物（最好是动物的内脏），在夜间挖一个坑，用泥土混合诱饵，然后盖上一层草，就会吸引很多蟋蟀到坑里，第二天早晨就可以去收获了。

蚂蚁、白蚁

蚂蚁和白蚁虽然都有一个蚁字，但从分类来说，白蚁是蟑螂的亲戚，和蚂蚁亲缘关系较远。

蚂蚁的种类繁多，大多数都能吃。有一些蚂蚁含有氢氰酸类物质。分辨是否能吃很简单——捏碎一只蚂蚁放在鼻子下面闻，如果有一股刺鼻的异味就不要吃。用口唇触碰、用舌头轻轻舔一下，如果口舌唇有异味感——例如麻、痒、酸、苦等味道，也不要吃。

捕捉蚂蚁很让人挠头，毕竟个头太小了，比较快的办法是挖开蚁穴，用手乱拍，将逃出的蚂蚁拍死后再收集。但如来神掌不太好练，最快的办法则是收集树上筑巢的蚂蚁。爬到树上用衣服或袋子包裹整个蚁巢，然后投入水里将蚂蚁淹死收集。

白蚁也能吃，而且味道还不错。丛林中尤其多，一棵倒下的腐朽大树内可能就是白蚁巢，有些地方还有白蚁建筑的城堡——白蚁塔。恭喜你找到了一个金矿。这里不但有吃的，白蚁巢还是非常好的燃料。使用工兵铲挖开蚁穴，然后找一根细嫩的树枝，伸入蚁穴中钓蚂蚁，不过你得非常非常有耐心。在大雨将至的时候，长翅膀的蚂蚁会飞得到处都是，趁着机会多收集一些吧。

如果你挖开蚁穴，蚂蚁和白蚁在奔逃时会带着的卵和幼虫，收集卵和幼虫，它们含有极高的蛋白质和能量。

注意：当你决定挖开蚁穴的时候，先扎好裤脚和衣袖，兵蚁强壮的颚很可能会在你的皮肤下留下斑红的纪念。

蜂

收集蚂蚁困难，收集蜂蛹就简单得多了。大多数蜂类都会在树上筑巢，蜂的蜇刺威力强大，令人害怕。不过蜂很怕烟火，使用火把在蜂巢下面熏，用烟火迫使成蜂放弃巢穴，然后取下巢。

注意：熏蜂前一定要做好防护工作，全身不允许有裸露的地方。

还记得在太阳下行进，用生存丝巾盖在帽子上可以遮挡阳光对眼睛的伤害吗？在这里，生存丝巾还可以成为防蜂纱——将生存丝巾盖在帽子上，四角穿在腋下扎起来，不给蜂留有钻进来的缝隙。注意，生存丝巾不能贴在脸上，以免被爬在防蜂纱上的蜂蜇伤。

蜂有追巢的习性，取下巢后用烟熏一下，通常蜂都会放弃巢，你就可以享受蜂蛹的美味了。

胆大的生存者在做好防护后经常这么干：用衣服或袋子将整个蜂巢兜起来取走，扔到水里将蜂淹死。

蜜蜂巢里可能会有蜂蜜，运气好的话还可能有蜂王浆。不要费力在黄蜂的巢里寻找蜂蜜——它们不酿蜜。

蜂巢是非常好的火绒和引火物，大的蜂巢中往往有蜂蜡，也是非常好的燃料，收集带着吧。

竹林中有一种颜色乌黑、身材庞大的竹筒蜂——最好不要招惹它，竹筒蜂通常单独行动，而且蜇刺非常"毒"，冒险和收益太不成比例。

有些蜂在地下筑巢，统称为"地蜂"，它们不酿蜜，而且难以收集，最好考虑其他食物。

再次提醒：毁坏他人家园之前，先做好防护，在蜂追来的时候，千万不要跑，站立不动或趴在地下，用东西遮挡裸露的皮肤，耐心等待蜂群飞走；剧烈的运动只会招来蜂群更狂暴的攻击。在熏蜂窝前，先用烟熏一下衣服，会让大多数的蜂对你丧失兴趣。

蝼蛄

也叫钻地虎，长得有些像蝗虫，但前爪像个铲子一样，属于钻地的夜行昆虫，全国各地均有分布。有草的地方就有它的身影，蝼蛄很容易被火堆的亮光吸引，用手捕捉，直接架上火堆烤吧。

蚯蚓

蚯蚓虽然外形比较恶心，不过有时候你不得不接受吃它这一残酷现实。

在腐质层深厚的地方很容易挖到它，例如丛林中。清理一下落叶，用工兵铲往下挖，不多时就可以挖出一堆。在大雨即将来临之前，蚯蚓也会爬出地面。

特种部队要求要能生吃蚯蚓——将蚯蚓里的泥挤出来，扔进嘴里吞下去，千万不要嚼，否则根本吃不下。如果有其他东西配着一起吞会好一些，例如压缩饼干之类的，能压一下蚯蚓的土腥味。吃完了别忘了吞服两片土霉素以防拉肚子。

将蚯蚓剖开烤干后比较容易让人下咽，不过除非万不得已，不要吃蚯蚓——的确是太难吃了。蚯蚓作为诱饵作用更大一些，例如钓鱼、蛙、捉鸟、蟋蟀等。

蛴螬

甲虫类幼虫的总称，体形大小不一，大者如天牛的幼虫有小拇指般粗细，小者像苍蝇幼虫般大小。

蛴螬体肥大，体形弯曲呈 C 形，多为白色，少数为黄白色。头大而圆，多为黄褐色，上颚显著，腹部肿胀。

蛴螬畏光，多藏身于土中和树皮下，对腐质层有特别的偏好，对土壤湿润度和温度敏感。干燥的草地或贫瘠的黄土地上很少能找到蛴螬，它多于夜间到土表活动，腐朽枯死的树皮下也常有蛴螬活动，一些甲虫会在树皮下打洞产卵。若看到有洞的树木，树皮很容易剥落的话不妨剥下看看——这里通常都会有惊喜。

在腐质层深厚的地方，挖一个坑，将挖到的蚯蚓捣烂混合泥土和干草填在坑里，第二天起床的时候经常能看到被吸引过来的蛴螬挤在坑里会餐。

在建立营地的土木工程、挖野菜时也常能挖到蛴螬，别客气，这是营养非常丰富的食物。蛴螬可以生吃，如果你觉得这样太恶心，那么就用工兵铲烤熟了吃。

水生昆虫

记住，水边永远不缺食物。

野外的水塘、湖泊、河湾水缓处，小溪中都是你的食物补给地。

后腿扁平如桨状的黑褐色甲虫叫龙虱，还有春季河流中蜻蜓的幼虫等等，都是很好捕捉的。

白天使用生存丝巾做成网捞取，不过这样产量很低，我们利用水生昆虫的趋光性，在夜间捕捉可以提高产量。

在这里，为方便叙述，可将小鱼小虾都算为水生昆虫，通常都在夜间捕捉它们。

将生存丝巾四角扎好，摊在水底，在水面上悬挂一个发光体将水生昆虫引诱过来，例如你的手电。不过手电有更重要的作用，除非此处水生昆虫众多，否则不要浪费你的电池。春夏季节河沟边有很多萤火虫，它们很容易捕捉，将萤火虫装在透明瓶子或用纱布包着就是一个很好的发光体了。如果你用萤火虫做发光体，记得尽量的靠近水面。

网

捞网可以捕捉行动能力强的陆生昆虫，例如蝗虫，蜻蜓；它还可以帮助你捕鸟、钓青蛙。

制作过程非常简单：用柔韧的树枝或竹条弯一个圆，绑在合适的把手上，将一米见方的生存丝巾放进去，用线穿过丝巾绑在网兜架上——可能你没有那么多的线，没关系，用若干细草茎穿过丝巾的网眼绑起来就行。这样既不会损坏丝巾，又能绑得很结实，至于美观与否就看你的手艺水平了。

捞网

在河岸边生一堆火，也能吸引大量的水生昆虫。

在水流稍急的河边，如果地形合适，在河沟边挖或用石头垒一个静水池，池上悬挂发光体或旁边生一堆火，可以将水生昆虫吸引到静水池里。收获的时候将池口堵上，用网捕捞。

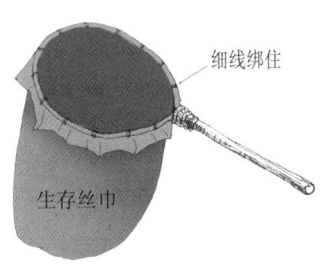

捕捉水生昆虫不需要你待在旁边看着，放好网或挖好池子，弄好发光体后，你可以去干别的，定时来收获一下就可以了。

网和池子里放一些诱饵效果会更好——捣碎的蚯蚓或昆虫很不错。草食动物的粪便也是首选。如果运气好的话，还会有大鱼追进池子中捕食水生昆虫。

网和静水池也可以在白天使用，只需要在里面放些诱饵就可以了，不过相对而言，白天的产量比较低。

软体动物

蜗牛我想是无人不知的了。蛞蝓在如今的城市中越来越稀少了，蛞蝓可以理解为没有壳的蜗牛。蛞蝓爬过的地方往往留下一条黏糊的痕迹，因此也叫鼻涕虫。

蜗牛和蛞蝓喜欢湿润温暖的环境，丛林、草地、沼泽都能见到它们的身影，如果天气连续干旱在潮湿的落叶下、松软潮湿的土层能找到他们，雨后是收集蜗牛和蛞蝓的最好时间。

用工兵铲做锅，将蜗牛和蛞蝓放在上面烤熟，味道非常不错。

水塘、湖泊、河流都不会缺螺蛳蚌壳等这些软体动物。

请大家记住，这些软体动物不适宜在深水中生活，在浅水总很容易捞得到，有淤泥层的静水处是它们疯狂生长的地方。在春夏的河滩沙地中，往往找到幼蚌，不用太久你就能捡到一大堆，足够你煮好几顿。

在海边生存永远不会缺食物，退潮时搜寻海滩，你总能找到吃的——冲上沙滩的海藻、死掉的海蜇、爬满沙地的沙蟹，背着贝壳到处走的寄居蟹都是非常好的食物。

海岸的礁石边会有许多贝壳类动物着生，蚝和蚌是最容易辨认的海生软体动物，我想大家在夜市摊里都见过它们的身影。在热带地区的夏季，贻贝是有毒的，除非你能百分百确认，否则此时不要打贻贝的主意。

软体动物通常都不能在深水中生存，你可以直接下水去收集，不知道有几位朋友小时候去摸过螺蛳。住在海边的估计都去撬过生蚝，越难撬的生蚝证明它越健康，很容易撬出来的多数为体弱的。不要吃死去的软体动物，蛋白质丰富的软体动物死后常会产生毒素。

下水前仍然要注意安全问题——太深的淤泥可能陷脚。注意水深，小心不要滑进深水中——穿上鞋子可保护脚。在海边要在退潮的时候搜寻，不要在涨潮的时候冒险下水。

水生的软体动物都"吃"泥沙为生，你也跟着吃满嘴沙多影响食欲。将捕捉到的蚌壳等放在净水中，把开山刀或者其他什么铁制品泡在水里几个小时，铁腥味能迫使蚌壳吐出泥沙。

> **注意**：水生软体动物必须要彻底煮沸食用，特别是长江流域中的钉螺会携带血吸虫，煮沸10分钟或彻底烤熟食用。水生软体动物蛋白质含量很高，过敏体质者食用可能会有皮肤瘙痒和斑疹，配以紫苏可以中和。

蜥蜴

在沙漠中，白天你是看不到什么"肉"的，在夜间沙漠变凉的时候，"肉"就会从沙子中爬出来——例如蜥蜴、甲虫、蝎子。不过满沙漠去找"肉"是非常累人的，你不如在背包里准备好食物，这样在夜间的时候你就可以专心致志地找水和休息。顺便找一下食物。

在沙漠中，用"烤肉"可以吸引你的猎物——脱掉衣服，躺在还略有些热的沙地上，这块上好的"烤肉"很快就会散发出诱虫的气息，它们很快会来到你身旁准备兴高采烈的聚餐然后变成你的果腹之食。

> **警告**：蝎子的尾刺有毒，虽然国内蝎子致死报告极少，但被蝎子蛰到后，伤处会出现红肿、麻痒、麻痹等症状。捕捉蝎子时，小心他的尾刺，要去除尾刺后才能吃。

贫瘠的山地中，动物是很少的。在这样的地方，蜥蜴是主要的肉制品。蜥蜴的种类很多，适应性也很强，山林、草地甚至沙漠等地都能见到它的身影。

世界上只有两种有毒的蜥蜴，庆幸的是它们都不生活在中国。

蜥蜴一般都用手捕捉，作为食物来说，蜥蜴并不好捕捉，多数为收集其他食物的时候碰巧捕捉到。在追捕蜥蜴的时候，若蜥蜴逃入洞或石缝中，可以用小棍子缠上一些乱头发，蜥蜴的牙齿被钩住就能将它拖出洞。一些树栖的蜥蜴也可以这么捕捉。

一些蜥蜴会在河沟边打洞，不过你除了要有耐心还要有心理准备——可能灌了半天什么都得不到，这些蜥蜴洞都是四通八达，在灌水之前你要在其他洞口套上袋子，也有可能灌出一条蛇。

蜥蜴对人不会产生威胁，蜥蜴的体形差别很大，南方有巨蜥（俗名五爪金龙）体长可以达到 1~1.5 米，但性格温顺，用棍棒可以猎捕到它——只需要提醒一句：这是国家一级保护动物，吃它是违法的！

蛙

蛙作为食物来说非常称职——味道鲜美，易于捕捉，大江南北除了海滨、沙漠外都有分布。

蛙有亲水性，大多数种类的蛙都不会离水源太远；蛙喜欢湿润的地方。蛙的种类很多，一些在丛林和草地生活的种类体形很小，约成人一个大拇指大小，一般这些蛙都用手捕捉。在春季水塘、湖泊、河湾等静水中用网兜捕捞蛙的幼体蝌蚪也是很容易的事情。

钓蛙是许多孩子小时候的游戏，对于野外生存来说，这也是一项技能。放心，这项技能很容易学会。

一根 1~1.5 米的小树枝，一端绑上一条线，线的另一头绑上诱饵——例如一只虫子、几条绑成一团的蚯蚓、一团用泥土染过色的棉花甚至一团乱草。然后你还需要一个网兜，例如塑料袋或者生存丝巾和钢丝绳组合的网兜。

钓蛙很简单，你只需要轻轻地上下晃动小树枝，将诱饵伪装成一只上下点动的虫子，附近的蛙就会被吸引过来。

保持"诱饵"在你的视线内，不要太心急，看到蛙将诱饵吞下去后提起来用网兜接住就可以了。

捕获蛙的小经验：

寻找合适的地点很重要，太密的草丛中蛙会看不见诱饵。必要的时候，清理一下钓蛙场地——动作轻柔地将一些灌木枝之类的枝条折断形成一个通道，以免线被挂住。如果草木茂密，必须要粗鲁才能清理场地，那么清理完毕后过两小时后再来钓蛙，近水边的草丛和蕨丛比较适合钓蛙。寻找草丛中较稀疏的位置，轻轻晃动诱饵将蛙引诱过来。

开始频率可以慢一些，如果有蛙过来，用诱饵将蛙引诱到利于提起的较空的地方，蛙在捕捉诱饵失败的时候加快晃动频率，伪装受伤的昆虫更容易让它上当。如果蛙无动于衷，将诱饵在它身边晃动引诱它。

丛林、小溪附近虽然蛙很多，但容易被惊动，白天很难捕捉到它们，夜间是捕捉它们的好时间：循着蛙鸣，用强光电筒搜索小溪边的石头，蛙被光照射后会不动，直接用手捕捉或用弹弓击杀，只要注意动静不要太大将蛙吓跑。

蟾蜍（癞蛤蟆）是一种很容易捕获的蛙类，但蟾蜍的确是太丑了，丑得让人失去食欲。蟾蜍很贪吃，非常容易钓到，而且行动缓慢，也可以用手抓捕。但食用蟾蜍前必须要剥皮，蟾蜍脑后的腺体有毒，剥皮后彻底洗净。

抓住蛙往地上摔，将它摔晕或摔死，然后剖开肚子去除内脏，一定要将内脏清理干净——这里是细菌和寄生虫积聚处，因此通常不建议生食蛙类，做熟了吃更安全。

蛙类烧烤比较好吃，也可以慢火炖。在有食用油的情况下，猛火爆炒也非常香。

找肉的小经验：

本课程所述的肉营养丰富，容易找寻，难的是如何下咽，归根到底是心理在作祟，我们已经习惯了城市中精美的食品，不妨将想象一下，我们在进行《舌尖上的中国》昆虫篇，或许能给你少许的心理安慰，但最根本是需要受"异食"训练——"忘记"你所携带的食物，强忍恶心试着少量吃一两次，相信大多数人能很快适应，其实经过烧烤的昆虫，并没有想象那么难吃，反而别有风味，在你习惯烧烤昆虫之后，再试着生吃。

第五课 猎人的必修课

激动人心的时刻终于到来了。

在这一节课程里，大家将学习到怎么捕猎。

简单而言，捕猎就是用一切手段给你弄到一块肉，以调剂你单调的菜谱。

在开始之前，请大家回忆一下之前的课程：先从好下手的开始，大家不要一开始就雄心勃勃地去猎杀大象——这很不现实。小东西永远是数量最多的、分布最广的，也是最容易送进嘴里的食物。

越大的动物需要的食物越多，一旦你发现比兔子更大的动物，那么，你缺乏食物的可能性不大，树林、草地足以提供你所需的蛋白质和维生素，植物和昆虫已经足够你吃了。

从生存的角度来说，捕猎大动物并不是一件赏心悦目的事情，你可能会因此而受伤。然而肉对于人类来说，终究是难以抗拒的诱惑，人类心底的猎杀本能也会驱使自己一旦有机会就去剥夺动物的生命。

捕鼠

鼠的数量比全世界的人口还多。

鼠类分布广泛，地球上几乎任何一个角落都有它们的身影。它们绝对是最伟大的生存者，只需要一点点草籽，它们就能活下来并进行繁衍。

我们不需要详细学习怎么分辨鼠的种类，我们只需要知道鼠的一些习性：喜欢钻在地底下，敏感机警，习惯拖动食物，喜欢溜着墙根走。

烟熏水灌是常见的将啮齿类从它们的庇护所里逼出来的办法，许多人小时候也曾经干过，除了会看鼠洞外，几乎没有什么技巧性，你只需要将大多数出口堵上，剩下一两个出口用袋子套着,剩下的就是煽风点火灌烟,拼命提水灌水。

在对付群鼠洞的时候，这个办法不错，然而野外毕竟不是农村稻田，田鼠成群结队打秋风，绵延一大片的鼠洞在野外不是没有，只是很少。

弹弓看起来也不错，不过受你的命中率制约，一旦打不中，老鼠也会逃之夭夭，你只有望"肉"兴叹了。

陷阱永远是最省力的办法，一旦做好陷阱，你可以去干别的，啮齿类动物习惯拖东西，一个简单的组合就能捕捉到它们。

你需要一大一小两块木块，一点点诱饵，然后一个盖子，用柔软的树枝或者竹条都可以编结。

然后组合起来，诱饵用个细棍子订在小木块或者用细绳绑着，老鼠一旦拖动诱饵，盖子就掉下来将它盖在里面。为了防止老鼠逃脱，盖子压上一块石头更好。将陷阱放置在营地附近，最好能靠在土坎边上或鼠洞附近，但不要在鼠洞口。听到陷阱掉落的声音就去检查一下，胆大的可以用手伸进去抓住老鼠，胆小的话就轻轻打开盖子，用袋子兜住，敲打盖子的另一面将老鼠赶进袋子，再将老鼠摔死。

诱饵可以使用昆虫、蚯蚓、别的动物的内脏等等，老鼠的嗅觉灵敏，将诱饵涂抹一些食用油很容易将它吸引过来。烤得焦黄的昆虫也很受老鼠的欢迎。

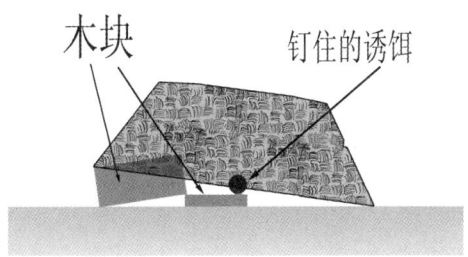

捕鼠笼

松鼠套

要捕捉松鼠并不容易，但只要利用松鼠的一些特点，做一个松鼠套，捕捉松鼠的成功率就会很高。

将一截树枝斜放在树干上，形成一个让松鼠下地的通道，在树枝上设置三个活套索（如图）。套索的大小可根据当地松鼠的体形调整，比松鼠头部略大，身体略小一些（用自己的五指合拢想象成一个松鼠，就可以量出套索多大比较合适了），套索的距

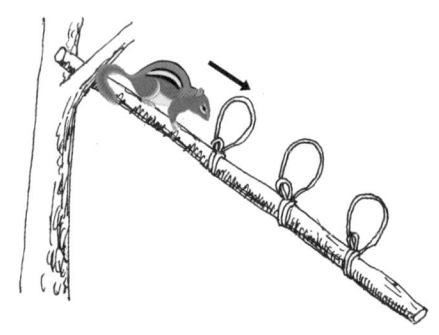

离通常为10~15厘米，当松鼠从树枝上通过，通常会被两个套索套住无法逃脱。

如果在地面上放一些坚果当作诱饵，很容易把树上的松鼠吸引下来，特别是在北方冬季雪地中。

松鼠套也常用于捕捉其他小啮齿动物，只要你找到了它们通行的道路，如法炮制下几个套索即可。

捕鸟

任何鸟类都能成为火堆上的美味。

白天是鸟儿的活动高峰期，要捕捉它们着实不易，小体形的鸟通常都用弹弓击杀。夜间捕鸟虽然有一定的危险性，但在鸟肉的诱惑而言这点风险还是可以承受的。

大多数鸟类都是夜盲，一旦你决定在夜间捕鸟，在傍晚时就要注意观察鸟类的行踪。鸟类在夜间都会有固定的栖息地，比如某片树林。在太阳快落山的时候，鸟会盘旋在树林上空，跟踪至这片树林，耐心等候天黑，使用强光电筒搜索树枝，若发现有鸟就爬上去，使用网兜或捕鸟套捕捉。在一根杆子上绑上若干绳环（记得攀登环吗？这里就可以用上了），环中穿一条活套索，一手抓住杆子，将活套索套住鸟后拉紧就可以捕捉到它了。大多数鸟类在电筒的照射下会一动不动，在月亮很好的夜晚也是捕鸟的好时间。

小心别从树上坠落,大鸟的爪子和喙很尖锐,穿上长袖衣,防止挣扎的鸟抓伤手臂。

夜间捕捉水鸟更容易。但发现水鸟行踪却不易,若是群居的水鸟则容易些。傍晚时它们会在栖息的湖泊或水塘上空盘旋,其单位面积内数量较多,容易找寻,搜寻独居的水鸟则有些撞运气了。使用网兜和捕鸟套,甚至徒手都可以捕捉到。

白天捕捉水鸟往往是无功而返的,警惕性很强的鸟儿你很少能靠近有效距离内。

卡喉钩是捕捉水鸟的利器,而且制作非常简单,一根3~5厘米长两头削尖的、比牙签略粗的竹子、小树枝、芦苇秆就可以了。然后需要一些诱饵,蚯蚓、虫子和小鱼都是非常好的诱饵。将诱饵和渔线绑在卡喉钩上,投进浅水中,诱饵的蠕动很容易吸引附近的水鸟,一小块脂肪对鸟儿也很有吸引力,绳索另一端绑在岸边,当水鸟吞食了诱饵后,卡喉钩会卡住它的脖子,让它无法离开。你只需要定时查看一下就可以了。

卡喉钩

卡喉钩通常还用于钓鱼,钓凶猛的肉食类鱼特别有效。

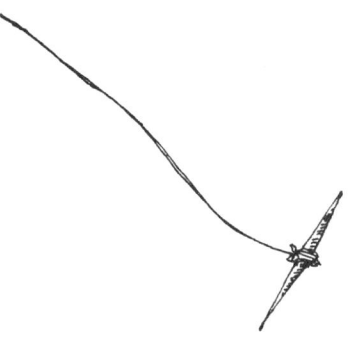

冬天下雪的时候,用一个盖子、一根树枝和一条绳索加一点点草籽很容易捕到麻雀这类小型鸟类。我想这个办法北方的朋友是非常熟悉的。当看到小鸟进入盖子内后拉动绳索盖住它。草籽、捏碎的坚果都是很好的诱饵,若你带有米那就更好了。将雪清理干净,干净空地上的诱饵是很容易被鸟发现的。

在春夏相交的时候可以掏鸟蛋。水鸟的鸟蛋比较容易掏到,前提是你找到了鸟窝。大型水鸟会拼命保卫自己的窝和后代,小心不要被啄伤。而一些小型水鸟会装作受伤引诱你去追捕它,不要上当,若一只来历不明的"伤鸟"勾引你,证明你离它的窝不远了,仔细搜寻通常都会有收获。在树上筑巢的鸟比较容易找到鸟窝,但取得鸟蛋却不容易。

爬树的时候小心不要摔下来。

半孵化的鸟虽然看起来很恶心,却是非常好的营养品,做熟了可吃。

松鸡套

松鸡、锦鸡等鸟类有下地行走的特性,捕捉这类鸟通常使用松鸡套。

在树下、松鸡常通过的道路两边,做两个钩形扳机地钉,把一根柔韧树枝两头削好(如图),中间绑上一个活套索,将树枝弯曲,扣在地钉上,绳头绑在树枝上形成一个弹力陷阱。

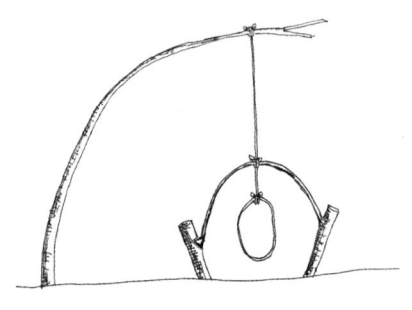

套索大小通常在直径 15~20 厘米,套索底离地通常在 20 厘米,松鸡走过的时候,套住它的脖子,挣扎的时候破坏了陷阱平衡,就能把它吊起来。如果你是用这个套索来捕捉兔子,那么套索底部通常离地 10~15 厘米,如果是套竹鼠这种贴地行走的猎物,那么就得贴地,而且套索的大小也要根据猎物体形做调整。

捕鱼

渔线和鱼钩在钓鱼的时候可派上大用场,捆绑鱼钩很多人觉得很麻烦,但是一旦掌握了方法则非常简单。

漂在水面的鱼漂能告诉你是否有鱼儿上钩了,任何漂浮的东西都能作为鱼漂使用。而鱼坠则起到锚的作用,让鱼钩不会在水下乱漂。鱼坠和鱼漂组合很讲究,太

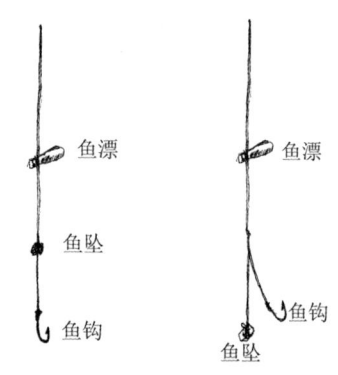

重的鱼坠拉沉鱼漂明显不合适，鱼漂浮力太大使鱼坠起不到锚的作用也不行，带上了诱饵和鱼坠后，鱼漂有三分之一漂浮在水面上则比较合适。

选择钓鱼的时间和水域也很重要，急流中钓鱼很明显是很不适合的。鱼儿在与急流奋战的时候不会咬钩，河弯等静水处是鱼儿休息觅食的地点，在这里钓鱼通常都会有些收获。

早晨和傍晚气温下降，鱼儿胃口大开，咬钩的概率也高。中午在太阳直射的水下通常是没有鱼的，此时鱼都躲在树荫或荷叶等阴凉处，若有必要中午钓鱼，寻找阴凉的水域才会有收获。

若是水塘中午时鱼儿很少咬钩，你可以砍下树枝投到水面上，人为地创造一个阴凉处，可能会有收获。

夜间钓鱼若有光线则很容易吸引水生昆虫，从而将大鱼吸引过来，萤火虫是夜间垂钓的好帮手，将捕捉到的萤火虫装在透明塑料瓶或纱布中挂在渔线上，也能有收获。若是你有小玻璃瓶，将一两只萤火虫装在瓶子里，绑在鱼钩附近也很容易将鱼儿吸引过来。用电筒更容易把鱼吸引过来——如果你带有它的话。

夜钓

因为水会折射光线，白天钓鱼时坐着比站着效果更好，站立钓鱼有可能会让鱼发现你的身影而被吓跑。

钓鱼是件陶冶情操的运动，经验非常重要。好的鱼饵也能让你事半功倍，但在野外选择面并不宽，一般都使用昆虫作为诱饵，例如小蝗虫和蟋蟀，甲虫类昆虫就不太受鱼的欢迎了。鱼儿更喜欢肉质丰厚的昆虫，例如蚯蚓和蠕虫。如果捕捉到小鱼也可以作为诱饵，蠕动挣扎的诱饵更能吸引鱼的注意。有鱼儿上钩的时候，不要着急猛甩杆试图将鱼儿甩上岸，这样做往往会甩断鱼钩或渔线，猛顿一下钩住了鱼之后，用鱼竿拖着鱼在水里转圈消耗它的体力，然后将鱼拖到岸边。

卡喉钩对付肉食性鱼类很有效，削一根2厘米左右的木针，穿上诱饵就可以了。

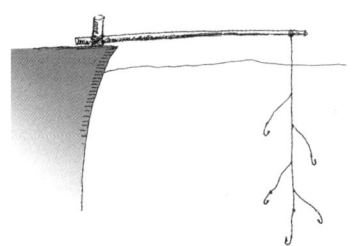
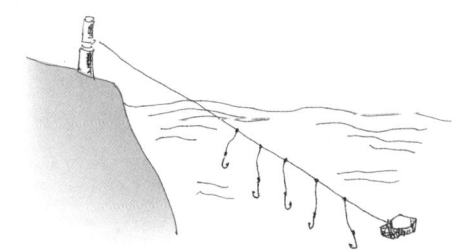

实在没有诱饵的情况下，你可以考虑身边的一些小玩意——例如亮晶晶的硬币、颜色鲜艳的羽毛、色彩艳丽的食品塑料包装袋。鱼儿对色彩艳丽的东西会有好奇心。将这些诱饵裁剪绑在鱼钩上，可能会有收获。这个办法在冬季冰面上钓鱼特别有效。

钓鱼是很需要耐心的，不过野外需要干的事情太多了，你不可能一整天都守着岸边。夜间是钓鱼的好时间，但此时你更需要的是睡眠。有一种夜钓方法能鱼和睡眠兼得：在长渔线上绑若干短渔线和鱼钩、诱饵（通常3~5个），投入水中。夜间的哨兵可以定时检查一下夜钓，收获鱼并换诱饵，若只有一个人，你只好在第二天清晨再来检查了。

冰面上钓鱼相对而言则简单得多：首先你要先检查冰面是否能承受你的重量，然后用工兵铲凿开冰面。困在冰面下的鱼儿很久没有见到阳光，通常都会蜂拥而来，你甚至连诱饵都不需要，将鱼钩甩进去再拉起来就能钓到鱼了。

另一种冰钓则根本不需要你守在洞边，做一个十字架（如图），十字架长度要超过冰洞的直径，将十字架放在冰洞上，你可以去干别的。你也可以在冰面上凿若干个冰洞，定时检查一下，若是十字架被拖歪了，基本可以断定有鱼儿上钩了。这个办法适用于鱼儿比较少的地方。

冰钓

警告：在冰面上钓鱼之前，一定要仔细检查冰面状况，否则冰面塌裂会危及生命。河面上冰钓时不要太靠

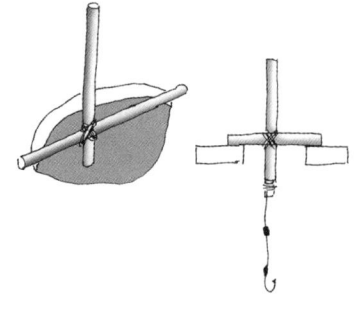

第六章 生命的动力

近河中心，水流越急的地方冰层越薄。在离河岸不远的地方凿冰钓鱼。

捕鱼笼

在你没时间钓鱼的时候，捕鱼笼可以帮你弄到鱼，你只需要点儿时间编一个捕鱼笼。

若干根柔韧的树枝或竹条一端扎起来，然后用树枝编结几个不同大小的圆，组合起来即可(如图)，柔韧树枝一端内弯，用火烤一下定型。形成一个鱼儿能游进却游不出来的陷阱。

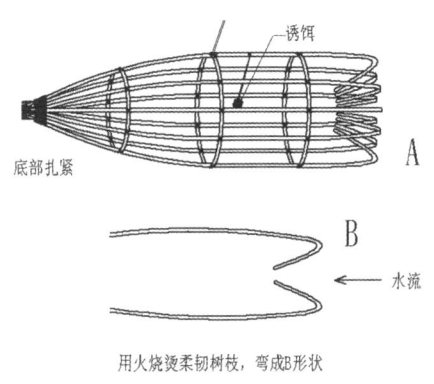

用火烧烫柔韧树枝，弯成B形状

捆绑的材料可以用绳索，但考虑到是浸没在水中，一般都用草绳或较细的柔韧树枝绑起来。笼内绑点诱饵，用绳索绑好后投入水中，定时查看。

捕鱼笼的笼口对着水流放置收获比较大一些，在静水处放置时诱饵好坏决定了鱼儿是否会上当。

拦堰

在丛林、山地的浅水急流处，拦堰则很容易帮你捕捉到鱼儿。用石块垒一个坝，坝高出水面约30厘米，坝的下游用石头垒一个静水池，坝的另一头布置网，网住上游下来的鱼儿。方形生存丝巾此时就是一张很好的网。扎起两条裤腿的裤子也很不错，捕鱼笼也可以放置，当放置裤子和捕鱼笼时，重叠放置或用

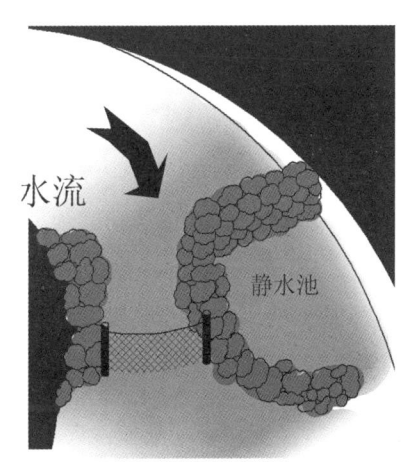

石块垫高水底,以免鱼儿从水面上游走。静水池中放置些诱饵,能吸引逆流而来的鱼儿在此休息。

叉鱼

清澈见底的静水处通常是鱼儿的休息地,在白天鱼儿胃口不好的时候,若水不深,你可以考虑叉鱼。在丛林和山地的小溪中,叉鱼是常见的活动。叉鱼首先要备一根鱼叉,理论上,一根削尖的木棍就可以了。不过为了提高杀伤力,我建议大家用绳子在木棍上绑上若干根削尖的树枝,或者将竹子十字切开,塞入个楔子,削尖竹子。削出倒钩虽然费时费力,但效果很不错,将树枝和竹子用火烤一下就能提高硬度。

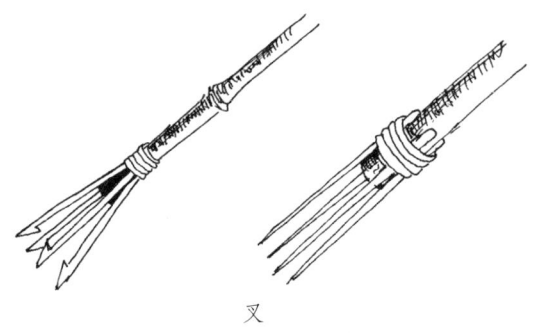

叉

若你怕湿了身不愿下水,从水面上投射叉鱼要考虑水的折射,应瞄准鱼的下面一些的地方,在鱼叉前绑上一块石头能抵消木棍的浮力,在齐腰深的水中叉鱼则需要将鱼叉没入水中。此时可以不用考虑折射效应,鱼叉对准鱼就可以了,站在水中不要乱动,耐心等待鱼儿游到你身边。慢慢调整鱼叉,瞄准后尽力一送通常情况下都会有收获。

弹弓

作为一种孩童玩具,弹弓在狩猎较小的动物时作用很大。老鼠、小鸟甚至兔子通常都能成为弹弓下的猎物。

寻找合适的Y形树杈,剪一块弹弓皮和医用胶管组合起来就成为一个弹弓。没有合适的树杈,大块的竹片也可以削成弹弓叉。皮革作为弹弓皮

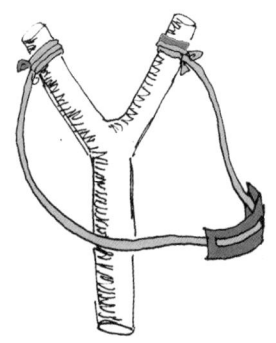

当然很好,但若有必要,从防水布切一块也未尝不可,甚至衣领和衣袖这些较厚的布料都是不错的弹弓皮。医用胶管穿过弹弓皮,要注意不能位于前面,否则会损坏胶管,弹弓皮上的槽用针线缝一下加固两端更耐用。

孩童通常使用自行车内胎胶皮作为弹弓胶,若你带有这个就没必要使用医用胶管了。

打弹弓是个熟练工种——一手紧握弹弓叉伸直,另一手拉开弹弓,双眼目视目标,形成三点一线后释放弹弓(眼睛、弹弓叉上沿中央或一个你更习惯的瞄准点、目标)弹丸的形状很重要,不规则的石块弹道往往难以掌握,尽量寻找圆形的石子。也有更好的办法——和稀泥,夜间空闲时间追忆一下美好童年,用水将细腻的黏土和开,搓成大小合适的圆形弹丸,用火烤干备用。

弹弓的弹丸 10 米之内弹道通常还是直线,再远就是弧线,命中率就会大大下降。弹弓对付小猎物效果还是不错的,但大的猎物效果就没那么好了。兔子的抗击打能力较弱,若是能接近于 10 米之内通常还能奏效。大型鸟类有大羽的保护,其有效命中部位面积很小,击伤后你还要徒步追捕,在地面追捕受伤的大鸟并不轻松,灌木、密草、树枝都会阻挡你追击的脚步。

用弹弓猎杀水鸟则成功率不高——一弹爆头当然毫无悬念,然而你不能保证次次如此,它们会本能的逃进水中,下水追捕太危险。

作为中国商周时期的五兵(器)之首的殳(shu),是一种在野外最容易制备的武器,完全取材于天然,简单易造,说白了就是木头棒子。一根直径 8~10 厘米、长 1 米左右、材质细腻、质量较重的木棒,一端有结节更好了,那就是天然的锤。如果手掌较小的人，将一头削细更好抓握，具体形状参看棒球棍。一般为单手持握，为近战单位，比较适合捕猎行动迟缓的、脑子不太灵光的猎物。例如南方丛林的黄猄、北方傻乎乎的狍子、漫步林中的穿山甲、刺猬、对着你张牙舞爪的蛇这类猎物。腿脚灵活的朋友可以尝试挥舞着棒子追猎，不过成功率极低。木头棒子非常适合围捕猎物，在猎物逃到你身边，跳起来给一棍子通常都会奏效，在击杀受伤猎物时更是非常趁手。

木头棒子另外的作用是作为自卫武器，在与猛兽对峙的时候，用木头棒子敲击树木和石头通常能吓退它。如果你实在闲得发慌，在棒子前绑上几根尖钉，恭喜！你就拥有狼牙棒了！

通常这根木头棒子还扮演锤子的角色，做类似敲地钉砸坚果的工作非常实用，从木头棒子削下来的木屑烤干后是很好的火绒。紧急时刻还能牺牲它来当柴火。

长度超过 1.2 米的棍子是十八般兵器之一，不过咱来野外不是练武的，棍子打人还不错，狩猎就明显不够灵便了，你不如弄一根更长一点，比如用 1.5 米以上的棍子制成梭镖。

梭镖

梭镖一方面是一种万能武器，一方面却又不好携带。作为狩猎武器来说，它并不是最有效的，然而作为防卫武器，它比弓箭更实用。

平时扛着一根梭镖漫步的确挺滑稽，但在猛兽出没的原始丛林、山地、缺乏树木的草地、沼泽沙漠等地，你倒是可以考虑抗上这么一根。每人肩头一根，

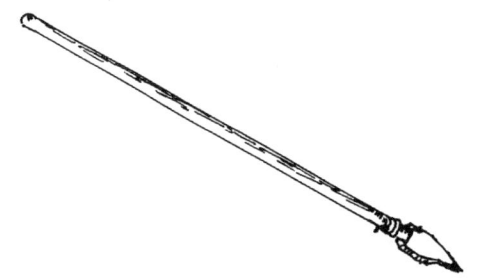

倒也蛮像古代出征的士兵的。

在对付猛兽和狩猎大型猎物的时候，梭镖是你手头最有威力的武器，在没有树木给你搭建庇护所的时候，梭镖就是你的房架子；爬山的时候，作为登山杖它也很称职；涉水和穿越沼泽的时候，它是很好的探路棍；甚至在没有火绒和柴火的时候，你也可以打它的主意。

简单的梭镖就是将一根1.8米左右、直径5~6厘米的长直木棍一头削尖（这个直径比较适合人手的抓握），并用火煅烤，使标头变硬。在梭镖头端刻血槽能增强杀伤力，打制的燧石、折成三角形的罐头皮都可以成为很好的梭镖头。除非万不得已，不要绑上刀作为梭镖头，虽然刀能让梭镖杀伤力倍增，可是损坏了刀是非常严重的事故！

投掷梭镖需要力量和技巧，梭镖的重心位于梭镖头后三分之一处最适合投掷，但平常人毕竟不是奥运冠军，能将梭镖投掷到30米外的都很少。个人觉得梭镖作为登山棍、搭建庇护所和自卫的时候作用更大一些。

棒子和梭镖砍下合适的树枝就能制备，立刻投入使用。在夜间宿营有空的时候，再进行精细加工并烤干，使之更耐用，刮下来的碎屑烤干收好作为火绒。

弓箭

弓箭是野外方便临时制备的最有威力的武器，制作一个简单的弓箭非常容易，但一张射程远、威力大的弓你就需要花上一些心思了。

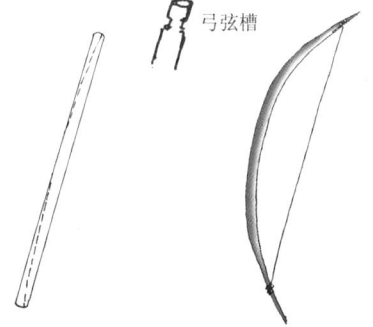

弓体的选材很讲究，干燥结实的弹木材料在野外可遇不可求，更多的时候你得从一棵树上砍取合适的树枝。

柳树、松树、榆树、桦树、杉树、桑树都是很好的弓体材料，竹子虽然比这些树稍微差些，但易于加工，制作复合弓也相对容易。

选取没有分叉和结节、木质细腻、强度足够的树枝，否则制成弓后很容易拉断。先将树枝截成合适的长度，大约在 1.2~1.5 米，弓体中部宽 4~5 厘米，两边对称慢慢削窄至 1.5 厘米左右。在两端开个凹槽，固定弓弦。用来做弓弦的材料很多，绳子、绞好的金属丝、动物的筋等等。动物的筋健铰成的弦是最好的，其次是皮铰制的弦。

弦的一端使用索结固定在弓上，另一端使用单套环，略为压弯弓体，将套环拧成 8 字套进槽里，放松弓体就能牢固地卡住了。

弓要烤干才更耐用，烤弓的时候不能心急用猛火炙烤，如果受热不均会让弓体损失弹性和变形，平时不使用的时候放松弦保持弓体的弹性。

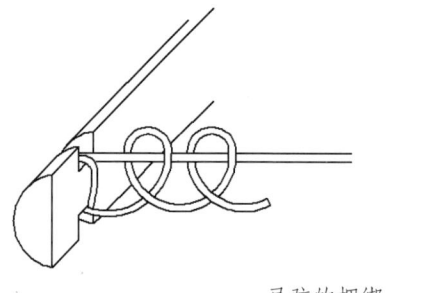

弓弦的捆绑

单体弓虽然制作简便，但是效果比较差，特别是在找不到好的弓体材料的情况下。假如你有时间的话，制作个复合弓吧。

复合弓其实就是将几根长度不一的弓体用绳索结实地捆绑起来，宽厚的竹片在制作复合弓的时候有得天独厚的优势。如果是双复合弓，两弓体的比例大致为 10：7，三体弓三个弓体比例大致为 10：6：4。

复合弓就是利用几个弓体的复合弹力，将箭射得更远，也更准确。但如果弓体捆绑不好，射了几箭之后绳索容易松脱。用细麻绳捆绑比较好，在捆绑好后在麻绳上淋些水，麻绳会缩紧。

任何直木都可以做箭。选择长约 50~80 厘米的直木，长箭威力更大些。箭杆要光滑，大拇指粗细到直径 5 厘米都是很好的材料。

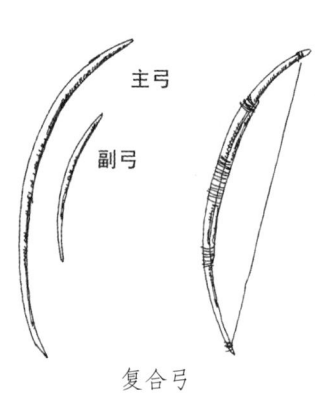

复合弓

箭杆后端刻个凹槽,以容纳弓弦。如果找不到合适的箭头材料,可以尽量使用直径粗些的材料,一端削尖,用火烤硬,然后在箭杆上刻出 5~10 厘米左右的血槽。因为此类箭没有箭头,侵彻能力不强,血槽可以最大限度地使猎物失血。箭头的制作材料有很多,燧石、石灰石、罐头皮,甚至动物的骨骼。然后磨尖它们,绑在箭杆上。

箭

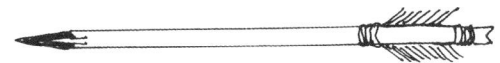

箭羽起到稳定弹道的作用,鸟的大羽是很好的箭羽,没有的时候树叶、反复折叠几层的纸张都可以代替。在箭杆后部切开槽,将箭羽塞在里面用细绳绑好固定。

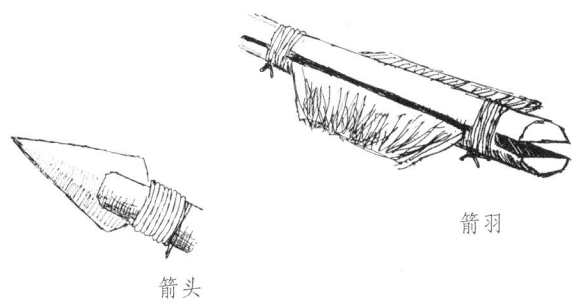

箭头　　　　　　箭羽

射箭是件技术活,要求箭搭在弓弦和弓体的中央,与视线平行,左手握弓,右手食指和中指夹住箭,沿水平方向尽力向后拉满弓,然后释放。箭就会急速飞出,呈弧线射向目标。

新手则常会发现箭并不一定按照你瞄的方向飞去。

出现这样的情况,你要先检查你的弓箭是否有下面几个问题:弓体弹力不平衡或者弹力不够,并不能将箭送到足够的距离;箭是否太粗糙;是否重心太靠箭尾;你的瞄准是否和箭的前进方向保持一致。

野外制备的弓有效射程多为 20~40 米,若为复合弓则会更远一些。有空多多练习射箭,在狩猎的时候命中率会更高。

许多新射手玩弓箭的时候往往猎物没射到先弄伤了自己,例如被弓弦和箭磨伤了面颊,被弓弦崩伤了手腕,在拉硬弓时手指被弓弦勒得生疼甚至勒伤。

蒙上生存丝巾或其他什么布料保护面颊,较厚的手套可以有效保护你的手,如果没有就临时制备一个护腕。例如用纱布缠住左手,用帽子包住手腕,弓弦就不会崩伤手腕。用硬纸或纱布卷在右手食指上制作一个扳指,如果找到一截合适的竹筒套上去就更好了。食指比较有力,作为主要的拉弦指,中指作为辅助并夹住箭,如果你手指无力,必须要两手指上阵,那就套两个扳指吧。

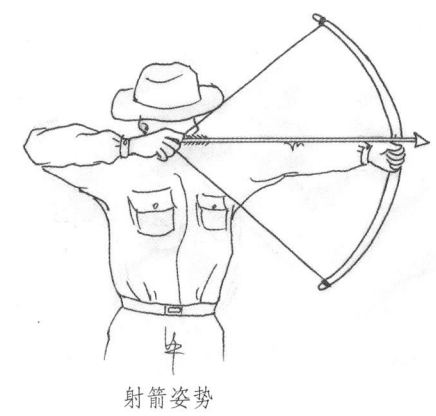

射箭姿势

怎样狩猎?这个问题很难回答。知识和经验在此很重要。你必须具备一定的动物生活习性、特征方面的知识,多看点动物世界会对你有所帮助。

通常情况下黎明时分许多动物都会开始一天的生活,此时狩猎收获更大。傍晚时昼行动物会回窝,夜行动物开始活动,但光线会迅速暗淡。人的夜视能力虽然很好,但夜行动物更强,如果不熟悉地形就不要冒险在黑夜狩猎。

安静和耐心是狩猎的基本要求。野生动物非常敏感,在狩猎的过程中尽可能地保持安静,不要说话,动作轻缓地移动有利于你接近猎物。利用草木的掩护压低身体蹲行和贴地爬行通常很容易接近猎物,人为产生的声响会惊动猎物,短促而突然的移动通常都会将猎物吓跑。利用风吹草木的声响掩护你的行动,在静风时则需要缓慢柔和的行动。虽然人眼分辨率比动物更好,但你仍要开动你的鼻子和耳朵,嗅闻和倾听猎物的踪迹,在丛林中狩猎更该如此。

狩猎时风向很重要,接近猎物时要从下风口,至少不能是上风口。学会搜寻猎物的脚印能让你更容易找到猎物。野外常常有自然形成的"高速公路"，这是动物踩出的天然道路，动物的活动是很有规律性的，除非觉察到了危险，否则它们几乎每天都会通过"高速公路"外出觅食和返回。猪类、鹿类尤为如此。

保持"单向透明"在狩猎时很有效，必要的伪装是需要考虑的，颜色鲜艳的衣物在狩猎时根本不适用。备用衣物中准备一套迷彩服吧，脸部图上些泥土或蒙上生存丝巾能让你融入环境；保持猎物在你的视线范围内不要丢失；若草木繁盛，从草木的缝隙你可以看得到猎物，而猎物通常看不到你；若有东西遮挡，慢慢地抬高身体让眼睛越过遮挡物观察。

如果你动作轻柔得能从下风口靠近或跟踪猎物，通常它们不易觉察到你的行动。但若行动不慎被猎物觉察，屏息并保持不动，猎物很可能是第一次看到人，它的好奇心比恐惧感更甚，你要装出"无辜路过"状骗取它的信任和麻痹，直到它继续进食或离开。

耐心很重要，你也要做好什么都得不到的准备，辛苦跟踪几个小时功亏一篑的事情并不在少数。当跟踪变成了追捕，狩猎也基本宣告失败。不要气馁，对着猎物逃跑的方向悻悻说一句："I will be back！"然后回去好好总结经验教训。

进入有效射程范围后，精准的射击很重要，但这也要猎物的配合。射击运动中的猎物尤为不易，从猎物前射击虽然有效但也最难，你必须保证靠得很近而且猎物又看不到你，否则猎物可能因受惊朝你冲撞或绝尘而去；背后射击看起来不错，但屁股的受弹面的确很小，猎物也不会很快倒下；后腿和屁股受伤的猎物可能会让你追上一天也毫无所获。在猎物侧面射击是最好的办法，此时猎物受弹面积最大——击穿猎物的喉咙能很快搞定，前腿肩胛部位是一个很好的射击点，虽然这里难以击中但值得你一试。受伤的猎物跑不很远就会倒下，也不会流掉太多的血。若将梭镖或箭射入其内脏能更快地 KO 掉它，但血会损失掉很多。

精确而猛烈的攻击会让火堆增添大餐，拙劣的射击也不用着急，若你击伤了猎物的后腿，那你就得准备追逐很长一段距离。等候几分钟，然后再顺着血迹追踪，猎物奔逃一段距离后会停下休息，重新开始你的跟踪过程。但此时更要小心，因为受伤的猎物更敏感。太心急的追踪会让动物奔逃得很远，你或许得花上一天时间跟随它身后东奔西走。

当猎物因失血虚弱后从侧后面靠近,注意猎物有可能的困兽犹斗,用棍棒击打头部将猎物打死。

联合狩猎成功率更高。饱和攻击让猎物避无可避,但也更要求协调性。此时地形的利用和各自的站位很重要,完美的包围圈能让猎物逃无可逃,尽量地利用山谷等死胡同地形。若是在山地狩猎,埋伏一些人在山坡上,其余人从山坡下慢慢包围猎物,将猎物往山上赶以消耗其体力。若是在较陡的山坡,人的体能和速度远跟不上猎物,你需要将猎物从上往下赶,惊慌失措的猎物可能会前脚不稳而摔倒,像兔子这样的前腿短的猎物更容易摔倒。不过在追赶途中也要注意你的脚步,若你比猎物滚得更快那就很尴尬了。记住,将猎物包围在崎岖之地会让它很快耗尽体力,但你也要小心受伤。

群起攻之虽然看起来场面宏大,但分批出现更能让猎物恐惧慌乱从而导致判断失误。群体狩猎时能不声不响搞定是最好的,一旦猎物被惊动,一起冒出来围捕并无太大必要。当猎物被别人追赶到你附近的时候,突然跳起大吼并攻击会强烈压迫猎物的神经,一击不中也会迫使猎物转向逃避,此时你再加入围捕的行列,堵住猎物外逃的线路并将其赶往下一个埋伏者的地点。三番五次之后,包围圈越缩越小,猎物禁受惊吓和剧烈运动后判断力会明显下降。这个办法用来围捕"年轻"的猎物尤其有效。

如果你找到了猎物的"高速公路",伏击是很好的办法。不过你需要在凌晨3点或下午5点太阳未下山前提前进入伏击位置。尽量寻找天然的隘口,或在道路上方树林里伏击更容易得手。

伏击时烦人的一点就是无法准确预测风向。动物嗅觉灵敏,一旦觉察有危险会停步不前。用树枝从火堆上取点火,熏一熏腋下和腹股沟,用烟掩盖你的体味,用当地的泥土涂在裸露的皮肤上,或捣烂一些当地的草或树叶,用汁液涂抹皮肤裸露部位、腋下和腹股沟。

耐心最难得,埋伏一定要安静,多动症者很明显不适合这个工作。猎杀成群结队的猎物更要耐心,若你猎杀前面的,受到惊吓的猎物很可能会本能地向前冲而将你撞伤。野猪尤其如此。你应该静候大部队通过后,猎杀最后面的。得手后突然跳起来大吼一声,会让猎物不知所措得四散奔逃。这样能减少你被撞伤的概率。

　　避开大型猛兽，例如熊、独行的雄性大野猪、豹和虎。尚且不说是否违法，猎杀它们非常危险！除非已经完全捕不到其他猎物，或者你非常有把握一次将它撂倒，群体猎杀猛兽看似成功率高其实也并非如此。猛兽会本能地觉察到你团队中的弱点人物，从而猛烈攻击。

　　记住，受伤的猛兽尤为危险，猎杀猛兽不但需要经验和冒险精神，而且必须有过硬的心理素质。不自量力者由猎人瞬间变成猎物是有先例的。

　　追踪、潜伏、射击猎物虽然听起来令人热血沸腾，但实际情况并没有大家想象得那么浪漫。过程非常枯燥乏味，寂寞和孤独往往会消磨你的耐心；猎物逃走的那一刻会吞噬你的信心。相信我，当年我们有枪在手的时候也有让猎物逃走的时候，那股失望不是一般人能理解得了的，在有精良武器（枪、望远镜等）帮助下，人类的追踪狩猎成功率也没有超过 30%，然而追踪却是狩猎里最重要的一个步骤，伏击虽然成功率高，却要耗费你大量的时间并且你的"人品"也要很好。况且野外你也没有太多的时间去捕猎，营地里繁杂的事务和连续多天的劳累，可能都不允许你再进行狩猎活动。

　　陷阱是最省力的捕猎方式，简单而有效的陷阱能让你从狩猎的寂寞和孤独中解脱出来。野外制作的所有陷阱都是利用重力和弹力制作，有一些则是两者的结合。

落地陷阱

　　落地陷阱是最简单也是非常有效的陷阱，其缺点就是适应范围较窄，体能消耗大。

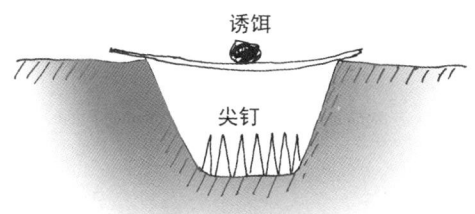

简单而言，落地陷阱就是挖一个坑。不过地点选择很重要，随便乱挖除了锻炼身体外对捕猎毫无益处。你要找到动物的"道路"，通过道路上的足迹判断猎物的种类和体形大小。挖一个坑，坑并不是越大越深越好，而是根据猎物体形来决定。1米见方、深1米左右的坑已经适合捕猎大部分猎物了，坑底倒插上若干削尖的竹签或木签，坑上横搭若干柔韧树枝作为踏板，边上用浮土掩盖树枝，然后小心地在踏板上覆盖一些草叶，再根据当地地貌决定是否盖一层薄土，陷阱就做好了。

最后用树枝清扫一下附近，尽量伪装得与原地貌相符。猎物通常都会觉察到地貌的改变而犹豫不决，树枝用烟稍熏一下可以掩盖你的气味，对于草食动物动物而言，一把用盐水浸泡过的草非常有诱惑力，若是肉食动物，肉无疑是最好的选择。将诱饵放在陷阱正中，一旦猎物踏上踏板就会摔进坑里，被竹签插住，倒钩能让猎物无法逃走。

落地陷阱和潜伏结合起来更为有效，选择好潜伏地点，当猎物停滞不前的时候跳出来大吼一声，猎物会本能的顺着熟悉的道路奔逃，从而落进陷阱中。如果你有非常有效的诱饵，则可以在猎物出没的区域挖掘陷阱，用诱饵引诱猎物到来。

落地陷阱优点明显，但缺点同样明显，如果地形不好挖掘，一意孤行使用落地陷阱是非常愚蠢的。而弹力陷阱则轻松得多，弹力陷阱有很多种，在此选取几种简单有效安全性又比较好的来介绍。

制作弹力陷阱除了绳索之外，还有一个非常重要的零件——钩形扳机，钩形扳机能让陷阱处于临激发状态，一个好的钩形扳机应当非常灵敏，若有猎物触碰诱饵就会发射。

钩形扳机

将猎物吊起来是最好的方式之一，勒住猎物喉咙的套索会让猎物很快死去，就算套到了脚，猎物也会因为没有借力点，在激烈的挣扎中将体力消耗殆尽。哪怕是碰到相当强悍有壮士断臂气概的猎物，你也至少能收获到一只脚。

第六章 生命的动力

通常利用柔韧的树枝和竹子都能起到这样的效果。这样的弹力陷阱我们称之为吊索式弹力陷阱。

除松鸡套外，下面这几种吊索陷阱也很常用：

吊索式陷阱

此种吊索陷阱捕猎的范围比较大，能捕获体形不太大的草食动物和肉食动物，套索平铺在地面。另一根绳索绑好诱饵，扣好钩形扳机，诱饵横在套索上，配合诱饵的地钉轻轻插入土中即可，诱饵一定要绑牢固，太轻易被猎物取走可能会让钩形扳机无法起效，如果多铺一两个套索，效果更佳。

此种陷阱通常用于捕猎啮齿类，或放置于狭隘道路，一根直树枝一头削成如图的楔形，拉弯树枝，小心地把树枝卡在壁上，套索和棍子的组合拦住了大半道路，逼迫猎物从套索中钻过，这种陷阱成功率极高，但对地形也有所要求，你必须要找到合适的隘口，但你放心，猎物并没有想象得那么勤快，相反，动物们都非常懒，极少会放弃好通过的通道而去爬石头。

重力陷阱

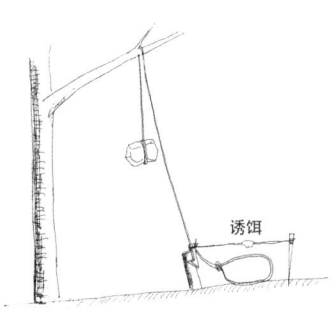

在没有柔韧枝条给你利用的时候，树枝横岔也可以拉弯利用，可实在没那么合适的横岔，你要学会利用重物来代替弹力。注意吊索不要靠近树干，利用天然树杈或绑一根

棍子挡住，不让吊起的猎物接近树干，以免猎物有可能利用树干逃走。

时候猎物会咬断绳索逃走，而更残忍落石陷阱则直接 KO，一旦猎物落入圈套，生存概率几乎为零！

虽然称之为落石陷阱，但是要在野外吊起一块巨石，一来不现实，二来没必要——一块石头的杀伤范围太小。起这个名字是因为其原理和落石一样。

用树枝或竹子制作一个"落石"，上面绑上削尖的签子，用粗一些的树枝制作更重也更好一些，如果没有足够粗的树枝，你可以在架子中放上石头增加重量。

地上结实地钉上一个地钉，绳索穿过地钉，将诱饵绑在绳索上，"落石"的正中央，另一面扣好钩形扳机。

落石陷阱 1

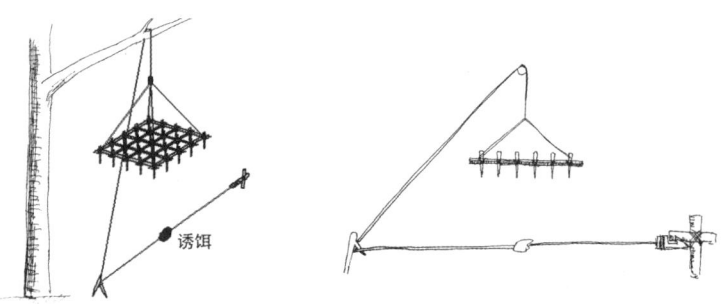

> **警告**：落石陷阱是危险的陷阱，看起来将钩形扳机和诱饵都放在落石正中央看起来不错，但是一旦钩形扳机没钩好，砸到的不是猎物而是你。记住量好尺寸，先绑好诱饵，引绳索的时候绕过落石，不要从落石下走过。如果有合作者，另一个人先拉住落石，钩好扳机后再慢慢放手。

在野外捕猎时，通常都是和小动物过不去，下面这种落石陷阱非常适合捕猎啮齿类动物。

落石陷阱 2

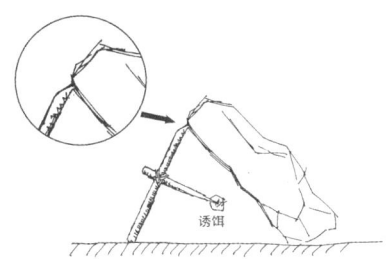

一根树枝一端削成楔形，绑上一根带有诱饵的棍子，搬起一块一面较为平整的石头，小心地用锲子顶住，让石头处于静不平衡状态。猎物触动诱饵，破坏平衡，石头就会砸下来压住猎物。

扫钉是一种很有效的弹力陷阱，制作简单方便，捕猎范围大小通吃。扫钉一般设置于道路上，也可以设置于其他地方，然后在绊索上绑点诱饵即可。

扫钉有一定的危险性，记住量好绳索的尺寸，固定桩要打结实（B、C 为固定桩）。

双扫钉是一种比较简单且高效的复合陷阱，使用同一个触发机关，两个扫钉一高一低，当猎物触发机关后，两个扫钉在不同高度前后夹击，猎物便避无可避了。

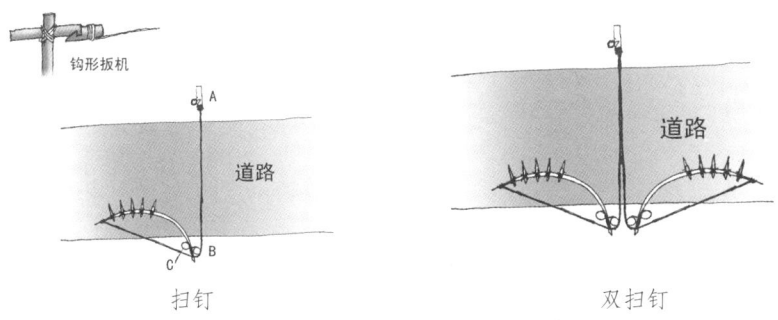

扫钉　　　　　　　　　双扫钉

警告：在设置陷阱的时候，一定要告诉队友陷阱的位置，离开的时候一定要拆除陷阱，以免伤及无辜。在制作带有竹签、落石这一类陷阱的时候，要注意安放程序，千万不要从陷阱的尖刀前或落石下路过。

狩猎的小经验：

猎人是人类最早出现的职业之一，但现代人要掌握这套技能并不容易。

梭镖适于捕猎大型的草食动物，然而如今我们痛心地发现，野外中已经极少有这类动物。

弓箭是人类发明的最伟大的武器，死于弓箭的动物比死于枪械的更多（包括人类自己），但拜人类所赐，如今的山林中已几乎无弓箭用武之地，在草原、雪原中，偶尔能捕猎到鹿类猎物。

野外临时制作的弓并不能达到古代雕弓射天狼的性能，即便是复合弓，超出 30 米射猎成功率已极低，梭镖和弓箭如今与其作为狩猎工具，不如是纪念一种逝去的伟大职业，唤醒人类内心深处的狩猎本能。

以我本人的狩猎经验，我尴尬的发现，弹弓竟然是投掷工具中给我带来最多猎物的武器，弹弓击杀小型鸟类，蛙等猎物非常高效，这种猎物很容易找寻并且接近到 10 米之内，平时在路途中就可以随时使用，关键无论是制作还是使用，它都很简单。

而给我带回最多猎物的工具是陷阱，但这要求对力学平衡有一定的感悟和精确的量度材料的长度，制作陷阱并不困难，而人类的脑子也比猎物聪明。

钩形扳机的材料硬度要够，松软的木质不适合做钩形扳机；竹子是一种比较好的材料，但如果工艺不过关，竹子也容易被卡住无法激发，略略削穿竹筒，不要削得太深；垂直放置的套索虽然简单，但柔软的绳索难以撑开，而且成功率也不高，平铺的套索则没有这个问题；需要地钉辅助绳索转折的时候，必须要将地钉结实地打好，否则陷阱就功亏一篑。

诱饵很重要。盐水浸泡过的草或树叶，对草食动物而言难以抗拒，而肉食动物更喜欢血腥；用一小块肉换取一大块肉是个值得的买卖，此时动物的内脏就是非常好的诱饵，肉还是留给自己吃吧；诱饵用绳索捆好，哪怕钩形扳机灵敏度不算太高，在猎物撕扯诱饵的时候都会释放。

制作陷阱时最好戴上手套，以免陷阱沾染了汗味让猎物怀疑。虽然猎物对烟很敏感，但也非常熟悉，用烟熏一熏套索既能掩盖汗味也会引起猎物的好奇心，草食动物尤其如此；轻微且分散的汗味会令猎物生疑，但在实在没有诱饵的时候，你可以尝试用沾满汗液的内衣，有时也能引诱好奇的动物来触动机关。

不要认为做好一个精巧的陷阱就万事大吉了，陷阱的成功率为 10%~30%，通常都建议放置 5~10 个陷阱。

通常情况陷阱都是捕猎啮齿类等小猎物，安放地点很重要，不妨将自己缩小，想象自己就是一只老鼠或兔子，用它们的眼光审视看起来纷杂的野外环境，你很快就能在树根、乱石、草地中找到它们通行的路。若你发现啮齿类群居的洞穴，不要在洞口附近设置陷阱，在离洞口 5~10 米的地方，你很容易发现猎物出入的岔路，在这里设置陷阱成功率很高，用类似松鼠套那样的最简单的套索就能获得猎物。

第六课 危险的食物（一）

野外植物众多，大多数都是可以吃的。所谓的野菜，是比较合乎人的口味、营养相对丰富的植物。比如草和大多数树叶，虽然它没有太多的营养价值，味道也非常难吃，可是在完全无望的情况下，煮熟并细嚼慢咽，它也能填下肚子，让胃有些东西消化不会那么难受。

如果你拿不定主意是否可吃，附近又没你认识的可食用植物，一定要牢牢记住植物测毒程序。

> **注意**：该程序一次只能测试一种植物的同一个部分，不能将花、果、叶等混合测试，也不能不同植物同时测试。

1. 将植物的汁液挤出，置于鼻下嗅闻，如果有刺激性的气味，就不要了。
2. 将汁液涂在皮肤的敏感位置，例如手腕、腋窝、嘴唇，然后等 10 分钟，如果有刺激性，就不要了。
3. 取少量用门牙嚼碎，用舌尖实验，然后慢慢用舌头将植物移到口腔和舌头各个部位，10分钟后，加大量再重复一次，如果对口腔有刺激性也不能要。

4. 少量地吃些，2~3个小时后，如果肠胃没有刺激反应，这个植物是可以食用的。有的书籍上介绍是5个小时，也有的是8个小时。不过，在饥饿的时候肠胃效率很高，2~3个小时后食物就已经到达了你的小肠了。所以，我认为并不需要那么长的时间。

> **注意：** 虽然按照这个程序实验几乎不会引起中毒，但是中毒的风险依然存在，而且由于个人体质不同，某些人会对某些食物过敏，而有些食物，不同的人过敏量也不一样，平时多积累相关知识，尽量找你认识的植物食用。

有些食物是非常危险的，下口没问题，但也有可能成为你最后的晚餐。

请注意几类难以甄别的食物：藤、花、真菌和野果。

南方丛林中遍生藤条，藤是一种很不合格的食物，而且甄别困难，有毒种类多，大多数的藤砍开后会流出乳白色的汁液。请远离这些藤条，除非你确认它是安全的，否则绝对不要将它们作为食物和水源。

只有流出无色透明汁液并且无异味的藤才能作为水源，但我仍然不建议大家到藤上取水，除非其他方式已经无效。

很多花都是餐桌上的美味，但不是所有的花都能吃的！在野外生存中，针对食物排序而言，花相对排名较后，只有你认识的可食用的花才能采食！许多花虽然毒性不大，但通常会引起腹泻、头晕等中毒症状。

菌类

蘑菇这类菌类食物虽然非常美味，但是在野外难以甄别。其有毒和无毒通常伴生，假如混入一棵有毒的蘑菇，你就可以和耶稣去谈谈最后的晚餐的心得体会了。野外生存通常都不建议采食这类食物，除非你是个采蘑菇的高手，能保证万无一失！

野果

到夏秋季节，野外野果遍地，许多野果让人垂涎欲滴，虽然可以吃的野果很多，但有毒的野果也不少。不要随便吃不认识的野果。

牢牢记住测毒程序，在你找不到可食用植物时，这就是你救命的法宝。

以下几种是野外常见的有毒植物，也是很容易迷惑人的植物，牢记它们对大家有好处。

钩吻

传说神农最后的遗言是：这草有毒！说的就是钩吻。名字很有诱惑性，但俗名大家听到了就会不寒而栗，钩吻就是民间俗称的断肠草、雷公藤。

其实它并不是草，钩吻是马钱子科葫蔓藤属一年生的藤本植物。

钩吻枝光滑。叶对生，卵形至卵状披针形，顶端渐尖，基部渐狭或近圆形，全缘。聚伞花序顶生或腋生，花淡黄色，花冠漏斗状，内有淡红色斑点。蒴果卵形。种子有膜质的翅。花期8~11月，果期11月至翌年2月。根浅黄色，有甜味。全株有毒，尤其根、叶毒性最大。两片叶片就可以杀死一名成年男子。生于山地林缘阴湿处，分布于长江流域以南各地及西南地区。

钩吻的叶片长相不太像食物，通常情况下也不会有人去吃。然而黄色的小花非常有诱惑性，类似于菜花外貌，让许多人误认为是可以吃的。南方每年都有因为误食钩吻花而死人的案例。

误食钩吻后，会在短时间内呈现烧心、头痛、恶心呕吐、口吐白沫、腹痛不止等中毒症状，一旦误食应尽快送医院。但在野外，你还需要进行一些紧急救护以延长患者的生命,这类食物中毒是很危险的,你能做的仅仅是催吐、吸附和用药茶中和毒素。

附录:金银花

在南方钩吻常被误认为金银花,要辨别两者并不难:首先看枝叶的外形,钩吻一般枝叶较大,叶子呈卵状长圆形,叶面光滑。而金银花枝叶较细,较柔,枝条上常带有细细的白色绒毛。其次看花,钩吻的花一般生长在枝条的关节处和枝条的顶端,而且其花是呈簇状生长,一个关节处往往有多朵花。而金银花主要生长在枝条的关节处,花朵成对状,一个关节处一般只生长两朵小花。

另外,花朵的形状和色彩有所不同。断肠草花冠黄色,花形呈漏斗状,是合瓣花,花短,长1~6厘米。而金银花的花冠呈唇形,花朵呈喇叭状,是离瓣花,花筒较细长,花蕊长且伸出花筒外,初开时花朵为白色,一两天后才变为金黄,新旧相参,黄白衬映,故名"金银花"。

金银花是忍冬科忍冬属植物,可食,花、花苞为民间传统的万用解毒药,除黑龙江、内蒙古、宁夏、青海、新疆、海南和西藏无自然生长外,中国各省均有野生分布。忍冬属植物共有200多种,其中入药的有18种统称都为金银花,细分则将不同种的金银花分为两大类:金银花和山银花,其药性有些不同。现已有人工大面积栽种。

夹竹桃

夹竹桃为夹竹桃科夹竹桃属植物,别名柳叶桃、半年红等,原产于伊朗,现在广泛分布于热带和亚热带地区,常绿大灌木,高达5米,全株无毛。叶3~4枚轮生,在枝条下部为对生,窄披针形,叶面有蜡质,长11~15厘米,宽2~2.5厘米,下面浅绿色;侧脉扁平,密生而平行。聚伞花序顶生,花萼直立,花有芬芳气味,重瓣,多为粉红和桃红色,少见黄色和白色,花期长,6~10月为花期,果矩圆形,长10~23厘米,直径1.5~2厘米;种子顶端具黄褐色种毛。

夹竹桃多为栽培,常见于山坡林地,许多城市也作为绿化品种栽培。若注意观察的话,铁路边也有许多夹竹桃生长,一旦发现夹竹桃的踪迹,证明离人烟处不远!

夹竹桃的叶、根和茎皮有剧毒,新鲜的树皮毒性尤为强烈,在干制后毒性会减弱。其中毒症状表现为头痛、头晕、恶心、呕吐、腹痛、腹泻、谵语,甚则汗出肢厥、心律失常,直至休克死亡。

野外生存中,曾有人误食夹竹桃嫩枝而导致死亡的案例,春季夹竹桃抽出的嫩枝很有诱惑性。夹竹桃不是食物,却是很好的庇护所建立地,夹竹桃有天然的驱蚊虫效果。在夹竹桃下宿营可以免受蚊虫的侵扰,在夹竹桃林中宿营是非常舒服的。

野颠茄

茄科植物野颠茄别名野茄子、红颠茄、假茄子、刺天茄,为茄科丁茄属植物,灌木,高30~60厘米,全株有纤毛和细直刺。叶互生,阔卵形,长5~12厘米,宽4~12厘米,先端尖,基部心形,5~7浅裂或中裂,两面有纤毛,叶脉和叶柄有直刺。聚伞花序腋外生,有花1~4朵,有刺;花冠白

色,裂片披针形;浆果球形,熟时橙红色,直径3~4厘米,果柄具细直刺,长2~2.5厘米。种子多数,扁平,直径约4毫米。花期夏、秋季,果期7月。长

江以南的荒地、林边都有生长。

野颠茄的叶片比较恐怖，我想没有多少人会把它当食物的，但果实很有诱惑性。生果像小西瓜，熟果金黄色，橙红色，都是我们认为的可食用颜色。

果实捏开有清香的香瓜味，使其更具诱惑性。食物测毒程序一直到口尝之前一切正常，然后口尝一小口后，嘴、舌、口腔内一片涩麻，非常难受。

本人曾亲自品尝过，一次尝试、终生不忘。涩麻感过后，随之而来的是味蕾失效，采摘了苦菜的叶片咀嚼，取其清热解毒效果才稍稍恢复。

虞美人

虞美人是一种非常美丽的植物，却也毒性极强！对古诗词熟悉的读者肯定知道南唐后主李煜曾写过一首非常优美的词《虞美人》，但李煜写了开头，有人给他续了结尾——李煜被用虞美人熬制的毒药"牵机药"毒死！

虞美人为罂粟科罂粟属一年或两年生草本植物。别名丽春花、赛牡丹、满园春、仙女蒿、虞美人草等，株高40~60厘米，分枝细弱，被短硬毛。全株被开展的粗毛，有乳汁。叶片呈羽状深裂或全裂，裂片披针形，边缘有不规则的锯齿。花单生，有长梗，未开放时下垂，花萼2片，椭圆形，外被粗毛。花冠4瓣，近圆形，具暗斑。花径约5~6厘米，花色丰富，有白色、红色、粉红、紫红、玫红等。花期4~5月。

虞美人含有毒生物碱，全株剧毒种子毒性尤为强烈！其毒是抑制神经中枢，严重可导致生命危险。虽然其花朵在中药中是治疗咳嗽和疟疾的良药，但在野外急救困难的情况下并不建议使用虞美人作为药物！也不建议在虞美人花丛中宿营，有敏感者在花丛中2个小时左右，会产生恶心、呕吐、头晕等中毒症状。

附录：虞美人的野外药用（极度慎用！）

治咳嗽：虞美人鲜花 3~5 朵，水煎服或开水冲泡饮用。(《花卉栽培与药用》)

久咳不止：虞美人果实 6 克，水煎服。(《花卉疗法》)

治痢疾：虞美人花 1~3 克（鲜花 3~9 克，鲜草 15~30 克，干草 9~15 克）煎汤分 2 次服。(《花卉栽培与药用》)

治泄泻：虞美人全草 15 克，铁苋菜 30 克，水煎分 2 次服。(《花卉疗法》)

治腹痛：虞美人果 5 克，水煎服。(同上)

曼陀罗

茄科曼陀罗属植物曼陀罗，别名曼荼罗、满达、曼扎、曼达、醉心花、狗核桃、洋金花、枫茄花、万桃花、闹羊花、大喇叭花、山茄子等。原产自亚洲的热带及亚热带地区，现全国都有分布。多野生在田间、沟旁、道边、河岸、山坡等地。草本或半灌木状，高 0.5~1.5 米，全体近于平滑或在幼嫩部分被短柔毛。茎粗壮，圆柱状，淡绿色或带紫色，下部木质化。叶广卵形，顶端渐尖，基部不对称楔形，有不规则波状浅裂，裂片顶端急尖，有时亦有波状牙齿，侧脉每边 3~5 条，直达裂片顶端，长 8~17 厘米，宽 4~12 厘米；叶柄长 3~5 厘米。花单生于枝杈间或叶腋，直立，有短梗；花萼筒状，长 4~5 厘米，筒部有 5 棱角，两棱间稍向内陷，基部稍膨大，顶端紧围花冠筒，5 浅裂，裂片

三角形，花后自近基部断裂，宿存部分随果实而增大并向外反折；花冠漏斗状，下半部带绿色，上部白色、黄色、粉色或淡紫色等，檐部 5 浅裂，裂片有短尖头，长 6~10 厘米，檐部直径 3~5 厘米；雄蕊不伸出花冠，花丝长约 3 厘米，花药长约 4 毫米；子房密生柔针毛，化柱长约 6 厘米。蒴果直立生，卵状，长 3~4.5 厘米，直径 2~4 厘米，表面生有坚硬针刺或有时无刺而近平滑，成熟后淡黄色，规则 4 瓣裂。种子卵圆形，稍扁，长约 4 毫米，黑色。花期 6~10 月，果期 7~11 月。

曼陀罗全株有毒，种子毒性最大，嫩叶次之，鲜叶、花再次之。在古代，曼陀罗是蒙汗药的主要成分，而传说中的麻沸散的主要成分也是曼陀罗！其毒性的主要成分为山莨菪碱、阿托品及东莨菪碱等。主要麻醉成分为东莨菪碱。

曼陀罗的叶、种子有甜味，极易让人误认可食用，花朵肉质肥厚，常人难以抵御用它来做汤的诱惑！儿童服 3~8 颗种子后即可中毒。在食用一定量的叶和花之后，也会产生中毒症状，一般在口服后 0.5~2 小时即完全被口腔和胃粘膜吸收而出现中毒症状。一般食后 0.5~2 小时出现症状，早期症状为口发干、吞咽困难、声嘶、脉快、瞳孔散大、皮肤干燥潮红、发烧等。

食后 2~6 小时可出现谵妄、幻觉、躁动、抽搐、意识障碍等精神症状。

严重者常于 12~24 小时出现昏睡，呼吸浅慢、血压下降以至发生休克、昏迷和呼吸麻痹等危重征象。

在野外环境下，误食了曼陀罗中毒之后几乎无法解救，你能做的仅仅是催吐、人工呼吸、用水给病人降温并且尽快送往医院！

> 注意：曼陀罗属植物大多有毒！国内分布的曼陀罗属植物主要有木本曼陀罗；毛曼陀罗、洋金花等几种！曼陀罗的花颜色多种，争奇斗艳，犹如大号的喇叭花！不要轻易采摘大号喇叭花来食用！

记住： 不要乱采食藤、花、真菌和野果，虽然可吃很多，但有毒的也不少！如果没有认识的可食用植物，牢牢记住植物测毒程序吧，不要心急。

在做植物测毒程序之前，有一个小经验：漂亮的花草很好看，但不一定能吃，找有虫或动物啃咬过的植物测毒成功率很高，若很漂亮却没有虫和动物对它有兴趣，你可以动脑筋想想，为什么动物都不敢吃它？

附录：断肠草

断肠草并非单指某种有毒植物，而是烈性有毒植物的总称，这类植物在误食后很快就出现中毒症状，且症状猛烈，难以抢救！

俗称为断肠草的有毒植物还有：

1. 乌头

别名五毒根，为毛茛科、乌头属植物，多年生草本。块根通常2~3个连生在一起，呈圆锥形或卵形，母根称乌头，旁生侧根称附子。外表茶褐色，内部乳白色，粉状肉质。茎高100~130厘米，叶互生，革质，卵圆形，有柄，掌状2至3回分裂，裂片有缺刻。立秋后于茎顶端叶腋间开蓝紫色花，花冠像盔帽，圆锥花序；萼片5，花瓣2。果长圆形，由3个分裂的子房组成。种子黄色，多而细小。花期6~7月，果熟期7~8月。

乌头属在全世界有约300种，我国就有160多种，遍布全国各地，而以西南地区种类最多。乌头花很漂亮，在野外常被误认为可食用，根也曾有人误食过。

乌头的有毒成分是二萜类生物碱，其中毒性最大的是乌头碱，只要几毫克就可以让人丧命。其毒性类似于河豚，为神经性毒素，中毒症状很另类：全身神经和肌肉活动紊乱，不痛的地方感觉疼痛，而疼痛的地方却没有痛感，肌肉不听使唤，心脏乱跳，口流涎不止，肠道括约肌失效，大小便失禁，最后死于呼吸中枢麻痹或严重的心律失常。

2. 黄堇

罂粟科小黄花堇的全草及根。有毒。

3. 紫堇

罂粟科紫堇的全草及根。有毒。

4. 紫花鱼灯草

罂粟科刻叶紫堇的全草及根。有毒。

5. 醉马草

豆科小花棘豆的全草。有大毒。

6. 古钩藤

萝藦科古钩藤的根。有毒。

7. 白屈菜

罂粟科白屈菜的带花全草。有毒。

8. 山羊拗

夹竹桃科山羊拗的根、叶。有毒。

昆虫

记住一点就够了：所有闻起来有刺激性异味，特别是苦杏仁味（苦杏仁味野外常作为分辨食物是否有毒的依据，大家一定要牢记）、氢氰酸味的昆虫，都不要去吃！

九香虫虽然有异味，不过却是美味的昆虫，但加工太麻烦，惹得一身臭屁味代价太高，可不考虑进菜谱内。

鱼类

绝大多数的鱼都是可食用的，淡水鱼几乎都是野外的美味。海边的鱼类大多数都可以食用，但要小心河豚，河豚的肉虽然只有一点小毒，但是血液、肝脏和卵巢有剧毒。

河豚虽然是餐桌上不可多得的美味，但其加工程序复杂，在野外是无法加工食用的。河豚的身体短而肥厚，生有毛发状的小刺，上下颌的牙齿连接在一起，好像一块锋利的刀片，使河豚很容易切碎珊瑚的外壳。河豚多在海边钓得，在河流的中下游、入海口附近也会钓到。

分辨河豚很简单：民间称之为气泡鱼，河豚在遭受威胁的时候会大量吸入空气或水犹如吹胀的气球，以此来恐吓天敌。

相对于吃到毒鱼来说，鱼刺卡喉在野外发生的概率更大，吃鱼的时候不要着急，鱼已经下锅，它跑不了。细嚼慢咽能防止鱼刺卡喉，如果不幸被鱼刺卡到喉咙，那是非常痛苦的事情。小鱼刺尚且忍几天就排出，大鱼刺那就非常麻烦了，此时粗暴吞咽成团的饭菜试图吞下鱼刺的办法有时候有效，但是你也要冒极大的风险。鱼刺有可能因为你的吞咽而刺得更深，若入喉不深用手指探入喉咙将鱼刺拔出，或在他人帮助下使用止血钳拔出，若仍无法取出鱼刺，那就只好寻求医疗机构的帮助了。

猛兽

一切猛兽都是危险的食物，人类心底对野兽的恐惧感也常常让人在碰到猛兽的时候做出错误的动作。

动物极少主动攻击人类，更多的时候它是想办法避开你。野外的动物很少能见到两条腿行走的人类。动物与人一样，有与生俱来的本能：绝不招惹自己不熟悉的生物。你可以想象一下，如果你碰到一只异形生物，你的反应是什么？

记住以下几条铁律：不要堵住猛兽的去路，不要抢猛兽的食物，更不能去袭击猛兽的幼崽。所有受伤的猛兽都是极度危险的。为了生存和后代，猛兽会不惜与你开战。一旦开战，吃亏的多数是你自己！

熊

熊出没于山林中，是一种很贪吃的动物，其智力也不算太高。为了可口的食物，有时候它会闯入你的营地翻找，在被发现时，通常它会扭头就跑，跑出一段距离后会后脚站立观察情况。

用噪声通常都能驱赶熊，用刀敲击金属饭盒或其他什么东西。不要试图捕捉熊，熊要杀死人是非常容易的——你只要用你的巴掌和动物园里的熊对比一下就知道了。

狼

作为一种被神话和妖魔化的动物，狼的传说太多了，而且大多数传说都与残忍挂上了钩。其实在野外碰到狼的机会并不多，内蒙古大草原还有少量的狼，除此以外，山林中狼的分布已经很少了。

草原的狼族群比较庞大，而丛林狼则小得多。多数为三五成群，体形也比草原狼小，大多数比成年狼犬略小些，有时候会被误认为是流浪狗。

许多关于狼的故事都是夸大其词，狼是一种很好奇的动物，大多数情况下，狼只是在远处看着你。

狼是很有耐心的动物，为了追猎，狼群能奔走上百公里，狼盯着你看几个小时并不是什么出奇的事情，不要管它，只管干你自己的事情，只需要用眼角余光告诉它：我看到你了。

如果你有食物，将食物扔在营地外贿赂它，但如果狼要进入你的营地，一定要警告它，敲击金属制品是很严厉的警告。

如果你没有足够的肉，用树叶包裹一点盐投在营地外，狼会很感激你。

在被狼群追赶的时候，慌忙地逃跑并不是个好办法，注视着狼的一举一动，你的视野应该要宽阔，避免紧盯一只而遭到其他狼从身后和侧面袭击你，缓慢地撤退，在撤退的时候，将盐洒在路上，狼会为了盐放弃追踪。

虎、豹

这两种大型猫科动物如今数量非常少。它们大多数情况下都不会对人类好奇，独行侠的性格让它们对一切陌生事务都保持着防备的本能。因此它们袭击你的概率还不如野猪大。但它们却是领地意识很强的动物，对侵入其领地的潜在威胁者通常都会发出严厉的警告。

一旦发现虎豹的行踪，立刻停止前进并慢慢朝后退，向它表明：我无意侵入你的领地。眼睛要盯住它的举动，并做好防护准备，直到退到安全的地方。

有时候你会碰到走失的、非常可爱的"小猫"，发扬爱心行为固然值得表彰，但不是在这里。有可能这是一只走失的豹崽，俗话说发狂的母豹赛过虎，追寻而来的母豹会发疯的攻击你。不要爱心泛滥，请绕开走。

吃饱的虎豹会慵懒地躺着休息，它甚至都不愿意看一眼路过的你，但你仍然不能掉以轻心。我知道拍到一张华南虎的照片的诱惑很难让人抗拒，但必须提醒你一句：将相机的闪光灯和声音关掉，在尽可能远的地方拍摄。活着的老虎不是年画，一旦他攻击你，你几乎无还手之力！打消一切捕猎的念头，拍好了照片就赶紧走吧。至于东北虎的照片已经飞满大街了，为了照片招惹它实在是很不明智。

大家到动物园看一看老虎和豹，重点观察一下它们的嘴有多大，牙齿有多长，最好再用自己的巴掌比画一下它的爪子大小。我相信这么一比较，你会对自己和它的实力有个非常客观的评价。

野猪

野猪智力不高，蛮力却不小，成群的野猪胆子很小，一听到异响就逃得命都没有。野猪繁殖很快，随着山林的恢复，许多地区野猪已经泛滥，在秋日的夜间成群结队下山祸害农民庄稼，因此我们在野外碰上野猪的概率相对较高。野猪作为野外的美味相对而言捕猎成本不高，但追猎野猪仅凭着手头简陋的工具还几乎是不太可能的，而且你必须知道该怎么躲避野猪的横冲直撞。如果你是狩猎高手才能考虑猎杀野猪，在野猪的必经之地的树上伏击，用梭镖猎杀殿后的野猪成功率相对较高，但千万不能贪大猎杀中央和前面的野猪。

合力猎杀野猪似乎不错，但是千万不要试图堵住成群野猪的逃跑路线，逃命中的野猪不会在乎挡在它前面的是什么，你只能寻找落单和年幼的野猪下手。

落地陷阱是捕获野猪的好办法，怎么让野猪按照你的预定线路逃跑是需要些经验的。所以怎么在必经之路挖陷阱又不让它觉察考验着你的技能和经验，用套索陷阱捕捉野猪地形破坏小，稍做伪装野猪不太能觉察，但你必须使用非常结实的绳索（例如扁带和登山绳），以免野猪将绳索咬断，肉没吃着白白损失了绳索。最好将陷阱布置在狭窄的、野猪必经的山道上以提高陷阱的成功率。

如果你不幸正在奔逃的野猪前方，取野猪奔逃的垂直方向逃走，爬上树也是不错的办法。只要你不挡住它的路，逃命中的野猪不会对你感兴趣的。

在丛林、林地中游荡的独居大公猪非常危险！千万不要招惹它，体重超过200斤的大公猪通常都有像匕首一样尖锐的獠牙，轻易就能让你肠穿肚烂，若与它狭路相逢，你不太有可能和机会比它更勇猛，最好礼貌地让路。

狭路相逢

和猛兽狭路相逢是一件非常刺激的事情，突然的照面会让人心跳加速，肾上腺素急剧分泌，不少人还会不由自主地尖叫。

这没错，其实猛兽也会吓一跳，通常情况下，听到这声根本就没听过的尖叫，猛兽会回头夺路而逃。

但是你记住，猛兽会敏锐地觉察到你的肾上腺素不正常的分泌，一旦猛兽意识到这是一个外强中干的家伙，那么你的处境就有些不太妙了。

保持镇定是对付猛兽的不二法门，记住所有的猛兽的一个特性：无论是捕猎或者是自卫，猛兽最常用的战术是偷袭，只有在万不得已的情况下才会正面作战。一旦你保持镇定，猛兽袭击你的机会也就丧失了。

觉察到没有机会，猛兽退却，你也该识趣的退到安全的地方。这是最好的结果。麻烦的是猛兽和你顶上了，它不愿意示弱。

此时你就要有限度地示弱，不要拔腿回头就跑，这只能让猛兽觉得到口的肉不吃白不吃。你应该紧盯猛兽的一举一动，同时使用刀背、棍子等敲击树木。猛兽天生对陌生的声音心存恐惧，此举是向它发出一个信号：我很强壮，别想占我的便宜！

如果你有梭镖，再好不过了，上下和左右有节奏的挥舞梭镖，任何动物都无法完成这个动作，它会很迷惑你到底是什么东西。

喉咙发出类似猛兽的咆哮也能震慑它，哨子非常有效。尖锐且有节奏的哨声会让猛兽更加认为你不好惹。大声地呵斥和挥舞手臂，也能震慑猛兽。不断地变换发声会让猛兽迷惑，例如你刚才还在学老虎咆哮，一会变成狼嚎。

通常猛兽会和你"吵架"，用它的咆哮回应你。通常情况下，在你猛烈的声音攻势下，猛兽的声音会越来越小，耳朵向后耷拉，这是认输的信号。你可以更加放肆地"叫骂"，但不要冒险靠近，但如果猛兽毫不示弱地猛烈咆哮，并有发动攻击的迹象，你就该识趣做出示弱反应——降低你的声调，并向后慢慢退却，但嘴上还得"还骂"。

多人合作更能震慑猛兽。猛兽是天生的猎手，它不会不明白招惹一群自己没把握打赢的家伙是多么不明智的事情。

一群人对着猛兽喊叫，敲打树木，挥舞梭镖，通常都能将猛兽赶走。但是记住，千万不要落单，大家排成横列，正对猛兽。如果猛兽仍固守阵地不退却，那么你们就该边威慑它边退却，这就叫有限度的示弱。贸然上前是逼迫猛兽应战，看到你退却了，猛兽保护了自己的领地，也不会冒险追击自己毫不熟悉的生物。

注意猛兽的动作和眼神，若他的眼神不敢正视你而咆哮，那么你的胜利机会会很大；若猛兽停止咆哮头偏向一边，但又没有立刻离开，它是在犹豫；如果猛兽的耳朵不由自主地贴顺下来，眼光偏到一边，几乎可以断定，你已经胜利了。

不管怎么样，你不要向猛兽发出你要进攻的信号，千万不要舞着梭镖喊着口号逼近猛兽，这是心理的较量，双方站在原地僵持一阵后总要有一方示弱。一旦你所有的示威行动都宣告无效的时候，你就该退后了。通常这个时间都不会太久，在几分钟内已经足以分出胜负。

在示威行动开始前，你的动作要轻柔，否则猛兽会认为你向它宣战。然而一旦你决定要示威，就要拿出气概来。你的敲击动作越有力，你的吼叫越有底气，动物就越胆怯。

记住，要有力量和节奏，胡乱的挥舞只会暴露你内心的恐惧！

然而一旦你发出了错误的信号或者动物错误地理解了你的意图，你只能拼死一战。这是谁都不愿意看到的结果，在此我也只能告诉你该怎么办，没有人能保证你一定是胜者，但既然已经到了这一步，这就是你最后的机会了！

从来不会有哪个时候，你会觉得梭镖会如此重要！至少它能延长你的攻击范围，身体略蹲低保持身体的稳定，脚前后站立稳住脚步。握紧梭镖，用梭镖对准猛兽，一旦它扑过来，用梭镖戳它。猛兽在没有机会的时候，会绕着你转圈并咆哮，不要慌张，梭镖始终指向它，嘴上也毫不示弱地大声呵斥，通常在三五回合后，它占不到你便宜后就会撤退。这招对付熊、狼、虎豹效果还不错。

动物的肌肉组织和人不一样，其爆发力是非常恐怖的。看看养大型犬的哥们被狗拖着满街跑就知道了，何况那还只是驯化的野兽。

如果你没有把握一击必杀，那就不要冒险击伤猛兽，受伤的猛兽只会更危险。熊的要害部位是胸口上那条月牙形的白毛，那后面是心脏，将梭镖狠狠地戳进去。四足猛兽的要害是咽喉和腹部,但这里也是很难攻击得到的地方,肩胛是猛兽的弱点部位,正面应对的时候从其颈下或颈后的肌肉组织猛戳进去,可以深入内脏。不要轻易从猛兽的侧面进攻,一旦得手,千万不要撒手,猛兽的生命力很顽强,它还会挣扎一阵子,你要死命地往深处戳!

救生刀是你手里很有力的武器,四脚猛兽在进攻的时候通常会有一个动作——四爪抠紧地面,肩部略略下沉,后腿猛蹬,前爪扑过来。扑倒你用牙齿猛撕你的咽喉,你只有一个机会——站稳脚步,直握刀,刃向下,左手举起护住自己的咽喉,但不要遮挡视线。在猛兽扑过来的一瞬间,顺势向后倒下,曲起膝盖尽量顶住猛兽,将刀狠狠的插入它的腹部并向下拉,剖开它的腹部。

与猛兽搏斗

有机会就推开它,尽量远离,用不了多久它就会死去。如果你被它死死压在身下无法逃离,用尽你吃奶的力气挡住它的牙齿和爪子,曲起腿用膝盖顶住它。缩起来的身体能让猛兽一时找不到攻击的位置,虽然受伤的概率很大,但你别无他法。你只有解决了它之后再想办法包扎伤口并求救了。

与猛兽搏斗没有人敢保证你的安全,许多人碰到猛兽会脚软,但是请你认真地想一想,你是要活下去还是要成为它的晚餐?你只能激发你的求生渴望并运用工具和技巧,这样你存活的可能性才更大!

第七课 **危险的食物（二）**

蛇

蛇的传说源远流长，也是许多人惧怕的动物，民间俗语"一朝被蛇咬，十年怕井绳"，以及成语"杯弓蛇影"都从侧面反映出人类对蛇的莫名恐惧。

蛇是在野外最容易碰到的危险动物，但蛇并没有传说的那么可怕。野外生存时，蛇要酌情考虑进入你的菜谱。

世界上有2700多种蛇，分11科400多属，中国有209种蛇（一说208种），分9科53属。不同科属的蛇有不同的特性，分清这点对认识蛇有很大的帮助。

这9科分别是：盲蛇科、瘰鳞蛇科、闪鳞蛇科、蟒科、游蛇科、眼镜蛇科、海蛇科、蝰科、蝮科（也称之为蝰科蝮亚科）。

这9科中，前五科中的蛇属是无毒蛇（在游蛇科的有少量蛇有微毒，因为对人无害，因此归于无毒蛇内），后四科的蛇属是有毒蛇。

本手册无法介绍每一种蛇的特性，也没必要介绍每一种蛇。简单而言，你碰到蛇时，只需要考虑是该躲避还是该把它列入菜谱？如果不幸被咬的时候，你怎么辨别是否有毒，以及该怎么处理伤口。能精确辨识蛇的种类更好，但从生存角度上来说并无多大必要。如果你对蛇很感兴趣，可以查阅相关资料。

毋庸置疑的一点的是，无毒蛇远比有毒蛇多。游蛇科中的蛇属最多，世界上三分之二的蛇属于游蛇科，是各地蛇类的主力军。游蛇科的成员复杂，划分也比较混乱。在中国的游蛇科中的蛇都是无毒蛇。

我们只需要牢牢地掌握蛇的通性知识就够了。我认为人怕蛇主要是自身心理因素，其实蛇比你更害怕。虽然蛇是很成功的掠食动物，可是也有很多弱点。

比如蛇类的视力很差，视觉也不敏感，因为眼睛生在头两侧，视野重叠范围极小，眼球后方没有视觉，对静止物体视而不见，只能辨认距离很近的活动物体，距它1米以上的物体都很难看见。

蛇的听觉也很差，不能接受空气传导来的声波。但蛇对地面传导来的震动却很敏感，因此加重脚步行走或用棍棒击打地面、石头和草丛常常能把蛇吓走，这就是"打草惊蛇"的道理。

因为蛇没有脚，其行动是靠一系列的肌肉附着地面交替收缩和舒张来完成的，因此在凹凸不平的地面上，蛇的行动非常缓慢。民间传说蛇的速度很快，那是相对而言，蛇只是在攻击的瞬间速度很快，且其攻击的距离很短。

速度最快的蛇是曼巴蛇，不过它只生活在非洲，绝大部分蛇的移动速度没有人类快，在耐力这项指标上，蛇也是不及格的，因为蛇的肺活量很小，要它参加马拉松非常不现实。另外，蛇的椎体活动受到角度限制，使其不能转折掉头，因此蛇攻击时候的角度非常狭窄，仅限于正前方一小块区域，捕蛇人就是利用这一点，从蛇身后抓蛇尾来捕捉蛇。

蛇的嗅觉灵敏，对气味芬芳浓郁的气味非常敏感，民间常用它这一弱点使用药物加以捕捉。

什么地方的蛇多？这个问题有些难回答，不过蛇是掠食动物，它的猎物主要是蛙类和鼠类，而这两类动物常常出现在近水的地方或出没于丛林中阴暗潮湿处，炎热干燥的地方很少出现蛇。

蛇能躲藏的地方很多，树林、草丛、灌木丛、蕨类丛生的山坡、岩洞等地方都可能会有蛇的身影。因为蛇身上的保护色和环境色彩的繁杂，人常常是离蛇很近了才会发现，甚至根本就不知道附近有蛇。因此打草惊蛇是防蛇的重要手段。

请记住，任何一种动物要作战前都会进行实力评估，蛇也不例外。蛇咬人是其本能的自卫反应，哪怕是眼镜蛇或者眼镜王蛇这样脾气暴躁、领地意识极强的蛇与人对峙的时候，如果你退离它的领地范围，大多数情况下它们也会选择撤离。蛇在感知到地面的不寻常震动时（例如你打草惊蛇的时候），要么逃之夭夭，要么静止不动用身上的保护色试图骗过你的眼睛以保命。许多被蛇咬伤的案例都找不到"肇事者"，因为蛇咬人之后第一反应还是逃跑，在草丛，灌木等地形中，蛇无疑极具灵活优势。

小知识：

颊窝是部分蛇类的"热眼"，长在鼻子和眼睛间，约一粒米那么大，5毫米深，是蛇的热能探测仪。不是所有的毒蛇都有颊窝，民间传说蛇是靠热能追捕猎物的说法并不完全正确。中国有颊窝的毒蛇有：蝮蛇、尖吻蝮蛇、竹叶青。有颊窝的蛇类有扑火性，特别是在秋末气温降低的时候，若宿营地边有此类毒蛇，它们常会被火堆的热量吸引而靠近宿营地。因此在夜间需要注意防此类毒蛇。

> **注意：** 蛇类在蜕皮或者幼体的时候，其形态、颜色和花纹有时跟成体大不一样，某些蛇身上的花纹跟其他种类的蛇相似，在野外碰到蛇的时候，很多时候只看到蛇的局部。这些原因都会造成辨识错误，甚至将有毒蛇辨识成为无毒蛇。如果食物不短缺或无必要，不要招惹蛇类。当必须招惹它们的时候，做好防护工作和预备急救的措施。

防蛇、防咬、防中毒

在野外避免和蛇、特别是毒蛇起冲突是必要的，防蛇是一项很重要的野外生存知识。

防蛇第一招——主动出击、打草惊蛇

兵法云，敌人怕什么，我就用什么。既然蛇怕不寻常震动，那我们就用来对付它。不过蛇有时会静止不动，在纷杂的自然环境下蛇的保护色的确是比较有效的，有时候你会不小心踩到然后招致蛇的猛烈自卫。

在茂密的草丛、蕨类丛生的地方、厚实的灌木区、丛林溪边乱石丛中，很可能在某个地方里就潜伏着毒蛇。这很好解决，走路的时候用力踩踏石块，或者用棍子敲打石块、植物、地面就能把蛇吓跑或威慑它不敢乱动。相比之下，低音频的震动对蛇更有威慑力，敲打石块、地面或者树木的效果就比单纯的扫草丛更有效。特别是早晨、傍晚、夜间的能见度不高的时候，更要做好防护和

打草惊蛇。

蛇的咬伤大多是在前手臂和腿部，金环蛇、银环蛇常是被踩到才咬人；蝮蛇、尖吻蝮蛇、蝰蛇在觉得受到威胁的时候会呈S形不断的往后缩，当你靠近它在1米内，仍然毫无察觉的时候会被咬。大部分是咬到小腿部分，眼镜蛇和眼镜王蛇在你靠近它3米之内时，它感觉到威胁的时候会竖起身体前半段，膨胀颈部警告。

蛇的攻击距离并不远，其射程很少会超过1米之外。且攻击角度也很狭窄，但是蛇在有效攻击范围内的瞬间速度极快，让人防不胜防，此时你就需要有一定的防护了。

防蛇第二招——"盔甲"防护

我从来不建议在野外穿短袖衣，卷起裤脚或者光脚到处乱跑。正确的做法是穿长袖衣服并扎好衣袖，穿上高帮的靴子和长裤，在砍柴或搜寻野菜的时候，戴上手套。特别是夜晚，有些人为了贪图方便光脚到草丛撒尿，结果……

蛇是近视眼，它视物是很模糊的轮廓，衣服的褶皱可以欺骗蛇的眼睛，也是你的一层很重要的保护，蛇的大多数攻击都会咬在衣服上。

在竹林、树林宿营或进入这类地区砍柴、搜寻食物的时候，要注意竹叶青这类树栖毒蛇。除了穿长袖衣、戴手套等常规防护外，你最好戴上帽子，在脖子上围上生存丝巾，防止蛇从天降。

在近水的地方更要注意防蛇。大多数蛇喜欢湿润的地方，在干燥的黄土地、沙漠地带，很少能见到蛇。

保持距离是对付蛇的重要手段之一，只要你能保持在离蛇1米以外的地方，蛇除了虚张声势或者逃跑就没有别的什么办法了。若你反应快，在蛇攻击你之前发现了它，保持镇定，取蛇攻击线的垂直方向躲避。

防蛇第三招——化学防护

蛇不喜欢气味芬芳浓郁的东西，民间使用雄黄作为避蛇和抓蛇的药品。含酒精的药品都有防蛇效果，例如云香精、正骨水、云南白药气雾剂、花露水、红花油、活络油这类药品。在砍柴、搜寻野菜的时候将少量药品喷洒在裤脚、手套、生存丝巾和帽子上，这样又增加了一层化学防护。或许在你离蛇很近却又没有发现的时候，化学战会让蛇失去咬你的信心。化学防护是作为前两者防护的辅助手段，其缺点就是不可能长时间保持药物的效力，是一种临时防护措施。

有颊窝的蛇，如蝮蛇、尖吻蝮蛇、竹叶青蛇有扑火的习性。夜间在野外宿营生火的时候，火堆的热量有可能会引来蛇，用草木灰洒出宽约10—20厘米的防蛇带并不难。

虽然野外有许多蛇，但能咬到你的蛇在概率上来说跟中500万大奖差不多。不过一旦你中奖了，那概率就是100%。

万一大奖真落在你头上了，千万不要激动，千万不要紧张。如果"肇事者"还在看热闹，先把它解决了再说。不过通常"肇事者"都不会待在那里等候你的惩罚，在你愣神的功夫就已经逃之夭夭了。那么把时间和精力留下来处理你的"大奖"吧！

诚然，对付蛇毒最有效的是抗蛇毒血清，可是荒郊野外的到哪儿去找？我们来谈比较现实的处理方式。

一、结扎伤口

只要你确认是被蛇咬伤，且不要管是否是有毒蛇，首先应结扎伤口，然后再分辨是否有毒无毒蛇咬伤。将伤肢尽量放低，用医用胶管、绳索、鞋带、布条、纱布、藤条等带状绳状物体在伤口上端（近心端）一个手掌宽度或上一关节相应部位进行结扎，结扎不是要你完全绑死，绳下要能塞进两个手指这样的程度就可以了。这样既能够阻止淋巴、静脉血回流，又不妨碍动脉血供应。结扎后每20分钟或半个小时松开一次，每次2~3分钟，以免影响血液供应造成组织坏死。同时辨认是否毒蛇咬伤。

如果是无毒蛇咬伤，伤口有四行或者两行锯齿状浅浅的而且细小的牙痕，局部出现轻微的疼痛或者有少许的出血，但很快就会消失，全身无中毒症状。如果是有毒蛇，伤口多为两个针尖大小的牙痕，并有局部以及全身的中毒表现。

注意：辨别是否毒蛇咬伤关系到你的生命问题，一定要再三地辨别和确认。即便确认为无毒蛇咬伤，也要处理伤口，任何蛇口内都有细菌，清洗伤口并包扎好，最好用药品局部消毒或服用抗生素，以免伤口感染。

有毒蛇牙痕　　　　无毒蛇牙痕

二、冲洗伤口

结扎后用水冲洗伤口，如果有肥皂就调和肥皂水，最好能用 1:5000 的高锰酸钾溶液冲洗，蛇毒碰到强氧化剂和碱性物质会灭活，冲洗的目的是将伤口周围的毒液破坏和洗掉，减轻中毒。在紧急情况下没有水，可用尿液冲洗伤口。

三、切开伤口、冲洗、挤压排毒

挤压排毒在第一次冲洗的时候就可以同步进行，边冲洗边从近心端向伤口方向及周围反复的揉动和挤压，促使毒液随血液排出体外。

切开伤口的目的是更快地排毒，使用小刀等利器（手术刀片非常锋利，切割的时候不会太疼）沿牙痕做"一"字形或者"十"字形切口，长约 1~1.5 厘米。这不是切肉，不用切太深，达到皮肤下就可以了。切开伤口的同时，还应检查是否有毒牙断裂在伤口上，清理断裂毒牙。

可以用竹筒，药瓶做临时火罐，利用负压吸出毒素，这样效率更高。旁人用嘴吸出毒素我不建议，如果必须要这么做的话，要保证没有口腔溃疡，吸一口，吐一口，并用水漱口，不能吞咽毒素和漱口水。

更好的办法是切开矿泉水瓶或用一段直径合适的竹筒，压在伤口上用嘴吸毒液，边吸边清理，这样不会将毒液吸入口腔内。

切开伤口后还需要不断地冲洗和挤压排毒，这个过程需要做 20 分钟甚至半个小时。不要嫌麻烦，这是为了保证你的生命不被蛇毒夺走。

在某些急救条件比较困难的情况下，切开伤口，进行初步冲洗后，可用火灼烧患处。蛇毒遇高热即发生凝固反应，失去毒性。使用火苗外焰靠近伤口，停止 1~2 秒移开，反复多次，以患处感觉到灼烧感又不灼伤皮肤为宜。灼烧三到五次后，进行一次挤压排毒。

呃……啥叫急救条件比较困难？很简单，你既没有足够的水来冲洗又挤不出尿的时候，那就是急救条件比较困难……

> **注意**：被尖吻蝮蛇、蝰蛇此类血循毒毒蛇咬伤的时候，因为其蛇毒含有溶血物质，伤口往往会流血不止，并伴发血泡现象，严重者伤口溃烂，如伴发此类症状则不应切开伤口，以防出血不止。

四、就近寻找蛇伤药品

如果带有蛇伤药物，按说明书使用。如果没有，就要学会辨认野外治疗蛇伤的基本草药。

半边莲

桔梗科半边莲属植物半边莲，性味辛、微苦、平。别名急解索、蛇脷草、半边花等，多年生小草本，节间生根，茎纤细，高10厘米左右。椭圆形叶片左右互生，没有叶柄，叶片直接长在茎上，叶片边缘有疏齿。夏秋季节开花，5个花瓣都偏向一边生长，非常好辨认。

南方各省区都有分布，常见于田边、河沟边、湖边等潮湿的地方，是治疗毒蛇咬伤的常用药品。取鲜草适量捣烂外敷伤口，另取9~15克用水煎服，中毒较重时用鲜草捣烂直接喂服或榨汁内服（在野外你有榨汁机吗？如果没有，研究一下生存丝巾吧，那也是个简易榨汁机）。

半边莲主要用于治疗毒蛇咬伤，同时还有清热解毒、利尿消肿的作用，还常用于疮疖痛肿和其他毒虫咬伤。

香茶菜

唇形科香茶菜属植物香茶菜，性味辛、苦、凉。别名蛇总管、铁生姜、小叶蛇总管等，多年生草本，茎直立，方形，全株被柔毛，基部木质化，常具有生姜状的木质化块根，也称为铁生姜，叶片对生，呈卵状披针形，叶片长3~10厘米，宽2~5厘米。边缘有钝齿，两面被柔毛，秋季开花，花淡呈唇形淡紫色，花生于叶腋或枝顶部。在我国南方各省均有分布，生长于山坡、山谷湿润而向阳的地方。

用量60~90克，单味水煎服，治疗各种毒蛇咬伤。

白花蛇舌草

茜草科耳草属植物白花蛇舌草，性味涩、寒、无毒。一年生草本，高15~50厘米。茎纤弱，略带方形或圆柱形，秃净无毛。叶对生，具短柄或无柄；叶片线形至线状披针形，长1~3.5厘米，宽1~3毫米，犹如蛇的舌头；花单生或2朵生于叶腋，无柄或近于无柄；花细小纤弱，长约3毫米。纯白色，8~10月结蒴果，蒴果扁球形，直径2~3毫米，成熟后背部开裂。内藏棕黄色种子，极细小。花期7~9月，果期8~10月。长江以南各省均有分布，云南、广东、广西、福建、浙江、江苏、安徽等

温暖省区常见，生长于山坡、路边、溪畔草丛中。

治疗毒蛇咬伤：白花蛇舌草单味50~100克，水煎服或榨汁内服，渣敷患处。

治疗痢疾、尿道炎：白花蛇舌草50克，水煎服。

毒虫咬伤、无名疔疮：白花蛇舌草适量，捣烂外敷。

在福建、广西地区，尚有以同属植物水线草，纤花耳草及松叶耳草等作白花蛇舌草使用者。

《广西中药志》："治小儿疳积、毒蛇咬伤、癌肿。外治白泡疮、蛇癞疮。"

《潮州志》："茎叶榨汁饮服，治盲肠炎，又可治一切肠病。"

《广西中草药》："清热解毒，活血利尿。治扁桃体炎，咽喉炎，阑尾炎，肝炎，痢疾，尿路感染，小儿疳积。"

禁忌：孕妇慎用。

鬼针草

菊科鬼针草属植物鬼针草，性味温、苦、无毒。别名盲肠草、婆婆针等，一年生草本，高达1米左右，茎四菱形，上部分分枝。叶在茎的中部和下部对生，上部叶互生，边缘有锯齿，秋季开花。头状花多为黄色或白色，外形像小菊花，果实椭圆形，顶端有针状，易黏附他物。我国各地均有分布，生于路边、田间、旷野、山坡、草地等地。

治疗毒蛇咬伤：鲜草全株捣烂外敷伤口周围，茎叶捣烂取汁服用，每次2~3汤匙。鬼针草对于治疗血循毒毒蛇效果比较好，如蝮蛇、尖吻蝮蛇、竹叶青、烙铁头这类毒蛇咬伤。

使用鬼针草50克，配半边莲30克，金银花、野菊花、防己、青木香各9克，生甘草4克水煎服，对于治疗蝮蛇等咬伤有特效。不过一时半会儿在野外怎么才能配齐这些药品？因此在蛇伤急救里，多介绍单品和好寻找的草药，后面的药方是给大家一个参考。

《本草拾遗》:"主蛇及蜘蛛咬,杵碎敷之,亦杵绞汁服。"

《江苏植药志》:"捣汁敷,止血。"

蕨无处不在,不光能吃,还能作为药用。

治疗毒蛇咬伤:取鲜蕨叶 50 克,捣烂外敷患处。

叶下珠

大戟科叶下珠属叶下珠,味微苦甘,性凉,无毒;别名珍珠草、油甘草、龙珠草、小人草、田油甘等。一年生草本。高 10 厘米至 40 厘米。茎带紫红色,有纵棱。绿叶互生,形成两行作复瓦状排列,叶片矩圆形,长 1~3 厘米,先端尖或钝,基部圆形,几无叶柄。夏秋沿茎叶下开白色小花,无花柄。小果扁圆形,形如小珠,排列于茎叶下。叶下珠极像含羞草,但触碰后不会像含羞草一样叶片合拢,翻过可见茎叶下的白色小花和果,使之在野外极好辨认。广泛分布于云南、贵州、四川、广东、广西、湖南、江苏、江西、福建、浙江等地。常见于湖泊、河流、小溪、草地、树荫等处。

叶下珠可食用,但多用于药用和保健。

治疗毒蛇咬伤:鲜叶下珠 30~90 克,绞汁用热水冲服(有米汤更好),渣敷伤处。

肠炎、腹泻、细菌性痢疾:鲜叶下珠 50 克,水煎服。

夜盲症:鲜叶下珠 50~100 克,水煎,分多次服用,平时可用作茶饮,可补充维生素等。

被蛇咬伤后,不用紧张,也不用慌张。你只要记得毒蛇咬伤,百步之内必有解药。这至少能让你有一些心理安慰。

常用的蛇伤救治药品还有：飞来鹤、田基黄、瓜子金、徐长卿、黄独、山梗菜、七叶一枝花等，这些药品多是用鲜品捣烂直接外敷患处，也可单味煎水服用解毒，一般用量10~50克，因篇幅所限不能一一介绍，大家有兴趣的话可以找相关资料学习。

五、立刻将伤员转送到最近的医疗机构，做进一步的观察和治疗

如果单身一人，保持正常步速，不要奔跑，快走，寻找最近的村镇寻求帮助。一定要保持镇定。不要抓狂，不要心慌意乱、试图奔跑寻找救护。努力地深呼吸，平复心跳，然后按照手册的处理程序——结扎、分辨、排毒、服药。

在毒蛇咬伤的几分钟内结扎，10分钟内进行排毒程序，半个小时内寻找草药解毒，你中毒死亡的可能性就已经很小了。特别提醒好喝两口的哥们，不要喝酒压惊，此时血液流动越慢，毒素发作也就越慢。做完蛇伤救急之后，将伤员转送到最近的医疗机构做进一步的观察和治疗，不能掉以轻心，自以为是。

附录：蛇毒的分类

血循毒： 蝰蛇、尖吻蝮蛇、烙铁头、蝮蛇等蛇，毒主要含血循毒，被此类毒蛇咬伤的特点是潜伏期短，一般几分钟内就会出现症状。局部症状非常明显：伤口反应强烈，有剧烈的疼痛、肿胀、如火灼伤感，毒性强烈的如尖吻蝮蛇、蝰蛇、烙铁头蛇，常会伴发出血不止、水泡和血泡症状。

神经毒： 金环蛇、银环蛇、海蛇属于这类毒素。被咬伤后局部不红、不肿、不痛、不出血。既是有这类症状也非常轻微，全身症状因潜伏期长，一般在1~6小时才出现，以舌咽神经受损症状出现最早。即喉头疼痛、吞咽困难、胸闷。此类蛇咬伤的部位常在小腿或者小手臂，若曾经到过有此类毒蛇出没的地方活动，小腿或手臂有麻痒感，轻微刺痛感症状，最好仔细检查。

混合毒： 眼镜蛇、眼镜王蛇属于这类，毒液既含血循毒素也有神经毒素，被咬伤后有剧烈疼痛感，且会逐渐加剧，范围迅速扩大，伤口流血不多，很快变黑。伤口中心有麻木感，周围皮肤迅速红肿并向近心端蔓延。

蛇毒到底有多可怕？江湖传说往往以讹传讹，蛇一时间成为杀人高手，还有传说中蛇毒几分钟内可让人死亡，甚至十秒内被秒杀。实际上蛇毒的起效比大家想象中的要慢得多。

蛇毒对机体的作用比较复杂，中毒症状也因毒蛇的种类、蛇毒的注入量、人的年龄、体质的不同，表现特点也不尽相同。

蛇毒散布方式只有两种：随淋巴循环扩散和随血液循环扩散。淋巴循环扩散是主要方式，这种散布速度很慢，如果不做任何急救措施，你还可以活上几个小时甚至几天。广西有被银环蛇咬伤的案例，全身中毒症状出现后，那哥们认为是感冒了，愣是在家挺了几天没事，直到伤口感染发炎到卫生室包扎的时候才知道是被银环蛇咬伤的。这个案例只是告诉大家蛇毒没有想象的那么可怕，但也并不是告诉你傻到认为可以不进行蛇伤救治就回家睡觉。被咬伤后如能正确地处理伤口，及时进行救治，就能减缓中毒症状，死亡率会大大降低。

另一种非主流方式是蛇咬穿了血管。蛇毒直接注入了小血管中随血液循环，这种非主流扩散方式危害很大，往往使伤员在半小时内死亡。有文献报道，中毒致死速度赛的冠军是一条眼镜王蛇，三分钟内毒死一个成年男子，就是因为直接在小血管内注射毒液，而此人因紧张和恐惧错过了最佳的急救时间。

这种概率非常小。如果你真的中了这个大奖，上到天国的时候一定要问问上帝有没有彩票卖——这么说吧，每年中国因触电事故而身亡的人比被毒蛇咬死的人还要多，而被毒蛇咬伤的人比没事去摸电闸的人多得多，在号称眼镜蛇之乡的斯里兰卡，每年被眼镜蛇咬伤者高达数万人，在没有引进抗蛇毒血清以土法治疗时，死亡率约为 1%~3%，在世卫组织引入了抗蛇毒血清后，每年死于眼镜蛇毒者约为百余人，绝大多数为孩童。

对蛇我一向强调预防为主，如果大奖不幸花落你家，一定要保持平和心态。正确地进行蛇伤急救，立刻前往最近的医疗机构寻求帮助，不能以为没什么严重症状就回家睡觉。

附图：毒蛇咬伤症状鉴别

蛇的种类	局部表现	全身表现	注意事项
眼镜蛇（混合毒）	牙距1.1~1.9厘米，伤口出血不多，易闭合变黑，有麻木感，局部肿胀明显，有时伴发水泡和组织坏死。	一般在2~6小时左右出现喉痛、吞咽困难、胸闷、恶心、呕吐、困倦思睡等神经毒症状。严重者会呼吸困难，因急性循环衰竭和呼吸麻痹死亡。	多在白天被咬伤，立刻进行蛇伤急救。送往最近的医疗机构观察治疗。
眼镜王蛇（混合毒）	牙距常不小于1.9厘米，伤口疼痛、麻木，但红肿不明显。	基本同眼镜蛇，但发病急且严重，严重者常在半小时内发病，常因呼吸衰竭、呼吸麻痹而死亡。	多在白天被咬伤，眼镜王蛇体大凶猛，且咬人死咬不放。排毒量大，临床死亡率较其他毒蛇高，中毒症状发展迅速，如不处理或处理不当，伤者在1~3小时内死亡。立刻进行蛇伤急救，送往最近医疗机构观察和治疗。
银环蛇（神经毒）	伤处常见针尖大的牙痕，伤口不红、不肿、不痛、一般不出血，10分钟左右伤口有蚊虫咬般的微痛、微痒和麻木症状。	一般在咬伤后2~6小时出现吞咽困难、眼睑下垂、胸闷、全身乏力、嗜睡等症状，严重者语言不清、肌肉抽搐、呼吸困难或呼吸麻痹。	多在夜间被咬伤，因局部症状轻微，常被误认无毒蛇或其他毒虫咬伤，要仔细检查伤口患处，进行蛇伤急救后送往最近医疗机构观察治疗。此类蛇咬伤经过正确的蛇伤急救后致死率不高，不留长期后遗症。
金环蛇（神经毒）	伤处常见两个牙痕，不流血或少流血，局部不痛或微痛，伤口周围微红肿，局部呈鸡皮样疙瘩。	基本同银环蛇，但全身筋骨阵发性疼痛明显。	多在夜间被咬伤，发病较银环蛇慢，潜伏期更长，进行蛇伤急救后，送往最近医疗机构观察治疗。

蛇的种类	局部表现	全身表现	注意事项
蝮蛇（血循毒）	一般牙痕两个，深且清晰，伤口明显肿胀、刺痛，逐渐加重向外蔓延，皮下有瘀斑。	1~6小时左右出现视力模糊、重影，眼睑下垂，张口困难，全身肌肉酸痛等神经毒症状。重症者呼吸困难，尿少或无尿，尿液黑呈酱油样。	白天和晚上都有被咬伤者，牙痕周围有时可出现水泡、血泡现象，若此现象严重，不要切开伤口。立刻进行蛇伤急救后送往最近的医疗机构观察和治疗。
尖吻蝮蛇（血循毒）	伤处两个较大牙痕，牙距较宽，常在1.5~3.5厘米，伤口出血多，局部肿胀严重。常伴发较多、较大的水泡和血泡症状，还伴发患处附近淋巴结肿痛，组织溃烂和坏死范围大而深。	中毒出现快且凶猛，常有心悸、畏寒、发热、胸闷、视力模糊、牙龈、鼻、眼结膜、大小便出血、全身皮下有散在性瘀斑、尿少或无尿、血压下降、休克症状。	立刻进行蛇伤急救，切记不能切开伤口，以免引发大出血。其伤口范围大且常伴发组织溃烂，比较恐怖，要快速送往最近的医疗机构观察和治疗，本类蛇治愈后，部分病人可能会有伤肢肌肉萎缩、骨质坏死等长期后遗症，不可马虎大意。
蝰蛇（血循毒）	牙距1~1.6厘米，伤口出血不止，伤口赶到疼痛并逐渐加剧，局部发热、红肿并向近心端蔓延，附近淋巴常有肿大、压痛症状，伤后发病急。	中毒症状出现快，来势猛，病情持久，皮下、内脏、五官出血严重，常因失血、溶血而出现贫血。严重者尿少、尿闭，尿液呈酱油色，因急性肾功能衰竭而死亡。	白天和晚上都有被咬伤者，立刻进行蛇伤急救，不能切开伤口以免引发大出血，快速送往最近医疗机构观察和治疗。
竹叶青（血循毒）	常见两针尖样牙痕，牙距0.5~1.2厘米，伤处灼痛难以忍受，患部肿胀显著，迅速向近心端蔓延。常出现水泡，严重者患处附近可见皮下血斑。	全身中毒表现一般不严重，死亡率极低，部分严重患者可有头疼、头昏眼花、黏膜下出血、呕吐、便血症状，有因疼痛导致休克的案例。	白天和晚上都有被咬伤者，伤处多为前臂、颈脖、肩膀，甚至头部。如果咬伤头部、颈脖，可能会造成局部肿胀严重压迫气管，患者呼吸困难甚至窒息而危及生命，因此也不能大意，进行蛇伤急救并送往最近的医疗机构观察治疗。

蛇的种类	局部表现	全身表现	注意事项
烙铁头（血循毒）	局部表现与竹叶青相似，但反应较为强烈，伤肢如被火灼烧般疼痛难忍，伤口红肿，常伴发淋巴结肿痛。	同竹叶青咬伤基本相似，但更为严重，常有头昏眼花、恶心、呕吐症状，严重者可出现五官出血、大小便出血、意识模糊、血压下降、四肢冰冷休克甚至昏迷等，虽然致死率不算高，可也有因急性肾功能衰竭和急性循环衰竭而死的可能。	白天和晚上都有被咬伤者，进行蛇伤急救后送往最近的医疗机构观察治疗。
海蛇（神经毒）	除咬伤瞬间有刺痛感外，伤口不红、不肿、不痛、不痒，但有麻木感。	常于伤后 3~5 小时出现吞咽困难、眼睑下垂、视力模糊、全身筋骨疼痛、肌肉无力。严重者尿液呈深褐色，因呼吸麻痹、心力衰竭或急性肾功能衰竭。	白天和夜间都有被咬伤者，伤处多见于腿部，因其局部症状不明显，潜伏期长，在海滨地区下海活动上岸后要检查四肢，不可掉以轻心。如被咬伤，进行蛇伤急救后送往最近的医疗机构观察治疗。

怎样把蛇从动物变成食物

我承认，这个标题很不厚道，对蛇也很不公平。不过你若是陷入了求生状态，不要放过任何一个可以成为食物的东西是求生准则。当然这个准则是建立在打得过的基础上。

现在来介绍一下怎么打得过蛇，从而让蛇成为你火堆上的一道美味。

孙子兵法云，知己知彼，百战不殆。毛主席说，在战略上要藐视，在战术上要重视，这句话套在野外生存上也是非常正确的。

上篇已经简单介绍了蛇的性格和特点以及蛇伤救治的方法，如果你认为你到了能放手跟蛇一战的时候，那就往下看。

我从来不建议徒手格斗，有武器不用那是笨蛋！

> **注意**：对待蛇，特别是毒蛇，我仍建议以预防为主，如果没有必要，不要招惹任何蛇类。下面的办法是用于捕捉除了蟒蛇之外的蛇类，要抓大型蟒蛇请虚心向捕蛇高手请教。

一、使用蛇叉

蛇最大的弱点是什么？没有长爪子。那么就好办了，只要把蛇脑袋制住了，火堆很快就有一道美味的菜了。

蛇叉可以临时制作，一条1.5米或更长的前段分叉的树枝稍微加工一下就成为捕蛇利器了。

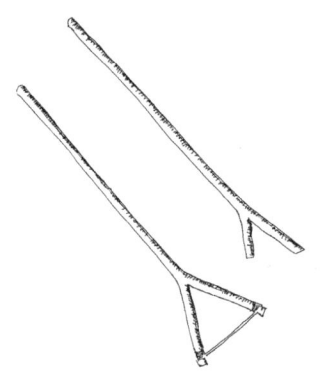

小分叉一般5~10厘米长，我倾向于使用稍微大一点的蛇叉——大蛇小蛇都能一网打尽。有人会提问说如果是小蛇，难道不会从大蛇叉下钻走吗，我的回答是：绝对会，只要用藤条之类的绳索在叉头绑一下，那就不会了。

绳索的松紧程度可以这么测量：用两根手指当作蛇平放在地面上，使用蛇叉叉住，手指不能轻易抽出就行了。更好的办法是使用弹力绳索，比如你带着的医用胶管。

叉住蛇头之后，用脚用力踩蛇头将其踩死。确认死亡后再松开蛇叉拣走蛇。在这里不要跟我讲什么人道，讲人道你还去抓蛇来烤？这么做是为了保护你不被咬到，特别是体形大的蛇，遭到袭击后会猛烈挣扎。一定要死死压住蛇头，不能因紧张害怕而松手。话说回来，如果就那点心理素质，就别去招惹蛇了。

因为蛇不能看到身后，因此叉蛇的时候建议从身后袭击，先缓慢地瞄准目标，一击必中。叉蛇法比较适合蛇全身暴露，至少身体前段暴露的蛇，如果蛇躲藏在草丛等地方，如果只叉到蛇的腰部，蛇头没有失去抵抗能力的话，还是有可能会受伤。

叉蛇法我觉得是没事找抽型，存心是跟蛇过不去，明显是有备而来找蛇寻仇。不过在蛇常出没的地方临时备根蛇叉也不是什么坏事。

二、使用化学药品

蛇害怕气味浓郁的药品，民间常用雄黄水捕蛇。戴好手套，在手套、靴子、小腿裤脚上喷洒药水防止蛇靠近，可以用随身携带的防蚊虫药物或用高度酒溶解部分硫黄粉配成硫黄水。

遇到蛇之后向它头部、身体喷洒药水，蛇就会发软乏力、行动缓慢，然后用木棍、蛇叉等物压住蛇的颈部加以捕捉。这个办法可以与蛇叉、木棍等武器配合使用。

特别是当蛇钻在某处只露出局部的时候，喷洒药水将蛇赶出躲藏点，然后再收拾。这个办法比较适合初学者，但效果并不十分可靠，有时候蛇受惊会刺溜逃走，不过好处就是，蛇不会咬到你。

大家记住，蛇不会主动来找人的麻烦的，我相信大多数人也不会去主动找蛇的麻烦。

在野外人与蛇常常打的是遭遇战。如果打草惊蛇没起作用，与蛇狭路相逢的时候，就使用棍棒猛击蛇。

在这里，不用讨论打蛇到底是打几寸，能打蛇头就不要打蛇腰，能打蛇腰就不要打蛇尾巴。也不要讨论打几下，直至把蛇打到不能动弹。

这招同样适合初学者，也适合易惊慌失措者，因为棍棒的猛挥不管是不是打到了蛇身上，蛇的反应都是逃跑。

如果地形允许，从蛇的侧面或后面进攻，尽量避免正面迎敌。如果是与蛇正面相逢，略调整脚步到蛇的前侧方，这样既能躲避蛇的正面进攻角度，又能让手臂易斜挥。棍棒能形成扇面杀伤和防御范围，尽量不要垂直挥动木棒，点状的打击对于蛇这类小目标来说命中率太低。这招对付眼镜蛇、眼镜王蛇这类昂首正面跟你PK的蛇特别有效，砍刀也能这么使用，如果怕伤及刀刃，一击得手之后，转过刀背就猛砸吧。

三、蒙眼

"我悄悄蒙上你的眼睛，把你送上我的火堆……"这招适合与蛇狭路相逢、你手头又没有武器的时候使用。常用于捕捉眼镜蛇、眼镜王蛇、滑鼠蛇、王锦蛇这类性格凶猛、活动能力强的蛇。

碰到蛇后，保持镇定，慢慢地脱下你的帽子或者上衣，眼睛时刻盯住蛇的动作。脱帽或衣服的动作要轻柔缓慢，以免蛇惊动发动攻击。然后用帽子、衣服向蛇头甩去蒙住蛇的头部，顺势用脚猛踩踏蛇头部，蛇被蒙眼后会失去攻击目标。记住，是头部，不是腰部！

四、使用强光电筒

这个办法适合晚上捕蛇。对付怕强光的蛇类，如金环蛇、银环蛇等，当这类蛇遭到强光照射后，常会蜷缩成一团。碰到此类蛇的时候，使用强光照射蛇头，迫使蛇将头埋进身下。光要不间断照射，然后用其他工具协助捕捉，最好是两人协作。

五、使用生存丝巾

就是做个网兜（也可用大塑料袋，布袋等）。此法常用于捕捉敏捷类或者在水里游动的蛇。捕蛇时用网兜迎头迅速一兜，使蛇进入网兜内，然后摇动网柄，使网袋在袋柄上缠绕一圈，让蛇逃脱不了。接着挥动网柄，在地面上摔打网兜内的蛇，将其摔晕或摔死后再打开网兜。

六、使用渔线和鱼钩

这个办法常用在蛇常出没的地方。捕捉一只青蛙或蜥蜴作为诱饵，将系上渔线的鱼钩顺诱饵身体钩在下颌部或前肢，渔线另一端系在某个固定物上，蛇吞食食物的时候多从头部开始，鱼钩顺蛇的吞食进入后会钩住蛇。卡喉钩也能如此捕蛇，卡喉钩顺着诱饵身体插入其皮下，这样能保证诱饵活着挣扎，又不会逃脱。

此法简单易行，只需要找到一个诱饵加工一下，检查是否有蛇上钩很简单，若渔线被绷得很直多数是火堆可以加菜了。轻轻拉扯渔线，蛇负痛就会顺着渔线朝你爬过来，然后使用工具协助捕捉，如果没有捕到蛇，你还可以把诱饵吃掉……

虽然此时的蛇没有攻击力，但是为了安全，同样不建议你徒手捕捉，更不能从蛇正面徒手捕捉（渔线建议使用3米左右，诱饵被钩伤后出血会引来附近的蛇，预留给诱饵一定的活动范围个人认为更利于吸引蛇）。

> **注意**：捕到蛇后，要确认蛇已经死亡再送上火堆。蛇类常会假死骗人，一定要抓紧或砍掉蛇头，防止蛇有可能的反击。

七、杀蛇

小蛇通常切掉蛇头后，直接将皮撕掉，并去除内脏即可。大蛇用绳索吊起，使用锋利的小刀在蛇脖子横划一圈。然后顺着蛇腹直划一道，划开蛇腹，撕掉蛇皮，去除内脏，再砍掉蛇头，蛇头扔进火堆烧掉，也可进行填埋处理，不要随手丢弃。杀好蛇后，或烤或煮那就是你的问题了，然后你就可以大快朵颐。

八、避蛇

遇到蛇，我的建议是躲开走，特别是毒蛇。

通常在野外遇到蛇的时候距离很短，切记不能惊慌失措转身就跑，蛇的瞬间速度足以追上你！而应盯住蛇的行动，慢慢退开。眼镜蛇、眼镜王蛇这类会主动攻击人的蛇更需要镇定，记住蛇的弱点——它看不清楚东西，只会本能的追寻近距离的移动物体，眼镜蛇、眼镜王蛇的最大攻击距离就是其抬离地面的距离。使用手头的工具，如棍子、刀、生存丝巾、树枝等物尽量前伸出去，轻轻地转圈或晃动，吸引它的注意力，慢慢朝后退开其攻击范围。

静止不动也是个避蛇的办法，蛇看不到静止的东西，你可以待在那儿和蛇大眼瞪小眼，直到蛇离开，只是这个办法需要一定的耐心。

夜间如碰到颊窝毒蛇追寻你手中的火把，把火把扔掉蛇就不会追来，若毒蛇爬进营地内，使用棍棒等工具打击。

> **注意**：我从来不建议徒手抓蛇，仍建议以预防为主，在食物短缺的情况下不得不抓蛇，准备好工具，做好防护和急救准备！蛇是有一定危险性的生物，如无必要，绝不冒险！

附录1：中国蛇类的分科

盲蛇科：代表是盲蛇，形状像蚯蚓，别名铁线蛇、地蟮等，主要分布华南地区。无毒，对人无害，我国有四种。

瘰鳞蛇科：本科仅一属一种，生活在海中，长约一米，无毒，易和海蛇误认，在我国主要分布在海南岛沿海。

闪鳞蛇科：我国有两种，无毒，闪鳞蛇爬行时在日光的映照下，鳞片会闪耀多种光彩，很好辨认。

蟒科：我国只有两个属，沙蟒属和蟒属，沙蟒属有三种，蟒属只有一种。沙蟒只有30多厘米长，常埋身于沙漠和草原的沙丘中，分布在我国内蒙古、宁夏、甘肃、新疆，别名土棍子。蟒属只分布在南方地区，无毒但体形巨大，绞杀能力很强，但通常不主动攻击人。

游蛇科：世界上最大的蛇科，我国有148种36属，无毒，游蛇科的蛇灵巧善于游行，因此腹部鳞片大多较为宽大。本科中水蛇属4种和绞花林蛇、赤链蛇等6种陆生蛇具有后沟牙，有轻微毒性，其毒牙发育不全，没有地道的管状和钩状注射系统，毒牙又生于嘴后方且毒液极少，咬人时很难咬到人并注射毒液，对人构不成生命威胁。

眼镜蛇科：我国有8种蛇分归4个属，常见的剧毒蛇有舟山眼镜蛇、眼镜王蛇、金环蛇和银环蛇。眼镜蛇、眼镜王蛇脾气暴躁，领地意识强，是少数会主动攻击人的蛇类，但也是最容易对付的蛇。

海蛇科：我国有16种分归9属，毒牙的构造和部位与眼镜蛇科十分相似，海蛇终年生活在海里，尾巴扁侧如桨。

蝰科：世界分布很广的剧毒蛇科，我国只有4种两个属，毒牙属于管牙，犹如注射器，可回收至上颚，咬人时翻转出来，因此毒牙可以长得比较长，其毒液破坏血液循环系统，患处如被火灼烧般疼痛难忍，因此一旦被咬很容易发现并展开急救措施。

其竹叶青属的竹叶青蛇是仅次于蝮蛇在中国分布最广的毒蛇，主要分布在长江以南地区，往北跑到了吉林省长白山地区，西北地区最远在北纬33°线上（甘肃文县）也发现它的身影。

蝰科蝮亚科：国外称为响尾蛇科，因我国无响尾蛇，因此用最具代表性的蝮蛇来命名，也有资料单独称之为蝮科，我国有21种归6个属。尖吻蝮蛇、蝮蛇等蛇虽然无响尾蛇那样的尾部角质环，但同样具有震颤尾部的习性，此科的蛇与响尾蛇科蛇属一样，具有颊窝。蝮蛇分布很广，东南沿海水网地区、东北平原地区、黄土高原、秦岭山地、新疆、内蒙古草原等地区到处都有它的踪迹，无论是山区、平原、丘陵等各种环境都能生活，耐旱、耐寒且耐热，不愧为蛇类中的忍者冠军。

怎样分辨蛇是否有毒？民间传说的三角脑袋、色泽鲜艳就是有毒蛇，这并无科学性。实际上海蛇科、眼镜蛇科等剧毒蛇都没有三角脑袋，而无毒蛇中伪蝮蛇有一个可怕的三角脑袋。而色泽鲜艳的如赤链蛇、百花锦蛇却是无毒蛇，蝮蛇其貌不扬却是剧毒蛇。分辨是否是毒蛇，除了靠蛇的花纹、头部形状来分辨外，最主要是靠是否有毒腺、毒牙来分辨。

这么说吧，除非你抓到它掰开它的牙齿来数，要么被咬上一口，就能明确知道是不是毒蛇了，不过显然这对于野外生存来说并不现实，因此不建议大家招惹蛇类。

附表：几种外形和花纹相似的有毒蛇和无毒蛇鉴别

黄链蛇：背面具有黑黄相间的横纹，黑色横纹很细，数目多，体形细长，尾巴细长。		**金环蛇**：周身有黑黄相间的横纹，黑环和黄环相间排列，两环宽窄大致相等，尾短且圆钝。	
黑背白环蛇：背鳞超过15行，背鳞呈六角形，白色横纹在体侧分叉。		**银环蛇**：体背黑色，白色横纹较黑色横纹窄，尾细长。	
翠竹蛇：通身绿色，头椭圆形，尾背和尾端无焦黄色，眼睛黑色，瞳孔圆形。		**竹叶青**：体绿色，腹面淡绿色，尾端焦黄，眼睛红色，瞳孔垂直。	
颈棱蛇（伪蝮蛇）：背面棕黑色，有两行粗大的深棕色斑块，无颊窝。		**蝰蛇**：背部是三行醒目的镶黄边的紫棕色大圆斑。	
		蝮蛇：体背棕褐色或灰褐色，有两行深色圆斑，左右交错排列，纵贯全身，有颊窝。	

蛇是变温动物，蛇类活动受温度的影响比受光线的影响要大得多，大多数蛇在低于15℃就很少活动，寻找洞穴准备冬眠。

蛇类活动的高峰期是在20℃~30℃，活动性强的蛇类（如游蛇科的蛇属）15℃~35℃，通常来说蛇类是喜热怕冷。不过喜热也是有一定限度的，炎热的夏季酷暑期间，蛇类会躲藏到树荫、草丛、水源附近的洞穴等阴凉场所避暑。蛇类都有一定的向水性，如丛林的潮湿地带，河沟、湖边、小溪、山谷等地都是蛇类喜欢栖息的地方。蛇对温度敏感，坟地附近也是蛇类长出没的地方，中国的坟地喜欢讲风水，坟山多数是面南背北，冬暖夏凉。

蛇在一年的活动时间比较长，从初春到初冬都有蛇类在活动。南方的蛇冬眠时间很短，甚至在冬天温暖的时候还有少量的蛇在活动。初春时期的毒蛇蛰伏一冬，纷纷出洞寻食，毒腺饱满，单位面积内毒蛇分布较密集，中毒的概率相对较高，在春暖花开的季节更要注意防蛇。夏季和秋季是蛇类的活动高峰期，民间俗称"七横八吊九缠树"，7、8、9这三个月是蛇类活动的频繁期。

以下是危险蛇种的分类和简单介绍：

力量型：蟒蛇当之无愧，但蟒蛇的分布范围很窄，仅分布于广东、海南、广西、云南、福建等温暖湿润的省区中的丛林地带。其中以广西南宁地区分布最广。蟒蛇性格温顺，慵懒且好奇，极少主动攻击人类，因体形较大也较容易发现。雌蟒产卵后有盘伏卵上孵化的习性。此时若靠近它，性凶容易伤人。

堂吉诃德型：眼镜蛇和眼镜王蛇都属于这一类型，一旦靠近，它会昂起头部、膨胀颈脖"呼呼"吹气，相信这时候你没看到也该听到了。只要你镇定的用棍棒斜挥很容易搞定他。眼镜蛇和眼镜王蛇多表现向阳性，多在白天活动。

羞怯型：金环蛇、银环蛇都是很羞怯的蛇类，它们昼伏夜出，上半夜活动频繁，受惊第一反应是逃跑，怕光，白天躲避于阴凉处将头埋在身下。有向水性，活动范围不会离水源太远。如果不是被逼上绝路或被踩到，不会主动攻击人。相对而言，银环蛇行动敏捷，分布较广，咬伤人的案例较金环蛇为多。海蛇通常情况下也不会招惹人类。

闷骚型：蝮蛇、尖吻蝮蛇是咬伤人最多的毒蛇，老话说明枪易躲，暗箭难防。蝮蛇其貌不扬，卷起来了跟堆狗屎差不多，很容易被人忽视，当你走过它身边的时候会突然弹出咬人。尖吻蝮蛇就是民间谈及为之色变的五步蛇，常栖息在树林的落叶中利用伪装色欺骗人眼，非常难以及时发现。

不自量力型：蝰蛇和烙铁头蛇这两种毒蛇在受惊的时候会不断地盘卷身体后退，嘴上"嘶嘶"警告，表现出不示弱，不逃跑，不主动的姿态。有时会保持卷曲状态半个多小时之久。

蝰蛇日夜都有活动，比较喜欢阴雨天气。烙铁头蛇有缠绕性，尾部会缠绕在树枝上。它们的典型攻击动作是身体前端呈S形，攻击前头部会略为后缩，然后突然弹射出去咬人，攻击范围其实小得可怜。

空降型：竹叶青属于这一类。竹叶青大部分时间都在树上生活，有时会下地走走。烙铁头和很多游蛇科的蛇也喜欢登高望远，在进入水源地附近的竹林和树林要小心空降蛇，戴上帽子，围上生存丝巾就可以避免被蛇咬。

本章之所以特别提出来说明是因为蛇是在野外最常见的危险动物，相信经过详细的说明，大家对蛇都有了一定的了解。

附录2：常见无毒蛇

灰鼠蛇——游蛇科鼠蛇属

乌梢蛇——游蛇科乌梢蛇属

赤链蛇——游蛇科链蛇属

黑眉锦蛇——游蛇科曙蛇属

百花锦蛇——游蛇科曙蛇属

第六章 生命的动力

王锦蛇——游蛇科锦蛇属

三索锦蛇——游蛇科锦蛇属

红脖颈槽蛇——游蛇科颈槽蛇属

蟒蛇——蟒科蟒属

附录3：常见毒蛇

中华眼镜蛇（舟山眼镜蛇）——眼镜蛇科眼镜蛇属

眼镜王蛇——眼镜蛇科眼镜王蛇属

金环蛇——眼镜蛇科环蛇属

银环蛇——眼镜蛇科环蛇属

中华珊瑚蛇——眼镜蛇科中华珊瑚蛇属

蝰蛇（极北蝰）——蝰科蝰属

蝮蛇（原矛头蝮）——蝰科蝮亚科蝮蛇属

尖吻蝮蛇（五步蛇）——蝰科蝮亚科尖吻蝮属

烙铁头——蝰科烙铁头属

竹叶青——蝰科竹叶青属

　　本章部分蛇的图片由朱笑愚先生无偿提供,他是一名博物学爱好者,著有并出版了《中国螳螂》一书,即将与中科院昆明动物所合作出版《云南两栖爬行动物图鉴》,在此要特别感谢这位挚友!

第八课 做只勤劳的小蚂蚁

南方有一句老话：勤力（勤劳）才会有饭吃。套在野外生存中也非常的贴切。在这一课，你将学到如何像蚂蚁一样辛勤地加工和储存食物。

生存是野外的第一要素。所以现在来温习一下食物篇的开头——你必须摒弃偏食的习惯。

为了生存，有时候你不得不吃难以下咽的食物。

野外的食物达不到 ISO9002 质量体系标准，在"营养学家"看来是非常不符合营养和健康标准的。如果你食物短缺，在野外你必须抛弃那些所谓的营养标准，只要有碳水化合物、维生素和蛋白质你就可以活下来。从这一点来说，人的生存标准其实并不高。

只要有火，把食物做熟不是太大的问题，问题是你的配套设施怎么样。例如你有没有锅？有没有调料？水源是不是充足？都会影响食物的味道。味道好坏则直接影响到你的胃口。

虽然再三强调不要偏食，可是面对蠕动的昆虫，运气很好找到的尚未腐烂的动物尸体，又有几个能如特种兵一般闭着眼睛咽下去，然后享受虫子在肚子里蠕动的"快感"和强忍翻江倒海将它们转换成你所必需的能量？许多生存节目里的无论什么都往嘴里放大快朵颐的镜头只不过是一种影视需要，并且他们也受过如何抑制不适异食的训练，这是大多数人没有的技能。食物的最重要作用是给你提供能量，一只肥大的昆虫提供的热量最多不过几百卡路里，但如果生食会让你产生呕吐、胃痉挛甚至腹泻等更危及你安全的事，你会因此损失更多，你大可以把食物收集好了之后，生火把它们弄熟——除非你已经濒临绝境，别无他法。

在野外能将食物弄熟,再弄上点调料,那就完美了。上下嘴皮子一碰很容易,然而实际操作的时候有许多琐碎的工作让你去做,但请相信我,精心制作一份野餐绝对物超所值!

野外烹饪的方式与在家并没有多大不同,但条件所限,野外通常都是用煮、炖、蒸、烤和煨这几种方式。

所有的食物都可以煮熟了吃,通常情况下你只有盐而没有油,怎么最大限度发挥这唯一调料的作用就是一门很"高深的学问"了。这个"高深的学问"理论非常简单,实际操作那就会因个人而异了。

植物的茎叶多数都是煮,嫩的植物一次煮熟,再放点盐就 OK 了。不过为了你的肠胃考虑,最好加一道工序——水焯,也就是用沸水先煮几分钟。特别是老的茎叶,焯过之后可以去除苦涩味,然后捞起来沥干水,再加水过面慢火煮几分钟,加点盐就可以了。焯水通常情况下还可以解渴,若水源不足就不要丢弃。如果水源不足,焯过之后的植物沥干水,直接拌点盐就可以做凉拌吃。

炒看起来不错,不过我不知道有几个人看着炒得黑乎乎的叶子上没有一丝油星还能有胃口的。等你有油的时候再考虑吧。

肉也可以煮熟食用,为了掩盖肉的腥味,在煮肉的时候你就该放一些盐了。不过别放太多,煮熟之后再酌情添加。

记住,汤不要浪费了,不管你水源多么充足,盐总是稀缺资源,喝不完的汤浪费掉了是非常可惜的。因此无论是做菜还是做肉的时候,水稍稍过面就可以了,不用加太多。

煨和烤是很常用的野外加工食物的方法,也是最方便快捷的方式。植物的茎叶煨烤则不太合适,但在极端情况下也并无不可。

昆虫明显是不适合煮的,不知道有几个人看着漂浮在水面上的昆虫尸体还能大快朵颐?将昆虫的翅膀和头脚去掉,串起来在火上烤,直至表皮微黄,散出香味就可以吃了。而不太适合串起来的例如蜗牛、蛞蝓、蚂蚁这类食物,则用工兵铲做锅来烤。

小蜥蜴可以直接串穿起来烤,大蜥蜴则需要去除内脏,将蜥蜴烤得外皮噼啪作响,微微发黄,味道会非常好。

火堆的余炭和灰烬很适合煨食物。植物的根茎煨过之后非常香,大昆虫通常也能煨熟了吃。虽然看起来有些脏，但吃起来非常不错。

而煨肉则有些让人难以接受。找无异味的大片树叶，例如芭蕉叶和姜科植物的叶片，将肉包裹起来埋入余炭中就可以解决这个问题。首先你应该在肉的表层涂一点盐或者动物的血，这样能去除肉的腥味，特别是腥味较重的鸟和鱼。

另一种煨法是用无异味的黏土将肉包裹起来，泥层约为5厘米厚，放入火中煨。这招对付要拔毛的鸟特别有效，在裹泥的时候细细地揉搓，将鸟羽揉进泥里，泥煨干后，食物也熟了。敲开泥土，羽毛也随着泥土掉落。鸟蛋也常这么煨熟了吃，如果是从大猎物身上解下的肉，则需要先包裹一层树叶，以免泥土污染了肉。

另一种孩童式的煨法，能让大家回忆起儿时的快乐。红薯窑不知道有多少同学曾经做过！

用泥块垒成一个窑，在窑里烧起大火，直至将泥块烧得灼热，然后将食物投入窑中（块茎可以直接投入，肉类你仍然需要经过加工一番），砸塌窑，让灼热的泥块覆盖食物，外面再覆盖一层干土，一个小时后刨开泥土和灰烬就有吃的了。

红薯窑在野外并不是最好的加工食物方式，好玩的成分更多一些，如果你燃料不足最好就不要玩这个了。

蒸熟食物在野外通常很少用，因为缺少蒸笼这个工具。用金属饭盒蒸东西也不是很方便。不过如果有竹筒，那情况又不一样了，竹子的清香可以掩盖食物的异味，不失为一种风味。

砍下一节竹子，一节竹节打穿一个小孔，灌入水。竹节上放几颗干净的石块，然后将食物放进去，开口用草塞一下，不要塞太紧，将竹筒斜靠在火堆上，很快你就可以闻到香味飘散出来。

竹筒锅

将竹筒稍微改变一下，那就是竹筒饭的做法。将一节竹节完全打穿，水和食物一起放进去，开口用草塞一下，斜靠在火堆上烧煮，食物混合着竹子的清香，会让你食欲大增。

不过请注意,不要烧穿了竹筒。在烧煮的时候,你可以酌情加水,用竹筒煮出来的肉汤非常棒!

贝壳类的食物通常都能直接用火来烤,他们的贝壳就是天然的锅;淡水河蚌的壳比较薄,大火猛烧容易烧穿;你应该用炭火来慢烤,海里的生蚝壳很厚,要烧穿并不容易;水生食物感染寄生虫的概率较大,一定要彻底烧熟食用;在煮少量食物的时候,贝壳锅还是比较好用的。

万一你丢掉了金属饭盒,为了不让自己饿着,除了以上的一些不用锅的做法外,还有其他的做法。当然,在你厌倦了锅煮的食物,变着花样让自己吃得更开心一点那是值得表扬的。相信我,野外做饭是一件很有意思的事情。

将竹筒剖成两半,你就有两个锅了。只需要提醒一下,别把"锅"烧穿了。野芭蕉也是一种很好的锅,砍一段合适的芭蕉干,用刀和棍子很容易掏成一个锅,就可以直接放在火上烧煮。

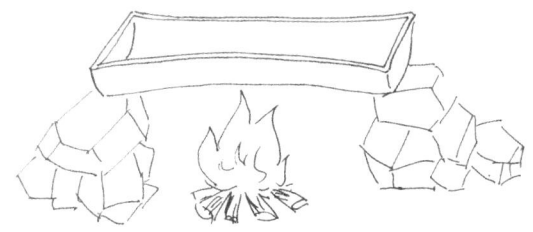

如果你很不幸,找不到大的竹子,只能找到跟麻秆差不多的竹子的话,用来当锅就太勉为其难了。不过,那也没啥关系,将竹子剖开,像扎筏一样将它们并排扎在一起,就是一个非常不错的竹板烧。如果你很无聊,将大竹子剖成竹片弄一个竹板烧，食物的味道会更好！

同样，野外也常用香茅和竹茅的茎来做竹板烧，不过首先你需要将它们茎上的毛刺去掉。使用刀刮或者直接放在火上烧都可以去掉毛刺，没有竹子也没有茅草的时候，你可以尝试用无异味的树枝弄一个"木棍烧"。在烧之前，先把树皮剥掉，将一根树枝放在火堆上烧烤，拿起来闻一闻，如果有异味就不能使用，再换另一种树枝试试吧。

烧得炽热的石头也是很好的锅。石板在野外可遇不可求，不过一面略平的石头还是不少的。最好的则是鹅卵石，一块直径在30~40厘米的鹅卵石就是非常不错的"锅"了。

将石头架在火堆上烧，就可以在石头上将食物"煎"熟。在这里，牢记石头的选取方法，中空的、多孔的、长期浸泡在水中的石头贸然火烤会有爆炸的风险。

罐头壳不要随便丢弃，罐头壳本身就是一个锅，不过要小心，煮热的罐头壳不能直接用手拿，会被烫伤。

庖丁解肉

许多人到了野外，就格外认同"世上只有妈妈好"。没办法，野外生存不能把妈都带来吧？你受得了，她老人家也不一定受得了。

所以老老实实地学习该怎么照顾自己，怎么让自己吃得好一些。省得回头的时候，老人家抚摸着你饿瘦的脸老泪纵横！

但若你只懂得怎么把食物弄熟还不行，你还要懂得怎么把食物分解开，更省水省燃料。

小东西当然容易解决，不过如果你捕到了大鸟，钓上了大鱼，甚至捕获到了大猎物，你也总不能囫囵架上火堆直接烤了是不是？

这一章大家要学习的就是怎么放血、拔毛、去鳞、除内脏以及解肉、剔筋。

不太爱到厨房转悠的朋友，我建议你到厨房打打下手，这些听起来很专业的技能，其实就隐藏在人民群众的厨房中。

分解猎物的第一件事情是放血。用锋利的刀割断动物的颈动脉和静脉血管，不过要小心不要割断了喉管，否则可能会有胃容物一起倒出来。

小的猎物用手提起后腿倒吊起来，下面用容器接血。而大的猎物死了就好说，活着的先用棍棒打死，然后用绳索绑好它后腿的膝关节，吊起来后再放血。

不要浪费动物的血液。有一些猎物可能被捕获以前就已经失血了，但你仍要将它的残血收集起来——血液中含有你必需的维生素、矿物质，更重要的是盐。如果是死去已久的猎物，放不出血，你在解肉的时候就要细心地将血管和心脏中的血块收集起来。如果你嫌麻烦，省略放血的步骤倒也不是不行，不过血液留在组织中会使肉的味道会大打折扣，会加速鲜肉的腐败，猪类尤为如此。

拔毛很容易。虽然称之为拔，但我认为用抹这个词更贴切一些。鸟类和动物在食用之前都要拔毛，野外没有那么大的锅，你无法将它们浸入沸水中。沸水稍放凉淋烫猎物，烫开毛孔，趁热顺着毛孔方向抹下去，很容易就能将鸟的羽毛和动物的绒毛抹掉，但你要小心烫手，戴着手套更容易"抹毛"。

一边烧煮开水，一边拔毛，80℃左右的水温比较适合。滚烫的开水容易在拔毛时弄坏皮。淋一片，抹一片，如果拔不掉毛，不要用蛮力生扯，以免扯坏了皮，用开水再烫一次再拔。猪类猎物的毛很硬且稀疏，通常都是用刀刮掉。

小鱼不用去鳞，大鱼则用刀逆着鳞片刮，就能把鳞片刮掉了。刀不要放得太平，否则容易割伤自己，呈45°角刮吧。用厚重的开山刀刮鱼鳞效果很不错。

动物的腹部是很容易剖开的，捏住腹部中线的一小块肉，先横切一道小口，要切穿腹部肌肉，刀口朝上。用锋利的刀尖挑，向上切到肋骨下，向下切至肛门，剖开了腹部用手就可以将内脏掏出来了。

小的猎物通常一爪子就能掏空了，大鱼的内脏几乎不用掏，剖开鱼肚就滚出来了，掏出来的内脏先放好，不要乱丢。

大的猎物从腹部掏空腹腔后，用刀将肋骨砍开，进一步掏心脏和肺。掏内脏的时候一件一件地掏，不要贪多一下都扯出来，特别是肠和胃，弄破了会污染食物。想象一下，半消化的胃容物和肠道里的东西流一地，那是什么感受？在摘取动物肝脏的时候要小心，不要弄破了胆，胆汁污染的肉会很苦。

内脏也是很好的食物。处理的顺序是胃、肠、肾脏，然后再处理其他内脏。胃不要轻易剖开，将胃的前后食管都打个反手结扎起来，不要让胃容物漏出来。这样胃的处理就完了。

然后是肠，肠是最难加工的内脏。先将肠道开口扎紧，趁热将肠壁外的脂肪层在锋利的小刀配合下撕下来。冷却的时候就不好撕了，小心不要弄断了。肾脏外围的脂肪也如法炮制。OK！肠和肾的初步处理就完成了，然后处理其他内脏。

肺的营养价值不高，而且肺泡不好处理，通常情况下都不要，但肺是非常好的诱饵，如果你还想继续捕猎，就留着。

脾的营养价值也不高，但用来烧烤味道的确不错，你可以考虑是否留下。

肝脏营养丰富，富含各种人体必需的维生素和矿物质。小心地摘除胆囊，不要让胆汁污染了。

动物是否健康可以从肝脏中看出来，若是肝脏有黑、褐、白或者其他什么颜色的色斑，肝脏就不要吃了，留下来做诱饵或丢弃。

心脏要尽快剖开收集血，心脏用来炖煮或烧烤很不错，不要丢掉。

进行了初步处理后，将不同的内脏分类放好，再进行精细加工。

整个胃放水用慢火炖两个小时，草食动物的胃容物通常带有植物的清香，肉食动物的胃容物可能气味就不太好。不过经过炖煮后，是可以让人接受的。

胃内半消化的食物营养丰富且易于吸收，是很好的病号饭，许多虚弱的生存者正是靠着这看起来恶心的胃容物而活了下来。如果不幸弄破了胃，将胃容物收集起来，加水和肉炖煮就可以吃了。

肠通常情况下并没有多大的营养价值，在野外也不是太好加工。若是水源不足，细加工肠子简直是一场灾难，通常情况下收集了脂肪后都是抛弃掉的。但如果有足够的水，你也不应浪费掉。

小刀刀尖朝上探入肠道，边剖开肠子边用水清洗，将肠容物清洗干净。肠通常都是寄生虫的安乐窝，一定要反复冲洗干净，在小溪边利用水流清洗最好不过了。

如果你预见到需要保存食物，那么肠是一种很好的工具。将肠切成20厘米左右的小段，用棍子将肠的内壁翻出来，仔细地清洗备用。

肾也应剖开仔细地清洗。肝脏是最容易变质的内脏，应首先煮食。

淋巴组织通常是不要的，但你需要检查，如果淋巴结异常肿大或变色，证明这只猎物处于病变状态，肉一定要经过煮沸后食用，以免感染寄生虫。

解肉

拔毛、掏空内脏后你就可以解肉了。体形较小的猎物用刀剁成小块就可以了，而体形大的猎物则需要仔细地操作。

首先剁下头部和爪子（蹄子），用锋利的小刀顺着关节处剖开肌肉，刀工精湛者很容易就能将四肢解下来。

尽量避免用砍刀劈四肢。肩胛和后大腿通常也能用小刀解下来，但如果刀工不行，你也只好借助砍刀的威力了。

以肋骨下为界限，用砍刀将脊柱劈成两半，再用砍刀刀顺脊柱两边，将肋骨劈下来。

剩下的工作更精细了。砍刀的作用不大，主要是用锋利的小刀，将肉从骨头上剔下来。

四肢的肉应顺着骨头竖切开，然后用锋利的刀尖顺着骨头外圈将肉剔下来。肋骨也如法炮制，脊柱上的肉要剔干净有些困难，不过残存的一些肉用来炖煮，味道会更好。头部的肉很少，用小刀也可以剔下来，舌头和唇单独切下，这是不可多得的美味。

用刀劈开头骨，取出脑。在劈开脊柱的时候小心一些，尽量从关节处劈开，收集骨髓。

大腿骨则应该在球状关节下端下手，从这里横劈断能保存一整根完好的腿骨，然后将骨髓收集好。骨髓和大脑很有营养，而且不保鲜，所以应尽快食用。骨髓可以生吃，和脑一起炖煮味道更佳。

脊柱也不应浪费。脊柱和腿骨一起炖烂后，那些难以剔出的肉自然也很容易吃到了。腿骨煮后捞起晾干，可以制作箭头或梭镖头，切记不要乱扔。

肋骨通常情况下都是剥得干干净净的，不过你想用它炖排骨汤也会很不错。

大块的肉不要急着剁成小块加工，脂肪是必须要收集的。在你解肉的时候就应该用锋利的小刀剥下脂肪层了，如果不幸你忘了，这时收集还不算晚。

收集好脂肪后，应第一时间将脂肪炼成食用油保存。先用水将脂肪煮熟（煮出来的水不要浪费，这可是做菜汤的好东西），将脂肪捞起沥干，切成小块，大火烧干锅。将内脏脂肪层放入锅中涂抹，热锅很快就会将脂肪炸出油来，然后依次投入小块脂肪，炸出一定量的油后倒入容器存好。

脂肪被炸成金黄色就可以捞起挤压沥干油。

在榨油时不需要大火，保证能让油处于沸腾状态就可以了。油渣不要浪费，大家很久没吃过炒青菜了吧，油渣炒青菜可是野外不可多得的美味。

食用油冷却后，溶解一些盐进去，这是将盐分散保存的一个好办法，这种油做菜味道会更鲜美。

在炎热的夏季，动物油容易变质，需要密封保存，在油还热的时候，投入几片薄荷、地榆或几段野葱白能保鲜。几天将油烧滚一次也能延长保鲜期。

最后才是处理肉。将肉切成片或块状。腰部的肉是最鲜美的，但我不建议你马上就把它吃掉，将它储存起来会更好一些。

通常情况下，野生动物的肉都比较"老"，炖煮是最好的方式。小火炖烂味道非常不错，次之为切成薄片烧烤。烧烤时肉上最好留存一些脂肪，煎炒则很挑战你的咀嚼肌。

大型动物的筋腱通常都是要保留的，筋腱是非常好的绳索。在前腿的蹄腕和后脚跟腱处，用锋利的小刀横切一道，不要切太深，找到筋腱（筋腱通常是白色或者微淡黄色）。然后竖着顺着筋腱外的肌肉斜切下去，切开一个口，大约能探入两个手指。用手指摸索，将筋腱往上提，同时用锋利的刀尖继续顺着四肢切开肌肉组织（刀口朝上，以免切到自己的手指），手指顺着刀尖的引导不断地探入。提起筋腱，小腿部分的筋腱就很容易剔出来，然而大腿部分则需要切得更深。用锋利的刀尖慢慢试探着划开肌肉组织（不要贪快一刀切下去，以免割坏筋腱），整条筋腱都剥离出来后，再切断两头，挂起来晾干。

解肉的小经验：

在猎物尚余体温的时候加工更容易，一旦冰冷僵硬了就不太好加工了，记得加工的顺序：放血、拔毛、掏内脏、剔筋腱、存脂肪、解肉。在陷阱附近解肉，通常能将动物再吸引过来。大的猎物可能需要拖回营地，如果路途遥远，将猎物绑在一根长棍上，一头拖地，一头扛在肩上，不要让猎物直接拖在地面，或者两人用棍子担着走；不要在营地内解肉，你应该在营地外20米以外的地方干这个工作,以免招惹食肉动物闯入营地;最好也不要直接在地面上解肉(有条件就用阔叶树的叶片铺在地面上再开始干活,但不要用防水布铺地,血腥味会招惹食肉动物探访);不需要的部分不要随意丢弃,集中起来,待解肉完毕后,用铺地的叶片包好,在距营地100米远的地方挖坑埋起来。

对于解下的肉和内脏不要随意放在地面上,用阔叶片包裹起来,最好先搭一个架子,将肉悬挂着,避免引来蚂蚁。

附录:剥皮

通常情况下不需要剥皮。除非是在严寒季节,你需要毛皮来保暖或者你不得不待在一个地方很长时间,你就需要考虑怎么剥皮制作衣物保暖了。

在放血过后,趁猎物还有体温,剥皮还是比较容易的。

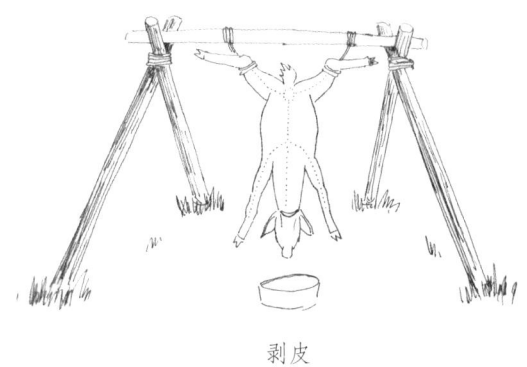

剥皮

将猎物悬吊起来,沿头颅下部将颈部环切一圈,用容器盛接血液。放完血后顺着咽喉中线,刀尖向上,用锋利的刀尖慢慢地挑切(留意不要让刀尖刺破内脏),直到生殖器,切除雄性动物的睾丸。雌性动物则沿着生殖器和肛门外圈切一圈环线。

在前腿的肘部和后腿的膝关节部切开环线,沿前腿内侧一直切到颈下,与中线连接,沿后腿内部一直切到两腿分叉处。

剥皮的时候从后腿开始,用锋利的小刀贴着皮下切开一个可以伸入两个手指头的小口,探入指头。将兽皮从肌肉上撕下来,朝外翻出,不要太粗暴。撕不下来的时候就用小刀再切一下,但尽可能地少用刀(后腿和背部的皮很容易就能撕下来），然后剥前腿。剥腹部则有些小麻烦，你需要小刀的帮助（太粗鲁很容易让内脏滚落出来）。

剥出来的兽皮还需要用小刀刮掉残存的肌肉或脂肪组织，兽皮一旦干燥后就会很硬，所以你还要经过一轮炮制。用碱水（草木灰是你现在的唯一选择，泡高浓度的草木灰水）来鞣制使兽皮变软，或者用草木灰混合细沙和少量的水反复地搓，鞣制兽皮，使之变软后容易加工。

兽皮切成条状，还是非常好的绳索。

食物的储存

不管在什么时候，养成储存食物的好习惯是很重要的。一个优秀的生存者，在旅途归来时背包中至少还有能维持三天的食物。

在路途遥远、前方情况不确定或者天气恶劣无法收集食物的情况下，你会发觉先前储存下来的食物是多么重要。

无论是什么食物，鲜品总是不能保存太久的。因此都需要经过脱水处理。最简单的办法就暴晒，利用阳光将食物中的水分晒干。对于植物类来说，这个办法还不错，制作菜干还是很容易的。将菜悬挂或摊开在太阳底下就可以了。但在好天气的时候你还有很多路要走，并不太有可能在一个地方待上好几天甚至更久，编结一条草绳或者用绳索，将鲜菜穿起来，摊在背包上，这样你就可以一边走一边晒干它们，而一些细碎的鲜菜可以用生存丝巾包着摊在背包上。

不过我仍建议你先用盐水将植物煮熟，捞起来沥干后再制成干菜。蜗牛、河蚌这类软体动物通常也这么保存，但肉类用这个办法不太实用，因为通常情况下一天之内很难晒干肉。

将盐和食物一起加工后保存，一可以保存期长，二能让食物更美味，三则分散保存了你的盐。

盐渍

将植物晒或风干至半干，先铺一层在容器中（例如金属饭盒）。撒一层盐，再铺一层，再撒一层盐，每铺5层植物左右，就用力摁压一下，直至铺满。然后盖上饭盒，密闭保存。通常在一个星期内，就能腌渍成酸菜。

另一个做法是将植物放置于容器中，撒入适量的盐，反复翻拌揉搓，最后用力压紧，盖好盖子。

将晾晒至半干的肉，用盐反复揉搓，然后继续晒干、风干或烤干就可以了。

盐渍法保存的植物风味独特，酸菜在野外是一种非常好的开胃菜。烹炒的腌肉非常好吃。但这要耗费大量的盐，通常情况下不提倡使用这个方法大量保存食物。

烧烤

在需要保存的食物不多的情况下，通常用火将食物烤干保存即可。烘烤多用于保存肉类，即去除肉上的脂肪，切成肉片，串在火堆上烤干。

烟熏

经过烟熏的食物能保存很长的时间，同时也能对食物进行批量处理，避免靠天吃饭。

在"火"一课中我已经详细说明了熏炉的搭建和使用情况。不过现在还需要进行一道前期工序：用盐水将食物煮熟，捞起来晾干，再放入熏炉中熏烤。

肉类可以切成薄片煮熟（不过切成 5 厘米左右的肉砖比较好码放保存）。整条的鱼则煮熟后直接熏干。

煮过的盐水不要丢弃，特别是煮肉的，还可以继续煮其他吃的。

腊肠

将肠截成 20 厘米左右一段，内壁翻向外，清洗干净、彻底煮熟，捞起晾干备用。将肉用盐煮熟（略带些脂肪），捞起晾干后，先用晒、烤、熏成半干，然后剁碎，将肠子一端用细绳扎好，再将碎肉塞进去，塞满后扎好，放入熏炉中熏烤。

通常情况下，用干菜和碎肉混合塞入。这就相当于一份野外自制的压缩干粮，且你所需要的营养元素这里面几乎都包含了。熏过的腊肠能保存很长的时间，也常常用来保存不太好吃的边角肉糟。

肉松

将肉煮熟后捣碎,晒干或熏干(通常用于保存鱼肉这类腥味比较重的肉)。捣碎晒干后的肉可以除去腥味。携带时将肉松捏成块状装好即可。

而另一种肉松虽然更美味,但包装却不太容易,将制好的肉松与食用油等量混合,捞起稍微沥干油,放入塑料袋中密封保存。

炒干

昆虫在野外是很重要的蛋白质来源,但昆虫却很容易变质,要学会正确地保存它们。

将昆虫剥去头脚和翅膀,烤干或熏干。

烤制过程中,昆虫就已经熟了,在烤到半干的时候,小心剥掉昆虫的外壳,剩下部分继续烤,直到干透。将干透的昆虫捣碎或磨碎,找一块一面较平坦的石头,用另一块光滑的石头砸磨(例如两块鹅卵石),收集昆虫粉,适量添加一些盐混合,再用工兵铲把昆虫粉炒得微黄,散发着香气,晾凉包好保存。

蚂蚁这类则直接用工兵铲炒干再磨碎。不过请注意,不同种类的昆虫粉不要混放,例如蚂蚁和蝗虫粉放在一起就会产生异味导致不能食用。

一节干燥的竹筒配一根直径 5 厘米左右、一头削圆的粗棍,就是很好的臼和杵,非常适合帮助捣烂植物、加工昆虫粉。

臼和杵

这里所有保存的食物,都不用再加工就可以马上吃。至于味道好坏,则与你的手艺有很大的关系。因此奉劝大家,君子远庖厨有时候并不是那么正确的,多下厨房练习练习对你有好处。

如果条件良好,有水有火,我想大家应该知道怎么吃这些食物。但如果条件恶劣,你没有足够的水来煮它们,甚至连火都生不起来该怎么办?没办法,只能干吃。肉块撕开慢慢地嚼,昆虫粉则需要加一点水调成糊。

提醒一句，若是水源不足，就不要吃肉和昆虫粉！那会消耗你大量的水，忍一忍，嚼一些干菜，喝一些水吧。

养成每天都检查食物的好习惯，以免食物腐败变质。一旦有变质现象，细心地将变质的食物清理干净，以免殃及其他食物。晚上有空的时候，将保存的食物都用火再烤一遍。

昆虫粉通常很容易招惹到其他昆虫，更要小心地保存，用烟熏一下昆虫粉可以缓解这个情况。

记住一点：如果你保存了肉类食物，想不让昆虫觊觎那几乎不可能。一旦接触，飞虫会在你悬挂的肉上产卵，加速肉的腐败。将食物完全烤干或用烟熏干能让它们丧失兴趣。

夜间宿营，建立庇护所时最好搭一个架子，将食物悬吊或放在架子上。架子的接地脚用草木灰撒一层保护，用烟熏一下架子就能赶走讨厌的蚂蚁。

附录1：野外菜谱

为了让大家在野外更吃得有滋有味，在此附录一部分野外菜谱。

一．粥

在城市中，能喝上一碗粥并不困难，而在野外想喝粥就没那么容易了。

若你带有米，那另当别论；如果没有，那就需要想点办法。

蕨根和芭蕉根是两种做粥的好原料。

刮掉外皮，用石头捣烂根，拣出纤维质，收集淀粉颗粒，加水熬煮，就是一碗香喷喷的粥了。

在秋末的时候，捣烂蕨根比较容易取到淀粉，然而在夏季淀粉质不够的时候，就需要用另外一种办法了：刮掉外皮，蘸水在石头上磨，用容器收集磨下来的白色汁液，或用舂加水捣烂,收集白色淀粉汁液,熬煮淀粉汁液直至成糊状。

二．薄荷粥

煮粥的时候放入几片薄荷叶片，能增加清香，令人食欲大开。或用鲜薄荷30克，加水一升，煮至500毫升，捞出薄荷，放入米（或取得的淀粉质）煮熟。有清新怡神、疏风散热、增进食欲、帮助消化的功效。

三．花粥

清香淡雅的花都能用来做粥（首先要分辨有毒无毒），例如月季、蔷薇、金樱子、荷花，其做法同薄荷粥，先将花瓣煮过再加米（或淀粉质）煮熟。

四．紫苏粥

以米（或淀粉质）煮稀粥，适当加入紫苏叶熬成紫苏粥。紫苏叶具有通肺气、发表散寒、行气宽中的功效。适用于感冒风寒、咳嗽、胸闷不舒等病症。紫苏粥是很好的健胃解暑食品。在家庭做法中，通常加入少许红糖。

紫苏子 25 克，捣碎研细，加水 50 毫升取汁，反复折叠生存丝巾做筛子，沥掉渣子，紫苏汁留用。

100 克米（或淀粉质）加水适量煮粥，粥熟后，拌入紫苏汁煮沸即可食用。

苏子含有丰富的脂肪、蛋白质等营养成分，脂肪多为亚麻酸、亚油酸、油酸组成，对心血管病患者大有裨益。苏子具有下气、消痰、润肺、宽肠的功效。适用于老人因肺气较虚、易受寒邪而引起的胸膈满闷、咳喘痰多、食少以及心血管病患者食用。

五．茅根粥

将白茅根择净，放入锅中，加清水适量，浸泡 5~10 分钟后，水煎取汁，捞出茅根，再加入米（或淀粉质）熬煮。茅根粥清甜可口，是野外不可多得的美味。茅根粥还有凉血、清热利尿的效果，也常用于血热妄行所致的衄血、咯血、吐血、尿血，及热淋、小便不利、水肿、湿热黄疸等的辅助治疗。

六．做鱼

鱼虽然是美食，但是腥味太重，在野外缺乏调料的时候味道并不怎么样。但懂得配以其他植物一起做，味道还是非常不错的。

将杀好的鱼内外都抹一层盐，暂放 10~15 分钟，在鱼腹中塞入一把地榆、月季花、鱼腥草等清香的植物同煮或蒸，可以去除鱼腥。用菊花、旋复花等味苦的植物和鱼一起同炖，也能吸附掉鱼腥味，并且味道会更鲜美。

七．鱼肠火锅

鱼的内脏不要随便丢弃，特别是秋末冬初的鱼，鱼肠内储存了大量的脂肪供鱼过冬。话说一锅香喷喷的鱼肠火锅是非常诱人的。

鱼肠洗净后，加适量的盐揉搓，暂放 10 分钟待用。先煮沸水，接着投入鱼肠，加少量盐煮熟,用鱼肠汤烫熟植物食用。

若缺少盐,用地榆、薄荷等清香的植物,捣碎,加水,用生存丝巾绞汁,用汁液揉搓鱼肠,放半小时入水煮汤。

鱼肠火锅刚开始吃的时候有些腥味,但越吃越香,用鱼肠汤烫熟的植物味道鲜美。

八. 鸡冠花蒸肉

鸡冠花适量,肉若干,肉用盐抹一层,同蒸熟。如无盐,可用地榆等去除肉腥味。

九. 鸡冠花蛋汤

鸡冠花60克洗净,加清水1升放入锅内煎煮到60毫升,留汤去渣。加少许盐,将鸟蛋打入锅内,煮成荷包蛋,若淋上少许食用油就太完美了。本品汤白、鲜香、软嫩,兼有凉血止血、滋阴养血之功。可用于治疗便血、崩漏、白带等症。

十. 地胆草炖汤

地胆草根3~5条,最好是干制品,加少许盐与肉类同炖,能增加肉的鲜味。特别是炖水禽类更是美味。有人曾用蒲公英根一起炖肉,据说味道也很不错。

十一. 野外茶饮

茶是一种很好的保健饮料,但不一定非得茶叶冲泡,许多植物冲泡的茶饮都有保健和治疗效果。

十二. 花茶

菊科植物的花大多数都能冲泡茶饮,有提神醒脑、清热去湿的效果。菊科花茶大多有些味苦,不同属的花苦味不一样,因此量自由掌握。旋复花属的花苦味较重,鲜品一般放三五朵就足够了,采集一些菊科植物的花晒干备用吧。

蔷薇科蔷薇属的花清香淡雅,冲泡的花茶也很好喝,有提神醒脑的功效。收集花瓣冲泡吧,若连花蕊一起冲泡,会有微苦。若花茶中能加入一些糖则非常完美了。

十三. 薄荷茶

薄荷是一种野外提神醒脑的良药,对于暑热症状有特殊的功效。新鲜的薄荷叶少许,开水冲泡,放凉后喝,一日3~5杯,饮用后精力倍增,通身舒坦。

晒干的薄荷叶则同茶叶一样沸水冲泡，趁热饮用，是清热利尿的良药。

十四．紫苏茶

紫苏鲜叶 3~5 片洗净放入杯内用开水冲泡，放凉饮用，若加些糖就更完美了。此饮具有健胃解暑的功效。在炎热天气饮用，可增强食欲、助消化、防暑降温，还可预防感冒、胸腹胀满等病症。

十五．鱼腥草红茶

鱼腥草叶干后，不但没有腥气，而且微有芳香。在加水煎汁时，则会挥发出一种类似肉桂的香气。它煎出的汁如淡的红茶，仔细品尝，也有类似红茶的味道，芳香而稍有涩味，毫无苦味，且无腥臭，对胃也无刺激性。野外煮点鱼腥草茶，可缓解疲劳，并有清热效果，实乃一种难得的野外保健茶品。

如果你更挑剔，环境又允许，你可以喝到凉镇的茶饮——将茶饮倒入水壶中拧紧盖子，用绳索绑好水壶，投入小溪中凉镇，不多时就可以喝到"凉茶"了。

通常在前一个晚上，你就该泡制好足够的茶饮，有条件就凉镇过夜，作为第二天的水来饮用，比单纯的淡水更能解渴并让你精神倍增。但茶饮要一两天内喝完，否则会变质，变质的茶饮就不要再喝了。

有经验的生存者也是野外美食家，能精明得将若干种食物配合起来做出令人食指大动的美味。这里附录的部分食谱和茶饮是前辈"美食家"们尝试过的好东西，虽然我不敢保证能合每个人的胃口，但是我觉得吃好了才能有力气继续前进，因此收录在此。

尝试新的吃法会保持你的新鲜感，在野外生存中的生活过得有滋有味。当然这是在安全的前提下，你毕竟不是神农。

附录 2：中国大陆野菜分布

全国性分布的主要野菜种类：

蕨、蒲公英、车前草、枸杞、小蓟、龙牙草、柞浆草、蕺菜、蓴菜、藜、冬寒菜、刺五加、鼠曲草、苦菜、水蓼、地肤、猪毛菜、牛膝、鸡冠花、白花菜、诸葛菜、商陆、牛繁缕、繁缕、唐松草、豆瓣菜、酸模、水芹、荠菜、马齿苋、苋菜、飞廉、附地菜、铁苋菜、马先蒿、荇菜、薇菜、香椿、紫苏、问荆、松茸、野芝麻、鸭拓草、独行菜、地榆等。

地区性分布种类：

东北地区地貌复杂，土壤类型多样，东北部地区受海洋季风影响，气候冷凉湿润，夏季多雨，冬季下雪能冻死害虫，有利于野生植物的生长。

西南部地区属于温带大陆性季风气候，雨量充沛。

东北地区的野生植物以长白山东北部和西南部最丰富，其次是大小兴安岭地区。

（1）东北地区分布种类

东北地区除全国性分布的野菜外，常见的野菜种类有东风菜、关苍术、桔梗、歪头菜、堇菜、败酱、山蓼、杠柳、柳蒿、轮叶党参、轮叶沙参、银线草、辣蓼铁线莲、荨麻、风花菜、土三七、鸡眼草、苜蓿、地笋、变豆菜、珊瑚菜、珍珠菜、打碗花、藿香、活血丹、马蹄草、东北羊角芹、兴安毛连菜、鸦葱、紫苑、牛蒡、山尖子、毛百合、小黄花菜、芝麻菜、决明、防风、兴安升麻、兔儿伞、燕尾凤毛菊等。

（2）西北地区分布种类

西北地区面积广大，气候差异大且复杂，海拔相对较高，干旱少雨，多山，但其维度大部分处于温带线内。这一地区的野生植物种类也较多，只是分布不均匀，宁夏、甘肃和陕西三省份（自治区）种类较为丰富。

除全国性分布种类外，这个地区主要以耐旱、沙生和耐寒的种类为多，主要有凤毛菊、贺兰山玄参、酸模、叶蓼、蓼蓝、野薄荷、驴蹄草、款冬、百里香、碱葱、黄精、野花椒、小黄花菜、河北大黄、玉竹、发菜、糖芥、麦瓶草、防风、沙芥、芝麻菜、青荚叶、刺楸、臭常山、鹿药、升麻、鸭儿芹、黄鹌菜、合欢、木槿、黄连木、地锦槭、苦木、葛仙米、毛梾等。

（3）云贵高原地区分布种类

云贵高原属亚热带湿润季风气候，四季不分明，阴雨天多，各地降雨量不等，山多且海拔高，不同海拔山地气候差异大，垂直温差大，同样一座山，在海拔不同的地方你能发现热带、亚热带、温带多种植物，因此云贵高原地区植物物种非常丰富，广大少数民族群众历来都有采集野菜为食的习惯。除全国性分布的种类外，这里还有宽叶韭菜、野蒜、小黄花菜、黄精、山百合、鸡肉参、何首乌、山土瓜、木鳖、龙葵、野薄荷、大叶石龙尾、刺芋、树头菜、水鳖、野韭菜、辣子草、积雪草、腊肠树、莲子草、牡蒿、苹果榕、山莴笋、守宫木、仙人掌类、旋花茄等。

（4）长江中下游地区分布种类

长江中下游地区为亚热带和温带交界处，四季分明，气候温和雨量充沛，多为亚热带半湿润季风气候。植物种类也非常丰富，特别是沿江两岸，水生和半水生植物种类丰富。

除全国性分布种类外，还有莼菜、荇菜、萍蓬草、马兰、水甕、水鳖、水车前、鸭拓草、山莴笋、鸭舌草、白鹃梅、黄檀、败酱、野葛、麦瓶草、玉竹、辣子草、虎仗、积雪草、木槿、款冬、莲子草、菱（野菱、菱角、冠菱、细果、耳菱、四角菱）等。

两广、福建、海南、云南等省因为气候常年湿润温暖，适宜植物的生长，且地形地貌多样，除了比较特殊的寒带植物外，几乎所有植物都能生长。特别是河流、丛林地区、植物种类繁多，这里不一一列举。

东北地区到冬季大雪封山，食物找寻困难，在灌木林或松树林分布的山坡上有可能会有坚果类（榛子、松子）可食用。秋季山中的松鼠会储藏食物过冬。在白桦林中，用刀或棍子在树根附近敲击，若树木中有空腔其声音较闷，可挖开树皮找寻松鼠储藏的坚果，但请注意，松鼠也要靠它们过冬，别把人家的吃光了。拿一半，留一半，这是对松鼠的尊重。在向阳的山坡，可以尝试刨开雪，找寻蕨类植物的枯叶，若有条件可以挖开冻土找寻蕨根。

西北荒漠地区干旱少雨，植物种类极少，大漠中只能在绿洲中能找到可食用植物，少数地方有固沙用的骆驼刺……

云贵高原的石山中，湿润、背阴的地方通常有苔藓和地衣生长，虽然味道非常不好，但往往这是你能找到的唯一食物。

附录 3

基本所需热量计算表

性别	年龄	国际单位（千焦耳）
男性	11–17 岁	体重（公斤）×105= 基本热量
	18–30 岁	体重（公斤）×63+2850= 基本热量
	31–60 岁	体重（公斤）×48+3500= 基本热量
	60 岁以上	体重（公斤）×56+2050= 基本热量
女性	11–17 岁	体重（公斤）×84= 基本热量
	18–30 岁	体重（公斤）×61+1880= 基本热量
	31–60 岁	体重（公斤）×36+3500= 基本热量
	60 岁以上	体重（公斤）×44+2050= 基本热量

注意：基本所需热量是指维持生命的最基本需要如呼吸、心跳等需要的热量。一般行动、工作或运动所消耗之热量并不计算在内。

热量单位的换算：

卡路里通常用于衡量人体消耗和食物热量，一般简称为卡（cal），亦即将 1 克水在 1 大气压下提升 1 摄氏度所需要的热量，和焦耳的换算关系为：

1 卡 =1 卡路里 =4.186 焦耳

1 千卡 =1 大卡 =1000 卡 =4186 焦耳 =4.186 千焦

卡路里的消耗和年龄、体重、身高、性别都有关系，一个正常人每天摄入 2000~2500 大卡能量能保证基本消耗和运动消耗，运动所消耗的卡路里根据运动情况不同会有所变化，以下的公式能大概计算出每天所消耗的卡路里。

男：（66 + 1.38 x 体重(kg) + 5 x 高度(cm) − 6.8 x 年龄）x 活动系数

女：（65.5 + 9.6 x 体重(kg) +1.9 x 高度(cm) − 4.7 x 年龄）x 活动系数

一般人的活动系数为 1.1~1.3 不等，如平时的办公室文员（女性）每天的活动系数大约在 1.1，一名中等强度劳作的工人活动系数为 1.3，户外运动活动系数通常为 1.3~1.5 之间，若是高强度的运动还会更高。

注意：此运动消耗公式为参考公式，不包括因为寒冷、潮湿、紧张、精神焦虑等原因引起的其他消耗。

食物成分的卡路里含量

糖：300~400 千卡/100g
蛋白质：400 千卡/100g
碳水化合物：400 千卡/100g
脂肪：900 千卡/100g

寻找食物的小经验：

通常海拔低的地方食物充足，在超过海拔 1500 米以上的山地，寻找食物就比较困难。如果你到这些地方生存，应尽快靠近低海拔林地线以下。昆虫是安全的食物，而且营养价值高，易于寻找，如果你能吃得下昆虫，生存机会就大大增加。如果捕获大猎物，要尽快加工，鲜肉容易引起掠食动物的觊觎且比较重，烤干后能减轻 70% 的重量。内脏等物若要抛弃，不要丢进水源中，放置在地面上，大自然会有清道夫帮你清理，这也是你对自然的回馈。

不要等到食物告罄才急忙想起寻找，寻找食物都是你每天必须要做的工作，一有机会就增加你的食物储存量，在预计食物很匮乏的地区生存，食物的携带量应酌情增加并认真的分配定额，认真加工食物，对你的健康很有帮助。

虽然上述公式能计算出每天你所需消耗的热量，但这只是辅助参考，例如同样的距离上，奔跑和匀速的行走其消耗的热量是不同的，因为保暖不当、精神紧张等热量消耗难以计算，因此如何合理地调配你的体能和放松精神在实践中能给你节约很多热量，这样也能让能更从容地分配你并不多的食物从而进行更科学的计划取得食物。

第七章 求生之路

第一课 野外保健、常见疾病治疗

野外生存不是想象中那么可怕，但也绝对不是一条浪漫之旅，你必须学会照顾自己。

可能有人会说："我很强壮，一年到头也不会患一次感冒！"但我请你先想一想，你该怎么应对下面这些问题：寂寞、孤独、厌烦、焦虑、恐惧、失眠、酷暑、严寒、饥饿、干渴、疾病、疼痛甚至受伤。

相信我，好好照顾自己的身体能让你过得更好。

总的来说，人对环境的适应能力还是很强的，否则人类也占领不了整个地球。人的身体适应性比肠胃更强一些。一到陌生的环境，通常都是肠胃发出不适应的信号。

刚到野外，先别生食食物。如果你的背包里带有肉类罐头，先用肉与野外食物一起慢火炖煮，这样能让你的肠胃快速适应野外食物。烧泡茶饮可以让你的肠胃适应野外的水（带上一小包茶叶是个不错的办法）。通常在三天之内，你的肠胃就可以适应野外的食物了。

劳累过后，肠胃消化功能会下降，你携带的巧克力或压缩饼干这类食品直接干吃并不利于消化。用水化开煮热，一杯香浓的热巧克力是补充体力、提神的好东西。

在野外，一切都要量力而行，不要争一时之短长。记住，你不是去作战，必须要赶在某时之前进入战斗位置。许多户外爱好者在做线路标定的时候过于高估自己的能力，而实际行走的时候却发现有许多障碍影响自己的速度。

做一下调整吧，这并没有什么难为情的，在茂密的丛林和厚厚的积雪中，特种部队也有一天只前进几公里的时候。焦急地赶路只会让你的判断力进一步下降，从而出现伤害自己身体的事故。

每天保证充足的休息时间，能让身体尽快地恢复精力。不要让自己的身体过于劳累，否则很容易因抵抗力下降而生病。

懂得必要的保健知识能让你活蹦乱跳地回到熟悉的家园。而这些保健知识非常好学，也非常容易操作。

在"食物"一章里，我已经列举了许多药食同源的食物，以及一些很有效的菜谱和茶饮，给自己精心制作一份可口的野外餐饮是保健的重要环节。每天尽量让自己吃得好一些，有机会就煮泡茶饮留做第二天的饮用水，能让你保持精力。

然而有时你只能获取到仅够你生存下来的食物和水，做不出可口的饭菜，你就需要好好地注意自己的身体状况了。

疲劳是让你生病的一个重要诱因，头和脚是疲劳程度的风向标，它们总是会先发出信号提醒你注意。记住下面这些很有效的保健手法。

让血液循环通畅是最简单的缓解疲劳的方式。

在休息的时候，手抓自己的头发用适度的力量去扯，这对缓解轻中度的头疼和中暑症状非常有帮助。用指甲反复地刮头部以及指揉太阳穴，效果也很好。

用一根树枝，敲打小腿、大腿和背部，可以让血液通畅、缓解肌肉酸痛和劳累。

自己给腿部按摩也非常有效。

长途行走之后，平躺着并用背包垫高脚（脚要高过心脏部位），可以缓解脚部的疲劳。

肩部和颈部也是容易劳累的部位，揉捏可以缓解。

一节树枝、一块大小适中的石头、一段兽骨或一颗兽牙等物品，就是非常好的保健工具。

刮是一种简单易行又效果显著的保健和辅助治疗手法。将树枝等物品做一下钝化处理（不能太锐利），反复地按刮头部、额头、太阳穴、后颈以及肩部，能让血液循环通畅。简单而言，就是哪儿累就刮哪儿，直到刮得皮肤微红，头皮发热。

用热水烫、泡脚是中国传统的保健手法，在野外你要找一只盆当然不现实。

不过你只要能烧热水,你就可以烫、泡脚了。

将生存丝巾浸入热水中,趁热拧得半干,将脚包裹起来(热度既不能烫伤你,也不能太凉,以自己刚好能忍受为宜)。重点烫泡部位为脚底,然后是小腿,同时用手指揉搓。缓解脚部疲劳效果很好,烫泡过后,再垫高脚休息半小时。

长途跋涉后脚掌和小腿会发热、酸痛,如果你附近有水源,在水源边脱下鞋袜,让脚上的汗自然风干,将脚慢慢地浸入凉水中,能缓解脚的疲劳。

切记,不能将脚一下子泡进水里,让脚先适应一下水温(如果脚肌肉有痉挛或抽筋迹象,那就不能再泡下去了)。

在丛林的小溪里泡脚也是非常的舒服,但有些人在冷泡的时候,脚底会抽筋(小腿抽筋则很少见)。

有些地方有天然形成的微型瀑布,站或坐在瀑布下,利用天然水流拍击背部和胸部,直到皮肤微有痛感、微微发红。这样不仅能清洁身体,而且还能提高你的免疫力。

每天抽出10分钟到半小时做一下日常保健工作是很有必要的,队友间的互相帮助更值得表扬。头、脚、颈、肩都是容易劳累的部位,不要放任不管,一旦背部肌肉开始酸痛,而你又没有好好休息的话,那么你离生病也就不远了。

常见疾病的预防和治疗

虽然你已经做好了心理准备,也懂得怎么让自己的身体适应野外的陌生环境,可是你的身体不会欺骗你,可能第一天你就会感觉到不适。

生存的前三天很重要,如果你不能很快地适应环境,继续前进的可能性也就没有了。前三天你若能适应过来,学会照顾自己,那么生病的可能性就会大大降低。

前三天最常碰到的问题之一是头疼,特别是在烈日下行走,如果你没有戴好帽子,普通人半小时之内就会感觉到太阳穴胀痛,进而发展到后脑。若一意孤行强行前进的话,则很容易中暑。长途行走后的劳累,也会使人头疼。

揉或刮都能缓解头疼症状,但你更重要的是休息。如果感觉到太阳穴有轻微的胀痛感,先停下来休息半小时。

若头疼难忍，你需要止疼药帮助缓解。按剂量服用止疼药（例如阿司匹林），并揉或刮患处，好好休息。

体内燥热

高强度的跋涉通常会让人体内液体分配失调，此时人体失水的主体是汗，尿液也会相应减少。当体内水分不足的时候就会发热，感觉到燥热不安。也就是通常所说的上火。这时就需要及时补充水分并充分地休息。

正常的尿液应当是清澈的或淡黄色，如果尿液减少，呈赤黄色，证明你体内水分已经严重不足了，再发展下去小便时尿路就会刺痛、灼热，甚至无尿。

在食物一章里，我已经介绍了不少清热去火的药茶。例如车前草、雷公根，每天熬煮一些药茶饮用能平衡你体内的水分。在平日行进的时候，牢牢记得怎么喝水能最大限度地预防脱水。

便秘通常会伴随燥热而来，同样是因为水分不足而引起的。补充足够的水分，并饮用些药茶，一般在几天内大便就会正常。若是便秘严重，就需要润肠药的帮助。

记住，一定要补充足够的水！

腹泻

腹泻通常是因为不能适应野外的水和食物引起肠道内菌群失调，也就是俗称的水土不服。温水调淡盐水补充体液，服用止泻药，或用药茶调和肠胃。

对于严重的细菌性腹泻更不能掉以轻心。严重的腹泻很容易导致病人脱水、体内电解质紊乱，除了用淡盐水补充水分外，一定要服用止泻药或抗生素或服用药茶，并好好地休息，直到恢复为止。

扭伤

扭伤是野外常发生的事故，轻度的扭伤通常不会有太大影响。扭伤后停下来休息，并检查扭伤状况，用手扳着脚掌向各个方向缓慢用力。

若还能扳动较大角度，疼痛在能忍受范围的话，说明扭伤并不严重，你还可以继续前进，但一定要注意伤脚。

在休息的时候用生存丝巾浸泡热水热敷患处，以扩散毛细血管，然后用药酒或治疗扭伤的草药揉搓或敷患处（一定要将皮肤搓热，否则药效会大打折扣）。如果是扭伤严重，就不能继续前进，以免留下后遗症。

消化不良

缺乏锻炼的人突然高强度行走，很容易导致消化不良、不想吃东西，甚至饭后几个小时仍旧能呕吐出没有消化的食物。这是因为劳累引起的胃部供血不足以及脾胃虚弱，你应该在前进的时候就开始注意自己的体能分配了。一旦有消化不良等症状出现，你就需要多休息，不要再吃生冷的食物，多喝些热水暖胃，或者将食物煮软炖烂食用。少量多次，让胃恢复过来，熬煮一些调和肠胃的药茶也非常有帮助。

感冒

一般为热感和伤风。流感在野外倒非常少见。

我想对付感冒大家都很有心得了，哪个人没感冒过？应该多喝水，多休息，同时阿司匹林也能派上大用场。若是热感，可用清热去火的药茶辅助治疗，但要在服药后半小时再喝。

感冒引起头疼是难免的，同时还可能引起肌肉酸痛。揉搓和按摩酸痛部位可以缓解。若是伤风还有鼻塞、流鼻涕等症状，吸闻热蒸汽可以缓解症状。

同时一定要注意保暖，一般发汗过后感冒很快就会好了。

刮痧是治疗肌肉酸痛、感冒、发热的一个很好的办法，而且经过了中国百姓几千年的检验，特别是在野外缺乏医疗条件的情况下，梳柄、一颗兽牙、一段兽骨、一节木棍、一个钥匙环甚至一枚硬币或钥匙就能让你摆脱病痛。

必须将刮疗工具做钝化处理，保持光滑，以免刮伤皮肤。通常都是刮背部，从上到下反复的刮，重点刮酸痛部位，例如双肩、肩胛下部、后颈部和脊柱两侧。

如果是痧气重者，刮过的部位皮肤很快就会发红，会有些疼，继续刮下去，不要停止，观察皮肤状况，直到颜色不能再刮深为止。严重的患者甚至皮肤会凸起，颜色紫黑，这就是通常所说的"痧"。

刮痧前要为患者做清洁工作，野外洗个热水澡的确不容易，但你至少要用生存丝巾蘸热水清洁背部和需要刮痧的部位。不要让患者暴露在风中刮痧，最好搭建挡风的庇护所。刮痧时要用水或油润滑皮肤，用油的效果更好一些（用植物油或动物油，不能用矿物油），干燥的皮肤很容易被刮伤。刮痧必须要刮透才能停，刮完后要做好保暖工作。在刮痧后的24小时内不要洗澡，以免"痧"被吸回体内，那样会加重病情。

刮痧通常需要别人的帮助，但在头疼不止、咳嗽痰多的时候，自己一个人就能解决了。水润湿喉部，反复用手指捏拔，可以将喉部痧气逼出来，挤捏额头、太阳穴、鼻梁、眼眶上部对治疗头疼、发热有很好的效果。

平时用刮痧的手法可以缓解肌肉疲劳、调动免疫系统的保健功效。这时候可不用油，皮肤的汗和油脂就可以润滑了。

拔罐也是中医传统疗法。在野外拔罐不太现实，通常都是用竹筒做拔罐器，但没有经过训练的人很容易将患者灼伤，因此不推荐。

附录：刮痧、捏痧是中医传统的治疗手法，对于重感冒、劳累、肌肉酸痛、肠道菌群失调引起的头晕、发冷都有很好的治疗效果。

现代医学仍不能解释"痧"的成因以及现象。用中医的解释则为风邪入侵体内积聚，体内阴阳失衡而导致"痧气"，用"刮"的手法能将"痧气"逼出。

个人认为是在刮痧的时候，皮肤不断地充血，以及刮痧时的疼痛调动了体内免疫系统奋起反击，从而达到治疗的效果。若是很虚弱的病人则不适宜刮痧，记住一定要为病人做好保暖工作。

大家很容易找到牛角制作的刮痧板，它仅仅几克重，就可以做日常保健、解除绝大多数野外常见的病痛，手法也非常简单——哪里不舒服刮哪里。准备一块如此物超所值的东西在急救包里，是很有必要的。还有一枚一角或一元钱的硬币，也可以用于刮痧。

刮痧板

附录：治疗常见疾病的药物分类表

请详细参看"食物"一章的使用方法和剂量

作用	植物	备注
感冒发热	野菊花 蒲公英 一点红 地胆草 龙葵草 紫苏 薄荷 枸杞叶 狗肝菜 灰灰菜 积雪草 榕树叶 马兰 刺芹	不宜食用金樱子、枸杞子
清热去火	蛇莓 野菊花 一点红 蕨 地胆草 千里光 旋复花 苦菜 狗肝菜 灰灰菜 积雪草 酢浆草 鱼腥草 车前草 蒲公英 马齿苋 马兰 铜锤玉带草	捣烂外敷和煎水内服，可治疗皮肤过敏反应
跌打扭伤	龙牙草 蛇莓 酢浆草 水蓼 积雪草	
便秘	蕨 蒲公英 龙葵 松针	金樱子、榕树、捻子果实食用过多易便秘
腹泻	钩悬子 灰灰菜 积雪草 水蓼 捻子 车前草 地胆草 地榆 榕树气根 鸡冠花 马齿苋 马兰 薄荷 酢浆草 酸模 水蓼 松针 番石榴 地捻	腹泻时慎食菊科植物，特别是千里光属、旋复花属植物。勿食用青涩的榕树果实
杀菌	野菊花 千里光属 旋复花属 地榆 马兰	
消化不良	紫苏 薄荷 榕树嫩芽 捻子 刺芹	忌食马齿苋
咳嗽	一点红 旋复花 紫苏 酢浆草 榕树叶 松针 马兰 老桑叶 柳树皮	
头痛	野菊花 薄荷	
利尿	蒲公英 一点红 地胆草 车前草 马齿苋 马兰 薄荷 狗尾草 积雪草 荇菜 鱼腥草	金樱子果实可缓解尿频尿急
止血	大蓟 藿香蓟 龙牙草 地榆 鸡冠花 马齿苋 马兰 狗肝菜 菟丝子	
安神	败酱根	忌食枸杞子
提神	蒲公英根 千里光 旋复花 野菊花 马兰花 藿香蓟 月季 蔷薇 金樱子的花 龙葵 薄荷 枸杞子 松针	
蛇伤	蕨 龙牙草 地榆 蛇莓 荇菜 鱼腥草 刺芹 水蓼 叶下珠	

还有一些植物，作为食物来说不算合格，但是作为药物而言则非常有效。

蛇床

伞形科蛇床属植物蛇床,又名蛇米、蛇粟、野茴香、野胡萝卜等。味苦,性平,无毒。多年生草本植物,茎直立,具细纵棱,无毛,叶片多羽裂,揉碎叶片有特殊的清苦气味,头状花絮,白色小花平面簇生,很好辨认。

蛇床喜弱碱性和阳光,生命力顽强,中国大部分地区都有分布。它广泛生长于田头路旁、沙石土壤、河沟等处。

蛇床有很好的杀菌止痒效果,从古至今都是一种治疗妇科病的良药。

蛇床熬浓汤,擦拭阴部、背部等处,有很好的清洁效果。对于皮肤过敏、瘙痒症状,可用生存丝巾蘸汤热敷,凉则换,或捣烂外敷效果很好。

牙疼难忍,蛇床种子煎汤,趁热含漱亦可治疗。

飞扬草

大戟科大戟属植物飞扬草,别名大飞扬、大乳汁草、节节花、奶子草、天泡草。为一年生草本,高20~50厘米,全株有乳汁;茎基部膝曲状向上斜升,枝被绒毛,上部毛更密,单叶对生;披针状长圆形或长圆状卵形,长1~3厘米,宽0.5~1.3厘米;顶端急尖或钝,基部偏斜不对称,边缘有细锯齿,两面被柔毛;背面及沿脉上的毛较密,叶柄长1~2毫米,夏季及秋季开淡绿色或紫色小花;杯状聚伞花序再排成紧

密的腋生头状花序。在秋末和初冬，全草逐渐变成暗红色或暗紫红色直至枯萎。

飞扬草生命力顽强，耐旱喜光，广泛分布于两广、福建等南方省份的田间地头、草地、贫瘠的黄土地中，甚至城市中的屋角等处。

飞扬草主要功效为利湿止痒、清热解毒，常用于较为严重的皮肤过敏。例如毛虫爬过、接触有毒植物引起的荨麻疹、皮肤溃烂、疼痒难止、湿疹等野外常见的皮肤病。

小面积皮肤病摘取几棵飞扬草掐断，用白色乳汁涂抹患处。大面积皮肤病则用全草捣烂外敷。可煎水作为一种清洁身体的药汤。

小飞扬草

大戟科大戟属植物小飞扬草，别名通奶草。一年生草本植物，茎匍匐，茎通常为红色，不超过15厘米，折断有白色乳汁。叶对生，椭圆形至矩圆形，长4~6毫米，很少达8毫米，宽2~4毫米，叶面深绿色，叶背浅绿带灰白色。淡紫色杯状花序单生或少数聚伞状排列于叶腋；长约1毫米；蒴果有毛，卵状三棱形，长1.5毫米许。种子有纵沟纹5~6条。花期夏季。

小飞扬草长江以南省份均有分布，海南、台湾、广西、广东、云南、贵州、四川、湖南、江西分布广泛，海拔30~2100米均有生长，常见于灌木丛、荒地、草地、田边、路边等处。

小飞扬草主要功效同大飞扬草，有利湿止痒、清热解毒功效，常用于较为严重的皮肤过敏。例如毛虫爬过、接触有毒植物引起的荨麻疹、皮肤溃烂、疼痒难止、湿疹等野外常见的皮肤病，用法同大飞扬草。

细菌性痢疾、腹泻：小飞扬草50~100克，水煎，分两次服。

大青叶

大青叶为常绿灌木，有地方也称之为南板蓝根，高 1~1.5 米，叶片长圆状卵形，顶端急尖，叶片长 10~25 厘米，宽 6~12 厘米，簇生五角星状白色小花。

大青叶几乎是一种治疗野外疾病的多面手，其叶片也可以作为食物，但不建议多食。多食可能会产生呕吐等轻微的食物中毒症状，其主要还是作为药用。

大青叶主要具有清热凉血功能，为解毒良药。主要用于热毒发斑、丹毒、咽喉肿痛、口舌生疮、疮痈肿毒等症，又可用于痰热郁肺、咯痰黄稠等的治疗；临床中常配合柴胡、银花、连翘、板蓝根、玄参、生地等使用，尤常用于流行性乙型脑炎。也可单味应用于预防，能清解气分、营分的热毒，可用治各种乙脑（其中以偏热型较为合适）。

在野外，大青叶常用于预防和治疗感冒，因大青叶对病毒杀灭效果极佳，对付病毒性感冒尤其有效。

预防感冒：鲜品若干片，用水煎煮二次，混合服用，上下午各一次，服用 3~6 天。治疗感冒则用大青叶适量熬浓汤，趁热服用，注意保暖。一般三天内可治愈。

治疗肺炎：大青叶、蒲公英等量，水过面熬浓汤，水少则加，直至浓稠。一次服用 50~100 毫升，一日三次。大青叶还能用于治疗气管炎、咳喘，水熬浓汤服用，镇咳祛痰效果较好，但平喘效果略差，可配以其他平喘药物使用。

治疗急性传染病：特别对病毒性传染病效果更好，水熬浓汤趁热服用，每日 4~8 次，多数病例在用药 1~2 天内体温恢复正常，同时中毒症状消失。

治疗细菌性痢疾及急性胃肠炎：用于大青叶 (大部分为马鞭草科路边青，少部分为爵床科马蓝) 适量煎汁 1 次顿服或分 2 次分服，连服至痊愈后 1~2 日停药。试验中治疗菌痢(其中慢性者1例，余均为急性)及急性胃肠炎计300余例，均获较好效果。治疗后完全退烧所需时间为1天左右，排便次数和大便外观恢复正常及镜检阴性所需时间平均不足5天，随访未见复发或转为慢性者。

附录：大青叶的种类很多，为马鞭草科植物路边青、蓼科植物蓼蓝、十字花科植物菘蓝、草大青或爵床科植物马蓝等的叶或枝叶，其功效相同，各地因不同种类的叫法也有所不同，称为板蓝根、南板蓝根、大青根、蓼实、蓝实、路边青、蓼蓝等等。

大青叶有良好的杀菌和杀灭病毒的作用，临床研究发现其对金黄色葡萄球菌、甲型链球菌、脑膜炎双球菌、肺炎链球菌、卡他球菌、伤寒杆菌、大肠杆菌、流感杆菌、白喉杆菌以及痢疾杆菌均有一定的抑制作用；对乙型脑炎病毒、腮腺炎病毒、流感病毒等也有抑制作用；还有杀灭钩端螺旋体的作用。

对传染性发热有明显的解热作用，且降温快、毒性小。对多种致炎剂所引起的炎症反应有明显的抑制作用。对上呼吸道感染有关的不同病毒株有抑制或延缓细胞病变作用。

大青叶是一种野外治疗的多面手，多为单品煎汤服用，病情紧急也可绞汁喂服；外用可治疗丹毒、脓疮，捣烂外敷即可；煎汤清洗伤口，对伤口也有杀菌促进愈合的效果。有报道称大青叶有治疗蛇毒和食物中毒的效果，但真实性未得到证实。

栀子

茜草科栀子属植物栀子，别名山栀子、黄栀子、红栀子等。常绿灌木，高达2米；叶对生或3叶轮生，叶片革质，长椭圆形或倒卵状披针形，长5~14厘米，宽2~7厘米，全缘；托叶2片，通常连合成筒状包围小枝；花单生于枝端或叶腋，白色，芳香；花萼绿色，圆筒状；花冠高脚碟状，裂片5或较多；子房下位；花期5~7月，果期8~11月。其果实和根可以入药。

栀子性喜温暖湿润气候，好阳光但又不能经受强烈阳光照射，适宜生长在疏松、肥沃、排水良好、轻黏性酸性土壤中。是典型的酸性花卉。

栀子生于山坡、路旁，分布于江西、湖北、湖南、浙江、福建、四川、两广、云南等地的山坡、灌木林、稀疏林地、草地等处。

栀子的果实成熟时呈黄色或红色，采集晒干备用。

栀子果实有泻火除烦、清热利尿、凉血解毒的功效。用于热病心烦、黄疸尿赤、血淋涩痛、血热吐衄、目赤肿痛、火毒疮疡的治疗；外治扭挫伤痛、根则泻火解毒、清热利湿、凉血散瘀。还能用于传染性肝炎、跌打损伤、风火牙痛的治疗。

栀子果实泻肝火、凉血解毒功效好，适量熬水内服，对于野外因体燥导致的火气旺盛、易怒、偏激、口干嘴苦、心神不宁有很好的治疗效果。

根可用于跌打损伤，鲜品50~100克，捣烂外敷，用火烤温热效果更佳。

平时做汤的时候，放一到两枚栀子果实，可以清热解毒，有很好的保健功能。

穿心莲

爵床科穿心莲属植物穿心莲，别名苦草、苦胆草、春莲夏柳、春莲秋柳、一见喜、榄核莲、金香草、金耳钩、日行千里、四方莲、斩蛇剑、圆锥须药草、印度草等。全株味极苦，中医认为苦入心，只要含一小片叶子立刻能感受到刻骨铭心的苦味，好像一箭穿心，故名"穿心莲"。

穿心莲为一年生草本，高50~100厘米，茎直立，多分枝，具四棱，节稍膨大。叶对生，卵状矩圆形至矩圆形披针形，长2~11厘米，宽0.5~2.5厘米，先端渐尖，

基部楔形，全缘或浅波状，上面深绿色，下面灰绿色，秋日天凉会蒙上淡紫色，侧脉3~4对；叶柄短或近无柄，圆锥花序顶生或腋生；花萼5深裂，外被腺毛；花冠淡紫白色，唇形，上唇外弯，2齿裂，下唇直立，3浅裂，雄蕊2，药室一大一小，大的被髯毛，花丝一侧有柔毛子房2室；蒴果长椭圆形，长约1.5厘米，两侧呈压扁状，中央具一纵沟；花期8~9月，果期10月；原产于印度，生于湿热的平原、丘陵地区，热带、亚热带部分地区有野生；广东、福建、广西、云南等南方湿热省份野生较多，这几个省份以北野生较少，但有栽种。

功能主治：清热解毒、凉血消肿。治急性菌痢、胃肠炎、感冒、流脑、气管炎、肺炎、百日咳、肺结核、肺脓疡、胆囊炎、高血压、鼻衄、口咽肿痛、疮疖痈肿、水火烫伤、毒蛇咬伤。

穿心莲是一味野外几乎万用的草药，全株入药。野外的常见伤病它几乎都能治疗，而且效果非常好。其使用方法很简单，鲜品捣烂外敷，煮水外用加内服，唯一的缺点就是太苦了。

治疗咽喉肿痛、咽喉炎：穿心莲鲜品10~15克，嚼烂慢慢咽下（估计没几个人能受得了这个苦味），或穿心莲鲜品15克，水熬，趁热吞服。

治疗疔、痈、丹毒、皮肤病等：穿心莲鲜品适量，捣碎外敷可杀菌消毒，另15克水煎服。

治疗外伤感染，清洗伤口：穿心莲适量，水煎浓汤，放凉清洗伤口。感染的伤口清洗后用鲜品捣碎外敷，一日换药2~3次，部分熬水内服，通常2日内就能控制感染，伤口开始愈合。

清洁身体：穿心莲适量，水煎，用生存丝巾蘸水擦拭身体、阴部能杀菌。

治疗咳嗽、浓痰：穿心莲10~15克，水煎服。

治疗急性痢疾、急性肠胃炎：穿心莲15~30克，水煎浓汤，每日两次。

治疗感冒、发热、头痛：穿心莲叶片焙干，一次几片干叶片，用热水送服。或鲜品10~15克，水煎服，一日3次。

治疗毒蛇咬伤：穿心莲适量捣烂外敷患处，另20~25克捣烂用热水送药一次顿服。与其他治疗蛇伤的药物同用效果更佳。

治疗目赤、目痛、眼睛炎症、红肿：穿心莲适量熬水，放凉滴眼，部分药茶内服。

治疗牙疼、中耳炎：鲜品适量捣碎，敷牙疼处，捣碎绞汁，滴患耳，适量水煎内服。

胜红蓟

菊科胜红蓟属植物胜红蓟，多数用于药用，也可作为食用，别名土藿香、藿香蓟。胜红蓟怕高温，不耐寒。主要分布在长江以南阳光充足、温暖的地区。

胜红蓟很容易分辨，茎直立，叶对生，茎和叶背有细绒毛。胜红蓟像其他蓟属植物一样，花生于茎顶端，多为紫红色、淡紫色小花，少数为黄色，花如绒毛状发散。揉碎胜红蓟的叶片会闻到一股类似薄荷的特殊臭味，因此在南方某些地区也称为臭草。

胜红蓟的止血效果很好，一般的创伤出血，可采胜红蓟叶片揉碎按压伤口。胜红蓟还能代替薄荷，作为提神醒脑解困的药品使用，揉碎胜红蓟叶片，按搓鼻下、太阳穴，另取一片叶片揉碎舌下含服。

不过在此提醒大家，那股气味的确不怎么样……

胜红蓟味苦并有特殊的气味，一般不作为食用。食用时采摘胜红蓟上部较嫩的部分，用水焯 1~3 分钟，换冷水浸泡 30 分钟，去除苦味后食用。

血见愁

血见愁学名山藿香，为唇形科筋骨草亚科香科科属植物，别名血芙蓉等，一年生草本，茎叶捣碎有特殊的香气，类似薄荷和藿香。血见愁高 30~70 厘米。茎四棱，下部卧地生根。上部直立，有分枝，秃净圆嫩枝，被疏毛。单叶对生；叶片卵形或矩圆形，长 3~6 厘米，宽 1.5~3 厘米，纸质，先端短尖，边缘有不规则的粗钝齿，基部楔形；叶面绿色，叶背浅绿色，老则渐次脱落，具腺点；叶柄长 1.7~3 厘米。腋生及顶生的疏散分枝总状花序，长 2.5~5 厘米；花柄有短毛；表面有黏质长毛及腺点，结果时较为膨大；花淡红色；结果为小坚果 4 枚，圆形，径约 1 毫米，黄褐色，表面有微细皱纹。花期 6~8 月。果期 8~10 月。江苏南部、浙江、福建、台湾、江西、湖南、广东、广西、云南、四川西南部及西藏东南部海拔 120~1530 米地方都有分布，多见于山林中湿润处和山中凹地。

血见愁顾名思义，其主要的药用为对付各种血液类的疾病和伤痛，血见愁全草含山藿香素、酚类、氨基酸、有机酸、糖等，味辛、苦，性凉，对于外伤出血、因内伤引起的内出血、咯血有良好的功效。

外伤出血：血见愁叶片适量，捣碎外敷，或花朵适量外敷，能快速止血，并且能促进伤口愈合，如果是花粉，疗效比云南白药更好。

肺痈、咯血、吐血、衄血、内伤出血：血见愁（鲜品）50 至 100 克，水煎服，如果能配合冰糖或白糖效果更佳。

蛇虫咬伤、无名疔疮等：血见愁鲜品适量，捣烂外敷。

治感冒发热咳嗽：血见愁（鲜品）50 至 75 克，水煎服。

清洁身体：血见愁鲜品适量，熬水擦洗身体。

野外的清洁和卫生

野外的卫生条件虽然比较差，但保持良好的卫生习惯能让你少生病，所以你要学会用有限的资源来做好清洁卫生工作。

干爽的身体是健康的一大保障，如果水源充足，可以在水中洗澡（但不要在深水区游泳）。

用生存丝巾包裹河边的细沙擦拭身体，能更快地去除污垢。碱性的草木灰有杀菌的效果，用生存丝巾包裹草木灰擦吧。

细腻的黄泥、河边干燥的细沙都是很好的清洁工具（先不要着急下水，在岸上用泥土和细沙干搓身体将油垢去除，再下水清洁）。在雪地中有日光的白天，慢慢地脱掉衣服先让身体适应寒冷，然后用生存丝巾包裹雪团搓身，搓到身体微微发热。不但起清洁作用，还有提高免疫力的效果。不过此法应慎用，小心感冒，通常只用于局部清洁。

若是用水紧张，你也要做清洁工作，全身洗一遍肯定不现实，不过你要对容易积汗的部位进行清洁。腹股沟、阴部是最容易积汗的部位，此处皮肤娇嫩敏感，很容易引起瘙痒，若放任不管，很可能会引起溃烂。

背部积汗沉积污垢后很容易堵塞汗孔，排汗不畅很容易引起体内燥热。腋窝也是容易积汗的部位，虽然对健康影响不大，但浓重的汗臭很影响大家的心情。

用生存丝巾蘸水擦拭这些部位吧，擦到皮肤微微发红就清洁干净了。用热水的效果更好一些，若是有条件，烧煮药茶（千里光、地榆、马兰、马齿苋、大青叶、穿心莲等都有杀菌的效果）来擦拭。如果这么做要占用有限的饮用水，那么你就暂时不要做清洁工作。

口嚼无毒无异味的树根，可以清洁牙齿和口腔内的残渣；用渔线或棉线做牙线也可以清理牙齿；用一些口气清新的药茶漱口，嚼两片薄荷叶片等，都可以清洁口腔让你少生病。

饭前便后要洗手，若是水源严重不足，可将洗过的水收集起来过滤。

生存丝巾、饭盒、手套、头套、内衣裤等装备，有机会就要清洁，有水源的时候用水清洗晾干，最好置于阳光下暴晒；手套和生存丝巾要酌情用开水煮5分钟杀菌消毒；餐具最好能洗净晾干存放，若水不足，可考虑烧开水烫泡餐具。

有些地方生长有皂角树，果实捣烂可以做肥皂使用。如果你食用油充足，可以尝试做肥皂来清洗身体和装备——用水泡草木灰，然后用生存丝巾做筛，滤出碱水；碱水和食用油（可以用动物油、植物油，但不能用矿物油）以1:2的比例混合，小火烧煮，并不断地搅拌混合，一直煮到黏稠为止。混合液冷却后就会形成半液体肥皂，等久一些就会凝成固体肥皂。

要制作好的肥皂，经验很重要。有时候火候掌握不好，油和碱水没有充分反应，肥皂会很"油"，清洗的时候去污效果并不好。而如果碱水浓度或用量太大，又会很"涩"，用这样的肥皂清洗，容易让皮肤干燥。

单纯用碱水和油做出的肥皂可以清洗东西，但杀菌效果不好。如果有条件，先用杀菌消毒的植物（千里光、地榆等），熬煮高浓度的药茶，用药茶来泡草木灰混合油来熬制肥皂。在熬制肥皂过程中，加入适量松脂不但能消毒，还有清香的味道。

据说用花瓣混合熬制，可以制出香皂。本人没有搞过这么高档的玩意儿，不过大家可以尝试一下。

要在野外泡个热水澡，许多人觉得是痴人说梦。其实这并无不可，制作一个野外澡盆并不复杂。

如图用四根树枝钉在底下，扎成一个澡盆骨架，将防水布放进去，掖好四边，防水布边缘翻过骨架外，四角用地钉拉住。用塑料袋提水或想办法引水，让"澡盆"装足够的水。如果你不想泡澡，那么这个"澡盆"就扮演着储水池的角色。

剩下的事情很重要，野外不可能有一口大锅给你煮热水。不过没关系，不用锅也可以得到热水。找足量的质地坚硬的石头，生一大堆火，将石头投入火中，烧得炽热。用工兵铲将烧得炽热的石头铲起来，吹掉上面的浮灰，倒入"澡盆"的水中。通常半小时你就会有一缸子热水洗澡了。

记住一定要选好石头，以免烧的时候石头爆炸。质地坚硬的石头是可以从"澡盆"里捞出来继续烧的。

"澡盆"里的水肯定没有家里那么干净，不过在野外，能泡一个舒服的热水澡已经是五星级的待遇了。泡过热水澡后，再用清水清洁一下，已经让人相当满意了。

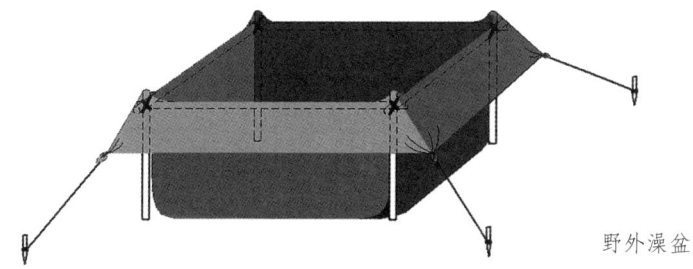

野外澡盆

第二课 紧急避险

其实本书通篇都在兜售保命和享受野外生活的功夫，如果你认真地计划和执行好每一步，就不大可能会落到逃生的地步，因为自然灾难极少会突如其来。

不过，如果你反射弧比较长，一而再再而三地错过自然的警告，那么你就需要认真学习以下的知识了，并且牢牢地刻在脑子里。

记住两件事：

一、组织自救和互救。

二、抢救装备。

避险的时候，你越镇定，生存的机会就会越大。

很多户外事故就是因为没有组织有效的自救和互救，造成了人员伤亡。平心而论，避险是人类的本能。在遇险时各自逃散是可以理解的，但往往有人因惊慌失措而将自己送上了绝路，这也非常不利于以后的搜救工作。而有组织地撤退通常不会造成严重后果，就算有人失踪也会很快被发现并组织搜救。

尽可能多地抢救装备会让你在等候救援或接下来的求生活动中过得好一些。如果你两手空空，油然而生的恐惧会让你心急如焚，想尽快回归文明社会，从而屡屡判断错误，最终葬送了自己。

在此，我仍不厌其烦地提醒大家：生存并不是冒险，也不是挑战大自然，更不是顶着挑战极限的高帽狂妄自大。认真做好每一步，注意观察自然和天气的变化，选好线路和宿营地，绝不要在恶劣的气候和地形下做愚蠢的挑战极限事。

火灾

在野外，火灾很少会造成人身伤亡，因为人对烟火很敏感，野外也不会突然起火。大多数的火灾都是因为用火不当引起的。控制好火堆，已经不大可能引起火灾，在火灾刚刚有苗头时便将其扑灭，更不会造成太严重的后果

但如果你真的那么倒霉被大火围困了，不要慌不择路，先用生存丝巾或衣物捂好口鼻，防止呛烟。突围是必须的，但不是让你一头撞进火场中。用最快的速度抢救装备，但不要浪费时间去慢慢收拾东西。如果背上背包会影响逃跑的速度，至少要带上急救包和刀具（通常情况下你会有足够的时间背上背包逃走）。

如果要冲出火场，展开防水布或睡袋披在身上。头发是最容易着火的部位，一定要戴上帽子并用防水布盖好头。有条件就用水淋湿身体或睡袋，至少要将捂着口鼻的生存丝巾或衣物、帽子打湿。观察火势，从火势最弱的方向突围。不要站得太直，猫腰快跑。如果防水布或睡袋着火，先不要着急甩脱，背包还能帮你抵挡一阵子。但如果火势过大，则要果断扔掉。背包的胸带和腰带不要系紧，必要的时候把背包也扔掉。

集体突围更容易一些。先头人员使用刀砍开树枝等物来减弱火势，从而开辟一条相对安全的通道，大家呈纵队通过，将体弱者夹在队伍中间。线路的选择很重要。先观察风向，逆风突围看起来似乎不错，但你要考虑到逆风方向通常也是火势最强的地方。顺风突围，你的线路有可能变得很长。所以，取与风向垂直的方向通常比较可行。地势也是你要考虑的因素。冲上坡地突围，可能会很快耗尽你的体力，而且热烟是向上升的，坡道上的火势很可能会越来越猛，温度也会越来越高，取弧线斜向坡下突围则省力许多，成功率也更高一些。

草原火灾在干燥大风的季节燃烧面积很大，过火速度极快，不过这类火灾除了消防人员外，通常不会有人去接近的。

如果是你因用火不当而引起火灾，又没能逃离的话，突围的机会就微乎其微了。大火一旦蔓延开来，徒步逃离火场的成功率并不高。第一时间用物品捂住口鼻防止呛烟，尽量寻找凹地，用背包顶住来火方向，用防水布或睡袋裹住背包和自己，有条件就将它们打湿，尽量将头低下。通常防水布（帆布防水布，

尼龙防水布则容易起火）和背包的防火效果比睡袋好，不过它们一旦被烧着，若无法扑灭，应当果断地丢弃。

因为可持续燃烧的草很少，这类大火过火速度非常快。你只需坚持几分钟，身边的草就会被烧得干干净净。如果你跑不过大火，就应立即停下来，尽可能快地清理一块草地。不用浪费时间用工兵铲挖，徒手拔掉草或用刀割草即可，草原中的草根都很浅，拔起来并不算费力（最好戴上手套）。尽可能将草扔远一些，一两分钟内你就足以清理一块几平方米的安全地带。没有了燃烧物，大火就会从你身边擦过。而另一个冒险的办法是用小火对付大火，自己点上一把火，将身边的草烧掉。

洪水

突遭洪水比遭遇大火的概率大得多，通常都是因为选择了错误的路线或在错误的地方扎营，又丧失了应有的警觉。

每年因洪水而造成的户外伤亡事故是最多的，因此许多户外玩家都会谈洪色变。然而洪水是有特点的，一旦你熟悉了这些特点，洪水也就没那么可怕了。比起泥石流、山体滑坡等灾难，洪水是很容易预警的。

大江大河的洪水水位都是慢慢上升、水流速度逐渐加快的，没有突然一下涨高几米的情况。不要冒险泅渡这样的江河。平时看起来很容易、可以渡过的河流此时是很危险的。山地间的峡谷、丛林中的小溪等地，洪水的爆发力很强，通常能在一两分钟内暴涨几米。

洪水通常不会一波冲击，而是分为两波而来。下雨的时候，你可以发现水位异常上升，这时的上升速度还不是很快，而且水中夹杂了杂草、树枝等物，水开始浑浊。这是因为此时河道上游的挤压，使雨水将水道中的清水挤压下来。这是洪水的第一阶段，此时水量还不足以成为洪水，你该赶快离开危险地段。

在洪水的第二阶段你还是有逃生机会的。此时水非常浑浊，夹杂着更多的树枝、落叶等物；水位升高得很快，通常在几分钟内升高 0.5~1 米；水流速度加快，人在水流中站立不稳。这是第一波洪水，此时你还是可以逃生的。

但第二波洪水一旦来临，逃生的机会就小很多了。气势汹汹的第二波洪水几乎不给人丝毫机会，在很短的时间内暴涨数米，咆哮而来，奔腾而去。几个小时后洪水消失，水道恢复原来的水位，空气非常清新，丛林的溪流异常清澈见底。

第一波和第二波洪水间的间隔有时会有几个小时，有时只有短短几分钟。下雨不要在峡谷中行走，如果实在要走在这样的危险地段，要密切注意水位的变化，随时准备离开。

堰塞是一种很恐怖的洪水，一旦在峡谷地段冲下来，几乎没有逃的机会。然而堰塞也不是无法预警的。

任何水道的水位通常都保持在一个相对平衡的高度，除非有其他原因使水位变化。暴雨就是一大原因。堰塞的水位变化略有不同，水道中的水位变化并不是很大，可能经过很长时间水位只上升了一点点，这与暴雨降水量很不匹配。如果是上游下雨本地不下雨，水位可能还会慢慢下降，这是因为水道上游快速冲击下来的雨水夹杂着杂物堵在狭窄的喉段，造成下游水量不足的缘故。

然而堰塞一旦被冲开，那就是一波冲过。在峡谷地段，你可以听到洪水冲下时袭隆隆的可怕声音，加上峡谷内从上游而来的风力加强，让人有压迫感。这时赶紧逃命，一分钟内洪水前锋就冲到你面前了。

记住，下雨的时候不要在山间峡谷、丛林小溪这些水道间逗留，更不要在这些地方宿营。你可以仔细观察一下水道两侧，就会很容易发现水道的最高水位以及冲击痕迹。你至少要在最高水位以上的地方行走和宿营。每年有很多人因贪图水道附近的平坦，在这里设置营地而遭到洪水袭击。行走时突遭洪水，应立刻向高处逃跑。在陡峭的山谷中，你可能需要丢弃背包以减轻负重。宿营时遭遇洪水，如果你没有养成将装备收拾妥当的好习惯，就不要浪费时间去收拾，带上急救包和刀具尽快躲避到高处。

如果不幸遭到洪水围困，除了想办法求救之外，你还要积极准备自救，尽量寻找材料制作漂浮物。如果你背包尚在，清理背包中不需要的东西，制成漂浮包，倒背在胸前。扣好胸带和腰带，在你不幸被卷入洪水中时还能趴在漂浮包上随水漂流。不要在水流中紧张得挥舞手脚试图尽快靠岸，那样你很快就会耗尽体力。放松身体趴在漂浮包上，注意浪花，小心呛水，越靠近水道中心的水流越急。贴近水道边缘顺水漂流。用脚打水，用手划水，慢慢向岸边靠拢，寻找坚实的土地靠岸。如果不幸被卷入漩涡，顺着漩涡旋转方向打水，利用漩涡的离心力摆脱。或许你会漂流几公里甚至更远才能上岸。

一旦遭到洪水的冲击，领队和安全员已经被宣布是极不合格的生存者了。但依然要奋力组织自救和互救，保持队形，不要乱跑。先头人员逃到安全的地方后，立刻找出绳索，以帮助其他人逃生。

> **注意**：雨季时水库会不定时泄洪，在你标定线路时一定要注意水道上游是否有水库。在连日大雨时或预报有台风、暴雨之前后几日，不要靠近水库的泄洪水道。

山体滑坡和泥石流

这也是因为雨水引发的自然灾害，发生于水土保持不好的地方，通常在暴雨时或大雨过后发生。

大雨时处于高处能避免大多数雨水灾害，这是生存中一项很重要的法则。泥石流和山体滑坡的事故地通常都是泥土裸露且陡峭的山坡。

在大规模的泥石流爆发前，通常会有小型的山体滑坡和泥石流先冲下来，这时赶紧离开。如果在雨后你发现某片山坡下有新落下的小堆黄土，山体光秃陡峭，那么高处流下的雨水很有可能仍沉积在山体中，整个山体会突然崩塌。这时赶快离开这里，另外寻找线路。一旦被埋，几乎无生还可能。

然而，如果你一意孤行，依然走在泥石流高发区，你的处境就非常危险了。至今仍没有办法准确地预测泥石流的确切时间，我只能告诉你，在你还没有被埋的时候，取与泥石流相反的方向尽快逃走。如果附近有树丛，利用树丛做掩护寻找路线逃跑，树木会挡住部分泥石流，给你逃生的时间，而大规模的泥石流，这不是人力所能控制，你也只能尽快地奔逃远离泥石流。

雷击

雷雨季节走在高处,唯一的缺点就是可能会遭雷劈,但这也不是无法避免的。

雷雨季节不要在山顶撑起帐篷当避雷针。躲在树丛中不会遭到雷击,但独立的树木边就不要选择了,雷电通常都是击向高处。在石山地,避开突兀的岩石或山顶,寻找相对平缓的地方行动和宿营。两山间的鞍部附近是非常不错的地方,在这里宿营吧。

雷电通常都不会劈同一个地方,但如果有人遭到雷击,继续待在那里也是很不明智的。除去自己和伤员身上的金属物品,快速将伤员转移到低处空旷地或树林中,立刻实施人工呼吸和心脏起搏进行急救。

雪崩

能碰到雪崩的机会并不多,雪崩只发生在高海拔的雪山中。如果你有志要攀登雪山,请认真学习,并要认真训练攀登和雪山避险技能,选择整理好你的装备,密切注意天气预报。

附录:

如今的天气预报已经比较及时和准确,尤其对于大规模的自然灾害预报,如台风、大雨等,还是值得参考和查询的。

优秀生存者的必备品德之一是懂得何时应该放弃。任何挑战都没有你和你队员的生命重要,一旦气候变坏,你应该转移到安全的地方甚至放弃这次探险活动。

山区洪水、泥石流、雪崩等小规模的自然灾害,至今无法准确预测,通常都是靠个人观察,并依据经验判断(判断错误并不是可耻的事情)。

在强对流天气(台风、暴雨)到来之前,你还是有时间做好躲避准备的。南方的夏季会有突如其来的阵雨,虽然看起来气势汹汹,但一般雨量不大,半小时内就结束了。

不管怎样,一旦大雨来临,不要行走或宿营在水道最高水线以下。预防是最好的逃命办法，不要等到洪水突袭的时候才奔逃。领队和安全员要组织避险，大家躲避到安全地点后第一时间清点人数，并准备好绳索等搜救工具，随时准备搜救失踪人员。

第三课 野外救伤

最好的救伤办法就是避免受伤！

将伤员从生死边缘拉回来固然是英雄，可是认真计划和执行好每一个步骤的生存者才算得上是优秀的生存者。

你愿意做一个优秀的生存者还是做一个亡羊补牢的英雄？大家可以上网或在新闻中搜寻近些年驴友们的事故，有多少是因为过于高估自己能力和缺乏生存常识而导致的？又有多少是因为缺乏救伤和避险技能而造成伤亡的？

前面的课程，你可以似懂非懂，只要你步步小心，牢记基本的常识和技能，受伤的可能性并不大，但以下的课程，我想大家应该牢牢地记在脑子里。

轻微伤

在野外，受轻伤、微伤的概率远远大于重伤，但哪怕是最轻微的伤也需要重视。

1. 割伤

进行清创处理，然后包扎起来。注意不要沾水，注意换包扎布和检查。通常几天内就会愈合结痂。如果受到感染，就需要使用有消毒效果的植物熬水彻底清洗，并服用抗生素（不要让伤口出现脓）。

2. 水泡

这多是因为鞋袜不合脚引起的，选择合适的鞋袜即可避免。如果脚上起了水泡，就停下来调整鞋袜。

暂时不要挑破水泡，用纱布或创可贴保护水泡。小的水泡注意不要再磨到它，通常几天内就会被身体吸收掉；大的水泡则要进行处理，夜间休息的时候，清理水泡周围后，用火烧红针挑破水泡，挤出积液，再用敷剂按压患处吸干水。没有敷剂就用火烤干，或夜间休息时用针对向刺穿水泡，穿过一根线排出积液，第二天抽出线包扎好。行走时避免再磨到它。

3. 抽筋

抽筋多出现在小腿和脚心上，通常是因为体能消耗过大而引起的体内盐分不足或运动量突然增大，以及突然浸入凉水引起。

根据体能量力而行，不要忽快忽慢地行走，在必须下水涉渡或泅渡的时候，必须充分热身，**绝对不能一身大汗突然下水！**

让患者平躺或坐在地上，伤肢伸直，反压脚掌（重点是大脚趾）。另一只手用力掐揉抽筋处（让患者忍着点痛，掐揉抽筋处是很疼的）。

小腿抽筋严重的话，可能会内曲。注意不要粗暴地拉直腿，掐揉抽筋处，待缓解后再舒展肢体，直至拉直伤肢。

抽筋缓解后，要缓慢地放开压脚掌的手。如果患者仍旧抽筋，则继续压紧，再次掐揉抽筋处，直到完全放松、不再抽筋为止。

女性手指力量不足，则可以用脚踩住患者抽筋处揉搓，脚心处抽筋，用脚踢患者脚心，或跪坐在伤者脚后，两手扳住患者脚掌，利用体重压直伤脚。

抽筋处理后给患者补充淡盐水，并休息10分钟，今后的行进注意体能分配，通常都不会再次发作。

4. 冻伤

由于寒冷刺激，局部皮肤会出现小动脉痉挛并造成组织缺氧、缺血和细胞损伤症状。

冻伤是一种冬季常见病，以暴露部位出现充血性水肿红斑，遇温高时皮肤瘙痒为特征，严重者可能会出现患处皮肤糜烂、溃疡等现象。

冻伤通常发生部位，为肢体远端的手指、脚趾、手掌、脚掌和耳朵。

良好的保暖可以避免冻伤。比如戴好手套、保持鞋袜的干爽、围好围巾保护耳朵。平时揉搓易冻伤的部位可以通畅血液,在冻伤初期,患处出现痒麻症状时,揉搓患处可以缓解和治疗。

在冻伤的初期就应立即处理。因为受冻的时间越长,冻伤的影响就越大,每天宿营时检查肢体,夜间休息是野外生存最容易冻伤的时候,对脚要做好保暖工作,最好穿上两层袜子睡觉;团队宿营,两人取头对脚姿势,将对方的脚抱在胸前互相保护。

较严重的冻伤患处呈青紫色,血液不通,揉搓无法消散瘀血,疼、痒、麻会让患者难以忍受,恨不得砍掉伤指(趾)。如果再不处理,有可能会导致组织坏死。那样的话,你就真的要和伤指(趾)永别了。

因为没有温水浸泡的条件,只好用生存丝巾蘸温水包敷,并揉搓患处和四周肌肉(用温热的酒精揉搓效果更好一些),以增加血液循环。严重的冻伤处会结成坏疽,干性坏疽感染的可能性不大,可不用抗生素,但湿性坏疽则需要抗生素控制,以防感染。

更严重的冻伤发生在肢体和躯干部位,通常伴随着低温症。需要按低温症的急救方法处理冻伤员,并想办法转运。

5. 过敏反应

过敏反应是机体接触过敏源而引起的。

过敏主要是以下几种:

吸入式过敏:吸入了花粉、柳絮、粉尘、螨虫、动物皮屑等导致过敏。

食入式过敏:多数有食入过敏体质者都会忌口,但在野外,可能会因食入以前没有食用过的食物而导致过敏。因此尽量寻找认识的食物食用。

一旦食用不认识的食物有过敏反应,就不要再食用该种食物。

有些人会对某些口服药物,特别是抗生素过敏(多数是对口服青霉素类过敏),那么请根据你个人体质携带合适的抗生素。在别人使用你的抗生素的时候,仔细询问他是否对这类抗生素过敏。

接触式过敏:在野外多数是接触了有毒植物或毛虫等造成过敏。

注射式过敏:在野外很少发生,这是注射药物产生的过敏反应,如许多人对青霉素过敏。

自身组织抗原式过敏： 多数是因精神紧张、过度劳累、受微生物感染、创伤、烧伤等生物、理化因素影响而使结构或组成发生改变的自身组织抗原，以及由于外伤或感染而释放的自身隐蔽抗原而产生的过敏反应。

如果是因紧张和劳累引起的，进行过敏处理，好好休息就可以恢复；如果是因伤引起，要仔细地清创伤口并做过敏处理。

过敏的症状分为皮肤症状、呼吸道症状和消化道症状。野外绝大多数是皮肤症状，具体表现为红肿、斑疹、麻痒，严重者会导致皮肤产生荨麻疹。

呼吸道症状多数表现为打喷嚏、流鼻水、气喘不止、咳嗽、气紧、呼吸困难等。

消化道症状表现为腹泻、腹痛、呕吐，易和食物中毒混淆。

导致过敏的东西是过敏源，对于过敏的治疗，关键是你是否对某种过敏源敏感。只要你切断了与过敏源的接触，那么过敏的可能也就微乎其微了。

任何东西都有可能是过敏源，因此你要对自己的体质有一个良好的认识。如果你对某种东西过敏，就不要去接触它；如果你对花粉过敏，就不要贴着花嗅。不要随意接触未知物也可以预防过敏。

然而很尴尬的是，在野外因为接触的东西太多，大多数时候你是找不到过敏源的。

预防是重要的措施。 使用口罩或生存丝巾蒙好口鼻可以避免大多数吸入式过敏；穿长衣长裤、戴好帽子、围好生存丝巾可以避免大多数的接触式过敏；寻找认识的植物食用可避免大多数的食入式过敏。

> **注意：** 如果用手接触了未知事物，特别是植物的汁液，在没有洗净的时候不要用手接触眼睛、口鼻、阴部等敏感部位。如果手沾染不明过敏源可能会造成这些部位的过敏反应。

有些人在过量食用了含蛋白质高的食物如鱼虾、蟹、昆虫等食物时也会产生过敏反应，配以紫苏同食可以避免大多数这类蛋白质过敏。

轻微的过敏反应，例如打喷嚏、流鼻水、皮肤起疙瘩但不红肿且不瘙痒的话就不需要过多的处理。一般过一会儿就会恢复。

如果你带有抗过敏药物，过敏的时候服可以治疗和缓解过敏症状。下面的方法可以在过敏反应并不严重或在你根本就没有抗过敏药物的时候使用。

如果裸露的皮肤不慎被毛虫、飞蛾等蚊虫叮咬造成皮肤斑疹，多数时候皮肤不会溃烂，用清水洗净后涂抹清凉的药物可以缓解症状。

如果裸露皮肤不慎接触了有毒植物或某些植物的汁液时，也可能会产生过敏反应。例如野芋头的花、汁液、果实和块茎，都会造成皮肤过敏。严重者会出现斑疹、红肿症状，除了可以涂抹清凉药物外，还有一个很迅速的治疗方法：用火烤患处（大多数时候是非常有效的）。

如果因接触毛虫等昆虫或绒毛植物而造成皮肤溃烂，挤出体液并用清水清洁。

一些山林中都会有毒性很强的昆虫，这类毒虫咬伤通常造成局部皮肤严重过敏反应，注意保护你裸露的皮肤，特别是夜间宿营时。有些毒虫咬伤不痛不痒，只是局部皮肤会出现红肿。比如南方丛林中的木虱王会钻到装备中随你而行，夜间就出来吸血，其毒性在体内累积到一定程度后就会突然发病。起床后应仔细检查自己的皮肤是否有红肿、斑块现象，如果有，仔细检查装备，有必要的话就用烟熏装备和衣物，并服用清热解毒药茶预防。

严重的皮肤过敏有荨麻疹等，通常是接触了过敏源或食用了过敏食物导致的。症状为身体不特定部位大片皮肤起红肿的疙瘩，麻痒难耐，用火炙烤患处可以缓解症状（多数时候可以缓解症状但无法根治，少数则越烤症状越重，必须要使用药物治疗）。如果你有抗过敏药就立即服用。

任何清热解毒的植物都可以治疗皮肤过敏反应。捣烂蒲公英、积雪草等外敷患处可以缓解症状，同时配以清热解毒的药茶内服。但如果患处有溃烂症状外、敷药草无效或伤口扩大，就不能继续使用此种药草外敷。

当患处有大面积皮肤溃烂症状，要先用清水进行清洗（最好用肥皂水），再用药草外敷控制病情之后包扎好，并服用抗生素防止伤口感染。

如果过敏伴发水泡，水泡没有破裂不要自己挑开，让机体自己吸收，以免感染。但如果已经有脓疱，就要挑开做消毒处理。

呼吸道过敏症状多数不甚严重，转移到通风空阔处很快就能恢复。较严重者会出现胸闷、气紧、咳喘症状，将患者转移到空阔处呼吸新鲜空气（最好蒙好口鼻），吸闻热水蒸气就可以缓解和治疗。

若是有哮喘史，则强烈建议不要到野外去瞎逛，如果碰到此类严重的呼吸道过敏患者，除了转移、服用药物控制外，你还要做好人工呼吸的准备。

通常消化道过敏也不会很严重，注意饮食就可以了。严重的消化道过敏者则需按食物中毒程序处置。

警告：若发生过敏症状，特别是严重的过敏症状，严禁饮用含酒精的饮料！

附录：抗过敏

户外会接触到许多城市中没有的动植物，严重的过敏反应可能性还是存在的，因此强烈建议你带上抗过敏药。轻微的过敏症状稍做处理就可以了，较为严重的过敏反应使用清热解毒的草药可以很快地控制症状，通常三天之内就可以痊愈。特别严重的过敏虽然棘手，但绝大多数情况下不会危及生命。不过为了少吃苦头，最快的方式是使用抗过敏药物控制和治疗过敏。

最常用的抗过敏药为抗组胺类，这类药物有很多种。常见且非常有效的为扑尔敏（别名氯苯比丙胺、氯非那敏、氯屈米通、马来那敏、马来酸氯苯比胺、马来酸氯苯那敏、曲吡那敏、氯屈米通）。扑尔敏是最强的抗组胺药之一，用于治疗绝大多数的过敏反应，对严重的荨麻疹有很好的效果。

同类的药品还有：丙胺类包括溴苯那敏、二甲茚定、非尼拉敏、曲普利啶等，该类药物具有镇静作用。

乙醇胺类药物包括：曲美苄胺、卡比沙明、多西拉敏等，它们具有显著的镇静作用与抗胆碱作用。胃肠道副作用较低。

乙二胺类包括：美吡拉敏、氯吡啉、安他唑林、希司洛啶等，该类药物具有中度镇静作用。副作用为可致肠紊乱和光敏反应。

酚噻嗪类药物：包括帕拉塞嗪、异丙嗪、丙酰马嗪、美喹他嗪等，该类药物具有显著的抗胆碱、止吐、镇静作用。副作用为光过敏反应。

哌嗪类药物：包括西替利嗪、布克利嗪、美克洛嗪等，它们具有止吐作用。

其他抗过敏药物还有阿斯咪唑、阿扎他啶、特非那啶、阿伐司汀、巴米品、氯雷他定等。

抗过敏药物不良反应主要有乏力、头昏、困倦、嗜睡等。偶见锥体外系反应、胃肠道功能紊乱及光敏性皮炎、血象紊乱等反应。你必须根据你的体质谨慎选择。

抗过敏药物可诱发癫痫，禁用于癫痫患者。授乳期妇女、青光眼、高血压、甲亢、前列腺肥大患者慎用。抗过敏药物都有镇静作用，服药期间不得驾驶车船或操纵机器，服用药物期间严禁饮用含酒精类饮料，严禁与其他种类镇静剂同时使用！

> **警告**：在服用抗过敏药后，严禁继续前进，特别不能进行危险的攀爬、滑降、涉渡、泅渡等活动！

如果你本身对抗组胺药物过敏，那么你的急救包中也不能缺少抗过敏药。请详细咨询专业医生，选择好抗过敏药。

急救包中备好三天量的抗过敏药物。如果你是过敏体质或有严重过敏史，那么酌情加量。在此我郑重地建议，若有严重过敏史，特别是哮喘史的人，不要到野外进行高强度的生存活动，做一些低强度的露营活动也要注意。

> **警告**：下列方法中，有些是需要经过专业医疗训练才能熟练掌握，然而在紧急时刻，只有这样才能拯救伤员生命的时候，冒险是必要的！野外急救与医院最大的不同在于：医院注重医疗程序，而野外急救更注重的是结果，因此手法上会有些不同。

急救

谨记急救的三个必须：

第一，必须保证伤员的气管畅通！

第二，必须确认伤员能自主呼吸，如果有必要就进行人工呼吸。

第三，必须检查伤员的血液循环，寻找出血处，进行必要的止血。

呼吸

呼吸与心跳是人活着的最基本的两点，一旦伤员呼吸不畅或心脏停搏，他的一只脚已经踏入了鬼门关。

窒息和呼吸系统衰竭会导致呼吸停止。在野外窒息通常是因为溺水，呼吸系统衰竭则多是因食物中毒，有时因为火灾吸入大量烟尘或者重伤导致窒息。

窒息很快就会引起心脏停搏，进而全身血液循环停止，最终导致伤员死亡。而有些倒霉蛋则因为宿营地选择错误而遭到雷击，直接被打到心脏停搏和呼吸停止。

食道阻塞也会导致窒息，但这类窒息通常并不严重。

记住，不管是因为什么原因引起的呼吸阻塞或窒息，第一步是必须要清理伤员呼吸道，例如呕吐物、食物、水草、假牙等。如果伤员呼吸道被阻塞，但暂时还能呼吸或咳嗽的话，用手掌拍患者的背部可以帮助他喘过气来。稍微严重者，右手曲掌成拳，让伤员略弯腰，左手呈掌垫在患者肋骨下沿，右手捶击背部，一旦将阻塞物咳出，呼吸也就能恢复了。

但如果此法不奏效，患者呼吸或咳嗽变弱，就必须进行进一步的行动，以下两个方法通常用于救治呼吸道堵塞者。

捶击法

松开患者身上衣扣、皮带等拘束物，曲起一条腿跪在地上，另一条腿支撑地面。大腿与地面平行，膝盖和大腿顶住患者肋骨下沿，张开患者的嘴，用拳

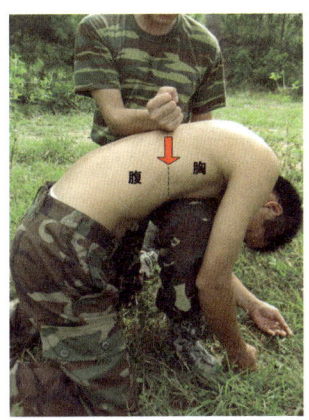 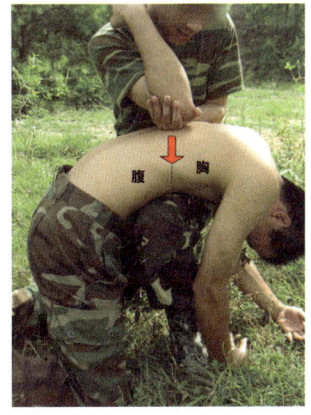

或肘部猛击患者的背部，迫使肺部压力增大，将堵塞物排出。

记住，不能顶住患者的胃，以免猛击时将胃容物挤出堵塞伤员的呼吸道，也不能单用膝盖部位顶住患者，捶击的时候用拳头和腕部。如果力量不够，用一手握住肘部利用腰部扭动力量向下砸击。连续捶 3~5 下，伤员恢复呼吸或大声咳嗽就可以停止了。

挤压法

站或跪立在患者身后，双臂抱住其腰肋部，一手握空心拳，另一只手握紧此拳，压肋骨下沿的腹部，双臂猛然用力向后上方提拉，动作有力，间隔明显，连续做 3~5 次。如果还不奏效，在患者的背部猛捶 3~5 次，使阻塞物放松，然后继续抱住患者再做 3~5 次。

如果单独一人不幸被异物堵塞呼吸道，在意识尚未模糊的时候，略弯腰，双手十指交叉交叠，顶住肋骨下沿腹部，猛力朝上推挤，帮助排出阻塞物。或趴在凸起的粗钝物的如树桩、土坎、大石头等物体上，顶住肋骨下沿的腹部，用自己的体重猛力下压。

这些方法都是很有效的排出阻塞物的办法，如果开始没有成功，一定不能放弃。加大力量重复地做，直到排出阻塞物为止。如果阻塞物排出伤员仍没有恢复呼吸，就要立刻做人工呼吸。

若患者意识已经模糊，用这两个方法仍旧不能排出阻塞物的话，撬开患者的嘴，清理口腔异物，将医用胶管探入喉咙，吸出阻塞物。或紧闭患者的嘴，

将医用胶管探入一侧鼻腔，将另一侧鼻腔堵上，吸出阻塞物。通常情况下医用胶管多用于救治溺水者。

如果你的力气很大，将患者抗在背上跑动或原地跳，可以将堵塞物颠出来。

如果你身材瘦弱，不幸碰上了一个肥壮的患者，让其仰卧，头侧向一边并稍后仰通顺呼吸道，跨坐在他身上，双掌交叠至于肋骨下沿腹部，用力向内、向上冲击 3~5 次。

冲击进行 3~5 次之后，检查一次伤员口腔，如果堵塞物已经冲出，用手抠出堵塞物。如果一次循环没有成功，再进行一次。

按压法

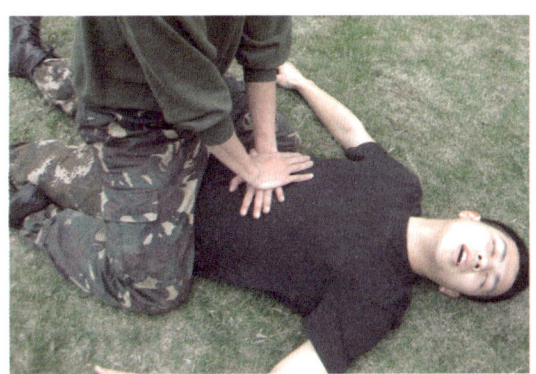

检查伤患呼吸和心跳

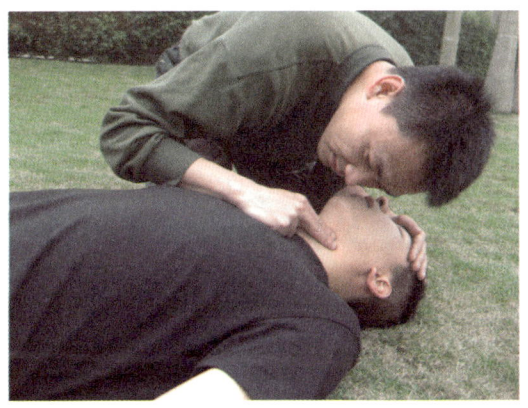

当伤患已经倒地，首先要检查伤患的呼吸和心跳状况，在救治伤患时要争分夺秒，此时不要浪费时间做没有必要的活动。将伤员置于仰卧位置，轻推下巴使伤员头部上仰使之呼吸道畅通，左手轻压住伤员额头保持呼吸道畅通姿势，俯下身子，用面颊贴近伤员的口鼻部位，感觉是否有呼吸，右手食指中指轻压伤员颈部正中喉结部位一侧感觉心跳（或将手掌轻压伤员心脏部位感觉），眼睛注意患者胸部是否有呼吸起伏。心中默数 5~10 秒。

生命之吻

不管是什么原因引起的呼吸衰竭或停止，都要进行人工呼吸。这是最有效、最迅速的拯救伤员的办法。

正常情况下，患者的呼吸很快就能恢复过来。

一旦呼吸道阻塞物被排除，就应立即进行人工呼吸。

人工呼吸步骤：

1. 清理呼吸道后，使伤员仰躺在地面上，松开衣扣和腰带，颈下垫东西（靴子，折叠的衣物，甚至别人的腿），扳开伤员下颌，使头部向后仰起，取出口腔内的假牙等异物，拉出舌头，以免舌头滑落堵塞呼吸道。

2. 检查口腔和喉咙有无阻塞物。

3. 一手捏住伤员的鼻孔，一手托住下颌，深吸一口气，口对口用力向伤员肺部吹入空气。眼角余光注意伤员的胸部扩张，若伤员胸部能随着吹气而隆起，吹气停止后能感觉伤员口部有气流呼出，则证明人工呼吸有效了。

4. 伤员胸部能随着吹气隆起后，放开鼻孔，并用一手轻压伤员胸部助其呼气。若伤员胸部没有随吹气隆起，将伤员侧放，在肩后背部捶击或用其他方法排除堵塞物。

5. 反复、有节奏地，每分钟吹气 16~20 次。

记住：坚持！一定要坚持！人工呼吸必须进行到患者出现自主呼吸。

若是因为中毒、雷击、一氧化碳中毒等情况下，神经和肌肉被麻痹，血液中的氧气被一氧化碳置换，需要做长时间的坚持准备。

首先的 5 分钟是最为关键的。通常情况下 5 分钟内患者就能自主呼吸，然而若患者仍未恢复呼吸，人工呼吸至少要持续半个小时以上！千万不要放弃患者的生命！曾经有溺水者在救生员坚持不断努力做了两个多小时人工呼吸而救活的案例。团队成员替换进行救治，同时应密切注意患者的脉搏和心跳情况。

患者能自主呼吸后，仍要观察情况。若患者再次出现呼吸困难，再进行人工呼吸，直到患者能很正常地自主呼吸。

如果患者牙关紧咬，无法打开口部，就用口对鼻式，从鼻子向患者肺部吹气。

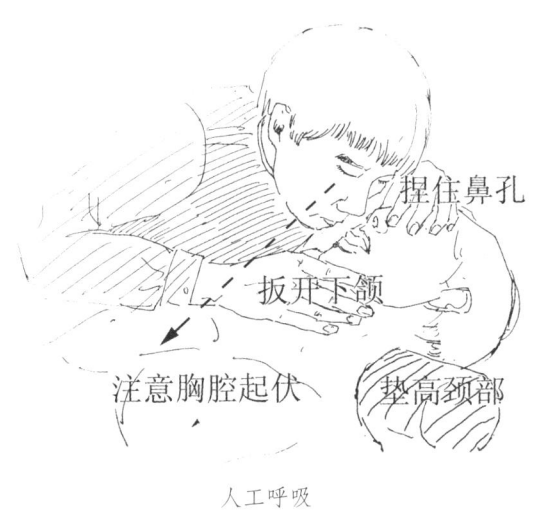

人工呼吸

冒险的一刀

在所有的努力都无法让患者排出阻塞物，患者无法自主呼吸，以及确认人工呼吸无法起效等极端情况下，你要考虑为患者切下这一刀。对于没有受过医疗训练者来说，这无疑是一个冒险的举动，然而不用此法就无法挽救患者生命的时候，这个冒险是值得的！

> **记住：** 此方法只可用于患者生死攸关并且其他方法用尽都无效的情况下。

你必须要有一把锋利的小刀（急救包中必备一枚尖头手术刀片），开山刀和生存刀则不适用。一段中空管（医用胶管、张卷成的中空管，甚至竹管或其他植物的中空茎都可以）。

最好对器械进行消毒，例如用酒精、烈酒、沸水和火也可以消毒，但不要浪费时间生火或煮水。现在要考虑怎么最快地救助患者，而不是考虑器械是否干净的问题。

1. 使患者平躺，抬高肩部，在颈后垫上东西，头部后仰，颈部成直线绷紧，固定患者头部，不要让头部摆动。

2. 用食指压住喉结下部摸索。男性的喉结比女性更明显，找出喉结下部的另一块较小的凸起软骨，在这两个凸起间你会找到一条凹下去的部位。

3. 在凹下去的部位切开一个口，切口要小且深，竖直深度为 1~2 厘米，在下刀前在刀片上标明相应的长度。开始切时有些困难，但一旦切到气管就顺畅了，一旦切穿了气管就不能继续切。

4. 稍微转动一下刀片，扩大切口。

5. 将中空管插入切口，让空气进入肺部。适当作些调整，一旦位置适当，包扎伤口，防止胶管脱落。

必要的时候通过中空管向患者肺部吹气，帮助患者自主呼吸。有些极端的情况下，你需要先通过中空管吸出患者肺部的堵塞物，然后再换一根管子。

6. 手术之后，立刻想办法将伤员转运到最近的医疗机构救治。

喉管切口

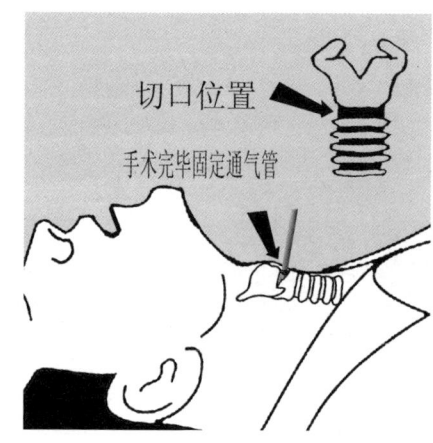

脉搏和心跳

正常情况下，成人每分钟心跳 60~80 下，平均为 72 下，在剧烈运动、激动和紧张的时候心跳会加快。

用手掌轻压心脏部位，就可以感觉心跳，或者手指轻按腕部桡动脉，可以感觉到脉搏跳动。将头偏向一侧，沿喉结外侧用手指轻按，也可以感觉到颈动脉的跳动，腹股沟三角区两侧也是动脉较浅的地方，手指轻按也能感觉到动脉跳动。

休息的时候测量一下心跳，能掌握你的身体状况。然而对于患者不要浪费时间，检查 10~20 秒仍感觉不到脉搏或心跳就应立刻进行急救处理。

体外心脏除颤

人心房分左右心室，依靠生物电能刺激产生跳动，正常情况下，左右心室的跳动频率是一样的，但当受到外界干扰或受伤，左右心室跳动频率不一致时，就产生了心脏颤动。这是心脏即将停止跳动的信号，及时施加外界干预，能让心脏重新恢复正常跳动，在某种意义上来说，体外心脏除颤法能最快速将伤员拉回生死线的方法。

掌跟贴在伤员胸骨中下段（两乳中线）手掌平贴伤员胸部，另一只手握空心拳，距离伤员胸部 30~40 厘米，垂直较有力地快速向下叩击自己的手背两次。

在野外，有时也会因为劳累引起心跳紊乱，亦即民间常说的心悸，通常这种情况下人仍旧意识清醒，用空心拳快速地朝自己（或他人）的除颤部位叩击两下，就能促使心脏恢复正常。

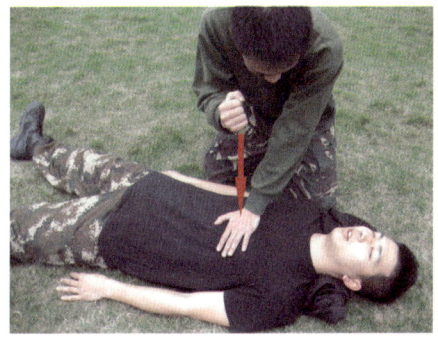

体外心脏除颤

自我体外心脏除颤

> **注意：**体外心脏除颤通常只是用一次，一次不成功就不要继续使用！除颤完毕后，检查心跳有无恢复，如果仍未恢复，立即进行心肺复苏。

心脏起搏

清理呼吸道后，让伤员仰躺在地上，张开患者的双臂，双膝跪在伤员一侧，双手十指交叉抓握，手指上翘，掌跟平放于患者胸骨中下段（两乳中线），双臂夹紧伸直，身体前倾，眼睛时刻注意伤员的面色情况和反应，借助身体重量和腰部力量垂直向下搏击患者胸部，将胸骨压下4~5厘米，然后放松（掌根不离开胸壁），使胸骨复原，动作应快速有力，但不能用力过猛，以免造成患者胸骨骨折。反复有节律地（每分钟100次）进行，直到心跳恢复为止。

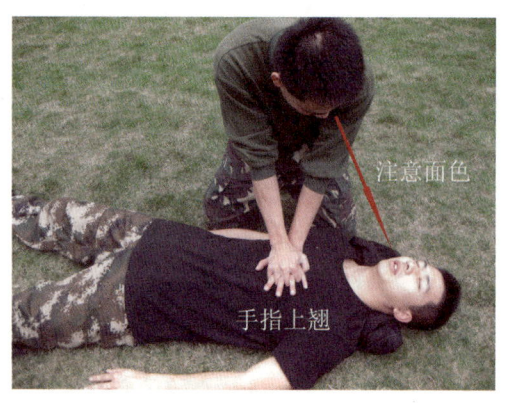

有呼吸没脉搏就用心脏起搏术救治，有脉搏无呼吸就用人工呼吸救治，不管是用哪种方法，你都必须密切注意患者的呼吸和心跳情况。两者的合用称为心肺复苏。每按压30次吹气两次是一个心肺复苏循环，在按压时嘴上读数（1、2、3……10），读数三次吹气两次，每5个循环检查一次伤员的呼吸和心跳，如果5个循环仍未有呼吸和心跳，继续心肺复苏程序，特别是溺水者和中毒者，要持续不懈地努力挽救患者生命。

如果伤员呼吸心跳恢复，但意识未恢复，将伤员调整成侧卧位，最好在头下垫上一些东西，也可保持仰卧位，但要将头部稍侧向一边并后仰，曲起伤员膝盖在膝盖下垫上背包，使其呼吸顺畅和血液畅通。

侧卧位

仰卧位

如果伤员心跳恢复但没有呼吸，就只做人工呼吸，每 5~6 秒吹气一次，直至伤员呼吸恢复。此时要严密监控伤员的心跳和呼吸，随时准备进行心肺复苏。

在做心肺复苏的时候，最好在伤员的颈部垫上点东西，这样更容易使其头部仰起保持呼吸道畅通，但如果没有，就不要浪费时间去寻找枕垫物。

注意：记住心脏起搏和排除堵塞物的按压位置——胸骨中下段两乳中线处和肋骨下沿的腹部。

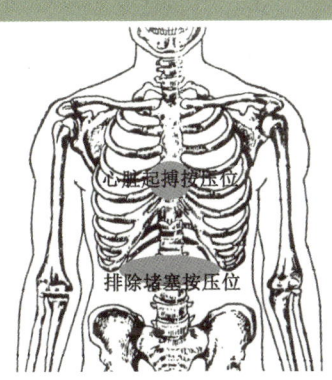

急救成功的有效指征

如果伤病员经过急救,出现以下几个情况,证明急救有效,接下来就是看护,等待救援或转运。

1. 伤病员的面色、嘴唇由苍白、青紫色恢复正常,例如红润、有血色。
2. 伤病员恢复自主呼吸、脉搏搏动。
3. 眼球能活动,手足抽动、呻吟,对救护者询问有反应或可以回答简单问题。
4. 瞳孔由大变小,对光反射恢复。

止血

成年普通人缓慢失血 400 毫升并不会对身体产生多大的危害,但并不是让你放任失血不管。若是大动脉破裂而产生的失血,在几秒钟内失血几百毫升足以让一个成年人昏厥。

静脉或毛细血管以及微动脉的出血用简单的压迫就可以止血,压迫伤口近心端一侧几分钟,再缓缓放开。若仍血流不止,继续压迫止血。止血后清理伤口,用急救包中的绷带、脱脂棉等将伤口包扎起来。应尽量选择清洁的包扎材料,若情况很紧急,生存丝巾、从衣服撕下的未经消毒处理的布料都可以使用。

若伤口较大,用药棉或绷带等包扎材料在伤口部位周围连续施压,一般 5~10 分钟可以止血。如果血浸湿了纱布,在外面再加一层,不要随意掀开查看伤口,慢慢松开压迫,若仍血流不止就需要继续施压。在止血完毕后,用纱布将伤口包好,用绷带扎紧,维持压力。

若附近有火堆,用纱布或生存丝巾折叠起来,包裹草木灰按压伤口,很快就能止血。草木灰不能直接接触伤口。用温热的草木灰还有止疼效果。

若是四肢出血,按压仍难以止住,可用止血带止血。在野外通常用医用胶管,但宽 5 厘米左右的布带、鞋带、绳索或藤条都可以做止血带。

若是宽布带,可以直接绕在离伤口 20 厘米或上一节关节上,围着肢体缠绕两圈,将带子互相系好,用一根 5 厘米左右的小木棍穿过去,作为杠杆旋紧止血带,旋到合适的程度后,将木棍塞在止血带下夹稳。

如果是医用胶管、鞋带或绳索等止血带,不能直接捆上去,否则会损伤神经或肌肉，先用生存丝巾或其他布料反复折叠几层，环绕伤肢垫好再绑止血带。

在包扎好伤口后就应慢慢松开止血带，但如果伤口仍流血不止，应立即重扎止血带，并对伤口进行相应的处理。

止血带

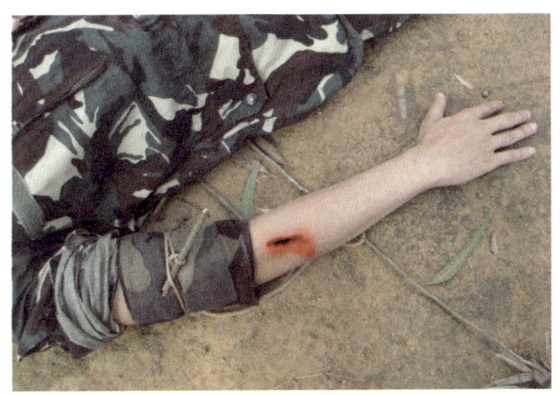

在包扎好伤口后，记录捆扎止血带的时间，每隔40~50分钟放开止血带3~5分钟，放松止血带时要缓慢，以防突然松懈而引起再次出血，同时用按压或直接压迫伤口辅助止血，捆扎止血带期间还要经常检查脚趾或手指末端是否有苍白、乌青或温度下降等现象，这些都是血流不通畅的表现。如有此类症状应松开绷带让指头恢复供血，然后重新包扎伤口，否则长时间供血不足会引起组织坏死。

> **注意**：止血带只能用于四肢伤口较大或者动脉破裂引起的血流难止。绝不能用于捆扎头部、颈部或躯干，止血带捆扎时间过长会严重损伤组织甚至导致肢体坏死。一旦捆扎止血带，你必须尽快地将伤口处理好，若一时处理不好，10分钟左右就应放松一次止血带，让血液流通。

动脉失血

动脉基本都在肌肉组织的保护下，并且多数沿着骨骼延伸。动脉的血压高、血液流速快，如果是大动脉破裂失血，通常几秒钟内就会泵出上百毫升血。10

秒之内男性伤员就会昏厥（理论上女性的失血量更多一些才会昏厥，但实际情况并不一定如此，有些伤员有血晕症，甚至见到轻微出血都会紧张昏厥，血晕的女性比男性更多）。

一旦动脉失血，必须第一时间止血。

在野外动脉失血都是由于创伤而引起的。不要浪费时间去寻找敷盖物，用生存丝巾或帽子覆盖伤口按压。若没有，就用手按压伤口，紧紧地按压伤口不能放松。

有一些部位的动脉靠近皮肤表层，在这些地方施加压力可以截断血流。记住这些部位，在按压伤口后找到相应的部位截断血流，如果流血没有明显减少，移动施压的手指，直到血流明显减少。

四肢部位：

1. 肩部或大臂出血：按压锁骨上方动脉。

2. 肘部出血：按压大臂内侧动脉。

3. 小臂出血：按压肘部内弯处动脉。

4. 手掌出血：按压手腕桡动脉。

5. 大腿出血：按压腹股沟中部动脉（股动脉上部）。

6. 小腿出血：按压膝部内弯动脉。

7. 脚部出血：按压脚踝前部动脉。

其他部位：

8. 太阳穴以上的头部出血：按压耳朵前上部、太阳穴斜下后方动脉。

9. 眼睛以下的面部出血：按压下颌边的动脉。

按压止血

经过按压伤口和相应部位的动脉止血后，立刻用止血带捆扎，然后做伤口处理。

一般能造成动脉失血都是很严重的创伤。在不太严重的动脉失血中（这里"不太严重"的定义为伤员意识尚清醒，或昏厥过后苏醒过来），用止血带捆扎并做相应的伤口处理后，立刻想办法联系医疗机构或将伤员转运到最近的医疗机构寻求救治。

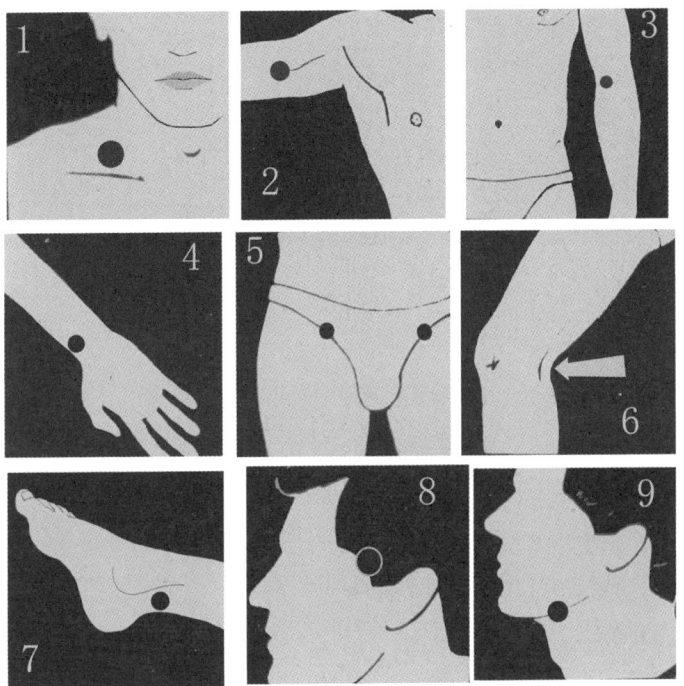

不要以静脉失血的程度来衡量动脉失血，哪怕是较轻微的动脉失血都会比静脉失血恐怖得多。严重的大动脉破裂，由心脏泵出的血液会喷出几米远！

动脉失血的伤员通常无法自救，作为救生员，你必须压制内心的恐惧感，以最快速度帮伤员止血，否则伤员很快就会因失血过多而死亡。

> **注意**：不要让动脉失血的伤员昏厥过去！失血过多的伤员通常会意识模糊、身体发冷、昏昏欲睡，你需要不断地跟他说话鼓励他。当伤员有昏厥迹象，用手掌轻扇拍他的脸打醒他，但不要剧烈地摇动患者。失血过多的伤员一旦睡过去，往往就不能再醒过来。

一些伤口特殊的动脉失血，无法使用压迫止血时，你就不得不找到断裂的动脉并把它们捆扎起来。这样的伤是非常严重的，例如躯干被刺穿（通常是在制作尖钉陷阱时不按照程序而造成人身伤害）、四肢被砸断。

> **警告：** 未经过严格医疗训练者在做动脉捆扎时很可能会对伤员带来永久性伤害！动脉附近常伴随着神经，夹住或捆扎了神经会引起肢体丧失功能等永久伤害。但如果不捆扎动脉就无法挽救伤员的生命，冒险是值得的。

手术器械最好经过消毒处理。例如用酒精浸泡，或用沸水煮。手也最好洗干净。但如果情况紧急，就不要浪费时间去生火煮水！

用水清洗伤口的血，用手指在伤口里轻轻地找出动脉，用细线（最好是消过毒的）捆扎动脉末端。

如果动脉断裂的很彻底，寻找它会很困难。用水清洗伤口后，稍微放松止血带，仔细观察伤口，若某部分不断地涌出血，将这块地方缝合起来。

手术后，略放松止血带，如果发现仍旧流血不止，重新扎好止血带，继续寻找破裂的血管。

手术完成后，用最快的速度转运伤员，同时向医疗机构求救。

附录：危险的动脉失血

大动脉又称弹性动脉。如主动脉、肺动脉、无名动脉、颈总动脉、锁骨下动脉和髂总动脉等。

大动脉与中动脉是渐变的，其间没有明显界限。内膜比中动脉内膜厚，内弹性膜与中膜的弹性膜相连续；中膜最厚，主要由40~70层有孔的弹性膜构成，故又称弹性动脉；在弹性膜之间还有平滑肌及少量胶原纤维和弹性纤维；外膜较薄，由结缔组织构成，其中有营养血管、淋巴管、神经等；外弹性膜与中弹性膜相连，故分界不清。

大动脉失血是最危险的；必须要尽快地处理，捆扎动脉要细心，尽量将动脉从肌肉组织中抽出一小段，仔细观察后再捆扎，以免损害神经系统。

管径在0.3~1毫米之间为小动脉，管壁结构与中动脉相似，但各层均变薄，内弹性膜明显，中膜含数层平滑肌，外弹性膜不明显，平滑肌舒缩可使管径变小，增加血流阻力，因此小动脉也称外周阻力血管；管径在0.3毫米以下者为微动脉，管壁由内皮和 1~2 层平滑肌构成，外膜较薄。

小动脉失血通常用按压法配合伤口处理可以止血，较严重者就要用止血带捆扎，微动脉失血量不会很大，按压就可以奏效。

懂得怎样分辨动脉、经脉失血，静脉失血血液是缓慢流出，而动脉失血是间断性从破裂的血管中喷涌，与心跳频率相符合。动脉的管壁相对较厚，位置比静脉深，通常都在肌肉组织的保护下，只有少部分位于皮肤表层下。

如果肢体被撕裂或折断，可能会很少流血，剧烈受损的肌肉因疼痛而发生痉挛收缩，封住了动脉断口，在处理这样的伤口时，扎好止血带后用消毒水（煮沸的开水放凉）清洗伤口，将暴露在外的断裂动脉捆扎好。

止血钳医疗器械店都有售，价格也不贵，它可以夹住血管，阻止血液流动，也可以将收缩的动脉从伤口中夹出来，在缝合伤口的时候可以帮助拉线，有时候可以当作一个迷你钳子使用。最好在急救包里放上一把止血钳，虽然平时很少用得上，但在进行伤口处理的时候，止血钳是最好的装备。

清创、包扎、缝合

暴露在外的伤口很容易被细菌感染，不管是什么样的伤口，都要包扎保护起来。

止血后，要进行清创工作，然后再包扎。

轻微的割伤，血很快就会止住，清创后用纱布将伤口盖好扎起就可以了。如果急救包里预备有创可贴那就更方便了。

若伤口已经被污染，你就必须要仔细的清理伤口，例如伤口已经和脏东西接触，沾染了泥土。

小心地清理伤口中大块的异物（用止血钳可以夹出来），用消毒水（煮沸过放凉的开水）清洗伤口，彻底将伤口中的异物洗净，然后清洗伤口周围，以伤口为中心，由内及外用药棉或布蘸水擦拭干净。如果有酒精，就用酒精（烈酒）清洗和消毒，但酒精不能直接用于清洗伤口，擦干后用清洁的布料包扎伤口。

温热的盐水或有消毒杀菌效果的植物熬煮的药茶是很好的清理伤口消毒水，温热的水还会有一定的止痛效果。

一些大的伤口，在处理过后还会渗血，你需要敷料来帮助吸血。可以做敷料的东西很多，例如昆虫粉、细腻干燥的黄泥、草木灰等（敷料必须是无毒的、吸水的，并且最好是磨成粉末状的）。敷料不能直接敷在伤口上（少数很有效的跌打损伤药，例如云南白药粉除外），用干净的布料将敷料包裹起来，不能漏粉，盖压在伤口上包扎，包扎不要扎得太紧，确保伤口的相对舒适。

将敷料用火烤得温热，对止血、伤口愈合以及止痛非常有效。在伤口恢复期需要更换敷料，最好都烤热使用，若没有敷料，用火堆烤热一块石头，用布包裹着熨敷伤口和伤口周围，对止痛和伤口愈合非常有效。

包扎好伤口并不意味着完事大吉了，按剂量和疗程服用抗生素帮助杀菌消毒，合理的休息，保持充分的营养能让人体免疫力增强。保持伤口的干燥，不要接触水。要每天检查和更换包扎布，通常在一两天内，伤口就会干燥，如果包扎布变湿意味着伤口有感染的危险，如果不及时更换和清理伤口，包扎布很快就会有异味，不用问，伤口已经感染了！处理好后的伤口疼痛感是慢慢缓解的，如果伤口阵痛并痛感增强说明伤口在发生感染。

每天检查伤口的时候都要清理伤口，若伤口已经变干结痂，就不要用水清洗伤口，清理伤口外围就可以了。如果伤口久未干燥愈合，就需要清洗伤口，记住是用消毒水（煮沸放凉的开水）最好用有消毒效果的药茶（千里光、地榆等）放得温热来处理，如果伤口发炎流脓，必须要将脓清理干净。

如果包扎布不足，用过的包扎布用清水洗净并用沸水煮泡十分钟，晾干备用，尽量保持包扎布的干净。如果紧急时刻不得不用脏的包扎布，在伤口处理完成之后你就要消毒另一块包扎布更换它，不要让脏的包扎布长期包在伤口上。

如果你身上带有土霉素，将土霉素捣成粉末敷在伤口上能尽快消炎杀菌。

如果你携带有糖，这也是一个良好的消炎药，将糖捣成粉末状敷在伤口上，糖的吸潮作用会吸收伤口体液，从而收敛伤口，高浓度的糖混合的体液会使细菌脱水从而起到杀菌的作用，且糖更富营养性，细菌会向糖转移从而净化伤口。但必须要有足够的清洁用水，每2小时左右，彻底清洗一次伤口，最长不能超过4小时，否则会让伤口恶化。如果你的洁净水比较少，用干净的布或者烧红的小刀，将糖先刮下来，然后冲洗。洗净后让伤口自然晾干，再敷糖，通常情况下，一至两天内就能控制住伤口的炎症，但如果伤口已经有腐肉，就要有刮骨疗毒的气魄，用小刀将腐肉刮除再敷糖。

> **注意**：使用糖消炎是野外急救的一种方式，通常用于面积较大的伤口而没有其他消炎手段，平时不建议采用，浅小伤口也不宜使用。如果你还有其他手段消炎，就先使用其他手段，如果你没有足够清洁的水，不要冒险使用糖作为伤口消炎药物，否则糖会变成良好的培养基，使伤口恶化。

伤口缝合

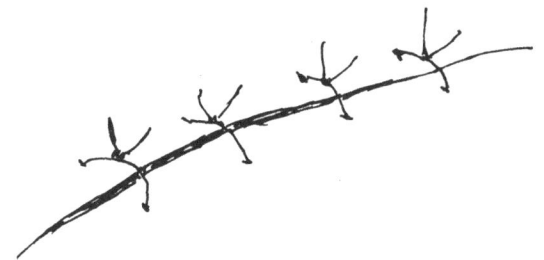

一些较深的伤口缝合起来后会更容易愈合，首先进行清创处理，必须要彻底地清洗伤口才能缝合。

如果你的急救包里预备有密封消毒好的缝合线和缝合针，就使用它们。如果没有，将缝衣针和棉线消毒后使用，甚至从衣物里抽取丝线缝合。缝合针是弯曲如鱼钩状的，因为这样能更好地挑起伤口缝合，直的缝衣针不好缝合，你可以先用火将缝衣针烧红，放凉后用手就很轻易就可以弯成鱼钩状。如果用缝衣针制作鱼钩，弯好后再次烧红淬水就会变硬，但也会变脆，钓大鱼容易折断。

平整伤口，用手轻挤使伤口两侧靠拢，用缝合针从伤口一侧刺破皮肤，到达皮下组织层，但不要太深入肌肉层，然后钩进另一侧皮肤下，将线引出，线的两边系在一起连续打两个反手结固定。用止血钳很容易操作，如果没有止血钳用手也可以。打好结后剪断线，如法炮制再缝下一针。

长度不大的伤口从左至右或从右至左缝合都可以，若是长度太大的伤口，则先要缝合中部，再缝合两边，形状不规则的伤口根据伤口形状缝合。

大的、较深的伤口一定要想办法缝合，缝合好的伤口用包扎布包好，每天检查清理，如果缝合的伤口没有愈合结痂，而是发红、阵痛、痉挛、变硬，证明伤口已经感染了，拆除部分或全部缝合线，仔细清理伤口，如果有脓一定要将脓清理干净。

内出血

在野外，内出血一般是高空坠落和骨折引起的，严重的内出血会导致伤员即刻昏厥，而一些较轻的内伤引起的内出血很有隐蔽性——伤员仅仅是皮下微微青肿，神志清醒，甚至还能说笑；然而逐渐发展后，伤员会感觉到头晕目眩，脸色苍白，皮肤发凉，对触摸反应下降，脉搏加快并变弱。

一旦不慎从高处坠落，特别是躯干部位着地的坠落者，哪怕没有任何外伤，都要注意坠落者的情况，不要着急赶路，休息并观察坠落者状况，如果是躯干着地的坠落者，至少观察半小时，确认没有任何不适之后再前进。

骨折也会导致内出血，经过相应的骨折处理后，立刻想办法转运伤员。内出血的伤员不要随意晃动，在转运的时候固定在担架上，若是原地等待救援，将伤员平躺在地上，放松衣扣，腿部曲起（若是腿部骨折无法曲起，伤腿按骨折处理摆放，另一条腿曲起），让脑部有足够的供血。注意伤员的保暖，但不能过热，否则会导致血液积于表皮组织下。

严重的内脏出血是很危险的，通常都是严重的高空坠落事故引起的，救生员几乎无计可施，只有尽力救助和精心护理，若必须得冒险转运，一定要将伤员牢牢固定在担架上。

判断内出血的部位：

大肠出血：粪便带血色或便血。通常是因为长期便秘或食物中毒引起的。

小肠出血：小腹绞痛难忍，或无疼痛，粪便为黑色。通常是因为小腹受到剧烈撞击或食物中毒引起的。

肺出血：伤员咯血，血混杂其他液体，呈红色泡沫状。通常是因为受到撞击引起的。例如高空坠落。

胃出血：通常因为劳累和暴饮暴食或胃部遭到剧烈撞击引起（饮酒在野外是个奢侈的享受，野外几乎没有因为饮酒而引起的胃出血）伤员呕吐，血伴随食物呕吐出来，鲜红色表明是刚刚出血，若是咖啡色，说明已经出血一段时间了。

烧伤和烫伤

在野外通常不会有很严重的烧伤和烫伤，多数是因为不慎打翻了沸腾的开水或者油烫伤了脚部。但有时候错误的判断可能会被野外的大火严重烧伤，更有甚者则是被雷电劈中造成严重的烧伤。

大面积的烧伤和烫伤若没有良好的医疗条件救治会有生命危险。在火灾中大多数的伤员都是因为本能地从火场往外跑，气流使身上燃烧的衣物火势更大而烧伤得更严重，尽快将身上燃烧的衣物脱掉，在逃离火场后，不要继续奔跑，应立刻卧倒翻滚，压灭衣服上的火。救助者不要心急得用衣物或树枝扑打，展开防水布或睡袋，覆盖伤员，用身体压住伤员，使火苗因为缺氧而熄灭。除掉伤员身上的衣物等物品。

不要用凉水泼洒着火的伤员，以免造成更严重的烧伤！在伤员稳定之后才能为患处做冷敷处理。

深度的烧伤（例如遭雷劈）伤员的皮肤甚至肌肉焦黑，但伤员并不觉得很疼，因为神经末梢已经被烧死，表皮的烧烫伤更能引起恐慌，巨大的水泡，剧烈的疼痛都会让伤员痛苦不堪。此时不要冒险挑破水泡，在经过冷敷处理后想办法转运伤员。

必须要给伤员补充盐和水，少次多量的饮用些凉淡盐水。

轻微的烧烫伤一般不会对行进造成太大的影响，例如不小心烫伤手指，但也不能立刻挑破水泡，等一两天再挑破，吸干水分包扎好，防止感染。

有时候太心急吃东西，滚烫的食物可能会烫伤呼吸道，啜饮凉水降温，严重者会引起呼吸道肿胀而导致呼吸困难，必要的时候要进行人工呼吸。

中风和晕厥

中风在野外也很少见，多数中风是因为患者本身就患病，在劳累、惊吓、身体损伤和其他诱因下突然昏厥抽搐，中风患者很难预计发病。有些很正常的人在野外突遭变故、极度惊吓也会中风，但这类中风通常很容易解决。如果本身有中风史就不要去野外瞎逛了。严重的中风会导致病人死亡。

中风的症状表现为：脸色极度苍白，皮肤发凉，冷汗不止，身体瘫软（严重的中风者身体会抽搐、反张，若不及时处理，病人会将自己的脊柱折断），脉搏虚弱但跳动很快，意识丧失，胡言乱语，口吐白沫。有些患者会极度躁动，手脚乱舞，进而血压下降，心跳缓慢，严重者心跳停止。

安静的中风者很好解决，将患者平放，解开纽扣和腰带等紧身的东西，尽量将患者的脚垫高，用力掐按人中穴（鼻和嘴间的凹处），待患者病情缓解后进行进一步处理。

如果是躁动的患者就有些麻烦了，你必须花很大力气压住患者，不能让他乱动，同时应注意患者在无意识情况下会咬断自己的舌头，撬开患者嘴部，将生存丝巾或遮阳帽折叠成方块，再把生存刀的刀鞘或者一根结实的木棍横卡在患者嘴部（不要塞进喉咙里让患者窒息，塞到门牙后垫住牙齿让他不能咬到舌头就行了），用力掐按人中穴缓解病情，人中穴位于鼻凹处，通常在几分钟内，患者病情就会缓解。

当患者病情缓解后，你还不能掉以轻心，中风有可能会再次发作，你要陪在他身边给予安慰，用生存丝巾蘸湿水敷一下患者的额头，并对患者四肢和身体进行简单的按摩会缓解患者的紧张情绪。

暂时不要给患者喝水，松开患者的衣服散热，不要给他加衣服保暖，只要保持正常体温就行了，体表过热会引起中风，患者急需血液的体内器官血液外流。在患者情绪稳定后再让他喝一些温热的淡盐水。

如果患者停止了呼吸或心跳，立刻做人工呼吸和心脏起搏。如果有药品，撬开患者的嘴，舌下含服药品。

晕厥通常是因为劳累过度引起的，例如在大太阳底下长途行走，这样的晕厥有时候会和中暑混淆，有时候是因为体质虚弱者蹲坐时间太长，突然站起导致脑部供血不足而引起晕厥。

将患者平放，恢复脑部供血，轻微的晕厥患者很快就会自己恢复过来。不过你仍需要掐按患者的人中穴以缓解患者的病情。如果有中暑症状，则要按中暑的处理方式解决。

人中穴

用力地掐按人中穴，很快就能把晕厥患者救醒，掐按5~6秒就略放松一下，稍移位置继续掐按，同时配以其他的急救措施。在患者恢复过来后可能会有视线模糊、意识不清等后遗症,跟患者说话,竖起手指问他是几根手指是最简单的检查患者视力和意识的方法,在患者恢复过来后,让患者喝一些淡盐水并让患者充分休息。如果有条件,化开巧克力、糖煮热让患者服用,以恢复体力。

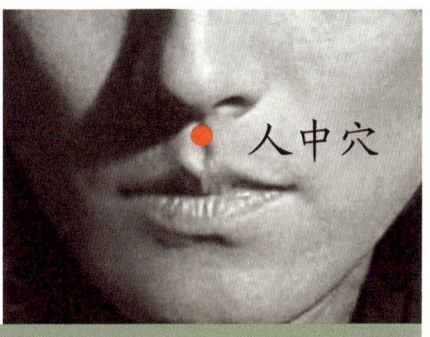

警告:绝不能让中风或昏厥的患者孤身独处!中风和昏厥可能会再次发作,必须要有人陪伴左右。

溺水

救助溺水是野外常见的救生行为,然而不正确的救生会导致救生员本人陷入困境甚至死亡。

要救助溺水者,你的游泳技能必须精湛,野外的水可能会很浑浊,溺水者一旦下沉就很难再找到,当你决定要救助溺水者后,应当脱掉衣裤和鞋袜,立即下水朝他(她)游去,但不要接近,溺水者会抓住任何一根救命稻草,为了救他(她),只能先委屈他(她)多喝几口水,直到他(她)体力耗竭,从背后接近溺水者。一手掐住他(她)的下巴,使溺水者的口鼻仰离水面,用仰泳的姿势拖拉溺水者向浅水区靠近,一只脚时刻注意顶住溺水者的身体,尽量离他(她)远一些,如果溺水者挣扎抱住你,要果断地挣开他(她)的手,用脚踢开他(她),以免两人都沉入水中。

多人合作救助溺水者成功率更高,救生员的安全也有了保障,打一个救生环,套在救生员身上,在岸边其余人的帮助下,将溺水者拉回来。

使用漂浮装置也可以救助溺水者,最好用绳索将漂浮装置连接起来。

> **警告**：救助溺水者是非常危险的行动，理论非常简单但实际操作却非常复杂，要考虑水流、自己的体力、救助的距离、暗流等等因素。每年都有徒手救助而导致溺水者、救生员同时丧生的事故！有经验的救生员不会很快地接近溺水者，而是等溺水者体力耗竭后才进行救助，宁肯让溺水者已经无力挣扎沉没水中，救上岸做人工呼吸和心脏起搏，也不要太着急接近，一旦救生员被溺水者抱住又无法挣开，悲剧也就再次重演！
>
> **附言**：在写《溺水》这一节的时候其实我是非常纠结的，在所有的户外活动中，溺水造成的死亡应该是最多的。每年暑假会有许多缺乏看护的孩子因溺水而身亡，为此我还曾专门请教过一名海军搜救队的战友，他教过我很多实用的徒手救助方式，但无一例外，都需要救生员有着很强的个人能力，在水下技能方面，他无疑可以做我的老师，他给我的建议仍旧是：利用身边的一切漂浮物、绳索、长杆等救助溺水者，尽量不要徒手救援！而要解决救护溺水人员的最终办法，则是都学会游泳——就算是在紧急时刻，救助一名会游泳的和一名完全不会游泳的遇险者，结局可能是完全不一样的。

食物中毒

在野外食物中毒多数为轻微的，易与水土不服和腹泻混淆，通常因劳累引起的肠胃功能减弱，造成消化不良，其症状多表现为积食、胃胀，进而感觉头部发热、腹部隐痛、发胀，通常伴有身体发冷的症状。轻微的食物中毒虽然想排泄，但是排泄不出或排量很少，屁有浓重的腐臭气味，大便稀烂且恶臭难闻。

如果感到肠胃不适，就不要或少量进食，并从是否有发烧，腹部疼痛，粪便等情况分辨是否是食物中毒。如果腹部不疼而腹泻，大便稀烂但无恶臭，那是因为水土不服引起的肠胃失调，进行一般的止泻和恢复处理，让患者好好休息就可以了。

感到消化不良时尽快呕吐，不要让胃负担太重，特别是食用了不易消化的肉类、蛋白类的食物，烧煮热水或药茶先暖胃，让免疫系统恢复功能通常就能恢复过来。刚到野外控制饮食，少量多次用食，能避免消化不良。

如果觉得脑袋发热，腹部隐痛，身体发冷，这是因食物中毒引起的肠道菌群失调，痢疾杆菌过量繁殖造成的，俗称的肠胃感冒，结合感冒方法处置，尽量少吃东西，多喝水，注意保暖并服用肠道抗生素，如果想排泄不要忍着，将肠道排泄干净有利于恢复。

身体发冷、脑袋发热、浑身无力、血压降低、头晕、腹泻不止也不用惊慌，不要吃肉类、蛋白质含量高的食物和脂肪，只允许吃植物、喝水，熬煮调和肠胃的药茶最好不过了，让肠道排空，并服用肠道抗生素控制肠道细菌。

这类食物中毒多归于肠胃感冒中去，通常不会造成人身伤害，但是后遗症还是有的，那就是头晕、浑身无力，或许得几天时间才能恢复。

最好的办法则是在身体无力、身子发冷、头晕的症状刚出现的时候刮痧，刮痧后注意保暖，喝水，如果能发汗第二天就能恢复了。

严重的食物中毒会造成人员死亡，而且野外急救手段也仅仅能延缓毒性发作。

无论如何先催吐，通常用手抠喉咙，让患者将胃容物呕吐出来，灌服食用油可以催吐也会在患者胃内形成油膜阻止继续吸收毒素，且无论是不是花生油，先灌服了再说。

积雪草、车前草等有清热解毒效果的植物捣烂灌服，这类生药草有特殊的青臭味，大量灌服会引起呕吐，而且能中和胃内毒素。

用黄泥调和浓汤灌服，民间俗称地浆水，黄泥有吸附毒素的作用，如果有火堆在附近，敲碎木炭用水送服，然后再呕吐出来，利用木炭吸附毒素。

切记：与医院急救不同的一点是，在野外没有解毒条件，除了灌服有解毒效果的药茶，不能让患者喝水，喝水会加速毒素的吸收！绝不能服用草木灰，草木灰有强碱性，会损害消化道！

在野外简陋的条件下，救治食物中毒也仅仅能做到催吐、吸附和用药茶中和解毒这三点。金银花、绿豆、甘草在民间称之为万用解毒药，虽然其机理尚没有完全清楚，但的确是有救活的案例。在中毒患者呕吐、吸附后用水急煎灌服有解毒效果。

然而在病急乱投医的情况下，任何清热去火的药茶都有可能可以解毒，例如车前草、积雪草、蒲公英，但无人能保证其一定有效。

如果患者出现呼吸和心跳停止的症状，立刻实施人工呼吸和心脏起搏。

一旦中毒，立刻寻求最近的医疗机构的帮助，做好了催吐、吸附和灌服药茶的工作后，用最快的速度将患者送到最近的医疗机构救治。野外中毒是非常危险的，简陋的医疗条件也仅仅是减缓中毒症状，延长患者生命而已。

寒区杀手——低温症

在寒冷地区有一种潜在的危险每年都夺走许多人的生命，那就是低温症。

人的正常体温是37℃，如果核心（内脏温度）温度下降到35℃以下。体温下降到32℃以下，情况会变得严重并最终致命。

人在体温降低的时候，会本能地颤抖，增加肌肉活动所需的化学反应而生成热量，颤抖最多能增加500%的体表热量生成，但只在几个小时内有效，肌肉最终会因葡萄糖过度减少而疲劳，进而僵硬。

野外的低温症通常分为两种，一种是暴露型（缓慢的），在寒冷的环境中没有适当的保温，体温逐步的丧失。另一种是浸泡型（快速的），通常是落入冰冷的河水中造成体温快速丧失，这类低温症很危险，在0℃的冰水混合物中，人通常只能支撑10~30分钟，此时除了想办法立刻离开水中或他人及时救援，你几乎别无他法。

低温症的症状是逐步发展的，或许是上帝的仁慈，低温症患者最终死于缓慢的神经麻痹，其过程并不痛苦。

较轻的低温症会在身体核心部位的温度低于它正常的37℃时发生。

在早期阶段，伴随着脉搏和呼吸节奏的加快，肌肉会不受控制地颤抖，体温无法上升。冰冷的、发白的手和脚（因为皮肤下的血管收缩）是肢体血流放慢的第一个征兆。不理性和易于兴奋是早期行为征兆。因此依靠自己发现低温症并不安全。在寒冷条件下，要观察每一个人的表现。密切关注那些有糊涂、反常地笨拙，或者有其他不正常的行为的人。

严重的低温症会在体温低于33℃时发生，此时血液继续放慢流动，嘴唇和指尖等身体表面器官因为缺氧呈青紫色。血液循环降低同时导致手足的肌肉里产生酸性代谢物（废物），直到颤抖停止，取而代之的是肌肉僵硬。身体核心温度降到33℃以下时，重要器官开始变冷。因为大脑变冷、大脑细胞新陈代谢减慢，导致大脑功能削弱。意识程度开始降低，从困倦和绝望变为不感兴趣、语无伦次，甚至丧失意识。核心温度在30℃以下，脉搏和呼吸开始放慢，生命的特征已经难以发现，病人易被误认为已死。瞳孔放大，无反应，感觉不到脉搏。呼吸断断续续，每分钟呼吸频率低于4~5次，这是仅能证明病人还存活的唯一线索。最终病人死于神经和呼吸麻痹。

预防仍然是最有效的治疗方法，你必须要仔细挑选你的装备和防寒衣物，衣物的选择不同地形大不相同，不能穿纯棉内衣，纯棉内衣容易吸汗，汗湿的内衣极易让体温大幅丧失，化纤或混纺面料的内衣能快速给你排汗从而保证你的体温。

防寒服是必须要准备的，羽绒服厚且轻，是寒区生存中很好的装备，但大多数羽绒服并不防水，一旦被打湿会让你体温迅速丧失，如果不幸落入水中，羽绒服吸水后会很快让人沉没。

帽子必须要仔细挑选，绝不能让头部裸露在寒冷气候下！普通的单层圆边帽不足以御寒，应选择专业的防寒帽。如果没有，在圆边帽中垫入生存丝巾或者柔软的干草等物品，人为造成空气隔腔保暖，或将头套卷起来戴在头上再戴帽子。

普通的生存丝巾在高寒地区的防寒效果并不明显，你还应携带一条为脖子保暖的围巾。

带多几双备用袜子，在防寒的时候，用袜子围在脖子，夹在腋窝和腹股沟保暖效果很好。

必须要携带防风服，有些防寒服本身就有三防效果（防寒、防风、防水），但你仍旧必须带雨衣。穿上雨衣，裹上防水布，其保暖效果相当于一件羽绒服。

挑选好靴子，帆布或皮革的鞋子通气性好，橡胶或塑料的鞋子容易在严寒下变脆、折裂，并且不透气，一旦脚出汗容易发生冻伤，紧而且硬的鞋子也容易冻伤脚

防寒手套能保护你的手指不被冻伤，一定要带上。睡袋必须要携带，在寒区中帐篷比防水布更实用，用帐篷替代装备中的防水布或将它们都带上（只需要一块轻薄的防水布就可以了）。记得挑选好的睡袋和帐篷。

缺乏树木的雪原中难以找到燃料，炉头和灶具此时就显得很重要。

携带足量的高热量食物，例如巧克力、肉罐头。寒区中要寻找食物是很困难的，没有食物，你在寒区中生存时间并不会太久。

火种是不可或缺的，有火的帮助生存时间可以大大延长。

化学加热袋是寒区生存的好帮手，一支小小的温度计可以测量当地气温，让你提前准备防寒措施。将它们带上，放在急救包中。

> **警告**：必须要保证衣物的干燥，在雨夹雪的气候中生存是最困难的，必须要做好防雨防潮工作。

在干燥寒冷的气候下，你只要穿上保暖的衣服就可以了，记住帽子一定要戴好，不能让头部暴露在寒冷气候中。记住关注脚的情况，保持脚的干爽，别让脚发冷，一旦脚发冷，补充食物、穿好衣服，或者想办法干燥鞋袜。

在寒冷湿润的环境下，穿适当的衣服。所有时间内戴帽子。穿排汗快的内衣，迅速带走皮肤上的水分，不要让体表积汗，外面穿绒料或毛料衣物，最外面是防风防水的衣服。如果你的防寒服没有三防效果，只是一件普通的羽绒服，在最外层穿好雨衣。

衣服并不是穿得越紧越好，保证衣服间的通气性，空气可以隔热（在沙漠高温气候下也是如此），穿一件厚衣服还不如多穿几件薄衣服，这样有更多的隔热层，保温效果更好。

尽量生火，将水和食物煮热，热食可以帮助预防低温症。

知道自己的极限，避免体力透支。如果迷路，避免惊慌和其他消耗能量的活动。保持镇定，先停下来好好思考。

携带通信装置以在遇险时能及时求救。了解你的同伴，注意观察队员的情况。学习判断低温症的早期症状，能将低温症扼杀在萌芽状态，死亡的概率也几乎不存在了。

保持装备的干燥，不要让内衣汗湿到无法保暖才换，当你感觉到体表有积汗，停下来换一件，不要着急扒光，一件一件的脱掉衣服，让身体慢慢适应严寒。通常是背部首先积汗，卸下背包 10 分钟左右还不能排出，如果胸部也积汗无法排出，就显得有些晚了。换出来的内衣不要立刻放入包里，摊开铺在背包上，让它暴露在干燥空气中排除水气，或用雪揉搓，能很快地干燥袜子和内衣。如果是雨雪天气，将内衣铺在肩上或围在脖子上。穿两层袜子能更好地保暖脚，在行走的时候，发热的脚通常感觉不到袜子被汗湿，如果停下来的时候感觉冻脚，要立刻替换袜子。衣服上的落雪要及时抖掉，以免被体温加热后的雪水渗入衣服中。

> **警告**：贴身衣物如有潮湿感，马上换掉，哪怕是从最贴身向外移一层，绝不要穿有潮湿感的贴身衣物入睡。

起床的时候将睡袋的被里翻出来晾一下，放光睡袋内的水汽，然后折起来放好。睡袋不能直接铺在雪地中（清理过的雪地也不行），以免吸水受潮，在严寒下会结冰变硬，将睡袋提离地面。

防寒衣物和睡袋有机会就晾晒，挂起来用工兵铲或者树枝拍打，可以保持蓬松。绝不能铺在地面拍打，那样会越拍越硬实。

能生火的时候要烤干袜子和衣物，但如果你无法生火，睡觉时将内衣铺在胸前，将袜子夹在腋窝下或腹股沟中，用体温将它们烤干（如果太湿了就别这么干）。

如果你不慎落水衣物全湿，立刻脱掉所有衣物，生火，做俯卧撑保持体温，将衣物混合雪揉搓能去除大部分水分。

避免剧烈运动，匀速行走，剧烈运动会损失大量的热量，并且剧烈运动过后积汗难以排出，很快你就会感觉到冷，从而进一步消耗热量。建立庇护所的时候寻找挡风的地方，不要在大风中建立庇护所。如果实在无法找到，尽量在凹地中建立庇护所，并用雪或其他材料建立挡风墙和反火墙。

记住几个容易丧失热量的部位：头部、脖子、口鼻、胸部两侧肋部、腋窝、腹股沟、膝窝。

浅表动脉也会丧失大量的热，浅表动脉的位置位于脖子两侧、大臂内侧、手腕桡部、腹股沟、膝窝和脚踝内侧。

再次不厌其烦的提醒，戴好帽子，不要让头部暴露在严寒中，脖子上先围生存丝巾，再围上围巾就有了双层保暖，多余的围巾部分塞进外衣下，可以为胸部保暖。将生存丝巾作为蒙面巾，围住口鼻，呼出去的热气一部分被生存丝巾挡住，又会吸回来，可以最大限度地减少热量丧失。

胸部两侧，腋窝、腹股沟、膝窝通常有衣物的保护，热量丧失不多，但你也要懂得怎么保护才会减少热量丧失。

睡觉时冷的话，人会本能地蜷缩起来，这没错，正确地蜷缩会给你省下很多热量。

屈膝，弓背侧卧，两脚上下错开叠放，护住一脚的脚踝内侧，两手夹紧腋窝和胸部两侧，保护腋窝、肋部和大臂内侧浅表动脉，十指交叉抓握或者合十，保护手心温度，夹在腹股沟中，保护腹股沟。带好头套、帽子保护头部，围好生存丝巾和围巾保护脖子和口鼻，背后靠着背包会让你更舒服一些。不管你的防寒服有没有三防功能，都要穿上雨衣，不透气的雨衣会反射身体发出的热量，让你的热量不会那么快散失。

防寒姿势

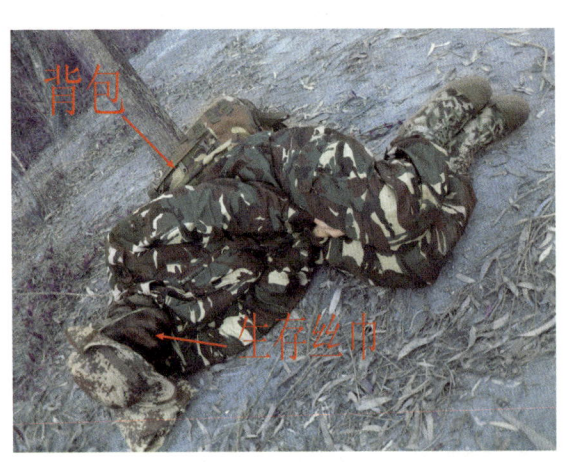

记住，是侧卧，尽量减少与冰冷地面的接触面积。如果地面潮湿或太冰冷就不要躺下睡觉，坐在石块或木墩上，将腿缩起来，采取防寒姿势，背靠背包。将备用袜子揉成团，夹在腋窝、腹股沟、塞在膝窝保暖，如果情况紧急，你的装备已经丢失，寻找干燥的干草、树叶、松针等物品，或剥掉绳索抽取纤维，揉成团夹住也可以保暖，较柔软的材料保暖效果更好，硬的草茎叶，树叶可以反复揉搓得软一些使用。

如果你有睡袋可以良好地保暖，但养成良好的防寒姿势对你是有帮助的，如果你遇险已经丢失了睡袋，也无法建立提离地面的庇护所，或许你只能靠这个姿势撑得更久一些。

如果手指、脚趾感觉冰冷，发白，揉搓手指，跺脚让血液流通，想办法生火或补充能量。

防寒的小经验

仔细挑选你的保暖装备，多带几双袜子，如果袜子已经湿了或者在行走中被汗浸湿后又被体温烤干，就替换掉，穿湿袜子睡觉会冻脚。如果你是汗臭脚，穿着脏袜子睡觉会觉得脚冷，有时候甚至一夜都捂不暖脚，这种现象在女性身上体现明显。有机会就将脏袜子（特别是已经有汗臭味的袜子）洗净，哪怕是用热水烫一下或用雪搓除掉异味，保护好你的备用袜子，特别是在雨夹雪或化雪低温潮湿的时候，保证袜子的干燥、清洁是很重要的。

雪是除湿气的好帮手，干燥的雪能吸取潮气，将汗湿的内衣和袜子包裹雪揉搓，很快你就能重新得到干燥的内衣和袜子。

注意你的鞋子，汗湿后的鞋子在行走中似乎不冷，但其实鞋子已经有了潮气，有机会就用火烤一下，驱除鞋内的潮气。

注意你的耳朵，耳朵是寒区生存中最容易冻伤的部位，包好耳朵，戴好帽子。

记住，寒区中火很重要！如果是大雪天气，其实空气很干燥，只要有燃料，很容易生火，但0℃左右的雨夹雪天气和冰雨天气，这比在零下几十度生存更为艰难，你不但要做好防寒，还要做好防雨准备。因此你要带好火种，最好带上一小壶引火用的油，注意收集燃料，没有火，在这种气候下你很难生存得太久。

尽量多携带食物，寒区食物短缺，而且你的能量消耗也会比平时增加一倍以上，如果食物不足，你也很难生存得太久。

如果你能生火，将水烧开，灌在水壶里包裹上袜子，这就是一个野外暖水袋，它会让你的睡袋更暖和。

查阅当地的天气预报，除了气温外，还要重点关注风力。风会加速人体体温的丧失速度，风速越大，人体消耗热量也越多，在同样温度下，无风不一定会引起冻伤或低温症，但如果有大风，则风险会成倍加大。有一个简单的公式可以计算有风时的相对温度。

相对温度 = 外界气温 +（外界气温 −36℃）/10 × 风速（米/秒）

如果外界温度为 −10℃，风速为 3 米/秒，那么相对温度为 −10+（−10−36）/10×3=−16.8℃！因此你要注意风！准备好防风、保暖的衣物。

低温症的急救

最好的急救方式是用专业医用加温装置，但野外你无法得到这样的装置，你只能竭尽所能抢救伤员。

在低温症早期，只要能补充足够的食物，有一堆火，做好保温工作就可以恢复过来，然而重低温症的患者前景就不太妙了。

检查病人情况，更换病人湿的衣服，最好在防风的庇护所里进行，但如果没有，不要浪费时间搭建庇护所，用睡袋或防水布将你和病人一起裹起来，在里面为他换衣服。

民间传说用雪搓病人胸部解救是没有科学根据的，不要贸然再冷却病人。

用干燥的衣物给病人做了保暖处理后，记住盖好病人的头部，给病人加温，两人都裹在睡袋或防水布中，用身体的温度慢慢地暖和他（她），试探病人的腋窝和腹股沟温度，如果能慢慢暖和起来，情况就会大大好转。

用热敷袋（化学加热袋）等，温暖病人的腋窝、腹股沟、膝窝、脖子和胸部，并用手揉搓病人的胸部，帮助其血液畅通。有条件就烧热水，灌在水壶或其他容器中，用生存丝巾或其他布料包裹熨敷这些部位，用生存丝巾包裹手搓患者的胸部皮肤，薄薄的生存丝巾可以让你手的温度传导给患者，并增加了摩擦力，使之更快地发热，这是防滑手套和徒手揉搓无法比拟的优势。

此时不能加热、揉搓和刺激严重低温病人的四肢，这可能使体表的、冰冷停滞的血液回流至身体核心部位，造成心脏停搏。给病人灌服热饮也是危险的，这样会使温暖的血液带离身体重要器官，而且要使核心温度上升 1℃，你需要数公斤的热饮，浪费这个时间烧水是得不偿失的。在病人缓解苏醒后才能让他（她）喝一些温热饮料，但严禁喝含酒精的饮料！

人工呼吸和心脏起搏有时候是必需的，通常需要另一个人的协助，但不要让病人躺在冰冷的地面上施救，你至少要垫点什么东西，更好的办法是一个救生员从背后抱住病人作为垫子，这个救生员同时还能为病人加温，而另一个救生员实施人工呼吸和心脏起搏。

人工呼吸可以温暖病人的肺部，心脏起搏与普通急救不同，不能粗暴地按压，应用缓慢的、低速的心脏按压，类似于对待心脏病发作的一种方式。在开始进行心脏复苏术后，观察病人身体的动静或者呼吸，注意病人的脉搏。颈动脉通常都会首先跳动，按压颈部动脉感受脉搏，与普通测脉搏不同，你需要认真感受一分钟甚至更久。不时地用手试探病人腋窝和腹股沟的温度，这两个部位是人体除了口腔外温度最高的地方。

急救工作最好都在防风的庇护所中进行，如果没有，应快速地寻找背风点抢救，其余人搭建庇护所。如果有条件就在庇护所中生火加温，但要注意火势和庇护所内一氧化碳含量，以免造成火灾或一氧化碳中毒，庇护所中最好开有通风孔，点燃一根蜡烛，如果蜡烛火焰变长，呈黄色，就应打开庇护所（帐篷门）通风透气。

在抢救病人时，也要第一时间向外界求救，在转运病人的时候，注意保暖，最好使用雪橇转运，一名救生员抱住病人给他加温，转运时保持轻柔，不能动作剧烈，颠簸和撞击，这会使病人心脏骤停。

附录：寒区生存对装备的要求很高，要仔细地挑选。有了良好的衣物，睡袋等装备，并且懂得怎么最好地使用和保护它们。患低温症的可能性不大，在迷路或遇险的时候保持镇定，惊慌失措只会让你体温丧失得更快。

不要小看任何一点热量的丧失，保持装备的干燥，做好保暖工作，细嚼慢咽可以让肠胃最大限度地消化食物，给你提供更多的能量。养成防寒姿势睡觉不但为你节省热量，也让你节省食物，庇护所前最好搭建反火墙。

适当的训练非常有必要，懂得预防低温症的常识很重要，将低温症扼杀在襁褓阶段，不要等情况很糟的时候才想起预防，在单人生存中，一旦低温症进入到漠不关心阶段又无法得到救援，这个病人已经被宣判死刑。

意志坚强者存活的概率会大一些，但如果没有食物、保暖措施不当，又得不到救援，也会因心力衰竭而死。

低温症并不仅在于所处环境，而且与身体也有很大关系，你要了解自己和他人的身体状况。孩子比成人易于患低温症，老人比年轻人易患，瘦人比胖人易患，男人比女人易患（因为皮下脂肪较少），经常锻炼者新陈代谢较快，也不太易患低温症，饮酒和吸毒会使削弱颤抖或者血管扩张，所以导致低温症状不明显，或者血液流动不放慢。特定的疾病使人易患低温症，如甲状腺功能减弱患者，其甲状腺激素（管理细胞新陈代谢频率）很低；糖尿病（低血糖）患者；精神失调（癫痫病）患者。

太阳的副作用——中暑

中暑和低温症是野外生存中的"黑白二无常"，每年都夺取不少人的性命。中暑和低温症一样，如果懂得怎么应付其实也不算的那么可怕。

中暑是指在高温环境下人体体温调节功能紊乱而引起的中枢神经系统和循环系统障碍的急性疾病。除了高温、烈日曝晒外，工作强度过大、时间过长、睡眠不足、过度疲劳等均为常见的诱因。

中暑可分为先兆中暑、轻症中暑和重症中暑，而它们之间的关系是渐进的。

先兆中暑

高温环境下，出现头痛、头晕、口渴、多汗、四肢无力发酸、注意力不集中、动作不协调等症状。体温正常或略有升高。

如及时转移到阴凉通风处，补充水和盐分，短时间内即可恢复。

轻症中暑

体温往往在38℃以上。除头晕、口渴外往往有面色潮红、大量出汗、皮肤灼热等表现，或出现四肢湿冷、面色苍白、血压下降、脉搏微弱且增快等表现。

如及时处理，往往可于数小时内恢复。

重症中暑

是中暑中情况最严重的一种，如不及时救治将会危及生命。这类中暑又可分为四种：热痉挛、热衰竭、日射病和热射病。

热痉挛

多发生于大量出汗、口渴，饮水多而盐分补充不足致血中氯化钠浓度急速明显降低时。这类中暑发生时肌肉会突然出现阵发性痉挛。

热衰竭

这种中暑常常发生于一时未能适应高温的人。主要症状为头晕、头痛、心慌、口渴、恶心、呕吐、皮肤湿冷、血压下降、晕厥或神志模糊。此时的体温正常或稍微偏高。

日射病

这类中暑的原因正像它的名字一样，是因为直接在烈日的曝晒下，强烈的日光穿透头部皮肤及颅骨引起脑细胞受损，进而造成脑组织的充血、水肿；由于受到伤害的主要是头部，所以，最开始出现的不适就是头晕、头部剧烈胀痛、恶心呕吐、烦躁不安，继而可出现昏迷及抽搐。

热射病

在野外很少见，通常是在高温封闭的环境中长时间进行体力劳动者身体产热过多，而散热不足，导致体温急剧升高。发病早期有大量冷汗，继而无汗、呼吸浅快、脉搏细速、躁动不安、神志模糊、血压下降，逐渐向昏迷伴四肢抽搐发展；严重者可产生脑水肿、肺水肿、心力衰竭等。

预防仍旧是对付中暑的最好办法，在阳光下戴好帽子，不要让阳光直射头部，烈日下薄薄的帽子可能都不是那么牢靠，在帽子上扎上些树枝、草叶。可以遮挡大部分阳光。

用生存丝巾盖在帽子上，形成一个面纱，不但可以减轻阳光对眼睛的伤害，也欺骗了你的身体，认为自己在一个相对阴凉的环境下。如果有墨镜就戴好墨镜。

最好是避开阳光猛烈的时候前进，上午 10 时至下午 14 时是阳光最猛烈的时候，发生中暑的可能性是其他时间段的 10 倍，在沙漠地带你应该在拂晓和黄昏前进。

不要等口渴了再喝水，定时的小口啜饮，保持正常排汗功能。

庇护所保持良好的通风，帐篷这类封闭式庇护所受到阳光照射时会形成温室效应，许多户外爱好者出于好心，搭建帐篷让轻度中暑病人休息，而这类中暑病人往往很嗜睡，如果没有好好照看，病人也就一睡不起了。

切记，不能在阳光下搭建封闭式的庇护所，每年都有不少户外爱好者在温度并不高的早晨睡在封闭的帐篷里中暑的案例!

中暑的急救

在烈日或高温下,头部通常先发出中暑的信号,最早是太阳穴胀痛,进而出现头晕、恶心、心悸,立刻寻找阴凉处休息,解开衣服散热,用生存丝巾蘸凉水敷头部,并补充淡盐水,用手指揉太阳穴缓解症状。

如果是重度中暑的病人,必须立刻急救,将病人转移到阴凉处,在沙漠等开阔地带没有树木等阴凉地,展开防水布遮挡阳光。解开衣扣、皮带等拘束物散热,如果病人已经昏迷,按压人中穴争取急救时间。

让病人平躺,脱掉病人的衣服,展开病人的四肢,曲起病人的腿,淋湿内衣并扇风,增加蒸发散热。如果内衣完全汗湿,不要贸然淋水,突然冷却会造成毛孔堵塞,脱掉内衣排汗后覆盖生存丝巾,在生存丝巾上淋水。或用湿的衣物盖住病人。

用酒精擦病人的额头、颈部两侧动脉、腋窝、腹股沟和膝窝,酒精挥发很快,能带走大量的热,如果没有酒精,使用水保持这些部位的湿润。

注意病人的呼吸和脉搏,随时准备进行人工呼吸和心脏起搏。

如果附近有河流、小溪,可以将严重的中暑病人浸入水中,让水流冷却病人,但应先使病人排干汗后才能实施。在雪原中因为穿衣不当也可能会中暑,可以用雪团揉搓病人散热,但无论用何种方法都要密切注意病人的体温。如果病人发抖就应减缓冷却过程,发抖会造成病人核心体温升高,5分钟左右就停止冷却腋窝,并将腋窝夹紧,等1分钟左右用手指试探腋窝温度,如果低于手温就减缓冷却过程,正常情况下,腋窝温度是略高于手温的。

按揉病人的太阳穴、头部,如果病人有痉挛,按揉四肢可以缓解。

绝不允许对病人施用兴奋剂和镇静剂!

在病人症状缓解后,让他喝一些淡盐水,好好休息,随时监控病人情况,不得单独留下病人。

严重休克是中暑的生死门槛,在野外简陋的医疗环境下,中暑病人一旦进入严重休克状态是非常危险的,如果病人心脏骤停,撬开病人的嘴舌下含服速效救心丸,并实施心脏起搏。

附录：如果你必须要在高温下行进，在急救包中准备好解暑药，例如人丹、十滴水、藿香正气水等，在轻中度中暑症状下，这些药品非常有效。

高热、高强度的户外活动，准备几颗速效救心丸很有必要，特别是队伍中有体弱者，关键时刻一颗小小的药丸就能救命。

合理的喝水和配制饮用水能防止中暑，不要等口很渴了才喝水，定时的小口啜饮，每天保证 1.5~2 升的饮水量。流汗会带走体内大量的盐分和钾元素，缺钾也会导致中暑，并且对中暑急救不利，很多人虽然喝了很多淡水仍然会中暑（俗称水中毒，是体内盐和钾流失严重造成的），急救包中应当准备钾片，将钾片溶解在淡盐水中。缺钾的信号很容易辨别，通常是大臂肌肉不正常的痉挛（在运动过量的时候也会有这样的情况）。清热去火的药茶能防止中暑，例如车前草、积雪草等，熬制药茶作为饮用水能让你更舒服一些。

脱臼和骨折

在遭受撞击或从高处坠落，往往会造成脱臼或骨折。

脱臼的部位通常是在肩部和下颌，偶尔有手指脱臼的。

让肩部关节脱臼的伤员平躺在地上，用一只脚顶住伤员的腋窝，伸直伤员的手臂，一手抓住肘部不让手臂弯曲，一手抓住伤员手腕，用力拖动，动作应迅速有力，当听到"喀"一声的时候，顺势轻轻一推，将关节复位。

下颌脱臼说起来有些尴尬，通常是因为劳累过度，打哈欠的时候突然脱臼，让伤员坐好，靠稳伤员的头部，在下牙垫上衬垫（生存丝巾、纱布等物品），双手手指抱住伤员的面颊，拇指压住衬垫，拇指用力下压，同时用其他手指在下颌错位处前后转动，会让脱臼部位复位。

手指脱臼通常是因为用力不当造成的，一手抓牢伤员的手腕，另一手先轻抚伤指，缓解疼痛，然后抓紧用力一扯，慢慢放松使手指复位。

警告：复位的时候伤员会剧烈疼痛，脱臼复位理论很简单，但没有操作经验者往往不得其法。和伤员说话或讲笑话能分散伤员注意力。如果必须冒险一试的时候，一次不成功就应停止，以免给伤员造成更大的伤害。复位成功后，固定伤处，转运伤员到医疗机构检查。

骨折

骨折是野外的严重事故,但如果及时救治并转运,伤员通常不会有生命危险。

先不要移动骨折伤员,应在事发地进行骨折处理再想办法转运伤员,以免移动伤员时断骨刺穿动脉发生严重的内出血。骨折发生后伤员会疼痛难忍,即使稍微触碰骨折部位,伤员也会非常痛苦,伤处通常会出现肿胀(内出血),移动伤肢伤员会痛苦不堪,但为了尽快救治,伤员必须要忍受一些痛苦。

记住一个很有效的止疼穴位——合谷穴,合谷穴位于两手虎口,张开虎口,用另一只手的拇指量度,正好是大拇指第一指节长度的位置,在这个区域用力掐按。

通常在1~5分钟,伤员的疼痛感会缓解,在平时肚子疼或其他外伤引起的疼痛也可以掐按合谷穴缓解。

合谷穴

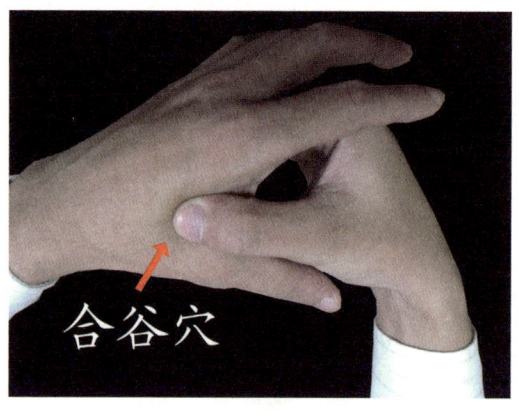

在摆正伤肢的时候,将生存丝巾或遮阳帽折叠,让伤员咬住,可以缓解痛苦,更主要的是,伤员大叫会影响救生员的决心。

准备夹板,通常需要四根,竹片是很好的材料,如果没有,则将粗一些的树枝从中间剖开,连粗树枝都无法找到的时候,用细绳索将几根细树枝(例如芦苇秆)并排捆绑作为夹板使用。

根据不同的骨折部位,夹板的大小和长度也有所不同。

小臂骨折

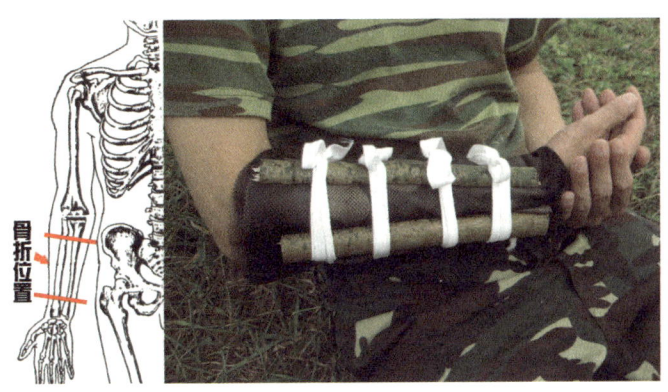

小臂骨折：最好能让伤员平躺地面包扎，夹板不能直接捆上去，用生存丝巾或其他布料折叠作为垫层。如果让伤员坐着包扎，伤员一手轻托手肘或手腕部，方便救生员包扎。四根夹板上下左右固定伤肢。

大臂骨折

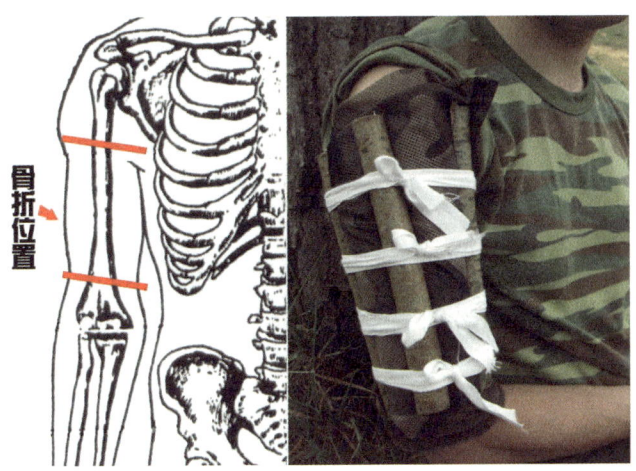

大臂骨折的包扎法和小臂大同小异，同样是用垫层配合夹板包扎。

腕部骨折

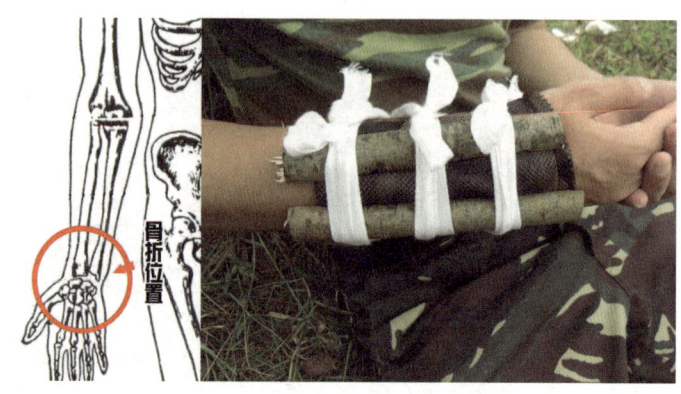

腕部的骨折夹板要略短一些，也可以用一根略长的夹板固定手掌下部，或者两根长的夹板夹住手掌固定。

三角巾包扎

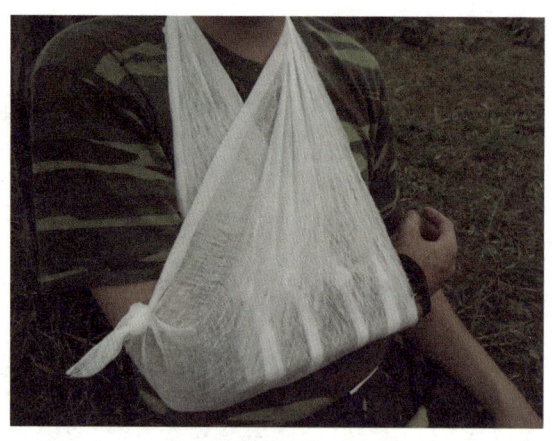

在包扎完毕后，伤员可以用另一只手轻托伤肢，缓解疼痛。但最好的办法是用三角巾将伤肢吊在胸前。

三角巾钝角端打一个反手结（野外通常用1米见方的生存丝巾对角折叠作为三角巾使用）伤员曲起肘部，如图用三角巾包好伤肢，穿过脖子，在颈后打结，捆绑的高度要让患者舒适，不能太高也不能太低。

直手包扎

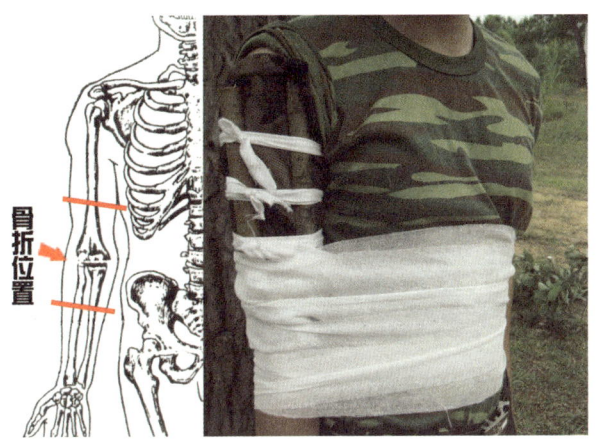

通常情况下,骨远端(肘部附近)骨折是很少见的,其包扎的方式同小臂(大臂)骨折,伸直伤肢后用垫层和夹板包扎,肘部不能弯曲的时候,不能强行扭弯使用三角巾,应固定在身体一侧。

大腿骨折

大腿的骨折也是需要四根夹板,通常腿部骨折的夹板要比手部的要粗长。

小腿骨折

小腿的骨折包扎有些不同,因为小腿的胫腓骨排列方式有些特别,需要5块夹板。两块夹板夹住胫骨两侧,其余三块在左右和下部包扎。

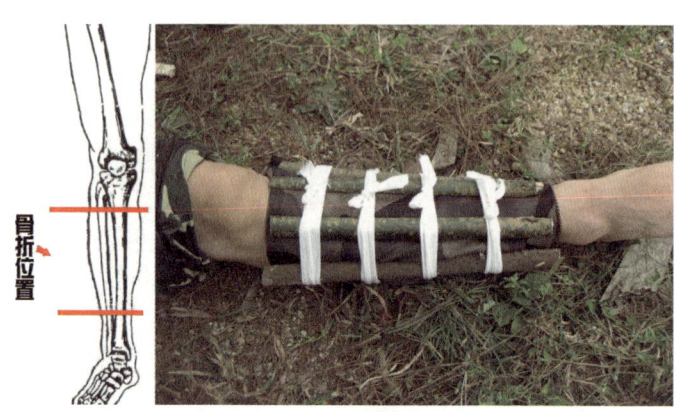

垫高伤腿

通常情况下,腿部骨折都要伸直伤腿,但有时伤员会疼痛难忍,稍微垫高伤腿会让伤员好受一些,通常用靴子或者衣物折叠起来,垫在膝窝下。

腿骨远端(膝盖附近)骨折不能弯曲伤腿,要将伤腿伸直,用垫层和夹板固定,包扎方法同大腿。

警告:上夹板的时候别想一次成功(除非你是非常有经验的医护人员),先用一根绳索稍固定夹板中部,然后捆扎其他绳索,同时调整夹板位置,通常需要四根绳索,最少需要三根。所有绳索都捆绑好后,还要逐根拆开再次打结——既要能起到固定效果,又不能让伤员觉得太紧。包扎完后,用手扯住绳结上下移动,绳结有一个手指宽度位移,这个松紧程度是比较合适的。包扎完毕后，要注意观察伤员的指（趾）尖，如果指（趾）尖紫黑、发白证明血液不畅，需要放松夹板恢复血液流通，特别是无法屈肘使用三角巾的时候，下垂的手可能会让血液回流不畅，造成组织坏死。

脚踝骨折

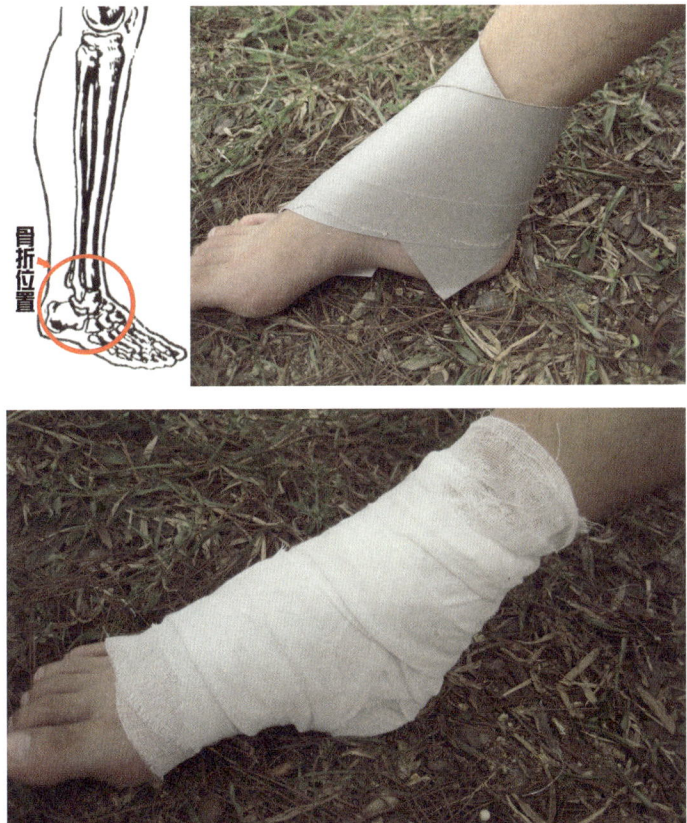

脚踝的严重扭伤和骨折也需要固定，但脚踝无法用夹板，你需要制作一个脚托。

用较硬的材料来制作脚托，如折叠起来的报纸、硬纸皮等。在野外通常裁剪防水布。先将脚托材料如图包住伤处。

然后用纱布反复包裹，脚托内不用垫层，包裹纱布时先从小腿部分开始，在脚面上反复交叉包裹，以固定脚踝不能移动。如果没有脚托材料，用纱布反复包裹脚踝若干层，两侧加两根夹板，继续包裹固定。

颈托

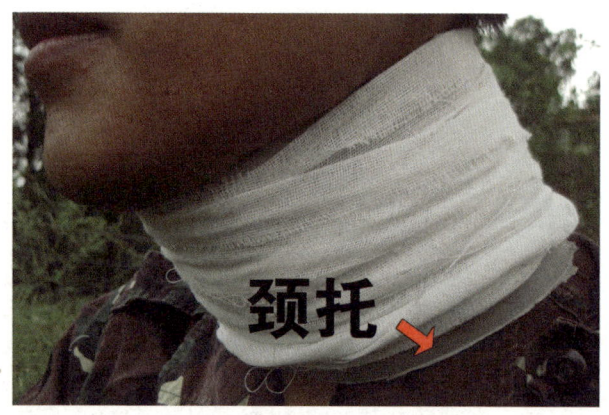

颈椎骨折需要颈托，也是用较硬的材料制作，要求能正好顶住伤员的颈部，使之不能低头、后仰以及左右摆动。围好颈托后用纱布或绳索包扎。颈托内有足够的空间让伤员呼吸，不要使用垫层，以免包扎后颈部积汗和呼吸不畅。

脊柱骨折

脊柱骨折则需要很长的夹板来固定，两根长杆穿过皮带，上部放于肩胛内侧，用纱布或绳索包裹躯干，从腋窝下直至髋部以上，注意胸腔部位不能包裹太紧，以免伤员呼吸困难，腰腹部可以包裹紧一些。

> **警告**：颈椎和脊柱的骨折是很严重的骨折，如果处理不当会给伤员造成不可逆转的后果！不要随意移动伤员（配图需要清晰因此直立示意），但不表示让伤员站立着上颈托，必须使伤员平躺地面处理。脊柱骨折如果能得到专业医务人员的救助，就不要冒险移动伤员，让伤员平躺在地面上不要移动。必须得冒险包扎的时候，让伤员平躺在地面上夹板，最好不要冒险翻动伤员。在转运颈椎和脊柱骨折伤员的时候，一定要用硬担架，并且将伤员牢牢固定在担架上，绝不能让伤员坐立！

开放性骨折肌肉被断骨刺穿，通常都伴随着大出血，先做清创处理再做骨折包扎，如果你不是专业的医务人员，不要冒险将骨头复位，尽量地拉直伤肢，将断骨埋入肌肉中，包好伤处再上夹板，并让患者服用抗生素。一旦骨髓感染是很严重的灾难，用最快速度求救或转运伤员。骨折伤员开始会疼痛难忍，服用止痛药和不断地掐按合谷穴会让他好受一些，在几个小时后神经末梢会麻痹，疼痛减轻，伤员稍感胀痛，固定好伤员，否则在转运时，一个小小的颠簸都会让伤员疼痛难忍。

附录：穴位是中医的精华之一，有非常好的治疗和保健作用，人中穴与合谷穴是两个最容易取穴和效果很好的穴位，人中穴多用于急救，民间通常对重伤、昏厥、抽搐等病情严重的伤员按压人中穴以"吊命"，争取救伤时间，合谷穴是很有效的止痛穴位，头疼、肚子疼、伤口疼痛按压都会有缓解效果，特别是对肠胃、小腹、妇女经期的痉挛和疼痛效果更好。通常在30秒之内就会起效。

穴位是一个区域，取穴的时候在这个区域中按压，按压穴位的时候每按压5~6秒就略略放松，稍微移手指，继续按压，找到感觉最强烈的点。

伤员转运

如果等候救援无望,或者必须要转运伤员的时候,你要做好伤员转运的工作,一定要好好保护伤员。

> **警告**:对伤员做好了急救处理等工作后再安排伤员转运!特别是高空坠落等严重事故,先在事发地包扎伤口,做好骨折固定再转运,否则断骨可能会刺穿动脉,造成严重的内出血!

在坠崖等事故中,通常先用绳索将伤员救上来,三套环和救生环久经考验,从来没有让人失望过,在帮助体弱队员通过悬崖等障碍时也很常用。

三套环救援和救生环救援

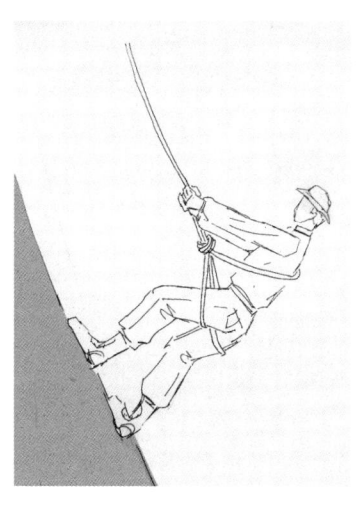

担架是转运伤员最常用的工具,如果你使用的是外架背包,拆开两个外架,通常都可以组成一个担架。但一般很少人使用沉重的外架背包。

以下是几种在野外容易制作的担架。

第七章 求生之路

硬担架

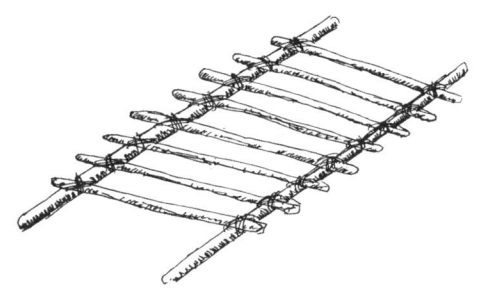

担架通常长 1.8~2 米，宽 80~100 厘米。用绳索和树枝捆绑一个梯子状的担架，横木间隔越窄越好，这是一种硬担架，虽然舒适性不太好，所用的材料也多一些，但在转运颈椎和脊柱骨折伤员的时候，这是你唯一的选择。

防水布担架

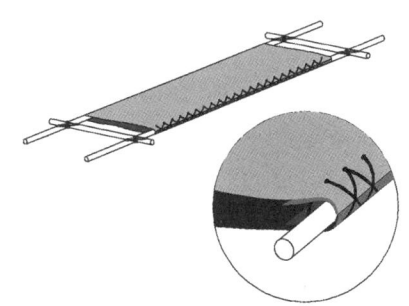

防水布很容易制作担架，所需的树枝也不多——两根长杆和两根横杆加若干绳索和防水布就可以了。将防水布外沿折起，用刀穿透，绳索如穿鞋带般交叉将防水布绑在长杆上，绷紧防水布，最后扎好横杆。

衣服担架

两件衣服也可以制作担架，长杆穿过衣袖，扣好衣服的扣子或拉好拉链，衣襟互相扎好，尽量撑开衣服，腋下也扎好，扎上撑杆。衣服做的担架通常不足以让伤员躺在上面，需要扎上若干根横杆或绕上绳索延长作为垫脚，做好后翻过来，用衣背来运走伤员，以免衣扣等物硌着伤员。

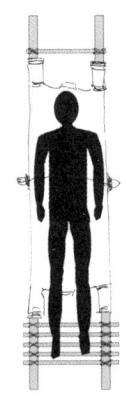

绳索担架

如果你绳索足够长，先绑好横杆，将绳索一头绑在担架上，然后如图反复缠绕在担架杆上，绳索要绷紧，尽量排列紧密，最后将绳头绑紧在担架上。

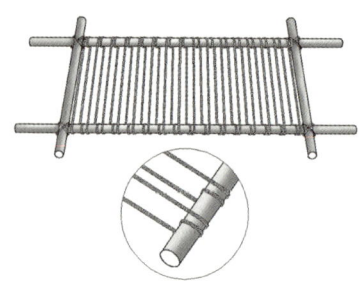

在第四章中所叙述的绳索吊床，也可以作为担架使用，做好担架之后，最好在担架上垫上衣物或其他物品，再将伤员放上去。

> **注意**：转运伤员的时候，最好用绳索将伤员牢牢固定在担架上，特别是崎岖地形，以免伤员从担架上摔下，造成二次受伤。

在众人合作下，转运伤员并不是太困难的事情，在没有任何树木的情况下，展开防水布，用绳索扎住防水布四角，四个人抓紧四角，绳索环过肩部，也可以将伤员抬走。然而如果只有你一人，转运伤员就不是那么容易的事情了。

用衣服制作一个兜袋，可以将伤员背走。

一．将衣服平铺在地面上，下摆如图扎起。

二．衣袖也打一个结。

三．让伤员坐在衣服上，救生员坐在伤员前，衣袖绕过伤员的大腿，兜住伤员的臀部。扎紧下摆的绳索环过伤员的背部，在救生员的背部交叉。

四．拉紧背带，将背带捆绑在衣袖的结下，将伤员牢牢的绷紧在自己背部，

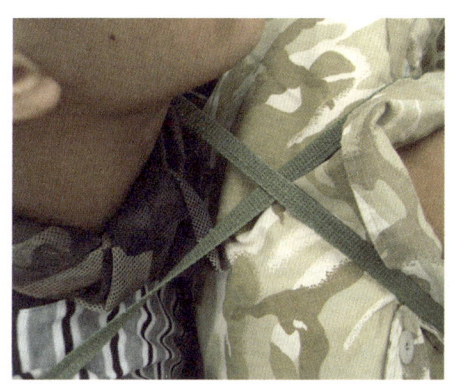
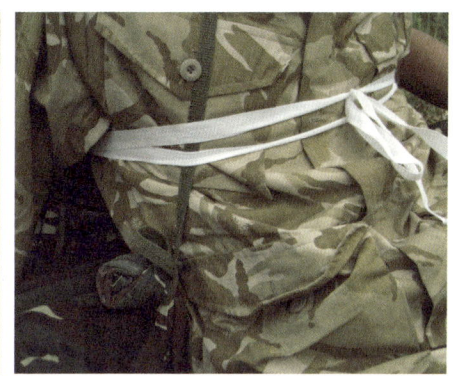

用另一根绳索环过两人的胸背部扎紧,伤员此时牢牢固定在背后无法移动。

宽的背带可以减小压强,让救生员的肩部不会被勒得难受,但如果没有,就用生存丝巾或其他什么布料折叠起来作为垫层垫在肩部减小压强。让伤员坐在高一些的平台上容易让救生员站起来,两者同一平面,伤员如果意识清楚,配合一下也不会很困难,如果伤员已经昏迷,救生员就需要一点技巧了,将伤员一只手扛上肩部,另一只脚曲起(若扛左手就曲右脚,扛右手就曲左脚),取过肩摔的姿势,配合腰臀顶起伤员,曲脚跪起,然后用一只手托住伤员臀部,另一只脚就可以蹲立了,伤员此时已稳稳地趴在背部,站起来也就不会很困难了。

兜带也可以用裁剪得大小合适的防水布制作,其方法大同小异。

在需要快速地将伤员带离危险区域,上述的转运手段都耗时太长,将扁带结成一个 1.2 米长的绳圈,一股绳兜住伤员臀部,一股绳兜住腰部,将伤员背起来快速离开,但这种方法并不适合长途转运,如果情况已经万分紧急,你只能使用战场上

使用扁带转运

最粗暴的方式——将伤员扛上肩头或拽着伤员的衣领将其拖离危险区域。在这种紧急情况下，先将伤员快速带离危险区域再做处理，但谁也无法保证伤员是否会留下后遗症！

救生架

救生架虽然制作复杂，但相对而言在转运伤员的时候更舒适一些。

救生架的大小根据伤员和救生员体形制作，要掌握好大小、比例，注意肩带、拘束带、胸带、腰带的位置，制作良好的救生架，救生员和伤员都是能牢牢固定在上面的。

你可以把救生架理解为一个缺了两条腿的椅子，救生员和伤员是背靠背的姿势。椅背绑上两根背带和腰带，以方便救生员固定救生架，若有必要，还需要加一根胸带。还有若干根固定伤员的拘束带，其中一根是环过伤员胸腹的胸带，两根为斜交叉的肩带（犹如汽车上的安全带），脚部的两根脚带固定伤员的脚。如果是单人转运，伤员又已经昏迷，你只好做一把椅子，将伤员抱上椅子固定好再转运。

这个救生架还有一个缩小版，也就是拆去了椅子腿的版本，这个缩小版不能用于救生（孩童除外），但在你遇险没有背包的时候，和背篓组合起来就是一个野外版的"外架背包"，比单纯的背篓背起来更舒服一些。

救生架 1

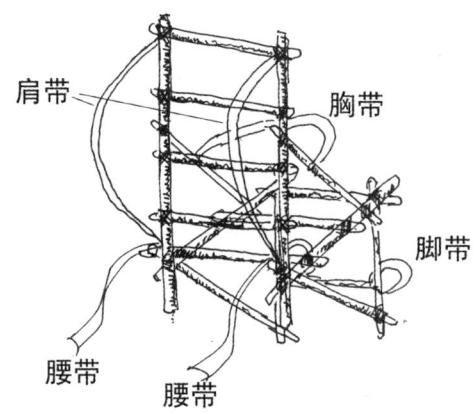

另一种简单的救生架也就是个缩小版的硬担架，同样是背靠背的姿势，将伤员和救生员都固定在救生架上，这个救生架常用于将伤员从悬崖下转运上来，制作简单，特别适用于转运肢体不能弯曲的骨折伤员，但长途转运非常耗费体力。

因为伤员无法曲起肢体，先将伤员固定在救生架上，然后侧过救生架，救生员侧躺套好背带，趴下将伤员背到背上，手撑起身体站起来，伤员就背起来了。请注意两个套环是套住伤员的大腿根部，如果有必要，交叉两条肩带固定伤员，救生员也增加一条胸带。

救生架 2

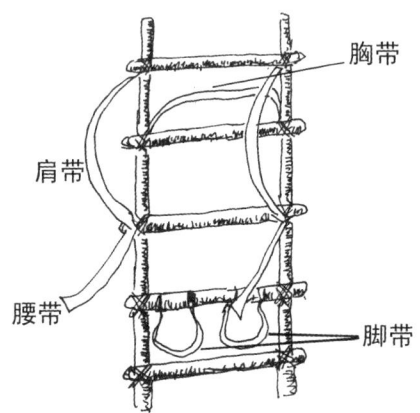

如果是颈椎、脊柱骨折的伤员，切记千万不能让伤员站立或坐立，将伤员平躺固定在硬担架上，在悬崖下选择线路离开或用绳索平着从悬崖下拉起。

在紧急情况下，必须要拖走伤员才能存活的时候，用手揪住伤员的衣领，伤员臀、腿着地，拖着伤员离开险境，无论对于伤员还是救生员，这都是很痛苦的。如果你有时间，用防水布将伤员裹起来拖走，伤员和你都会稍微好受一些。这只能在于紧急避险，短距离的转运时使用，不能用于长途转运。

如果地面比较平坦，可以用拖架转运伤员。

最简单的拖架就是一个担架，将伤员固定在担架上，头部朝上，担架一端着地，增加两根肩带，拖着伤员行动。

雪橇和雪拖也是转运伤员的好帮手，颈椎和脊柱骨折的伤员不能用拖架和雪拖转运的，只能用雪橇和硬担架。

> **注意**：一定要将伤员牢牢固定在兜带或救生架中，如果固定不牢，伤员晃动会让救生员耗费大量的体力。兜带和救生架通常用于将伤员从悬崖下转运上来，或地面崎岖，人手不足等情况下的长途转运。

拖架适合于地势平缓的地区，例如山林地、雪原、丛林、草原等，优点是省力，速度也快，特别适合单人转运伤员，在崎岖的路面倒也未尝不可，只是速度非常缓慢，伤员也会因颠簸而疼痛难忍。而陡峭的山地就不适合使用拖架了。

转运伤员的时候要注意伤员的伤势情况，用衣物、睡袋等物品垫在伤员身下，能让伤员舒服一些，注意给伤员保暖，补充食物、水和盐。

> **野外救伤的小经验**：在这里复习一下本课的开头内容，最好的救伤办法就是避免受伤！将伤员从生死边缘拉回来固然是英雄，可是认真计划和执行好每一个步骤的生存者才能算是优秀的生存者！

本人在部队服役的时候，学习战场急救，要求是将伤员带离 400 米，远离"敌对火力"范围，我背着战友狂奔 400 米，累得气喘吁吁，两脚发软，轮到我做"伤员"的时候，被颠得七荤八素。还有一个科目是拖着伤员狂奔，拖得我满头大汗，连滚带爬，而"伤员"则苦不堪言。

在这个科目训练完成后，教官对我们说了一句话：知道受伤的滋味了吧？**所以你们要避免受伤！**

在此，我将这句话收录在内。

转运伤员对于救生员和伤员来说都是痛苦且漫长的过程。对于普通人而言，伤员因疼痛、恐惧而哭喊，会影响救生员的施救决心，让救生员胆怯不敢动手，甚至会让救生员精神崩溃。平时看起来很简单的固定和包扎工作，也会耗费大量的时间（野外骨折包扎，普通人极少能在半小时内处理完毕），四人使用担架携带一名伤员走上几公里已经到达极限，普通人背着伤员也仅仅能在平路上走上一两公里。兜带、雪橇、雪拖和拖架这些技能也仅仅是能让你省力一些，能带着伤员走得更远，但谁也无法保证你能长途跋涉。更何况携带伤员会使人极度劳累，很容易造成其他人受伤和伤员二次伤害。

在我所做的每一次户外培训，野外救伤是必修科目，曾有一次"伤员"为一名体重仅45公斤的女性，三个男子在"伤员"及其配合和我指导下，耗费了25分钟做好了"骨折"固定，我要求他们将"伤员"转运到坡地上，距"遇险点"仅80余米，途中休息了4次，耗费8分钟！

这仅仅是一次低难度的模拟，而实际中难度会是模拟的10倍甚至100倍！每一次模拟过后，队员们都深刻地体会到：在野外千万不要受伤！

但若已有人受伤，无论如何不要放弃伤员，想尽一切办法将伤员带出去。生命是可贵的，我们在尊重大自然的同时，也要懂得尊重他人和自己的生命。

第四课 求救和搜救

野外生存遇险仅凭个人力量无法摆脱困境时，必须想尽一切办法向外界求救。

在做准备工作时，就先将行走线路等情况通知亲朋好友，让外界知道你的大概行踪，以防万一，而在活动中，不要随意更改线路，不要随意做计划之外的活动。

求救工具之一是手机。在事发地只要有手机信号，立即用手机联络外界。与普通报警不同的是，求救电话应首先打给能掌握你行踪的亲朋好友，由他携带备用的线路图报警求救，并随时保持联络。

如果没有人知道你的行踪或者手机信号微弱的情况下，你可以尝试发送短信求援。如果无法发出短信，你只能打给救援机构（通常在信息都发不出的时候，手机会提示"仅限紧急呼叫"，这时候还是能拨通急救号码的）。

牢记几个紧急求助号码：报警（110）、消防（119）、医疗急救（120）。这几个急救号码哪怕是在信号非常微弱的情况下都能打通。如果被丛林或山地遮挡毫无信号，尽量到高处试试（通常都会有些微弱信号的），但要小心自己的人身安全。

报警时切忌慌乱，语无伦次，你要咬字清晰地报告你现在的情况，包括位置、遇险情况、人数、有无人受伤、伤势状况、救援者预计到达时间、食物和水的数量、你还能支撑多久、急需什么样的帮助等信息。

位置的报告是最困难的。但如果你做好了详细的线路标定，会对你有很大的帮助。标定出现在的位置，找到最近的村镇，计算出距离和角度等信息，报告给救援机构。

有时候单独一条求救信息不足以让救援机构计算你的方位，尽量多找几个人们共知的标志物。有两条以上的解算信息，搜救人员就能较容易地找到你的位置。如果能找到确切的坐标位置那就更好了。

例如：现在你位于 XX 村的西北方 20 公里处，XX 镇东面偏北 20°、16 公里处，XX 山峰正东方 6 公里处。

> **注意**：地图标定工作很重要！

国内没有专业救援队，通常都是警察、消防队配合武警或当地村民搜救。因此不要有美国大片那种直升机"嘭嘭嘭"飞过来救你于水火之中的幻想。一定要注意你的手机电量，要做好坚持几天的准备。不需用手机者关机保持电量。

如果有伤员需要救助，而你又没有把握，最好先打给 120，特别是重伤员，尽可能地在专业医务人员指导下进行急救。

还有一点非常重要：一定要提醒救援者带上足够的食物和水。如果有伤员，必须提醒救援者带上专业的医务人员，最起码要带急救药品。

有时候一点急救药品就能将伤者从鬼门关里拉回来。你要知道，国内没有专门的救援机构，地方上的警察和武警也没有解放军那种专业的救援经验。有时候他们甚至自己都忘记携带食物和水。提醒他们一下是很重要的，有没有剩下的食物给你吃倒无所谓了，但是急救药品可能就能让伤者活过来。

如果你能和外界通联，要提供一下准确的信息：

1．发生了什么事情，什么时候发生的。
2．自己的位置（尽可能精确）。
3．迷路者的具体情况，有无伤病员。
4．衣物、装备、食物、水以及队员的经验等详情。
5．拟采取的下一步行动和计划。
6．必须要等救援方记录完情况，由他先挂断。
7．在等待救援期间，尽量保证通联的顺畅。

通知外界后不是坐下等候救援，你还有许多工作要做。

团队生存中，领队在脱险后第一件事情是清点人数安抚好其他队员情绪（突遭大难，有些队员可能会情绪失控、大喊大叫、乱跑等），把他控制起来，必要的限制其人身自由（通俗点说就是绑起来），派专人看管，直到情绪完全稳定。

将食物和水统一保管，做好长期准备，严格执行食物和水的配给制度，优先保证伤员需要，其次是女性和体质弱者。

分配工作：护理伤员、管制食物、水以及剩下的装备和工具，建立庇护所、搜集柴草、设置求救信号台、设置瞭望警戒哨、安排伤员转运、安排人员轮换休息、搜集食物和水等。

合理地分配人员能使求生的概率大大增加。民主在这里不适用。领队必须要有绝对权威（领队若担不起职责重新推举一名共同认可的领队）。领队需要巡查各项工作的完成情况，队员应即时报告各自的工作情况，特别是护理伤员的人员。

如果无法与外界联系，必须要派人送出求救信息，尽可能两三人结伴出发。而大部队就地坚守，不要随意移动，等候救援。

警告： 领队要能掌控队员的活动范围，绝不允许队员在失控的情况下独自行动。

求救信号

因为中国没有专业的野外救援机构，因此很多国际通用的求救信号在大陆地区不通用。但一些国际通用信号你还是必须要知道的。

求救信号有多种多样，求救信号的目的是引起搜救人员的注意。

视觉信号

国际通用的视觉信号是在空旷处使用树枝摆放出 FILL 四个字母，或者 HELP。

国际标准每个字母的长为 10 米、宽 3 米、字母间宽 3 米，如果有可能，还需要尽可能地大，因此你也需要一块比较大且平坦的地方，寻找开阔的地方。在海滩、沙漠或雪原、缓坡等地，用树枝摆放 FILL 和 HELP 可以引起救援人员的注意，必须保证和附近环境反差大。在丛林、山地或草原中，纷杂的背景会让搜救人员根本看不到。但这类摆放信号通常只能由搜救飞机才能发现，徒步搜救人员难以觉察。

用工兵铲挖掘字母壕沟，堆积好燃料，必要时点燃，比单纯的摆放树枝更有效，烟火能让搜救人员在很远的地方就能看到，但你必须消耗大量的体力并且保证随时能点燃燃料。

SOS 是国际最广泛使用的求救信号，很多中国人也懂得这个信号的意思。在显眼处，用树枝摆一个大大的 SOS，在中国 SOS 比 FILL 和 HELP 更有效。

声音和光也可以发出 SOS 的信号，使用声音、灯光信号发送 SOS 是三短、三长、三短（… --- …）。黑夜中用电筒打出灯光信号，将电筒平举与头部同高，打开电筒，用另一只手遮盖电筒光线，注意你的节奏。夜间用电筒发送求救信号，应当在尽量高且没有遮蔽物的地方发送，方便搜救人员觉察。

很多强光电筒分为强光、弱光、频闪 3 个模式，频闪模式通常用于求救，如果你的电筒有频闪模式，用频闪可以引起搜救人员的注意。

如果确认搜救人员就在附近，遮蔽物太多的话，尖锐的哨声可以引起搜救人员的注意，紧张而急促的哨声能在丛林或山地中传得很远。记住一定要有节奏：三短、三长、三短。

在缺乏燃料的地形中，搜集燃料制作若干火把，夜间在高处挥舞火把也能引起搜救人员的注意。同样的，你要挥舞得有节奏，例如在头顶挥舞三下，转圈三下，再在头顶挥舞三下。

反光信号

指北针的反光板，一些食品外包装的铝箔，一面镜子都能反射阳光，用它们反射太阳光，也能引起搜救人员的注意。在阳光猛烈的时候，反射信号能让搜救者在几公里外看到，特别是在山地和丛林中，尽量在山峰高处发送信号，记住要有节奏。用手遮盖阳光就能打出 SOS 的信号，也可以有节奏地偏转反光板角度或呈弧线摇摆反光板，发出有节奏的信号。

> **注意：** 当搜救人员进入可视和可听范围的时候，这类信号才会有用。准确地判断搜救人员的位置很重要，如果无法和搜救人员联系，这些方法可能是徒劳的。
>
> **切记：** 信号一定要有节奏，每隔 10 秒或 30 秒重复一次信号，直到收到搜救人员的回应为止。10 分钟一个小循环（略休息一下），30 或 60 分钟一个大循环，如果大循环结束仍没有回应，你就该停下来了，考虑是否该转移位置继续发送或等一阵子再发送。
>
> 在能见度良好的夜间，电筒信号可以传到 5~10 公里远；在寂静和空旷的夜间，哨音也能传出 1 公里甚至更远；在丛林和山地中通常距离只有几百米。反光板通常也能让几公里外的搜救人员看到。你可以不懂得怎么发送 SOS，但一定要有节奏，有节奏的信号最容易引起人的注意。每个信号间要有节奏，每组信号间也要有节奏，简单而言，就是间隔不同的时间的组合。

旗帜信号

在高处挥舞色彩显眼的衣物或旗帜，也能引起搜救人员的注意。这通常是在确认搜救人员已经到达附近，或者在转运伤员半途看到有人时使用。现在很多冲锋衣、帐篷都已制成显眼的黄色、红色或橘黄色，有些队伍会携带一面红旗，挥舞它们并配合呼喊和哨声，能引起他人的注意。

如果必须在某地等候救援，而你的帐篷或防水布又是显眼的颜色，尽量在高处悬挂显眼的帐篷和防水布，面积要尽量地大，把它们缝起来或用绳索扎起，悬挂在山顶和突兀的山峰上，让人在很远的地方就能注意到。如果无法悬挂，在山顶空旷地，用绳索、树枝垂直展开它们。

记住，是垂直展开，而不是平铺地面，前面说过，直升机搜救在中国还不现实，大多数时候搜救人员还是徒步搜救，徒步人员通常是无法看到平铺的信号的。

烟火信号

为了尽快让搜救人员注意到你，有时候你要使用烟火信号。良好的烟火信号能让搜救人员在数十公里外就能看到。

烟火信号通常是固定于某地等待救援的时候使用。

国际通用的烟火信号是三堆呈等边三角形的火堆，但如果燃料不足，一堆也可以。火堆要尽可能地大，所以你要搜集足够的燃料。

让烟火连续燃烧几天并不太可能，你必须做好足够的准备，需要的时候要能立即点燃。建立一个锥形火台，在火台上堆积好燃料，先堆放一层较厚的易于点燃的引火物，然后一层生柴草，再一层干燥柴火，生柴草和干柴草交替堆放，这样技能保证火势又有足够的浓烟。

锥形火台

一定要保证引火物的干燥，能用最快的速度点燃。必要的时候想办法搭建防雨棚保护锥形火台，支撑杆插入地下固定好，防止被风吹倒。

火台附近要准备好新鲜的树枝、草、油料、橡胶等燃烧后能发出浓烟的东西。在必要的时

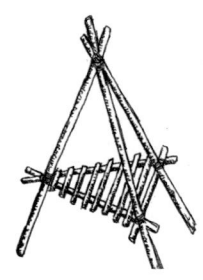

候，可以燃烧防水布或衣服。

在丛林或山地等复杂地形中，火的信号通常传得不远，你应尽量在山顶上搭建火台。一定要清理火台附近的草木，以免造成火灾。

在能见度好的白天，浓烟能引起远距离者的注意。晴朗的白天黑色的浓烟能升得很高，在蓝色天空背景下很显眼，但白色的烟就不这么好分辨了。如果是在大风的时候，烟会被风吹散，这时最好在晚上点燃，用火光求救。

在丛林、山地以及晚上的时候，白色的烟在黑绿的背景下则很明显，在你无法到达山顶设置烟火信号的时候，在丛林和山地间的空地设置，搜救人员在很远的地方就能发现烟。特别是附近有林场的时候，护林员对烟是非常敏感的！

燃烧后冒黑烟的材料：橡胶、燃烧不完全的柴油、汽油、松树、防水布、背包、衣服、塑料。

注意：如果你没有把握让救援人员看到烟火信号，不要冒险燃烧你的装备，如果附近有松树或棕榈等含油脂的树木，想办法伐倒一棵树，将树干和粗大的树枝劈成柴火备用。

燃烧后冒白烟的材料：任何新鲜的草木。

如果确认附近有森林护林员，维持火堆烧足24小时。通常情况下24小时之内护林员就会来查看是否发生森林火灾。

寻找一棵4~5米高的健康树木，最好是枝叶繁茂的。清理这棵树附近10米之内的草木，将柴火堆放在树杈上点燃，小树可以燃烧很长时间，并且能冒出浓烟。在山顶上火光会传得很远，烟在背景得当的时候也会很显眼。

警告：烟火信号绝不能在树林或草原中随意点燃，特别是在秋冬干燥和大风季节，随意在树林中点燃烟火可能会引发森林和草原大火。在山地和森林中，你应该选择林中空地、草地、山顶等空旷处，草原中应尽量选择土坡或小山顶。一定要清理附近至少直径10米的地面，并做好防火准备，在大风时安全距离还要更大，如果安全距离不足，点燃它们可能会引起火灾！

如果是团队行动，在大家的共同努力下，这些信号的设置都不是很难的事情。但如果你独自一人，你就必须一个人设置这些信号，注意休息，不要把自己累垮了。有可能搜救人员很快就能找到你，也有可能会很久，你至少要做好三天的打算。通常情况下，3~7天内搜救人员就能找到你了。

一般超过7天搜救人员会因为补给不上而撤退。应尽量采用多种信号求救，想办法转移到有手机信号的区域与外界联系。在伤员能转运的情况下，你要想办法向人烟处靠近，以方便搜救人员找到你。但如果你已经发出了求救信号，并和搜救人员约定在某处等候的时候，就不要随意移动位置。

附录：向外界求救让许多驴友觉得是很丢人的事情，特别是一些号称非常富有经验的老驴友。但是比起丢掉小命来说，孰轻孰重，我想这不是一个能画等号的问题。最近几年出现的若干起事故，就有因为怕丢人而不向外界求救，最终因错过救援时间而造成死伤。

许多人在遇险的时候惊慌失措，抄起手机不是打给救援机构或者能掌握自己行踪的人，而是找到父母或朋友哭诉。打给他们是毫无必要的，除了浪费电量，只能徒增你的恐惧感和让亲朋好友担心。而有些驴友因为惊慌打给救援机构的时候，连自身的位置都没有说清楚，就咔嚓挂掉了电话，而此时一旦通信失联，救援机构根本不知道该如何寻找你的位置，正确的做法是冷静地将上述几个方面尽量说详细，让救援机构做好记录，或者由救援机构提问你回答，一定要等救援机构先挂电话！

在这个时候，必须要实行管制。遇险的时候可能已经丢弃了许多装备，你会面临食物和水源不足，庇护所无法搭建等问题。搜集所有的装备、食品和水进行管制，除了保留一部与外界联系的手机开机，其余的手机都应该关机保存电量。

领队和安全员的角色很重要（具体参看之前的领队职责）。人在遇险的时候，最需要的就是有一个主心骨，这时领队必须要发挥出作用。

搜救

如果你的队伍中有人失踪，应尽快组织搜救，可能就能救人一命。作为领队或安全员，做出回头搜救的决定可能是很艰难的。一方面随着时间的流逝，遇险人员的生还可能也就越来越渺茫，另一方面遇险的队伍会存在情绪不稳定、队员慌乱等心理障碍。自己尚且照顾不了，何谈搜救？

然而人命关天，作为领队应当竭力组织搜救，通常是由经验丰富的安全员带领身强力壮的男性，携带绳索和相应装备担当重任，而领队则负责照顾其余的队员。

搜救可能会很艰难，安全员一定要保证搜救人员的安全，尽量展开队形以扩大搜寻区域，但搜救人员必须要在安全员的可控制范围内。

通常遇到需要搜救的情况是遭到洪水袭击。顺着水道向下游搜寻，可能会找到被冲走的遇险队员，特别是在比较狭窄的地段。遇险人员可能会扒在河道边缘的石头或树木上，在一两个小时内能搜寻到，他（她）生还的可能性还是非常大的。

如果区域内依然危险，搜救行动可能会导致搜救队员遇险。这是本书无法讲述的，一切都需要根据当时情况做出是否决定搜救。

如果是其他人员遇险，你要组织野外搜救，记住几样必需的物品：绳索、足够的食物和水、急救药品、通信工具。

通常这样的搜救行动是有组织的，搜救人员遇险的概率很小。但怎样找到遇险者是个大问题，一方面，要靠遇险者发送的求救信息来精确标定遇险者的位置，另一方面，搜救队伍的速度快慢也决定着搜救的质量。

在中国往往靠人海战术展开搜救，但组织几百上千人的搜救队伍对协调能力要求很高，在组织人手的时候，遇险者的生机也在慢慢消逝。一旦接到求救信息，先组织尖兵队伍。尖兵是由几个经验丰富、身强力壮的队员充当，携带绳索、一定量的食物、急救药品以及通信工具，用最快的速度开往遇险者地点，组织者再尽快组织大部队进入。

尖兵必须保持和大部队的通信畅通。

如果有几只尖兵队伍首先进入搜救，通常很快能找到遇险者。拉网式的搜寻效率很低，也是最无奈的办法。求救者发送的信息是否准确往往决定了搜救速度的快慢。

如果有可能，搜救队伍的各个小分队，携带两个孔明灯（不是让你到野外放孔明灯陶冶情操，在搜救队伍到达指定地点，仍未找到遇险者的夜间，释放孔明灯是很显眼的信号）。尽量在山峰的高处释放孔明灯，用细线连着孔明灯，不要让它随风飘走。在气流平稳的时候，孔明灯会升得很高，此时任何一个人造物体被遇险者看到，都会让他得到安慰。聪明的遇险者会立即回应。在风大的山地孔明灯或许不太好用，灯光风筝则更实用一些，在风中释放风筝并不困难，你只需要一块相对宽阔的地方而已。

如果有信号弹，那就再好不过了。携带足够的弹药，每隔一段时间发射一发，以引起遇险者的注意。

哨子、强光手电也是发送信号的有力工具，想尽一切办法联系遇险者，但呼喊是不值得提倡的方式。搜救人员必须要保持体力，而且哨子比呼喊传得更远，在丛林、山地等地形上更具穿透力。

近年来许多搜救队伍无功而返，就是因为一味地拉网式搜寻，缺乏应有的技巧，而后被证明，搜救者与遇险者仅仅是擦肩而过。

搜救说起来非常简单，无非是三个方面：保持队形、保持联络、想办法与遇险者联系。一旦找到遇险者，那么后面的事情就好办多了。然而最简单的事情往往却很难做到，搜救队伍最大的难点在于组织和协调。搜救队伍之间的通信不畅，在近年的搜救行动中屡有发生。

求救与搜救的小经验：

正确地喊"救命"是你安全的最后一道防线，尽量转移到高处。这里视野开阔，你发出的求救信号容易被别人接收。尽量寻找山顶开阔地设置求救信号台，不要在山谷、凹地或者茂密的山坡中等待救援——除非你无法移动。

用哨子发送信号时，一组哨音过后就静下来凝听10秒左右，否则你的耳朵会被自己的哨音干扰，听不到回应。

> 严格做好地图标定工作以及线路报备，途中不要随意更改线路，你只要能精确地通知搜救队遇险地点，你得救的概率就会大大提高，而搜救队也很快能找到你。
>
> 搜救时保持队形，尽一切努力和外界保持联络，避免搜救心切造成搜救队遇险。

附录：中国搜救队现状

比起户外运动发达的国家而言，中国搜救现状不容乐观，中国没有真正意义上的搜救队，只有极少数的较危险的旅游区（例如四姑娘山）有政府组织的半专业搜救队，民间搜救队只是普通户外爱好者的自发组织。

中国搜救建设严重滞后于户外运动发展，很多搜救队的主要通信工具竟然是普通手机，一旦没有信号，就会和指挥部失去联络，交通工具几乎没有，一旦车辆无法抵达只能步行加担架转运伤员。

中国搜救资源配置也严重不平衡，北京、武汉等大城市通常能调动公安直升机，其通信联络也很通畅，可西南、西北等地形复杂、更易发生户外事故的地方却只能靠人力搜救，甚至连通信都保证不了。

中国搜救的主力是武警消防官兵、公安，向导则是当地普通村民，他们几乎没有野外生存和搜救经验和技能，只能靠人海战术拉网搜寻，他们几乎没有野外救伤技能，遇到重伤员，还要带领医生、护士等医疗人员前往，极大地拖慢了搜救速度并且也给搜救队造成安全隐患，近年来不乏搜救队失踪甚至搜救人员伤亡的事故。

户外运动发展很快，相应的搜救保障跟不上，这要求户外爱好者们更要清醒的认识自己的能力和技能，不要让疯狂支配了理智。

第五课 绝境求生

逆境已经是很折磨人的事情了，愿仁慈的上帝保佑大家永远不会遇到绝境。

但如果你不幸碰到了绝境，你必须打起十二分的精神来面对。怨天尤人、哭天抢地并不能为你解决问题，反而会影响你的判断，你要冷静下来，仔细分析你的状况并制订一个行之有效的求生计划。

毫无征兆的危险很少会发生，大多数情况下都是自大者将自己慢慢送入了绝境。如果事前严格地做好各项工作，遇险的可能性就会很小，甚至微乎其微。但如果你真的陷入绝境，

> **注意**：遇险要保持镇定，惊慌只会将事情弄得更糟。奋力求生是你现在唯一需要做的事情。

清点剩余的装备，合理地分配你已经寥寥无几的水和食物。

然后仔细回忆你所学过的生存知识，制作工具，寻找方向，寻找食物和水，搭建庇护所。

如果根本无法与外界取得联系，你就必须依靠自己重回人类社会！

如果你的装备尚在或者只抢救出一部分装备，请按照本手册所教的方法使用它们，此时更要小心地保护好你的装备，对已为数不多的食物和水进行严格的管制和分配。

除了遇险后压制惊慌的时候能吃点食物喝点水外，之后你有可能会遇到粮荒。压抑你的饥饿感吧，除非能找到更多的食物，否则就不要随便乱吃，只在

饿得受不了的时候少量吃一点。这些食物现在最大的作用并不是填饱你的肚子，而是让你看到生存的希望！

尽量抢救出更多装备。如果你收拾妥当，装备通常至少能抢救出来一部分。丢失最多的装备一般是背包、防水布以及背包中的东西。急救包、生存刀、救生盒、指北针等基础生存工具通常都要随身携带，这样的话丢失的概率并不大。只要这些东西还在，绝境也不算得多么可怕。

但如果你犯下了不可饶恕的错误，将所有的装备丢失了，把自己逼到了求生的角落中，除了奋力求生，你已别无他法。

尽快重整装备。一件看起来像人类文明社会的东西会让你心理安定。

你现在急需制作刀具和绳索这两样东西，利用燧石、石灰石、河里的卵石制作石质工具。将小的石头放在坚硬的石头上，用另一个大石头砸开它，然后将砸下来的碎石根据形状再继续加工成石刀、石斧、箭头、梭镖头等工具。

按照绳索编结，使用柔韧树皮、草等，编结绳索作为捆扎工具。制作弓箭和梭镖作为狩猎和自卫工具。

尽可能地搜集食物和水。然后你需要制作背包、水壶等工具，以保存尽可能多的食物和水。

听起来这是天方夜谭，但如果你牢牢掌握了竹片的编结技能，这并不是不能实现的。

竹手工艺品非常漂亮，手工艺者可以用竹子编出许多漂亮的工艺品。但对于野外生存而言，你只需要懂得一种最简单的井字编结就可以了（请注意各个竹片间的交叠关系）。

将竹子剖成合适的宽度和长度，剖掉竹肉，留竹皮部分，井字形互相交叉编结。在编结筐等物品时，先编结底部，在合适的部位扭转竹片，继续编结。或者先用树枝建立一个框架，用竹片依照框架形状编结。

柔韧的树枝、藤条也可以这样编结，只要你有材料，编结捕鼠笼、庇护所墙、舵板、反火墙等物品并不是难事。

竹片编结

这时候没有刀具的帮助，加工竹片是很困难的，尽量收集柔韧的树枝吧。背包其实就是一个背篓，将两根结实的棍子编结在背篓上，穿上绳索做肩带，在背篓上盖上盖子，用绳索穿好绑紧，就可以存放东西了。

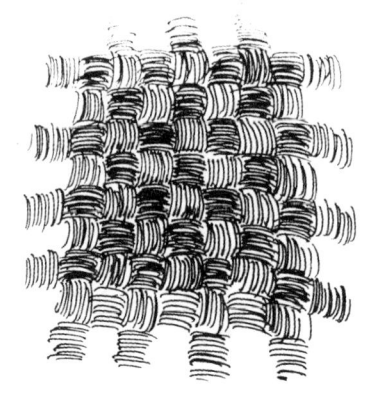

背篓

水壶的编结有些不同。依然先编结底，然后四面，这都不是什么大问题。考验你手艺的是怎么填充防水层，寻找大片的完整阔叶，不要有裂缝、破损或异味。芭蕉叶和姜科植物的阔叶是最好的选择，小心地用手撕成合适的形状，然后垫进水壶中（要反复垫上多层，每一层都要确保无破损，小心地将叶片放进去掖好，切忌粗鲁的猛塞）。如果你手艺精湛就收口，外形如鱼篓状，开口用草或树叶塞紧做盖子。但如果手艺不精，就不要冒险了，像背篓一样做一个盖子，用绳索扎好。

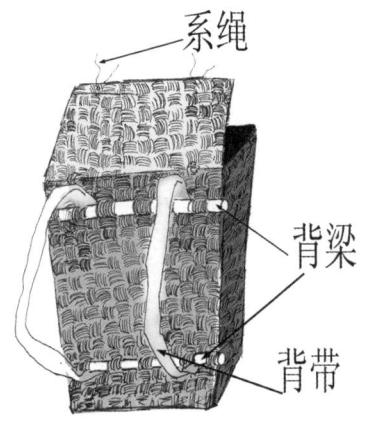

如果你能砍下大棵的竹子，竹筒就是很好的水壶。用合适的木棍裹上草做塞子，塞住竹筒口。

水壶和背篓能让你储存更多的食物和水，看到越来越多的食物和水以及你收集的柴火、引火物等基本生存资料，你会在绝境中感觉越来越有希望。

寻找方向

如果你已经丢失了指北针，你还可以通过天体寻找到概略方向。只要你找到了概略方向，在路途中不断地修正，你很快能找到人类的聚居地并求救。

利用太阳

在野外，只要有阳光，就能找到概略方向。

当朝阳升起的时候，张开双手，右手指向天边刚刚升起的太阳，你所面对的方向就是北方；如果是西落的太阳，则用左手指向下落的太阳。

在纬度较高的地区，你要考虑到纬度影响，相应地，早晨太阳是从概略东南方向升起，傍晚则是从概略西南方向落下。

在高山上，你能更早地看到太阳升起，更晚地看到太阳落下，相对而言也能比较精确地找到方向。

晴天的时候，用这个方法寻找方向还是比较准确的；如果是阴天，只要不是严重的阴霾天，早晨在太阳刚刚升起、傍晚太阳即将下落的时候，天边云层会呈现放射状。这是阳光在云层上的光线投影。寻找放射源，张开双手，你就可以找到方向了。

但如果太阳升起了有一段时间或没有完全落下的时候，误差比较大。早晨需要早起等候，傍晚也需要眼巴巴地等着太阳快落山的那一瞬间，对于那些爱跟周公谈人生的同学来说过于痛苦了。而且这个办法只能早晨和傍晚使用，其余的时间则不能使用。

投影法

砍根 1 米长的直树枝插在平地上，在第一个投影点做好标记，15 分钟后，在第二个投影点再做个标记，两点连线，以此连线为底边，画等腰三角形，中垂线就是南北方。不过有人会问道：我怎么分辨南北？很简单，两点间的连线会告诉你东西方向——首先标出的是西，然后用口诀，上北下南左西右东。这个方法适用于一天的任何时候、任何纬度地区。

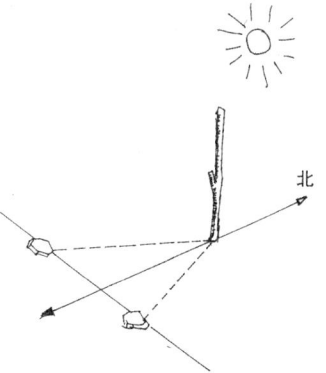

钟表法

用普通的指针手表能很快地找到方向。

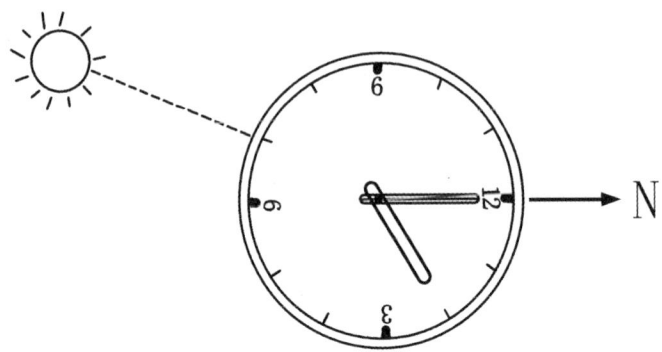

将时针的读数折半对着太阳，注意上下午时间（比如下午2点也就是14点时，就用14点的折半时间刻度7对着太阳），刻度12所指的方向就是北方（时间可四舍五入，例如14点45分，可取15点折半读数7和8的正中）。

在高纬度地区比较容易对准太阳。南方靠近赤道，有时候太阳正好就在头顶上，你也可以先插根小树枝，投影位于时针读数的一半，最好用当地时间，而不是标准时间。如果使用标准时间，误差会比较大。如果你只知道标准时间，请记住时间跟经度有关。例如你所处的地方是哈尔滨地区，日出时间大约比北京早一个小时，此时应将时针往后拨一个小时（8点拨到9点），这样找寻方向会更准确一些。若是在乌鲁木齐地区，太阳大约比北京晚升起两个小时，则需要回拨（12点拨回10点），和北京在同一个经度上则不需要调整。具体的时差请查阅相关资料或上网搜寻日出时间，双表盘（既能显示当地时间，也能显示标准时间）的手表在找方向上有更大的优势。如果是电子表，在地面画个表盘吧，动动脑子，其实事情并不难做。

利用星座

如果要认全所有的星座，对大多数人来说是不现实的，因为我自己都认不完。其实，你只要懂得找几个星座和北极星就可以了。

北极星是小熊星座尾巴上的一颗亮星，在大多数情况下，小熊星座很难认出来，因为组成星座的其他星星太暗了。曾经有人说，北极星是北面夜空最亮的星星，这并不正确。按亮度划分北极星只是一颗普通的二等星，有许多星星看起来比它更亮。如果你去寻找夜空中最亮的那颗星星，你会发觉它是会移动的，而北极星是北半球夜空中唯一一个不移动的星星，它总是很老实地待在自己的位置上，其他星座绕着它转动。

首先，你要懂得找到北斗七星星座群——大熊星座（北斗七星）、仙后座、猎户座。它们都很明显地围绕北极星转动，其中大熊座是最好辨认的星座。七颗星星在夜空中排成一个勺子，这个勺子是围绕北极星转动——找到勺子口的那两颗星星，连一直线，以这两颗星星为基本单位，以勺子口星星为起始，大约四倍距离，那里有一块用肉眼看起来显得比较空旷的夜空,只有一颗亮星——北极星。通过观察，你可以发现，北斗七星是以勺子口为圆心，围绕北极星以逆时针运动，无论它的勺柄转到哪个方向，勺子口总是大略指向北极星。

大熊星座一年四季都能找到，但当你找不到大熊星座的时候，你可以试着找找仙后座，它的形状像个 W，位于北极星的另一个方向，距离几乎跟大熊座相同。仙后座最中央的那颗星星，几乎就是指着北极星——找到仙后座中央的星星，向着开口方向望去，以 W 两端为 1 单位距离，大约 2.5 距离附近，就是北极星的位置。

北斗七星星座群

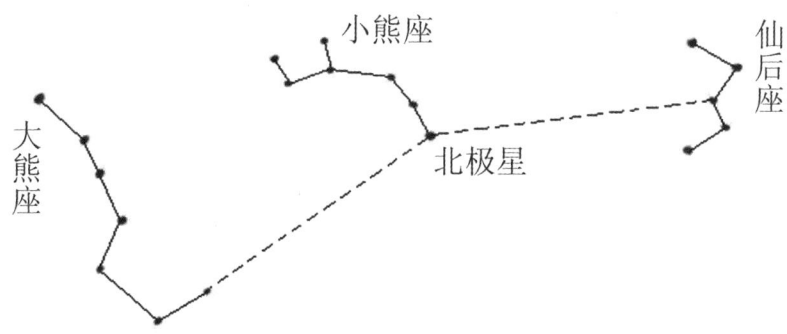

猎户座

猎户座是沿着赤道上空升起，在北半球，无论你处于任何纬度，它几乎从正南方升起，正北方落下。它的位置比北斗星、仙后座离北极星都远，猎户座最明显的特征是三颗比较亮的星星正好处于一条直线，被称为"猎户座的金腰带"。这三颗星下面，有三颗比较暗的星星，那是它挂在腰间的"剑"，整个猎户座有七颗二等星以上的亮星，腰带上三颗，腰带两端一边两颗。这对你寻找猎户座非常有帮助，在夏、秋、冬季的夜空中，猎户座是一个非常显眼的星座。它几乎占领了整个天顶位置，猎户座不旋转，头顶一方延长就是概略北方。如果顺着猎户座高举的"棒子"一路延长若干倍，或人为地用十字线分隔猎户座，在延长线两侧的天幕中你就可以搜寻到北极星。

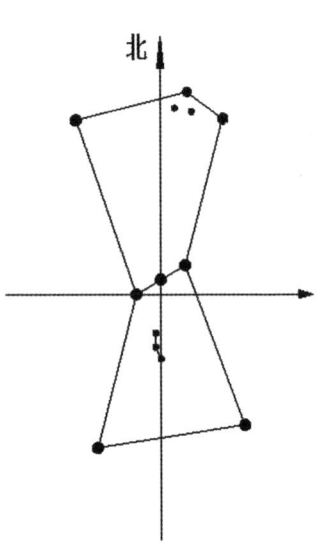

这几个星座的位置和关系可以用一个小故事来记忆：小熊在吃草，猎户座看见了，高举着棒子要去打小熊，大熊看到了过来保护小熊。可是猎户太厉害了，仙后看到了于心不忍，也过来保护小熊。于是，大熊座和仙后座都绕着小熊座转，以保护它，猎户座每次都举着棒子从小熊座旁边掠过，却打不着，年复一年，日复一日。

星星移动

当天气情况不理想、不能分辨星座的时候，你还可以试用下面这个方法：找到一个树冠、一个山顶，或者插一根长点的树枝作为标定点。在标定点下寻找一个合适的位置，使标定点顶端略高一些正好对准任意一颗星星（北极星除外），10~15分钟后，回到你原来的位置观察刚才的那颗星星，从它的移动轨迹，你可以推断出你所面对的方向：明显上升——面对东方；下降——面对西方；呈弧线向左——面对北方；反之向右面对南方。

记住这个口诀：上东下西，左北右南——也就是将"上北下南，左西右东"这个口诀逆时针转90°。

以上技能最精确的是寻找北极星，但实际上它跟正北极还有不大于1°的偏差。如果平时能找到北极星，可以利用北极星来检测你的指北针是否受到异常的磁干扰。其次是钟表法，利用北极星和手表，可以标定地图。

夜间如果找不到北极星，能找到大熊座、仙后座，度量开口长度（记住倍数关系）也可以找到概略北方，找到猎户座也能利用它的"棒子"和人为划分十字线找到概略北方，而使用星星移动法，你所寻找的方向不一定精确，但你可根据星星的移动轨迹，转移位置再进行一次，直至能找到比较"正"的方向（正东、南、西、北）。

投影法并不精确，有时偏差还会很大，寻找了概略方向后要随时检测方向，并随时修正你的线路。

请牢记这些简单利用天体寻找方向的技能。这些技能让一代又一代在野外迷路的人找到了正确的方向！

利用地图也可以寻找正确的方向。首先寻找明显的标志物，在地图上寻找这个标志物。面对标志物，转动地图，使地图标志物正好面对实地标志物，就找到方向了。

牢记摩擦起火的技能，在这时候你就能用得着了。在没有任何工具帮助的情况下，你要有耐心，或许几个小时甚至一天，你都没有能钻出火。

在生起一堆火后，尽可能地保存火种。编结一个小筐做一个紧急暖手炉，垫上沙土，埋上些炭，小心地看护好这星星之火，它能让你今后用最快的速度生起火。

其他的生存技能，在前面的课程中都已经教给大家了，但现在你的装备已经大大降级，很多事情做起来并不是那么方便，不过不要慌张，要保持耐心。

没有了锅，你只能利用非主流的方式煮熟食物。只要生起了火，这并不困难。食物的储存则麻烦一些，你需要用无异味的阔叶（竹叶、野芭蕉叶、姜科植物叶片、荷叶等）将食物包裹起来，扎好并存放在背篓里。最好用阔叶将食物包裹好后煮沸再烤干，阔叶能保护食物在一段时间内不会变质，你可以理解为这是一种野外的粽子。

找寻正确的方向。如果你丢失了指北针和地图，天气阴霾无法观察太阳和星座，那么就不要乱跑。耐心待几天，注意观察周围的环境、搭建庇护所、尽量搜集食物、水和燃料。通常在几天内，你就能在清晨或傍晚利用太阳找到正确的方向。

一旦你决定要突围，必须要找到正确的方向。丧失方向在野外乱跑，你的一只脚就已经踏进了鬼门关，能否活着回来与其是说你的能力问题，不如说是你的运气问题。

记得画简易地图，在路途上设置路标。或许你现在已经没有了纸，没关系，若干片芭蕉叶或者其他什么阔叶甚至剥下的一大块树皮都可以做纸，用小树枝在叶片上刻画（不要刻穿）线路、标志物、检测点等信息。小心地把叶片卷起来保存（绝对不能折），哪怕叶片在干枯后，刻画的信息仍然清晰可见。

用柔韧树枝和竹片也可以编结一个简易地图板，用尖锐的小石块就可以在上面刻出线路等信息。

如果你再次迷路，立刻停止前进，先分辨出正确的方向，或者返回相对安全的位置等候，利用太阳和星座分辨方向后再前进。

如果在山林中找到了小溪，不要丢失它，顺着小溪前进，水流附近通常都不会缺乏食物。小溪会汇聚成小河，然后汇聚成江，人类的聚集地多数都是依江而建，只要找到了江河，你离人烟处也就不远了。

但无论是否依水道前进，你都必须做好足够的准备工作。方向、食物、水、庇护所，你保证这四点都做到了，你就远离了鬼门关。

记住！一有机会，就要想尽办法向外界求救！

注意： 一旦前进线路有山崖、深沟、急流等难以通过的地形，不要试图在没有足够防护的情况下通过，一旦受伤生命的火苗就会熄灭。退回安全的区域，重新寻找线路。

在长期饥饿突然有充足的食物时，绝不能暴饮暴食。控制你的饮食，最好加热食用，慢慢地加量让肠胃适应。特别是回归人类社会后，许多

> 人欣喜若狂，大吃大喝，最后被食物撑死，许多在战场上奋力求生的士兵胜利归来后也是这么死去的。

最后一课——生命无价

许多人对野外生活很向往，这并没有错，人类在内心是亲向自然的，但毕竟大多数人已经离开大自然太久太久，舒适的城市已经将大多数人的生存技能磨灭，户外运动是一个系统的分析、计划、执行、控制、调整和总结的过程。而任何一个环节的错误，可能导致的是生命的代价。

在国内户外运动事故统称为山难，中国大陆的山难史始于1957年的贡嘎山，与中国首次自主攀登7000米以上山峰同步，1957年至2000年间，山难共计13起，遇难33人。1994年以后开始有业余登山遇难发生，其特点都是攀登高山遇险。2000年之后，山难事件总体呈逐年加速上升的趋势，普通驴友成了山难主体人群，绝大部分的伤亡事故都发生在低难度的登山、穿越、徒步活动！据统计2009年至2011年3年间，全国共发生483起驴友穿越旅行伤亡事故，超过平均每周两起。而类似迷路，被困但未伤亡的事故更是层出不穷。

山难死亡统计数据

时间（年）	专业登山	普通户外运动
1957~2000	33人	0人
2001	0人	4人
2002	5人	8人
2003	1人	6人
2004	3人	9人
2005	8人	8人

2006	5人	17人
2007	1人	28人
2008	3人	18人
2009	3人	40人
2010	7人	20人
2011	1人	25人
2012	4人	41人
2013	0人	48人
合计	74人	272人

仔细剖析这些事故我们痛心地发现，基本没有因为大自然的突发改变而造成的事故，而高风险的登山活动也因为参与者的专业技能较强、准备充分事故率也较低，绝大多数都是因为驴友安全意识淡漠、技能缺失、妄自尊大而造成的。

在此摘录近年来部分有代表性的户外事故，以警示各位驴友，珍惜生命，安全出行。

事故 1

2006年7月8日，一群从南宁到武鸣县两江镇山上露营的户外爱好者遇到山洪，一名女子遇难，另一女子轻伤。据悉因为当地可扎营的地方少，出事的两名女子和几名驴友就将帐篷扎在河床的大石头上。早上5时许，山里下起了大暴雨。7时左右，山洪暴发。在河床上扎营的帐篷全被山洪冲走，而当时人们都还在帐篷中熟睡。

事故原因：选择错误的宿营地，没有安排哨兵和观察水位，暴雨来临不组织转移，遇难者因劳累而感冒竟无人看护。在第一波洪水漫入帐篷时，领队没有组织撤离和营救，大家惊慌失措各自奔逃。而另一队在下游宿营的队伍因为安排了哨兵，提前预警，人员全部安全撤离。

整个队伍中竟然没有一根绳索用于搜救，领队竟然不清点人数，公安和武警以及当地群众在接到报警后于8点半赶往现场搜救（这是一条很成熟的户外线路）才将另两名被洪水冲走死死扒在岸边岩石上的落水者救起，而直到10点搜救人员清点人数时才得知还有一名人员失踪。在长达近三个小时的时间里，领队没有组织自救和互救，完全依靠徒步赶来的搜救人员搜救。如果是深山中，搜救人员几天才能赶到，会是一个什么样的结果？

这次事件后，遇难者家属向法院提起了诉讼，一审判决组织者、领队赔偿17万元，这次判决也称之为"中国户外第一判"。

事故 2

2009年7月11日，一支由重庆"驴友空间"网站组织的自助旅游团队，领队还是个有多年"经验"的户外爱好者。在穿越万州与云阳交界的潭獐峡区域时遇到山洪，35名队员大部分被洪水卷走。包括领队在内的16人遇难。

事故原因：一个"小白"带着一群"小白"走向一条不归路，组织者在网络上发帖组队完全是按照游玩的标准，根本没有想到雨季峡谷的风险。

他们是在宿营后集体组织玩水的时遭遇山洪的，竟然没有一个人懂得怎么看水位，也没人关注天气状况，毫无警觉性，在此摘录一名幸存者的原话："我们先是听到山谷里传来轰隆隆的巨响，并没想到是山洪来袭。刚回过头，人就被几米高的水墙整个盖进去了，身体也被裹挟着往下游冲，一冲就是好几公里远。峡谷涌来的山洪瞬间就把我整个人卷走，冲到下游2公里的回水区。如果我不是反应快，抓着蔓藤岩穴沿峭壁爬了30多米得以脱险，我真不知道会有什么后果……"

事后研究一位遇难者相机内拍摄的照片，在洪水到来前的两个小时，水位已经发生了明显的变化，如果，现在只能说如果，如果这位领队真的有经验，这些户外探险者稍微有一些危险意识，在峡谷水位异常就离开水道。如果队伍中安排几个哨兵，如果带有一根可以用于搜救的绳索，在遇险后第一时间组织搜救，结果还会是这样吗？

事故 3

2009年12月12日，北京三皇山环形穿越中，负责带队的女向导在探路途中不幸坠崖遇难。她所带领的27人组成的团队，仅有向导一人熟悉路线，而这位向导遇难的经过更是令人扼腕。据队员回忆："这次活动本该从另一条路下山，但相当一部分人走过了那个路口，而且已有一段路程，并发现前边有路。但是三皇山是个很奇怪的地方，明显有路的可能是通向绝壁的地方，看不到路的地方可能恰恰是正路。走着走着前边告之没路了，几个人自告奋勇去探路，有人探到断崖那个地方认为不是路。眼看着下边几十米处就是大道。向导不顾个人安危，谢绝同伴劝阻，下断崖探路。不幸就这样发生了，同伴发现不妙，探头下望发现了她的包，于是大声呼叫，没有回应。同伴立即向领队报告情况，并建议请求救援。领队当即报警，并向蓝天救援队等组织求助。"

事故原因：一个有责任心的向导，唯独对自己不负责任。首先依然是犯了擅自修改路线的错误，在夜幕即将降临的时候，改走完全陌生的路线。大家又缺乏暗夜行进的技能，领队没有组织好队形，致使"相当一部分人走过了那个路口"，天黑后向导想尽快领大家下山心情可以理解，但行为严重欠妥。没有什么比原定的熟悉的安全路线更能体现对大家的关怀了。何况在黑夜进行断崖探路，本身就是一个高度危险的行为。没有专业技能，在没有任何工具和人员的保护下爬下断崖，仅凭一腔热情和盲目的自信，大家都不是蜘蛛侠，就算向导能勉强爬下去，又怎么能保证其余27人也能安全地爬下去？这根本就是完全没有必要的冒险行为。关键时刻，领队也没有对危险有个清晰的认识，没有阻止她的危险行为。

这次事故在装备准备中就已经埋下了伏笔，在山地活动中，无论如何都要准备绳索，如果当时有绳索的帮助，或许这位向导就不会坠崖。

借用一位网友的评价：生命只有一次，山总在那里。

事故4

2010年6月8日，北京的10名驴友在穿越新疆夏特古道过程中遇险，导致1名女驴友死亡、1名女驴友失踪、8人受伤。

夏特古道北起伊犁哈萨克自治州的昭苏县的夏特牧场，南至阿克苏地区温宿县的破城子，它沟通天山南北，全长120公里，乃是伊犁通南疆的捷径，是丝绸之路上最为险峻的一条著名古隧道。随着新疆南北疆公路的贯通，除了探险者，这条古道很少有人问津。

夏特古道是聚考古和探险为一体的高危险的徒步探险线路，海拔超过3500米，支离破碎的木扎特的冰川、冰缝、冰河，以及汹涌的南木扎尔特河都会给探险者构成极大的威胁，正因如此，任何组织去徒步旅游都要到管理中心备案。

然而这支驴友队并没有向管理中心备案，私自进入了夏特古道，在徒步穿越中，由于岔路较多，10 人分成两个小组，约定在温宿县破城子煤矿会合。两队人 7 日在穆扎特尔河两岸行进时由于水流很急无法会合。8 日 12 时许，其中一组的 6 人在渡过穆扎特尔河一支流后继续前行。行至 14 时 30 分许，因前方无路，6 人排成一字形相互牵着前面队员的背包一起过穆扎特尔河时，女队员"青城"突然被湍急的水流冲倒，其余 5 人全被拉入刺骨的冰河。队员自救上岸后去救"青城"，但"青城"已经溺水身亡。而正当大家忙着抢救"青城"时，队员"彦小新"被河水卷走。事故发生后，其余队员没有及时报警求援，反而返京，16 日才再次返回新疆事发当地报案，由当地军警方组织了搜救，最后发现遇难者遗体。

事故原因：这是一次媲美《母鹅敢死队》的敢死行动，一群毫无生存技能的人竟然闯入了危险的环境中"挑战极限"。这次事故发生后，许多户外爱好者都惊讶一点：没去过夏特的领队，居然带着 9 名队员，在没有请任何一位新疆领队或向导的情况下，私自进入夏特，开始他们的探险之旅。而一群没有任何生存经验的队员，竟然就这样把生命轻率地托付给了他。

6 月正是雪山化雪季节，山区内水道急流众多，容易暴发洪水，竟然没有一个人考虑到这个因素，准备相应的装备，一群毫无急水道涉渡技能的人，用看起来安全却是最危险的拉背包方式涉渡，既然准备了绳索，为什么不使用？抑或许是根本不懂得怎么使用？

在自救时没有将体弱的女性转移到安全的地方，造成了她再次被洪水卷走失踪。

但最为让人愤怒的是，在事故发生后，领队和队员并没有及时求助，8 日事故发生后，没有人报警或向外界求助，9 日匆匆将"青城"掩埋，在明知没有搜救经验和条件下，浪费了两天时间寻找失踪队员。11 日放弃搜索返回乌鲁木齐途中碰到一队采矿队伍，本可以求助或借用矿工手机报警，却以一个匪夷所思的理由没有这样做——无法确认出事地点归哪里管辖。直至 12 日，"千鸟"才告知失踪者家属，但领队和队员竟然仍旧没有报警，而是返回了北京，

15日，失踪女队员小青的男友千鸟与家属返回新疆，请求新疆领队救援，方才报警。接到报警后当地公安、武警等部门立刻组成了搜救小组进入搜救，23日在距离事故点7公里外找到一具疑似失踪者的女尸。

事后，领队和队员之间互相推卸责任。而领队以他在发帖时声明了此次户外探险有一定危险和AA制为由，想免除自己的责任。

借用一个网友的评论——"我不想说得这么刻薄，但这的确就是一支敢死队，真正的敢死队！"

我们是否可以说，这还是一支在没有生存技能以及责任感的领队带领下的一群没有技能和责任感的敢死队？

事故5

2010年8月14日傍晚，17名网友自发组织乘坐6个皮划艇从哈尔滨市松花江上游四方台大桥漂流而下，行至公路大桥附近时，其中4个皮划艇被急流掀翻，船上10人相继落水。后经水上民警队和水文码头的工作人员搜救打捞后，除1人因伤势过重不幸遇难外，其余9人幸运生还。

事故原因：这又是一位"敢死领队"的"杰作"，盲目冒险的领队带着一群无知的队员走向险境。市防汛指挥部已经在媒体上发布首次洪峰将于近日抵达哈尔滨市的消息，13日后哈尔滨市全面禁止江道内旅游捕鱼、放牧等生产经营活动，并对滩地行洪障碍物进行全面清理。当有参与者询问是否要取消漂流的时候，领队非但不重视危险警告，反而一意孤行带领17人（11男6女）踏上死亡之旅，当日13时许共同乘坐7只皮划艇从松花江四方台大桥附近苏家江面出发，漂流1个多小时后，1只皮划艇出现问题，17人就分乘6个皮划艇继续漂流。19时许在松花江大桥附近因水流湍急、通道窄，先后有4个皮划艇撞上浮桥倾覆，10人落水。

其中一名获救女子告诉记者，他们在江面刚刚漂流不到1小时天降大雨，但由于岸边都是农田无法登岸（很匪夷所思的理由，农田怎么会无法登岸？即便无法登岸，起码可以靠边减缓漂流速度直至登岸）。下雨期间，他们眼见江面涨了20~30厘米（多么可怕的洪水信号），但一直没有采取避险措施，仍旧在江中"挑战自我"。但所有的参与者中，没有一个受过划艇训练，真正的是随水"漂流"，直至事故发生，若不是当地水警、水文站等努力营救，伤亡还会更大。

据知情人介绍，组织者（即领队）性格刚愎自用，喜好表现自我，对户外的风险意识极为淡薄，对户外运动的真正意义理解偏颇。在组织本地徒步活动中经常临时改变路线，行进时没有良好的领队意识，甚至出现过徒步途中有队员跟不上行进队伍掉队却无人知晓的状况，所幸在近郊活动中没有造成事故。

户外运动的真正含义挑战极限但不是盲目冒险。当活动的组织者每一次冒进的活动都吸引一批对户外运动的风险不甚知之的粉丝时，悲剧的种子就此埋下。盲目追求高风险高刺激，而没有客观的评价自身生存技能，作为一个户外活动领队和组织者来说，这不仅仅是对自己的不负责任，更是对其他队员生命和安全的极大安全隐患。当惨重的事故发生后，组织者仍旧认为："户外充满危险和意外，我为此才如此热爱它，并为有这样的人生经历，感到自豪和光荣。我相信，生命有着很多种意义！"

作为一个领队，你何以同死者和其家属谈这次事故的意义？

把人领出去，安全地带回来。这是领队最基本的责任和义务。在任何一个领队眼里，一切挑战都没有你和你的队员安全重要。

事故 6

2010年12月12日，18名以复旦大学学生为主的上海驴友组团前往黄山未开发区域探险。下午5点GPS落水失灵，强行开机后只取得了一个不准确的位置坐标。其中一个同学的手机有信号，他给家人发短信，短信内容是"安徽黄山18人救命"，并附有GPS坐标。

当晚6点多，家人报警，上海和安徽警方联动。

当晚7点多，以当地警方、消防为主的救援队冒雨进入搜救，救援人员根据GPS卫星定位系统等装备，初步确定迷路者身处云谷寺景区范围内，但那里人迹罕至。

当时黄山景区内下着大雨，能见度极差，搜救队只能靠着砍刀、绳索在雨中冒险开路。

13日凌晨2点37分，搜救队找到遇险驴友，但在并不适合回撤的条件下，强行撤出，结果酿成大祸。

3 时 26 分许，救援队员、黄山风景区公安干警张某在护送途中不幸坠入深崖牺牲。

事故原因： 高智商并不等于高技能，一群毫无生存技能的学子，闯入险地，他们或许认为自己准备得非常充分，携带了高科技的 GPS，其余的装备也价值不菲。然而 GPS 损坏之后，他们就束手无策，绝望地等待救援。

黄山地区山高崖陡，自古有"夜不上黄山"的祖训，在救援队找到遇险者之后，本应就地扎营等待天亮再下撤。但不知是过于自信还是迫于压力，竟然冒险在雨夜下撤，结果造成无辜干警死亡。

"黄山事件"在社会上造成了轩然大波，对中国户外界造成了极坏的影响。驴友探险无可厚非，但探险不是冒险，如果你没有相应的技能，探险是害人害己。黄山事件是一条导火索，点燃了社会各界对一向以来驴友的自大冒险、之后要动用大量公共资源搜救的火药桶，舆论一边倒的指责 18 位复旦驴友，悼念牺牲干警。

得救后，18 名驴友对为救他们而牺牲的干警漠不关心，也暴露出现在许多驴友缺乏对生命应有的尊重，引发了更猛烈的社会舆论抨击。自此之后，"不负责任的自大狂"变成了驴友们在社会舆论中的形象，极大地影响了户外探险者的声誉。

事故 7

2010 年 12 月 31 日，来自广西桂林市和湖南省的 10 人到桂林灌阳县千家洞徒步探险。2011 年 1 月 1 日上午 7 点，多名驴友找姜家屯村民郭某做向导，因天冷郭某未答应。8 点左右黄泥江（去千家洞路上的自然村）村民肖某在拾道江遇到这些徒步人员，但未留意人数。

据当地气象部门报告，灌阳县自 1 月 2 日起气温低于摄氏零度，持续出现雨夹雪，部分路段出现道路结冰。千家洞大部分地区已经大雪封山，气象部门预测，6 日还将有较强冷空气来袭灌阳，气温进一步降低，但驴友们竟然没有携带防寒衣物。进山后驴友与外界失去联络，一名驴友家属在桂林人论坛发帖求助，引起当地政府高度重视，立即组织了百余人的搜救队进入千家洞旅游区搜救。同时与周边县沟通信息。向湖南道县、江永县联系。

6日，湖南方向的搜救队在道县搜寻到失踪驴友，所有人员安全撤出。

事故原因：此次事故为2011年户外第一声警钟，在一个稍微地形复杂一点的旅游区中竟然迷路，让大家觉得非常惊诧。领队号称是多年驴行经验的老驴，事后辩解说，因为千家洞地区磁场异常，造成指北针南北对调，所以才迷失了方向，从广西跑到了湖南。这一辩解让大家哭笑不得，一个"老驴"竟然指北针都不会使用，事后还找了一个如此蹩脚的理由辩解，不得不让大家对这位"老驴"的生存技能产生了极大的怀疑。

1月25日，央视13套新闻直播间以"失败的自助游可能酿成危险"为标题专门报道了千家洞事件，此事件也给中国户外界造成了震动。户外爱好者们表示："户外，不是这样玩的。"并且反思："国内驴友遇险的新闻不是稀奇事了，为什么？"

目前中国户外界存在不少问题，许多驴友进行过几次简单地形的徒步，就认为自己能征服大自然，梦想挑战极限。很多驴友户外装备价值不菲，琳琅满目，可谓武装到了牙齿，然而脑子里的生存技能却少得可怜。

装备可以用钱购买，不值得一提。真正的生存强者，首先要有丰富的生存技能，才会去考虑装备的贵贱；真正的生存强者，会有敏锐的觉察力，有敢于放弃和退却勇气，会根据实际情况制订详细的计划。许多人会嘲笑他们"胆小"和装备的寒酸，但内行人不会嘲笑他们，只会佩服他们的专业精神。

无知无畏、猎奇涉险，是当下许多驴友的心态，认为重金买来的装备就能保证万无一失，殊不知技能永远是户外活动的基础。

后记

这本从 2005 年开始准备的小册子经过精心整理,不断修订再次出版,可谓十年磨一剑,个中艰辛不为外人知。

这本书的完成,跟我的特种兵生涯有关。部队在训练一个合格的特种兵时,不光要求超强的军事技能,同时也要求超强的生存能力,无法生存即无法作战,而要生存,必须有强烈的生存意志和精湛的生存技能,缺一不可!

特种部队生存训练的残酷是许多人不能想象的,我们既不能带足够的食物,也不能花很长的时间搜集食物,我们有许多任务需要完成,途中还会遭到优势假想敌的围追堵截,更确切地说,我们是在求生。

除了军人所必备的枪支弹药外,我们的求生装备仅仅是一个水壶、100 克米、10 克盐(有时不许带盐)、三块压缩饼干、一把野战刀、三根火柴、一个指北针、一份地图、一件雨衣、一块防水布、绳索。火柴、盐和米只许望梅止渴,不许使用,必须带回来。然而我们仅靠着这些简陋的装备,就能在深山老林、高山雪原、海上荒岛、戈壁大漠中生存一个月甚至更久的时间。

将普通的户外爱好者训练得如特种兵一般具备超强的生存能力也不现实。在编写生存手册的时候,考虑到普通户外爱好者并不需要执行军事任务,因此将安全放在第一位,增加了设置路标等违背军事常识的内容。

在大多数的户外活动中,能称之为"生存"或"求生"的活动少之又少,但这不是你疏于学习的借口。

部队在训练特种兵求生的时候,有一项很重要的工作就是保障士兵的安全。每一次野外求生训练,都有大量的后勤和救援部队随时待命,必要时还会调动陆航的直升机参与搜救工作。

我不能为本书的读者做这项工作,也不能保证每位读者都能正确地理解我所表述的意思,更不能待在读者身边阻止你做傻事。我只能力所能及地讲述生存方面的技能,告诉你怎么使用装备,怎样避免受伤,怎样让这些技能使你更好地生存,并体验在别处得不到的内心感受。

我并非这些技能的首创者,这些都是自然的规律和前人经验的总结、改进。这些技能凝聚了许多生存者的经验和教训,也曾挽救过许多人的生命,我坚信,这些技能还能挽救更多人的生命。

记住这句话:人定胜天已经被证明是不可能的!你只能利用大自然赐予你的一切来生存,适当地改造自然可以让你生存得更好,任何与大自然抗衡的念头,最后都会得到相应的惩罚。

在野外,谨小慎微并不是坏习惯,遇到事情多问几个为什么,这样能避免你自大和蛮干。怎样合理地使用本书中的技能,这是你的职责,而不是我的任务。细节往往能决定人的生死。有时候,多抬头看一眼天空的云和星座、夜间安排一个哨兵、懂得编结绳索等技能,就能将你从死亡边缘拉回来。

人体蕴藏着极大的潜能,让你在困苦和恶劣的环境中生存下来。怎样挖掘你的潜能,这也是你的职责。不要以为读完了任何一本生存手册就能在逆境中应对自如。平时多训练本书所述的技能会对你非常有用,朝远处的高楼看看,就能训练测距;在看电视或者上网的时候,找一根普通的塑料绳编结一下就能训练绳技;在平时无聊的时候,找一份地图测验一下就能训练地图标定。而警惕性和观察力的训练则更为容易。平时走在大街上,观察任何一个人的行为和动作,注意每一栋楼房和道路与昨天的不同;在陌生的班车上,用脑子记下它所经过的每一站、每一个转弯方向、途经的每一个显眼的标志物。这些简单而有效的训练并不会花费你太多时间。

专业的攀爬、索降、泅渡和医疗训练则需要有相应的环境,参加一些专业培训会对你有好处。

若将野外生存比作一栋楼房,那么强烈的生存意志和生存技能是基石,适当的训练是四壁和房顶,装备仅仅能让你过得更舒服。若干次的户外事故已经证明,意外发生时,缺乏技能者携带再昂贵的装备都无法幸免。

或许这个小故事很有代表性。某年,我部在某险恶的丛林地区进行生存训练，我分队因地标不明而迷路，在丛林中偶遇一位猎户，在他的帮助下我们找到了正确的路线，在规定的时间内到达指定的地点。而这位指引我们的猎户的装备仅仅是一杆单发猎枪、一把柴刀，小挎包里装着几盒火柴和一包盐。

在交谈中得知，猎户为了采集更多的草药，他已经在丛林里独自生存了近两个月。听完猎户的话，几位特种兵面面相觑。受过多年生存训练的我自认为是个生存强者，碰到这位猎户后，我才知道还有许多生存技能需要去学习和提高。

记住，强烈的生存意志、丰富的生存技能、严格的生存训练，加上合适的装备，你就可以应付野外恶劣的环境。

在此感谢好友陈晓军、李丽娟、王晶、李林芳、狗屎师傅（网名）、陈昆、赵望、邱秋、夏吉辰梁、吕东穗、林艺原、余亦汝、雪风等为本书制图，好友安静以及许多朋友为本书搜集、整理资料。

还有山野大哥，我的副领队，一位亲和有经验的野外专家，有时为了拍摄一幅图片，我们俩跋山涉水深入原始之地，他从未有怨言！我们一起领队多年，带领许多队员经历过风雨，走过无人之地，非常感谢他一直以来的支持！

我的联系方式

生存体验及交流 QQ 群：111699743，105140205

微信公众平台：liehuzuoyundong

我的和讯博客地址：http://hexun.com/shashouqiyue/default.html

新浪博客地址：http://blog.sina.com.cn/lieying018

新浪微博：http://weibo.com/u/1531279042

最后，祝大家野外生存愉快！

出品人：许　永
出版统筹：海　云
责任编辑：许宗华
特邀编辑：林园林
装帧设计：海　云
印制总监：蒋　波
发行总监：田峰峥

投稿信箱：cmsdbj@163.com
发　　行：北京创美汇品图书有限公司
发行热线：010-59799930

微信公众号

官方微博